suhrkamp taschenbuch
wissenschaft 1958

Sauberes Wasser ist die Grundvoraussetzung irdischer Existenz, und nichts verdeutlicht die Bedeutung einer öffentlichen Gemeinwohlsicherung stärker als die Frage der Wasserversorgung. Im Zuge der neoliberalen Privatisierungs- und Globalisierungsideologie fiel jedoch Anfang der neunziger Jahre auch diese Bastion öffentlicher Alleinverantwortung. Seither wird die Privatisierung der Trinkwasserressourcen und der damit verbundenen Dienstleistungen einerseits als Königsweg propagiert, andererseits vehement bekämpft. Das Buch macht die komplexen Dimensionen der globalen Wasserkrise sichtbar und verfolgt die Entwicklung von der öffentlichen Daseinsfürsorge zu Strukturen globaler Governance – eine Entwicklung, die eng mit theoretischen Auffassungen über die Bedeutung der Allmende, die beste Art der Gemeinwohlsicherung und die Möglichkeiten politischer Steuerung verknüpft ist. Die empirische Untersuchung der Strukturen des globalen Wasserpolitiknetzwerkes macht dabei exemplarisch deutlich, dass es gute effizienz- und demokratietheoretische Gründe gibt, den generellen Vertrauensvorschuss für globale Governance einer kritischen Überprüfung zu unterziehen.

Petra Dobner ist Privatdozentin am Lehrbereich Regierungslehre und Policy-Forschung der Martin-Luther-Universität Halle-Wittenberg.

Petra Dobner

# Wasserpolitik

*Zur politischen Theorie, Praxis und Kritik globaler Governance*

Suhrkamp

Bibliografische Information der Deutschen Nationalbibliothek
Die Deutsche Nationalbibliothek verzeichnet diese Publikation
in der Deutschen Nationalbibliografie; detaillierte bibliografische Daten
sind im Internet über http://dnb.d-nb.de abrufbar.

suhrkamp taschenbuch wissenschaft 1958
Erste Auflage 2010

Umschlag nach Entwürfen
von Willy Fleckhaus und Rolf Staudt
Druck: Druckhaus Nomos, Sinzheim
Printed in Germany
ISBN 978-3-518-29558-8

1 2 3 4 5 6 – 15 14 13 12 11 10

# Inhalt


Einleitung ........ 9

1. Schmutzige Brühe und blaues Gold:
Die globale Trinkwasserkrise ........ 35

1.1 Wissen und Prognosen: Was »unser Überleben und das unseres Planeten Erde am meisten bedroht« ........ 37
*1.1.1 Zur Einleitung: Go West, young man, go West…* ........ 37
*1.1.2 Der Wasserhaushalt der Erde* ........ 47
*1.1.3 Wissen* ........ 61
1.2 Ursachen und Dimensionen der Wasserkrise ........ 66
*1.2.1 Verbrauchsstrukturen: Landwirtschaft, Industrie, Haushalte* ........ 66
*1.2.2 Exkurs: Virtuelles Wasser* ........ 71
*1.2.3 Bevölkerungswachstum und Urbanisierung* ........ 73
*1.2.4 Wasserverschmutzung, Überausbeutung und Versalzung* ........ 76
*1.2.5 Grundwasser* ........ 78
*1.2.6 Technische Infrastruktur* ........ 80
*1.2.7 Klimawandel* ........ 82
*1.2.8 Zur Ambivalenz von Staudämmen* ........ 84
1.3 Die globale Trinkwasserkrise als komplexe Herausforderung an politisches Handeln ........ 86

2. Weltwasserkonferenzen – Chronologie
und Zwischenbilanz ........ 94

2.1 Globale Umwelt- und Wasserkonferenzen von Stockholm bis Istanbul ........ 95
*2.1.1 Konferenz der Vereinten Nationen über die Umwelt des Menschen, Stockholm 1972* ........ 95
*2.1.2 UNO-Wasserkonferenz, Mar del Plata 1977* ........ 97
*2.1.3 Internationale Wasserkonferenz, Dublin 1992* ........ 99
*2.1.4 UN-Konferenz für Umwelt und Entwicklung, Rio de Janeiro 1992* ........ 104

*2.1.5 Erstes Weltwasserforum, Marrakesch 1997* .......... 108
*2.1.6 Earth Summit+5, New York 1997* ................ 111
*2.1.7 Commission on Sustainable Development (CSD-6, 1997/1998)* ......................... 114
*2.1.8 Zweites Weltwasserforum, Den Haag 2000* ......... 116
*2.1.9 International Conference on Freshwater, Bonn 2001* .. 118
*2.1.10 World Summit on Sustainable Development (WSSD), Johannesburg 2002* ......................... 119
*2.1.11 Drittes Weltwasserforum, Japan 2003* ............ 121
*2.1.12 Viertes Weltwasserforum und Fünftes Weltwasserforum, Mexiko 2006 und Istanbul 2009* ............... 122
2.2 Vier Jahrzehnte Weltwasserpolitik: Eine Zwischenbilanz ......................... 124

3. »Final frontier« oder letzte Hoffnung? Zur Privatisierung und Kommodifizierung des Trinkwassers ............... 127

3.1 Zentrale Begriffe und Kernargumente für und wider die Privatisierung ......................... 129
*3.1.1 Liberalisierung, Privatisierung, Kommodifizierung* .. 129
*3.1.2 Preise und Privatisierung* ................... 135
*3.1.3 Argumente für und wider die Wasserprivatisierung* .. 136
3.2 Privatisierung und Kommodifizierung im Wassersektor ......................... 141
*3.2.1 Wasserdienstleistungen* ...................... 141
*3.2.2 Exkurs: Zur Privatisierung der Wasserbetriebe in Deutschland* ......................... 149
*3.2.3 Der Flaschenwassermarkt* ..................... 154
*3.2.4 Privatisierung von Wasserressourcen* ........... 159
3.3 Wasser als »final frontier« kapitalistischer Inwertsetzung? ................... 165

4. Theoretische Grundlagen und empirische Forschung: Global Governance of Water ................... 168

4.1 Die Folgen von Dublin: Die Reform der globalen Wasserpolitik ............ 168
4.2 Zwischenresümee und Ausblick auf die nächsten Kapitel ......................... 174

5. Erinnerungen an die Allmende ..................... 177

5.1 Die Begründung des Besitzes
an Privateigentum ..................... 180
5.2 Einhegung der Allmende: Begründungen und
Kritik der so genannten »ursprünglichen Akkumulation« 185
5.3 Die »Tragik der Allmende« ..................... 193
5.4 Konzeptionelle Auswege aus der Tragik:
*common pool resource, global public goods, global commons* 197
5.5 Plädoyer für die Vielfalt politischer Institutionen
zur Regulierung ökologischer Ressourcen ............. 207

6. Gemeinwohl und Privatisierung ..................... 210

6.1 Gemeinwohldiskurse
und Gemeinwohlkonkretisierung ..................... 212
6.2 Die gemeinwohlfördernde Wirkung des Marktes ...... 217
6.3 Vom Liberalismus zum Neoliberalismus:
Die Privatisierung des Gemeinwohls ............. 226
*6.3.1 Antietatismus und aggressiver Individualismus* ...... 227
*6.3.2 Politische Freiheit und Demokratie* .............. 232
*6.3.3 Monopole und öffentliche Unternehmen* ........... 238
*6.3.4 Nationalstaat und Globalisierung* ............... 243
*6.3.5 Gemeinwohl im Neoliberalismus* ............... 245

7. Politik und Demokratie im 21. Jahrhundert .......... 248

7.1 Politisches Handeln und Entscheiden im Wandel:
Regieren, Steuerung, (Global) Governance .......... 249
7.2 Der neue Korporatismus: Policy-Netzwerke ........... 264
7.3 Transnationale Netzwerke ..................... 271
7.4 Zur Integration von Machtanalyse und
Global-Governance-Forschung ..................... 283
7.5 Anforderungen an eine theoretische und
empirische Analyse von Global Governance ........... 292

8. Das globale Public-Policy-Netzwerk der Wasserpolitik ... 297

8.1 Fragestellungen und Analysekategorien ............. 297

8.2 Institutionalisierung: Strategische Netzwerkbildung nach Dublin ... 299
*8.2.1 World Water Council und Global Water Partnership* . 299
*8.2.2 Weltwasserforen* ... 306
*8.2.3 World Water Commission for the 21st Century (Weltwasserkommission)* ... 307
*8.2.4 Camdessus-Panel und Gurria Task Force* ... 309
*8.2.5 United Nation Secretary General's Advisory Board on Water and Sanitation (UNSGAB)* ... 311
*8.2.6 Die Gesamtarchitektur des Globalen Wassernetzwerks* 312
8.3 Zentrale Akteure und Interessen ... 314
*8.3.1 Zentrale Akteure* ... 314
*8.3.2 Konsens und Interessen* ... 321
8.4 Netzwerkhandeln und Netzwerkmacht ... 322
*8.4.1 Netzwerkziele* ... 322
*8.4.2 Legitimität und Effektivität* ... 324
8.5 Durchsetzung der Netzwerkziele ... 329
*8.5.1 Die Strategie des »Legitimitätsphishing«* ... 329
*8.5.2 Die Rolle von (central) government* ... 330
*8.5.3 Das Netzwerk und die internationalen Organisationen* 332
*8.5.4 Der Einfluss des Policy-Netzwerks auf die globale Weltwasserpolitik* ... 334

9. Theoretische Bilanz: Sorge(n) um das Gemeinwohl ... 339

9.1 Zur Lösungsfähigkeit und Problematik von Global Governance ... 339
9.2 Gemeinwohl, Menschenrechte und Demokratie ... 344
9.3 Relokation der Macht und die neue Rolle des Staates ... 348
9.4 Ausblick: Die neue Landschaft des Politischen ... 354

Literatur ... 357
Verzeichnis der Abbildungen und Tabellen ... 392
Verzeichnis der Abkürzungen ... 394
Namenregister ... 396

# Einleitung

Wasserpolitik ist die zu allen Zeiten und überall auszuübende Kunst, den Gebrauch und Verbrauch von Wasser so zu regeln, dass konkurrierende Bedarfslagen angemessen befriedigt und Wasserressourcen zugleich nachhaltig geschützt werden. Anders als Land, das in einem einmaligen Akt verteilt werden kann, ist Wasser »im Fluss«. Die Versorgung mit Wasser ist eine gesellschaftliche Daueraufgabe, deren erfolgreiche Erfüllung von der langfristigen, umfassenden, flexiblen und bedarfsorientierten Ausübung politischer und technischer Fähigkeiten abhängt. Kluge Wasserpolitik erfordert Gerechtigkeit, Weitsicht, Vernunft und Mäßigung – und einen ausgeprägten Sinn für ökologische Interdependenzen sowie für die Exponentialität, mit der sich ökologische Fehlentwicklungen fortsetzen (Meadows u. a. 1972). Dem richtigen Umgang mit Wasser wird daher sowohl in den Weltreligionen als auch in Anleitungen zur Herrschaftsausübung große Aufmerksamkeit geschenkt.[1] Denn

1 Im 2. Buch Moses (Exodus) tritt Gott als Spender von Süßwasser auf und fordert hierfür Gehorsamspflicht: »Moses ließ Israel ziehen vom Schilfmeer hinaus zu der Wüste Schur. Und sie wanderten drei Tage in der Wüste und fanden kein Wasser. Da kamen sie nach Mara; aber sie konnten das Wasser von Mara nicht trinken, denn es war sehr bitter. [...] Da murrte das Volk wider Moses und sprach: Was sollen wir trinken? Er schrie zu dem HERRN, und der HERR zeigte ihm ein Holz; das warf er ins Wasser, da wurde es süß. Dort gab er ihnen Gesetz und Recht und versuchte sie und sprach: Wirst du der Stimme des HERRN, deines Gottes, gehorchen und tun, was recht ist vor ihm, und merken auf seine Gebote und halten alle seine Gesetze, so will ich dir keine der Krankheiten auferlegen, die ich den Ägyptern auferlegt habe; denn ich bin der HERR, dein Arzt.« (Bibel, 2. Buch Moses, 22-26) Zu den konsensuellen Bestandteilen der Überlieferungen Mohammeds zählt die Überzeugung, dass Wasser ein Geschenk ist, aus dem alles Lebendige gemacht wird, woraus ein allgemeines Zugangsrecht zum Wasser abgeleitet wird. In manchen Interpretationen wird überliefert, dass »der Prophet den Verkauf von Wasser verboten habe, um die Aneignung von Wasser zu verhindern. Des Weiteren sei es nach dem Propheten ein Verbrechen, wenn der Eigentümer einer Wasserquelle einem Verdurstenden den Zugang zum Wasser verweigere« (Lee 2003: 30 f.). Im Hinduismus gilt Wasser als »die Urquelle des Lebens und wird als einziges Element als ›unsterblich‹ angesehen. Der Gott Vishnu sagt über sich: ›Ich bin der uranfängliche Erzeuger, er, der Wasser ist, das erste Wesen, die Quelle des Lebens‹« (Kürschner-Pelkmann 2003a: 5). Der babylonische Herrscher Hammurabi kontrollierte mit einem »Amt für Bewässerungsfragen« das Kanalsystem; neben

während eine kluge Wasserbewirtschaftung potenziell herrschaftsstabilisierend wirkt, können Hybris, Versagen oder Fehleinschätzungen Menschen, Umwelt und Politik in tiefe Krisen führen.

Traditionell ist die Regulierung von Wasser eine öffentliche Aufgabe, die lokalen Gemeinschaften, dem Staat oder beiden obliegt.[2] Kommunale oder regionale Wasserbewirtschaftung trägt der Lokalität von Vorkommen und ortspezifischen Kenntnissen über Bedarfs- und Verbrauchsstrukturen Rechnung. Weltweit werden Wasserressourcen in einer beeindruckenden Vielfalt von Institutionen als lokales Gemeingut bewirtschaftet, von denen viele über lange Zeiträume Bestand haben (Ostrom 1999; Shiva 2002; Petrella 2000: 9). Oberhalb von Regionen und Kommunen, und nicht immer im Konsens mit diesen, ist auch eine staatliche Verantwortung für Wasser üblich. Manche Autoren halten es für plausibel, dass die mit einem erfolgreichen Wassermanagement verbundenen Anforderungen an planende, dauerhafte, komplexe Institutionen die politische Organisation im Staat wesentlich mit vorangetrieben haben (Berber 1955: 3; Wittfogel 1957; Herzog 1988: 175; vgl. zur Kritik an Wittfogel u. a. Witzens 2000). In Europa nimmt der Staat seit dem 16. Jahrhundert eine aktive Rolle in der Wasserbewirtschaftung ein (Petrella 2000: 29 f.). Ein normativer Grund hierfür liegt in der staatlichen Verantwortung für das Gemeinwohl, dessen Erreichung und Sicherung zugleich die zentrale Legitimitätsquelle staatlicher Herrschaft ist. Sachlich reagiert eine staatliche Verantwortung auf die Tatsache, dass entweder die Gewässer selbst und/oder komplexe Anforderungen an ihre Bewirtschaftung über die Grenzen der Kommunen hinausgehen und eine übergeordnete Koordination erfordern.

Weltweit überschreiten zudem nach der jüngsten Kartierung und Zählung 263 Flusseinzugsgebiete (*river basins*) Landesgrenzen.[3] Für

Gesetzesvorschriften und Strafmaßen für die Vernachlässigung der Bewässerung oder beim Deichbau führt der Prolog des Kodex des Hammurabi 26 Gründe für die Lobpreisung des Königs auf, von denen sich allein 14 auf seine Funktion als Spender des Wassers beziehen (Lee 2003: 25).

2 Eine Ausnahme stellt Frankreich dar, wo Kommunen bereits in der Mitte des 19. Jahrhunderts private Wasserversorger beauftragen konnten. Mitte des 20. Jahrhunderts hatten die privaten Firmen einen Anteil von etwa 75 Prozent an der nationalen Trinkwasserversorgung, heute beziehen etwa 80 Prozent der Franzosen ihr Trinkwasser von privaten Anbietern (Laimé 2005). Die großen privaten französischen Wasserversorger sind auch weltweit die größten Wasserkonzerne.

3 Eine erste Statistik von 1958 zählte 166 internationale Flüsse; eine Revision im

Anrainer dieser Verkehrswege und Reservoire ist Wasser auch ein traditioneller Gegenstand grenzüberschreitender Politik. Souveränitätsvorstellungen, die eine nationale Nutzenmaximierung rechtfertigen, und Gerechtigkeitsvorstellungen, nach denen auch die Unterrainer ein Recht auf eine unversehrte Ressource haben, konfligieren hier oftmals.[4] Erste übergeordnete Regulierungsversuche der Staatengemeinschaft, in denen unilaterale Veränderungen von Wasserwegen abgelehnt und die Bildung gemeinsamer Kommissionen angeregt wurden, datieren bereits aus dem Jahr 1911 (Institute of International Law 1911). Doch ist der Charakter dieser Empfehlungen über die 1966 verabschiedeten Helsinki Rules on the Uses of the Waters of International Rivers (International Law Association 1967) bis zum Übereinkommen über das Recht der nichtschifffahrtlichen Nutzung internationaler Wasserläufe von 1997 (United Nations 1997) insgesamt zwar wohlmeinend, aber vage. Sie sind

Jahr 1978 erhöhte diese Zahl auf 216 (Biswas 1978). Aufgrund politischer Veränderungen, aber auch dank moderner Technologie und Kartographie schnellte die Zahl 1999 auf 261 *river basins*. Eine neuerliche Zählung im 2001 führte zu der hier genannten Zahl von 263 internationalen Flusseinzugsgebieten. Als »river basin« wird ein Gebiet bezeichnet, »das hydrologisch (sowohl ober- als auch unterirdisch) zu einem Strom erster Ordnung beiträgt, worunter wiederum ein Fluss oder See verstanden wird, die einen direkten Zufluss ins Meer oder zu einem geschlossenen See oder Binnengewässer haben. Ein ›river basin‹ ist daher synomym mit dem, was in den Vereinigten Staaten als ›watershed‹ und in Großbritannien als ›catchment‹ bezeichnet wird. Wir definieren ein solches Gewässer als ›international‹, wenn es dauerhaft die Grenzen von zwei oder mehr Staaten überschreitet« (Wolf u. a. 1999; Übersetzung hier und bei allen anderen Zitaten P.D.).

4 Einen uneingeschränkten Anspruch auf Souveränität in Wasserfragen drückt die Harmon-Doktrin von 1895 aus: In einem Rechtsstreit zwischen den USA und Mexiko über die Nutzung des Rio Grande vertrat Attorney General Harmon die Interessen der USA mit der Behauptung des uneingeschränkten Nutzungsrechtes des Oberrainers, ungeachtet möglichen Schadens, der hieraus für den Unterrainer entstehe. »Das Grundprinzip des Völkerrechts ist die absolute Souveränität jeder Nation gegenüber jeder anderen auf seinem eigenen Gebiet. […] Daher müssen alle Ausnahmen bezüglich der Machtausübung einer Nation auf ihrem eigenen Gebiet auf einem Konsens dieser Nation selbst beruhen. Es gibt hierfür keine andere legitime Quelle.« (Op. Attorney Gen. 1895: Vol. 21: 274) Nach mehrjährigem Disput wurde der Streit 1903 mit der Entscheidung beigelegt, dass die USA jährlich 74 Millionen Kubikmeter Wasser an Mexiko fließen lassen, und einige Jahre später noch einmal erheblich zugunsten Mexikos (auf 1850 Millionen Kubikmeter!) verbessert. Die Harmon-Doktrin allerdings wurde erst Anfang der 1940er Jahre offiziell zurückgezogen (Dellapenna 2001: 270).

bislang zu sanktionsschwach gegenüber dem potenziellen Gewinn, den ein Oberrainerstaat aus einer Verletzung der Regeln ziehen kann (Wolf/Giordano 2005; Durner 2008). Ihre Lösungsansätze zielen auf die Bereitstellung allgemeiner Regeln für bilaterale Abkommen, sie bringen aber selbst keine universellen Institutionen globalen Wassermanagements hervor. Damit verbleiben auch diese Abkommen wie staatliche und kommunale Wasserpolitik und anders als die mit der UNO-Weltkonferenz über die menschliche Umwelt von Stockholm 1972 einsetzende *globale* Wasserpolitik innerhalb des klassischen Paradigmas staatlich zentrierter Politik.[5]

Zu Recht gilt daher die Konferenz von Stockholm als Beginn eines eigenständigen Umweltvölkerrechts, das auch erste Formulierungen zum weltweiten Umgang mit Wasser enthält. Der Globalisierung des Umweltrechts liegt die Problemwahrnehmung zugrunde, dass die ökologische Umwelt innerhalb bestehender Staatsgrenzen nur unzureichend geschützt werden kann, weil sich politische Grenzen oftmals willkürlich zu ökologischen Entitäten wie Bergen, Flüssen oder Seen verhalten und die territorial begrenzte Gebietsherrschaft eines Staates inkongruent mit möglichen ökologischen Folgewirkungen ist.

Die Stockholmer Empfehlungen sind, wenn auch mit (noch) großem Respekt für die staatliche Souveränität formuliert, Vorboten einer genuin *globalen* Politikperspektive. Anders als in vorangegangenen internationalen Regelungen, die vor allem das Verhältnis der Staaten untereinander zu kodifizieren suchten, erhält die menschliche Umwelt, deren Sicherung zur Aufgabe der Staatengemeinschaft erklärt wird, erstmals einen Eigenstatus. Die hier einsetzende Betrachtung der menschlichen Umwelt als der Staatenwelt

5 Zu einer ähnlichen Einschätzung gelangt Kunig in der Betrachtung des internationalen Wasserrechts: »Das internationale Wasserrecht insgesamt wird auf absehbare Zeit aber auch nicht viel weiter vorankommen als eine 1997 nach fast 30-jährigen Vorarbeiten entstandene, den Bestand der bisherigen Rechtsentwicklung kodifizierende Convention on the Law of the Non-Navigational Uses of International Watercourses. Sie spricht von einer Nutzung im Sinne von Billigkeit, Vernunft und Teilhabe, vom Vorrang der Nutzung als Trink- und Haushaltswasser, von Daten- und Informationsaustausch hinsichtlich von Maßnahmen, die signifikant nachteilige Auswirkungen auf andere Staaten haben können. Eine wichtige Besonderheit besteht darin, dass die Lösung von Wasserkonflikten in starkem Maße bilateral oder regional erfolgen kann und muss, anders als etwa bei der Klimapolitik, die demzufolge universelle Institutionen hervorgebracht hat.« (Kunig 2004)

gegenüberstehende Externität transzendiert die bis dahin vorherrschende internationale Perspektive und enthält die Aufforderung, sich als Weltgemeinschaft zur ökologischen Frage zu verhalten. Die Sorge um die ökologischen Grundlagen organisiert seither eine Perspektive gemeinsamer Bedrohung, die über nationale Betrachtungen systematisch hinausweist. Stockholm ist der Beginn einer Neustrukturierung des Politikfeldes, durch den die traditionellen Arenen der Kommunal-, Innen- und Außenpolitik durch die Etablierung einer globalen Wasserpolitik ergänzt, überwölbt und letztlich dominiert werden. Zudem markiert die Konferenz eine neue Konfliktlinie innerhalb der Wasserpolitik, indem die unilaterale Verfolgung nationaler Interessen mit der nur multilateral zu lösenden Herausforderung globaler Überlebensanforderungen konfrontiert wird. Diese jüngere Epoche einer globalen Wasserpolitik, die die klassische Gestalt des Politikfeldes transformiert und Institutionen, Gestaltungsspielräume, Akteure und Machtverhältnisse bis zur kommunalen Ebene neu justiert, ist Gegenstand dieses Buches.

Globale Wasserpolitik ist seit ihren Anfängen in den 1970er Jahren inhaltlich nicht bei Umweltfragen und organisatorisch nicht bei der internationalen Staatengemeinschaft unter UNO-Vorsitz stehengeblieben. In den Stockholmer Empfehlungen wurden insbesondere Fragen des nationalen und internationalen Wassermanagements thematisiert; auf einer fünf Jahre später stattfindenden Folgekonferenz bestimmte die Verhinderung einer globalen Wasserkrise bereits die Diskussion.

Dieses Ziel wurde nicht erreicht: Noch immer haben knapp 1 Milliarde Menschen keinen Zugang zu sauberem Trinkwasser, etwa 2,5 Milliarden Menschen haben keinen Zugang zu sanitären Einrichtungen, und nach Schätzung des Weltwasserentwicklungsberichts der Vereinten Nationen aus dem Jahr 2003 starben im Jahr 2000 etwa 2,2 Millionen Menschen an wasserbedingten Krankheiten, in der Mehrheit Kinder unter fünf Jahren (UNESCO 2003d: 10 und 102; United Nations 2006b: 4; United Nations 2008a). Zudem bedrohen Wasserknappheit und Wasserverschmutzung die landwirtschaftliche und industrielle Produktion, die Umwelt und den Frieden. Deutlich stimmen alle Prognosen darin überein, dass sich die schon bestehenden Probleme vor allem in den wachsenden urbanen Zentren der Entwicklungsländer im Zuge des Anstiegs der Weltbevölkerung, fortschreitender Industrialisierung und des

Klimawandels zu einer globalen Katastrophe ausweiten werden, wenn nicht umfassende Gegenmaßnahmen ergriffen werden. Mit Recht konstatiert die UNESCO, dass von »allen Krisen hinsichtlich der sozialen und natürlichen Ressourcen, mit denen wir Menschen konfrontiert sind, [...] die Wasserkrise diejenige [ist], die unser Überleben und das unseres Planeten Erde am meisten bedroht« (UNESCO 2003c: 4).

Der seit Stockholm deutlich verschärfte Problemdruck hat die Anforderungen erhöht, eine nachhaltige Lösung zu finden, und das Problembewusstsein erheblich erweitert. Neben ökologischen Problemen stehen heute auch soziale, sicherheitspolitische und wirtschaftliche Zielsetzungen auf der Agenda der globalen Wasserpolitik (vgl. z.B. Bhatia/Falkenmark 1993; Spillmann 2000; Gleick u.a. 2002). Zudem haben sich Akteure, Handlungsweisen, Ziele und Interessen, Institutionen, Steuerungsformen und die Rolle des Staates gewandelt. In Stockholm wurden der souveräne Staat als zentrale Regelungsinstanz und seine Fähigkeit zur hierarchischen Steuerung als Schlüssel für eine Krisenlösung verstanden. Dreißig Jahre später gelten staatliche Steuerungsansprüche als mitverantwortlich für die Ineffizienz in diesem Bereich der Daseinsvorsorge, und die anfänglich nur verhalten erwogene Ergänzung durch den Markt wurde in den vergangenen Jahren als überlegene Lösung präsentiert. Seit Beginn der 1990er Jahre dominiert – trotz heftiger Proteste[6] – die Forderung nach einer Ökonomisierung und Privati-

6 Das bekannteste Beispiel ist der Konflikt der bolivianischen Stadt Cochabamba, die sich im Jahr 2000 gegen eine staatlich durchgesetzte Privatisierung der Wasserversorgung und einen erheblichen Anstieg der Wasserpreise wehrte. Die Folge waren blutige Auseinandersetzungen zwischen Bürgern und Armee sowie die Verhängung des Ausnahmezustandes; mindestens sechs Menschen starben, mehrere hundert wurden verletzt. Die Bürger erzwangen schließlich die Kündigung des Vertrages mit Aguas del Tunari, dem privaten Dienstleister, der die Versorgung übernommen hatte; das Konsortium, zu dem der Versorger gehört, klagte anschließend auf Schadensersatz vor dem bei der Weltbank angesiedelten Schiedsgericht International Centre for the Settlement of Investment Disputes (ICSID) (Fritz 2003; Bechtel 2005). Das Konsortium forderte vor dem Schiedsgericht 50 Millionen US $ Schadensersatz, eine Hälfte für die verlorenen Investitionen, die das Unternehmen selbst auf aber auf nur 10 Millionen US $ beziffert hatte (Bechtel 2005: 5), die andere Hälfte für die nicht realisierten Gewinne (Environment News Service 2006). Die gerichtliche Auseinandersetzung zwischen Bolivien und den internationalen Teilhabern von Aguas del Tunari wurde im Januar 2006 beigelegt, nachdem Bolivien anerkannte, dass allein die zivilen Proteste das Ende der Kon-

sierung der Wasserwirtschaft und teilweise auch der Wasserressourcen den Reigen der Problemlösungsvorschläge. Wasser, einst reines öffentliches Gut, gilt heute als privateigentumsfähig, als ökonomisches Gut, als Ware.

Zudem wurde das Spektrum mitbestimmungsfähiger Akteure der Wasserpolitik von Kommunen und Staaten um internationale Organisationen, Nichtregierungsorganisationen (NGOs), Experten, Konzerne und auch um eine Klasse internationaler »Politikbroker«[7] erweitert. Letztere umfasst eine Riege von *global players,* die in aller Regel hohe Positionen in nationalen oder internationalen Organisationen innehatten, aufgrund dieser früheren Funktionen über weitreichende und einflussreiche Kontakte verfügen und eine im Folgenden näher zu analysierende, zentrale Rolle in der Formulierung und Durchsetzung globaler Wasserpolitik spielen. Sukzessive wuchs auch die Anzahl der mit Wasserpolitik befassten bzw. der im Zuge einer sich entwickelnden Wasserpolitik erst entstehenden Institutionen und Organisationen – teils in wechselseitiger Verstärkung, teils auch in Widerspruch zueinander. Folgerichtig verschränken sich damit die Zuständigkeiten für Wasserfragen auch auf einer territorialen Ebene: Wasserpolitik ist nicht mehr länger nur Aufgabe von Kommunen oder Staat, sondern diese werden auf vielfältige Weise durch globale Vereinbarungen und Trends neu eingerahmt.

Wenn sich auch rückblickend die Globalisierung der Trinkwasserpolitik in die gut begründete globale Verantwortung für die menschliche Umwelt einordnen lässt, so ist doch die Auswanderung dieses Politikfeldes aus dem Staat damit weder hinreichend erklärt noch zweifelsfrei begründet. Für die Globalisierung der Wasserpolitik spricht, dass ein nachhaltiger Umgang mit den globalen Wasserressourcen die legitimen und faktischen Gestaltungsmöglichkeiten einzelner Staaten übersteigt: Dies betrifft nicht nur grenzüberschreitende Gewässer, sondern auch eine Vielzahl von so-

zession herbeigeführt hatten und daher kein Versäumnis des Konsortiums vorlag; dieses verzichtete dafür auf Kompensationszahlungen (Bechtel 2006).

7 Der Terminus stammt von Paul Sabatier und ist dem *Advocacy-Coalition*-Ansatz entnommen: »Bei Konflikten zwischen Strategien verschiedener Koalitionen kann eine dritte Gruppe von Akteuren, die hier als *policy proker* berzeichnet werden, vermittelnd eingreifen. Ihr wesentliches Anliegen besteht darin, einen vernünftigen Kompromiss zu finden, der die Intensität des Konfliktes reduziert.« (Sabatier/Jenkins-Smith 1999: 122)

zialen, ökologischen und wirtschaftlichen Faktoren, die entweder den globalen Wasserhaushalt oder den globalen Umgang mit Wasser beeinflussen.[8] Angesichts der gleichzeitigen Lokalität der Ressource und der Endogenität von Institutionen zu ihrer Bewahrung und Bewirtschaftung ist die Globalisierung der Trinkwasserpolitik allerdings nur dann der geeignete Rahmen, wenn in ihm regionale und lokale Spezifika ausreichende Berücksichtigung finden.

Zudem verbindet sich im Bereich der Wasserpolitik die ökologische Dimension mit einer ökonomisch-infrastrukturellen: Um Wasser für den Menschen nutzbar zu machen, ist in aller Regel ein Aufbereitungsprozess der vorhandenen Ressource ebenso notwendig wie eine netzbasierte Infrastruktur für die Ver- und Entsorgung. Wasser ist damit nicht nur ein Teil der menschlichen Umwelt, sondern auch ein Dienstleistungsgut. Für die Organisation dieser Dienstleistung ist eine politische Regulierung unabdingbar, die entweder die öffentliche Verantwortung mit einer öffentlichen Bereitstellung kombiniert oder aber den Weg für private Anbieter beziehungsweise für privat-öffentliche Mischformen öffnen muss. Die Globalisierung der politischen Rahmensetzung für den Wasserdienstleistungsbereich lässt sich aus den ursprünglich ökologischen Motiven nicht ohne weiteres ableiten; diese ist aber heute selbstverständlicher Gegenstand des Politikfeldes. Doch hat die globale Zuständigkeit hier eine andere Bedeutung: Während für Wasser als Ressource der Schutz der menschlichen Umwelt eine ausreichende *ökologische* Begründung für eine globale Perspektive bietet, ist der Anspruch auf eine globale Regulierung des Dienstleistungsbereichs Element einer *wirtschaftlichen* Harmonisierung. Während im ersten Fall ein universales Menscheninteresse an einer auch weiterhin verfügbaren Ressource normativ problemlos unterstellt werden darf und faktisch auch kaum bestritten wird, liegen die Vorstellungen über die angemessene Bewirtschaftung des Gutes weit auseinander. Dieser ökonomische Aspekt der Globalisierung der Wasserpolitik ist daher weit umstrittener als der ökologische.

Eine dritte Dimension der Globalisierung der Trinkwasserpolitik ist politisch-institutioneller Art und betrifft die sukzessive Verlagerung der politischen Initiative auf globale Akteure und Institutionen. Der Begriff »global« trägt an dieser Stelle der Tatsache Rechnung, dass die Akteure und Institutionen der globalen Was-

8 Vgl. die ausführliche Darstellung in Kapitel 1.

serpolitik ihre Initiative und ihren Regulierungsanspruch vielfach nicht länger in Bezug auf den souveränen Staat begründen und – wenn sie auch nicht frei von staatlichen Verbindungen sind – ein weitgehend poststaatliches Politikmodell praktizieren oder wenigstens präferieren. Als

– *global* bezeichne ich einen Akteur, eine Institution oder eine Politik, der oder die jenseits des Staates als Akteur und als territorial begrenzter Entscheidungsbereich handelt oder greifen soll und den Anspruch auf eine globale Gestaltung hegt. Die neue Arena der Wasserpolitik konstituiert sich als globale, weil ihre dominanten Akteure die grundsätzliche politische Zuständigkeit des Staates in Frage stellen und den Staat als relevante, territoriale Bezugsgröße politischer Regelungsansprüche herausfordern (vgl. Kapitel 8). Sie handeln daher nicht

– *international*, worunter die klassischen Formen der Kooperation zwischen Staaten verstanden werden, und auch nicht

– *supranational*, weil eine formelle Übertragung von Hoheitsrechten und damit die gleichzeitige Konstituierung und Legitimierung einer überstaatlichen Einheit weder stattgefunden hat noch angestrebt wird. Allenfalls lässt sich diese Form der politischen Globalisierung als eine Form von Transnationalisierung begreifen, denn insofern unter

– *transnational* jegliches Überschreiten staatlicher Grenzen verstanden wird, muss globale Politik transnational sein. Jedoch wird der Begriff der Transnationalisierung der Entwicklung nicht vollständig gerecht, weil darin, wie im Begriff der Inter- und Supranationalität, der semantische Bezug auf den Nationalstaat erhalten bleibt, der von den hier analysierten Akteuren globaler Politik zurückgewiesen wird.

Doch kann auch der Versuch einer analytisch klaren Unterscheidung die Unschärfen der Wirklichkeit nicht aus dem Weg räumen. Der Staat ist das vorherrschende Modell zur Organisation des Politischen. Auch wenn also die Begriffe »global« und »Globalisierung« die Perspektive einer tatsächlichen Überwindung dieser politischen Form betonen, so bleibt der Staat doch ein Faktor, mit dem man rechnen muss. Daher wird im Folgenden sowohl von einer Transnationalisierung als auch von einer Globalisierung der Trinkwasserpolitik gesprochen, was sich mit zwei unterschiedlichen Standpunkten rechtfertigen lässt: Die transnationale Perspektive nimmt den souveränen Staat als *Ausgangspunkt* der Entwicklung, die globale Perspektive reflektiert stärker die *Zielsetzung* einer poststaatlichen, globalen Politik.

Insgesamt ist die globale Trinkwasserpolitik also durch drei unterschiedlich begründete Überschreitungen des Staates gekennzeichnet: Der Bezug auf die menschliche Umwelt betont die *ökologische* Interdependenz jenseits der politischen Organisationsform im Staat, die Bestrebungen einer Globalisierung der Wasserbewirtschaftung sind Teil der *ökonomischen* Globalisierung, und die Verlagerung politischer Verantwortung setzt auf eine *politische* Gestaltung jenseits des Staates als Akteur und als territoriale Bezugsgröße verbindlicher politischer Regulierungen.

Als zwanzig Jahre nach der Stockholmer Konferenz der Weltgipfel zu Umweltfragen in Rio de Janeiro stattfand, wurde im Kapitel 18 der dort verabschiedeten Agenda 21 ein umfangreiches Programm für die Gestaltung des globalen Wassermanagements formuliert (BMU 1993). Nicht nur im Rio-Folgeprozess, sondern auch im Zuge der Weltklimakonventionen und -programme sowie im Rahmen der im Jahr 2000 vereinbarten UN-Millenniumsziele (Millennium Development Goals, MDGs)[9] wurden seither umfangreiche Aktivitäten zur Lösung der Weltwasserkrise unternommen (vgl. Kapitel 2). Es greift zu kurz, aus der Tatsache einer bisher unzureichenden Bewältigung des Problems auf eine generelle Dysfunktionalität

9 Im September 2000 verabschiedete die 55. Generalversammlung der Vereinten Nationen eine umfassende Erklärung über bis 2015 zu erreichende Entwicklungsziele (Millennium-Erklärung). Im September 2001 legte Kofi Annan, der damalige Generalsekretär der Vereinten Nationen, der Generalversammlung einen »Kompass« für die Umsetzung der Millenniumserklärung vor, die als Millennium Development Goals bzw. Millennium Entwicklungsziele (MDGs) bezeichnet werden. Für die hier genannten acht Entwicklungsziele werden in ausformulierten Unterzielen eindeutige Messlatten benannt: Die wasserbezogenen Ziele lauten, bis 2015 den Anteil der Weltbevölkerung zu halbieren, der keinen Zugang zu sauberem Trinkwasser hat, und den Anteil der Weltbevölkerung auf die Hälfte zu reduzieren, der ohne ausreichende sanitäre Anlagen lebt. Die übergeordneten Entwicklungsziele lauten: (1) Bekämpfung extremen Hungers und extremer Armut, (2) vollständige Durchsetzung einer Grundschulausbildung für alle Jungen und Mädchen, (3) Förderung von Geschlechtergerechtigkeit und Frauen, (4) Reduktion von Kindersterblichkeit, (5) Verbesserung der Gesundheit von Müttern, (6) Kampf gegen HIV/Aids, Malaria und andere Seuchen, (7) Nachhaltigkeit im Umgang mit ökologischen Ressourcen und (8) Entwicklung einer globalen Entwicklungspartnerschaft (United Nations 2005).

der verabschiedeten Programme und gebildeten Institutionen globaler Wasserpolitik zu schließen. Umgekehrt wäre es aber fahrlässig, nicht die Frage zu stellen, ob die bestehende Architektur und Programmatik der Weltwasserpolitik geeignet sind, Lösungen für die globale Trinkwasserkrise hervorzubringen. Die ökologischen und menschlichen Katastrophen, die eintreten werden, wenn es keine durchgreifenden politischen Erfolge gibt, sind zwingende Handlungsgründe, die aktuelle politische Auseinandersetzung um die globale Wasserpolitik in der Politikwissenschaft fortzusetzen und sich sachlich fundiert wie engagiert mit den der Disziplin eigenen Methoden an einer Suche nach Lösungen zu beteiligen.

Eine solchermaßen an Zustandekommen, Strukturen und Ergebnissen eines globalisierten Politikfeldes interessierte Forschung steht indessen vor dem Problem, eine gegenstandsadäquate Forschungsperspektive erst entwickeln zu müssen. Die Dynamik in diesem Politikfeld, die in komplementären Perspektiven entweder als Globalisierung oder als Auswanderung des Politikfeldes aus dem Staat gefasst werden kann, hat den Gegenstand aus einer vergleichsweise klar strukturierbaren Untersuchung der Aktionen staatlicher und internationaler Organisationen auf das diffuse Gebiet von Global Governance getrieben, wo er analytisch und strukturell nur mühsam wieder eingefangen werden kann. Die generelle Herausforderung der Erforschung von Global-Governance-Prozessen besteht bei aller Unterschiedlichkeit der konkreten Bedingungen und ihrer normativen Bewertungen in ihrer Komplexität. Poetisch, doch wenig ermutigend beschreibt James Rosenau Global Governance als »Summe der Myriaden – buchstäblich: Millionen – von Kontrollmechanismen, die durch unterschiedliche geschichtliche Gründe, Zielsetzungen, Strukturen und Prozesse hervorgebracht werden. Vielleicht teilt jeder Mechanismus eine Geschichte, Kultur oder Struktur mit ein paar anderen, doch gibt es kein Charakteristikum oder Attribut, das er mit allen anderen gemeinsam hätte« (Rosenau 2005: 48). Viele Akteure, viele Strategien, keine oder zumindest keine strukturell festgelegten Hierarchien, das Nebeneinander einer Fülle von Informationen und der Unzugänglichkeit bestimmten Wissens sowie eine eher diskursive als rechtlich verbindliche Entscheidungsfindung machen die Erforschung, Kontrolle und Bewertung von Global-Governance-Prozessen zu einer ebenso aufwändigen wie schwierigen Aufgabe. Aufgrund dieser offensichtlichen Schwierigkeiten ist die Forschung zu Global Governance vornehmlich deskriptiver Natur und der Forschungsstand ist angesichts der Tatsache, dass es sich bei dieser politischen Transformation um eine der größten Herausforderungen der gegenwärtigen Politikwissenschaft handelt, immer noch ernüchternd.

Gemessen an den in der Literatur weitgehend übereinstimmend beschriebenen Schwierigkeiten, analytisch zu erfassen, was genau Global Governance eigentlich ist,[10] erscheint zudem die vielfach positive Bewertung dieser politischen Steuerungsmuster vorschnell und fragwürdig. So versteht die Enquete-Kommission »Globalisierung der Weltwirtschaft« des Deutschen Bundestages Global Governance als »politisches Projekt [...], um negative wirtschafts-, sozial- und umweltpolitische Tendenzen der internationalen Märkte beseitigen zu helfen. [...] Es geht also um eine sozial und ökologisch nachhaltige Bewahrung, den Schutz und die Bewirtschaftung globaler ökologischer Güter. Oberstes Ziel dabei ist es, dass die Globalisierung und die damit verbundenen Aktivitäten nationaler Regierungen, internationaler Instanzen wie wirtschaftlicher Akteure potenziell für alle Menschen Nutzen bringen sollen« (Deutscher Bundestag 2002: 418; vgl. auch Commission on Global Governance 1995; Messner 1998; Messner u. a. 2003). Kritikwürdig hieran ist nicht die Hoffnung, dass Global Governance solche Ergebnisse zeitigen könnte, sondern die implizite Unterstellung, »dass es in der politischen Wirklichkeit immer um die Lösung kollektiver Probleme und nicht – auch oder primär – um Machtgewinn und Machterhalt geht. [...] Als Aussage über die Beschaffenheit von Wirklichkeit ist eine solche Annahme empirisch falsch« (Mayntz 2004: 7 f.).

Empirisch falsch und wissenschaftlich unzulässig ist jedenfalls, die sich aus normativen Hoffnungen speisenden Projektionen über Global Governance als Ersatz oder auch nur als Filter für eine empirisch fundierte Analyse dieser veränderten Politikmuster zu betrachten. Ob die unter Global Governance gefassten Transformationen von Politik den Ansprüchen an eine globale politische Rahmung

10 Vgl. z. B. Keohane: »Die Komplexität dieser Strukturen der Politik macht es sehr schwierig, kausale Beziehungen nachzuvollziehen und Einflussmuster zu bestimmen. Diese Komplexität erschwert auch die normative Analyse. Die sich entwickelnden Governancestrukturen sind neu und auf einer Vielzahl von Ebenen zu finden.« (Keohane 2005: 121)

ökonomischer Prozesse genügen können, ob Global Governance also den politischen Anschluss an die ökonomische Globalisierung tatsächlich herstellen kann, muss kritisch, nüchtern und anhand von Fakten geprüft werden. Soll die diesbezügliche Forschung grundlegenden Ansprüchen sozialwissenschaftlicher Arbeit entsprechen, muss eine solche Analyse der normativen Bewertung vorangehen. Letztere darf aber auch nicht unterlassen werden, weil es sich bei Global Governance um die grundlegende Transformation politischer Verhältnisse handelt, bei der de facto auch das einzige bekannte funktionierende Modell demokratischer Politik – der demokratische Verfassungsstaat – teils verlassen, teils transzendiert wird. Hieraus ergibt sich die zentrale Zielsetzung meines Buches: eine auf einer empirischen Policy-Analyse der Strukturen, Akteure, Institutionen und Programme der Weltwasserpolitik ruhende, normative Bewertung politischer und staatlicher Transformation durch Global Governance.

Mit dieser Aufgabe sind drei Fragen eng verbunden, die sich (1) auf die Rolle des Staates in den Prozessen von Global Governance, (2) die Sorge um das Gemeinwohl und (3) die verallgemeinerbaren Kennzeichen einer veränderten Landschaft des Politischen beziehen.

(1) Die herrschende Meinung innerhalb der sozialwissenschaftlichen Forschung hält fest, dass der Staat sich in internationale Verhältnisse neu einbettet und hierdurch einen möglichen Verlust an Souveränität und Handlungsfähigkeit kompensiert (Grande 1995; Mayntz 1997; SFB 597 Staatlichkeit im Wandel 2007). Auch die Globalisierung der Wasserpolitik hat weder den Staat noch die Gemeinde aktiv von ihrer Verantwortung für Wasser entbunden, jedoch das Handeln von Kommunen und Staaten neu gerahmt und somit deren Gestaltungsmöglichkeiten verändert. Dieser Wandel in der Struktur staatlicher Verantwortung für das Politikfeld Wasser ist ein doppelter Prozess von Trennung und Neuverbindung: Mit der Behauptung und Durchsetzung einer globalen Verantwortung wird die staatliche Souveränität für das Politikfeld Wasser in Frage gestellt. Erst in einem analytisch zu trennenden zweiten Schritt folgt eine Neujustierung staatlichen Handelns im Rahmen globaler Politikverhältnisse. Die Frage, die sich dabei stellt, ist nicht nur, wie genau dieser Prozess von Desartikulation und Reartikulation vonstatten geht, sondern auch, welche Aufgaben der Staat – der

zudem nicht als ganzheitlicher Akteur gedacht werden kann – in der transnationalen Gestaltung des Politikfeldes noch wahrnimmt, wie er dies tut und wie diese Neuzuweisung von Aufgaben mit der Infragestellung staatlicher Souveränität zusammenhängt. Dass in diesem Prozess die klassische Grenze von Innen- und Außenpolitik überdacht werden muss – eine Forderung, die Ekkehart Krippendorff bereits vor vierzig Jahren erhoben hat –, liegt auf der Hand.

Ob der Forschung jedoch mit dem Postulat, den »methodologischen Nationalismus« (Zürn 2002: 215) zu überwinden und die »postnationale Konstellation [...] begrifflich in Kontrast zum Kontext der nationalen Konstellation zu erfassen« (ebd.), der richtige Weg gewiesen wird, ist zu prüfen. Zwar richtet sich die Kritik am methodologischen Nationalismus zu Recht gegen eine Haltung, die den Nationalstaat zum Maß aller Dinge macht, und die Forderung, die zum blinden Fleck geratene Strukturierung der Moderne durch Nationalstaaten kritisch zu prüfen, ist nur konsequent. Ein »blinder Fleck« verschwindet indessen nicht, wenn man ihn übersieht. Auch wenn – oder gerade weil – die Abkehr vom methodologischen Nationalismus inzwischen zum Common Sense einer aufgeklärten Politikwissenschaft und Anthropologie zählt (vgl. z. B. Brenner 1999; Wimmer/Glick-Schiller 2002; SFB 597 Staatlichkeit im Wandel 2003; Beck 2005; Schmalz-Bruns 2005), ist die Forderung nach einer Neu(er)findung politischer Konzeptionen jenseits des Staates bei näherem Hinsehen aus praktischen, normativen und analytischen Gründen weniger evident, als es den Anschein hat.

Erstens kann die Politikwissenschaft staatliche Politik, die seit Jahrhunderten das Denken über Politik prägt, kurz- und mittelfristig nicht einfach »verlassen«, um sich methodisch, normativ und analytisch in der großen weiten Welt neu anzusiedeln. Der Staat ist die dominante Bezugsgröße für das Nachdenken über politische Organisation – selbst dort, wo eine Staatsbildung nicht gelingt oder ein bestehender Staat scheitert. Diese Dominanz kann und muss man kritisch reflektieren, aber der Präsenz des Staates ist weder praktisch noch theoretisch einfach zu entkommen.

Zweitens sollte staatliche Politik als heuristischer Ausgangspunkt auch nicht einfach verlassen werden, weil damit zugleich ein wesentlicher normativer Bezugsrahmen für die Beurteilung globaler Politik preisgegeben wird: das Modell des demokratischen Verfassungsstaates. Hier sind alle bewahrenswerten Vorstellungen von Demokratie und Legitimität verankert ebenso wie die Praktiken, diese – mehr oder weniger gut – auch in die Tat umzusetzen. In ebenjenem Bezugsrahmen des demokratischen Verfassungsstaates hat sich in der neueren Moderne der größte Teil des Denkens über Politik abgespielt – theoretisch und empirisch, affirmativ und kritisch. Erkenntnis- bzw. Urteilsvermögen über den paradigmatischen Wandel von Politik muss in Bezug auf das Modell staatlicher Politik gewonnen werden, weil es eines Hintergrundes bedarf, vor dem das Neue als solches überhaupt erst abgebildet und kritisiert werden kann.

Drittens ist es aus meiner Sicht auch analytisch sinnvoll, die Kenntnisse über Änderungen staatlich zentrierter Politik in die Erforschung von Prozessen der Global Governance einfließen zu lassen.[11] Transformationen von Staatlichkeit finden nicht erst im Übergang zur »postnationalen Konstellation« statt. Der Wandel der Staatsaufgaben, der Wandel von hierarchischer zu kooperativer Steuerung, Machtteilungen im Inneren des Staates wie im supranationalen Verbund, die Ausbildung von Netzwerkstrukturen unter Einbindung privater Akteure – alle diese Entwicklungen haben »den« Staat lange vor der Erfindung von Global Governance verändert. Aus der umfangreichen Literatur, die diesen Wandel verfolgt und zu begreifen versucht, lassen sich Fragestellungen und Hypothesen gewinnen, die auch für die Analyse und Politik im Rahmen von Global Governance tauglich sind. Zudem organisiert diese Perspektive auch den Blick auf Beharrungskräfte, mit denen alte Strukturen in neuen fortwirken. Dass Revolution und Restauration Hand in Hand gehen, hat Alexis de Tocqueville früh für die

11 Hierfür bieten sich insbesondere Forschungen und Kritiken im Anschluss an den Begriff des »kooperativen Staates« (Ritter 1979; Voigt 1995) an. Der kooperative Staat reagierte auf Steuerungsprobleme mittels der Einbindung nichtstaatlicher Akteure, der Netzwerkbildung, der Enthierarchisierung und einer Verlagerung von Entscheidungen aus den hierfür verfassungsrechtlich vorgesehenen Institutionen. Dies wurde einerseits als potenziell effizienzsteigernd begrüßt, andererseits bezüglich der Zurechnung und Legitimität politischer Entscheidungen und aufgrund neuer Inklusions- und Exklusionsprozesse politischer Interessenvertretungsmöglichkeiten zu Recht stark kritisiert. Die vorgeschlagenen Prozesse der Global Governance kopieren Elemente des kooperativen Staates; aus den zu beobachtenden Strukturähnlichkeiten und Unterschieden kann entsprechend gelernt werden.

Französische Revolution dargelegt (Tocqueville 1856/1978); es gibt keinen Grund anzunehmen, dass das heute nicht mehr gilt.

Viertens lohnt es sich, den Staat im Blick zu behalten, um die Transformation des Politischen zu begreifen. Um in einer anderen politischen Arena als der des Staates behandelt werden zu können, müssen Politiken aus dem Staat »auswandern« und wieder in ihn »zurückkehren«. Eine den Staat in den Blick nehmende Forschung ist damit besonders geeignet, Entstehungsgründe veränderten politischen Handelns zu beobachten und auch zu bewerten, zumindest ist sie es dann, wenn sie den Staat als Nahtstelle zwischen klassischer Innen- und klassischer Außenpolitik sieht. Solange der Staat die vorherrschende politische Organisationsform ist, müssen politische Ergebnisse in diesen Staat vermittelt werden, sie müssen, so global sie auch dem Anspruch nach sein mögen, mit der Ausübung staatlicher Souveränität kompatibel gemacht werden.

Fünftens ist nur scheinbar banal, dass das Leben im Staat weitergeht. Auch in der postnationalen Konstellation leben Republik und Nation fort, werden Regierungen gewählt, treten ab und kommt es darauf an, ob und welche Verfassung und Institutionen ein Staat hat.

Der zu verteidigende Bezug auf den Staat bedeutet dreierlei jedoch *nicht*: Zum einen ist weder praktisch noch theoretisch die Warnung in den Wind zu schlagen, die die Kritik am methodologischen Nationalismus für die Theorien von Staat und Politik bereithält: den Staat unreflektiert und unbemerkt zum einzigen Modell eines politischen Gemeinwesens zu stilisieren. Umgekehrt wäre aber auch die Annahme vermessen, man könne den Staat einfach hinter sich lassen, als wäre nicht unser politisches Denken zutiefst vom Modell der Staatlichkeit durchdrungen.

Zum Zweiten heißt am Staat als Bezugspunkt festzuhalten nicht, ihn unkritisch als gelungene Realisierung seines normativen Idealbildes – des demokratisch-pluralistischen Verfassungsstaates – zu verstehen. Der Staat ist vielmehr ein Herrschaftsverband, dessen Monopolisierung der Mittel physischer Gewaltsamkeit nur solange als legitim gelten kann, als er diese im Dienste der ursprünglichen Zielstellung der Herstellung von Sicherheit einsetzt. Die Konzentration der Gewaltmittel ermöglicht aber ebenso die Durchsetzung von Partialinteressen, Terror, Diktatur, Unterdrückung und Ausbeutung. Selbst der demokratisch-pluralistische Verfassungsstaat, der in der Geschichte der Staatlichkeit ohnehin nur einen späten Glücksfall und unter den existierenden Staaten eine Ausnahme bildet, wird häufig seinen eigenen Idealen nicht gerecht. Diese Entwicklungen sprechen aber nicht dafür, die Idee demokratisch verfasster Staatlichkeit preiszugeben; vielmehr ist gerade die Kritik an einer unvollendeten Staatlichkeit auf ein normativ gehaltvolles Modell politischer Ordnung zwingend angewiesen.

Dies wird, zum Dritten, besonders angesichts des Phänomens einer eingeschränkten effektiven Gebietskontrolle, also »begrenzter Staatlichkeit«, deutlich. Nichtgelingende oder gescheiterte Staatlichkeit stellt eine wachsende Bedrohung für demokratische Regierbarkeit im Inneren und für eine völkerrechtliche Verlässlichkeit im äußeren Verhältnis von Staaten dar. *Failing* und *failed states* bilden daher eine Kernherausforderung für die Suche nach Regierungsformen jenseits des Staates (Risse 2005; Risse/Lehmkuhl 2007). So nachvollziehbar die Suche nach effektiven Steuerungsformen jenseits des Staates insbesondere im Falle des Verlusts staatlicher Organisationsfähigkeit ist, diese darf nicht unter Aussetzung der notwendigen Legitimierung der Regierenden durch die Regierten stattfinden. Ohne Zweifel ist dies eine normative Aussage über die Gewichtung von Legitimität und Effektivität, die angesichts der dramatischen Konsequenzen des Versagens von Staatlichkeit auch anders getroffen werden kann (Risse/Lehmkuhl 2007: 5 ff.). Für das Festhalten an einer soliden Legitimierung von Regierungsleistungen als *Anspruch* – und sei die Realität noch so weit davon entfernt – spricht allerdings, dass nur auf diesem Weg geltende Kriterien der Effektivität bestimmt werden können. Effektivität ohne Legitimität gerinnt zu einem bestreitbaren Machtanspruch und ergänzt das Problem mangelnder Demokratisierung um das Problem eines im besten Falle wohlmeinenden Paternalismus.[12] Auch wenn das

12 In dem Sinne sind auch Rawls' Gerechtigkeitsprinzipien zu verstehen: Er schließt, dass sich Menschen »hinter dem Schleier des Nichtwissens« auf zwei Prinzipien einigen würden, »einmal die Gleichheit der Grundrechte und -pflichten; zum anderen den Grundsatz, daß soziale und wirtschaftliche Ungleichheiten, etwa verschiedener Reichtum und verschiedene Macht, nur dann gerecht sind, wenn sich aus ihnen Vorteile für jedermann ergeben, insbesondere für die schwächsten Mitglieder der Gesellschaft« (Rawls 1993: 31 f.). Diese Prinzipien sind lexikalisch geordnet, das erste geht dem zweiten voraus. »Diese Ordnung bedeutet, daß Verletzungen der vom ersten Grundsatz geschützten gleichen Grundfreiheiten nicht durch größere gesellschaftliche oder wirtschaftliche Vorteile gerechtfertigt oder

Phänomen der »zerfallen(d)en Staaten« (ebd.) somit die Frage aufwirft, ob »westliche entwickelte Demokratien nur eine mögliche Ausprägungsform guter politischer Ordnung darstellen, aber beileibe nicht die einzige« (ebd.: 5), so kann doch diese Ordnungsidee erst dann zur Disposition gestellt werden, wenn andere mögliche gute politische Ordnungen gefunden wurden. Diese Suche dauert jedoch an.

(2) Idealiter ist staatliche Verantwortung für die Herstellung des Gemeinwohls das Ergebnis institutioneller Arrangements und darin eingebetteter politischer Handlungen. Eine Voraussetzung des Gelingens ist eine öffentliche Sphäre, die dem Recht und der Pflicht nach durch staatliches Handeln im Dienste der Allgemeinheit gestaltet werden kann und muss. Mag auch die tatsächliche Bestimmung wie Erreichung des Gemeinwohls im Einzelfall bestritten werden können, so ist der demokratische Staat doch auf vielfache Weise verpflichtet und darauf angewiesen, seine Leistung als gemeinwohlfördernd darstellen zu können. Dieser Anspruch ist grundsätzlich eine Bedingung seiner Legitimitätsgeltung und für jeweils verantwortliche Regierungen in demokratischen Staaten auch eine konkret zu erfüllende Aufgabe. Anders als bei demokratischen Staaten ist die Legitimität transnationaler Institutionen, sofern sie diese nicht von Staaten ableiten können, theoretisch und empirisch ungeklärt und ihre normative und tatsächliche Verantwortung für das Gemeinwohl offen. Keine befriedigende Lösung hat zudem bislang das mit dem Gemeinwohl eng verbundene Problem der Erkennbarkeit eines hypothetischen oder empirischen »globalen Volkswillens« gefunden. Diese Leerstelle lässt sich mithin beliebig mit Interpretationen besetzen. Wer also bestimmt und hütet welches Gemeinwohl in Prozessen von Global Governance?

Neben diesen grundsätzlichen Fragen stehen konkrete: Inhaltlich ist ein Hauptparadigma heutiger Wasserpolitik die Ökonomisierung und Privatisierung von Wasser bzw. Wasserdienstleistungen. Eine gemeinwohlfördernde Wirkung privater Wirtschaftsaktivität wird der unsichtbaren Hand des Marktes zugeschrieben. Nicht grundlos wird diese Behauptung seit ihrer geschichtsmächtigen

ausgeglichen werden können.« (Ebd.: 82) Menschen können daher nach Rawls' Theorie keinen Austausch von Rechten nach dem ersten und zweiten Grundsatz vornehmen – etwa derart, dass sie politische Rechte für wirtschaftliche Vorteile eintauschen.

Formulierung durch Adam Smith scharf kritisiert. In dem Maße, in dem diese Wirkung zunehmend auch für Bereiche öffentlicher Daseinsvorsorge behauptet wird, steht nicht nur generell zur Diskussion, inwiefern private Akteure bessere Gemeinwohlleistungen erbringen können, sondern ob sie dies auch dort zu tun imstande sind, wo bislang öffentliche Güter von einer Kommodifizierung ausgenommen waren. Insofern also zu diskutieren ist, ob die Vorschläge zur Behebung der Wasserkrise geeignet sind, eine Lösung herbeizuführen, steht auch die Matrix aus Gemeinwohl und Privatwohl, Staat und Markt, Kollektiveigentum und Privateigentum auf dem Prüfstand. Es entbehrt dabei im Übrigen nicht der Paradoxie, dass die Öffnung des politischen Raums »zur Welt« – die Globalisierung von Politik –, wenn sie mit der Forderung nach Privatisierung gekoppelt wird, die Ausdehnung des politischen Wirkungsbereichs nutzt, um die Sphäre des Öffentlichen, die auch die Sphäre des Politischen ist, umso nachhaltiger zu schließen. Eine Politik aber, deren zentrales Lösungsinstrument die Überantwortung des Öffentlichen an den Markt ist, stellt aus meiner Sicht das Politische und das Öffentliche selbst in Frage und ist in diesem Sinne Antipolitik.

(3) In der Wasserpolitik vollzog sich in den letzten dreißig Jahren eine Transformation, die die Politikwissenschaft mit Begriffen wie »Global Governance« oder »Global Public Policy Networks« bislang nur ansatzweise erfasst hat. Global Governance kann als politische Antwort auf das zentrale Kennzeichen der 1990er Jahre, die ökonomische Globalisierung, gelesen werden. Mit dem Begriff der Globalisierung wird der spontane Fokus auf eine territoriale Restrukturierung gerichtet, doch ist die Rekonfiguration des Politischen fundamentaler, weil sie Institutionen und Akteure, Kräfteverhältnisse und grundlegende Errungenschaften demokratischer Verfassungsstaaten erfasst. Der Kern der Bewegung ist eine Veränderung des politischen Gemeinwesens, der *polis*, der sozialen und politischen Verhältnisse, in denen Menschen leben, entscheiden und handeln. Vermutlich birgt dieser Wandel Chancen und Möglichkeiten. Er führt aber als Erstes vor Augen, dass im Wettlauf um die Gestaltung der neuen Handlungsspielräume das vaterlandslose Kapital beweglicher ist als die in der Enge des Nationalstaates geborene Demokratie. Unter diesem Aspekt scheint die territoriale Restrukturierung eher als Folge einer Verschiebung der Verhältnisse

von Politik und Ökonomie denn als deren Ursache. Ins Zentrum der Anstrengungen, die eine umfassende Theoriebildung über den Wandel des Politischen erfordert, rückt damit die kritische Reflexion des Verhältnisses von Politik und Ökonomie. Ob Global Governance als Projekt in der Lage ist, die globale Ökonomie tatsächlich politisch neu zu rahmen, bleibt zu prüfen. Die Wasserpolitik der letzten dreißig Jahre, die von einer zunehmenden Ökonomisierung, Privatisierung und Globalisierung gekennzeichnet ist, kann man als Lehrstück über die Veränderung politischer Entscheidungsstrukturen und die grundlegende Transformation der Landschaft des Politischen begreifen. Meine Detailstudie dieses Politikfeldes sollte es ermöglichen, auch Entwicklungslinien des generellen Prozesses, von dem es Teil ist, zu benennen und zu bewerten.

Die Bearbeitung dieser Fragestellungen erfolgt in drei Teilen. Im ersten Teil führe ich in vier Kapiteln in das Feld der Wasserpolitik ein. Kapitel 1 erläutert zunächst die Ausmaße und Ursachen der globalen Wasserkrise und analysiert systematisch, welche komplexen Herausforderungen an das politische Handeln hierdurch gestellt werden. Kapitel 2 stellt die Entwicklungslinien globaler Wasserpolitik anhand der bisher veranstalteten Weltwasserkonferenzen dar. Dabei wird einerseits der chronologische Ablauf deutlich, andererseits werden aber auch die inhaltlichen Eingriffe, institutionellen Änderungen und Ergebnisse kritisch begutachtet. Einen Wendepunkt der Entwicklung stellt die Internationale Konferenz für Wasser und die Umwelt (International Conference on Water and the Environment, ICWE) in Dublin dar, die im Vorfeld der Rio-Konferenz Anfang 1992 stattfand. Dublin markiert nicht nur einen Paradigmenwechsel in der Frage der Privatisierung von Wasser, sondern auch in der organisatorischen Struktur der politischen Bearbeitung des Problems. Dem dominanten Konflikt der Wasserpolitik seit den 1990er Jahren, der Privatisierung der Wasserressourcen und Wasserdienstleistungen, widme ich mich in Kapitel 3, während Kapitel 4 die weitergehenden Forschungsfragen formuliert und zum zweiten Teil des Buches überleitet.

Dieser befasst sich in einer theoretischen Perspektive mit drei einschlägigen Kernproblemen der globalen Wasserpolitik: der Frage des Eigentums an natürlichen Ressourcen, der Realisierung des Gemeinwohls im Bereich der öffentlichen Daseinsvorsorge durch private oder öffentliche Dienstleister und dem Wandel von Demokratie und Politik im 21. Jahrhundert. In Kapitel 5 erläutere ich, mit welchen historischen und aktuellen Begründungen eine Privatisierung der Allmende legitimiert, gefordert und auch abgelehnt wurde und wird. In der neueren Diskussion geht es zugleich um die adäquate konzeptionelle Erfassung natürlicher Ressourcen und anderer menschlicher Gemeingüter (*commons*). Die theoretischen Konzepte können in ihrer Bedeutung nicht überschätzt werden, weil aus ihnen direkt gefolgert wird, welcher Umgang am besten geeignet scheint, eine effiziente und/oder gerechte Verteilung unter konkurrierenden Nutzergruppen zu ermöglichen und die Katastrophe einer Überausbeutung natürlicher Ressourcen zu verhindern. Eine Beobachtung der Entstehung dieser theoretischen Konzepte ist somit zugleich eine Voraussetzung, um die ihnen folgenden Politiken kritisch reflektieren zu können. Kapitel 6 schließt mit einer Diskussion über »Gemeinwohl« und »Privatisierung der Daseinsverantwortung« an. Beide Begriffe siedeln in hoch umstrittenen Diskursen, denn sie sind indirekte Thematisierungen der immerwährenden Konfliktlinie zwischen Markt und Staat. Infolge der politischen Transformationen in Osteuropa und des Endes des Kalten Krieges scheint diese Dauerdebatte einerseits praktisch zugunsten des Marktes entschieden zu sein, andererseits bergen die sozialen und ökonomischen Verwerfungen einer unabgefederten Einführung des Kapitalismus den Konfliktstoff und die Argumente für sozial begründete Gegenpositionen. Die in der Wasserpolitik herrschende Forderung nach einer Privatisierung von Wasserdienstleistungen, die Kommodifizierung von Wasser auf dem weltweit wachsenden Flaschenwassermarkt und der globale Protest gegen diese Entwicklungen stehen im Hintergrund des Kapitels. Kapitel 7 ist den Konzepten politischer Steuerung gewidmet, wobei unter Steuerung jede Art politischer Regelfindung mit dem Ziel eines lenkenden Eingriffs in gesellschaftliche Verhältnisse verstanden wird. Steuerung umfasst nach diesem weiten Begriff damit sowohl *government* als auch Governance:[13] Mit dem nicht adäquat übersetzbaren englischen Begriff »*government*«

13 In »*government*« muss der angelsächsische Bezug erhalten bleiben, um den gemeinten Wortsinn beizubehalten; es wird daher hier als englischer Begriff benutzt und kleingeschrieben; »Governance« hingegen hat sich als eingedeutschter Begriff durchgesetzt.

ist hier das absichtsvolle Beeinflussen von Politik und Gesellschaft mit den formalen und informalen Möglichkeiten des erweiterten Regierungsbetriebs – also nicht nur der Regierung im deutschen Wortsinn, sondern aller mit dem Regieren beschäftigten Institutionen und Akteure des Staates – gemeint. Unter Governance wird die Gesamtheit der »institutionelle[n] Regelungsmechanismen, die in variablen Kombinationen genutzt werden« (Benz 2004a: 20), verstanden; die Governance-Perspektive unterscheidet sich daher von der *Government*-Perspektive durch die Einbeziehung anderer Akteure neben dem Staat und durch die Aufhebung der Trennung von Steuerungssubjekt und -objekt.[14] Der Begriff »Steuerung« stellt also die Klammer zwischen diesen unterscheidbaren Formen politischer Entscheidungsfindung und -durchsetzung dar. Das Kapitel verfolgt drei zentrale Ziele: Erstens rekapituliere ich die Diskussion über den Wandel politischer Steuerungsformen hin zu Global Governance. Damit wird zugleich eine Grundlage geschaffen, um die genannten Veränderungen des Politischen in Hinsicht auf Steuerungstätigkeiten ermessen zu können. Zweitens unterscheide ich zwischen den Bedingungen politischen Handelns im Staat und in transnationalen Konstellationen und weise insbesondere auf die verschiedenen Entstehungsgründe und Wirkungsweisen von nationalen und transnationalen Netzwerken hin. Drittens entwickle und begründe ich ein Konzept für eine theoretische und empirische Analyse von Global Governance. Deren Schwierigkeiten liegen angesichts der Komplexität von Global-Governance-Prozessen in der Identifizierung bearbeitbarer Fragestellungen und, selbst wenn dies theoretisch in Form eines Kataloges gelingen sollte, den praktischen Schwierigkeiten ihrer Beantwortung. Die Global-Governance-Forschung erbt hier das Dilemma der Netzwerkforschung, die zwar eine Vielzahl theoretisch überzeugender Annahmen erstellt hat, in der Empirie aus forschungspraktischen Gründen aber meist auf kleine und relativ geschlossene Netzwerke beschränkt ist. So können zwar tiefenscharfe Aussagen getroffen werden, doch lässt sich schwer ermessen, inwiefern diese verallgemeinerbar sind. Die globalen, diffusen und offenen Netzwerke der Global Governance verschärfen das Problem: Will man es nicht bei rein theoretischen Annahmen oder empirisch sehr eng begrenzten Aussagen belassen, muss

14 Vgl. hierzu die ausführliche Diskussion in Kapitel 7.

hierfür ein Forschungsweg begründet werden, der aufgrund einer plausibel begründeten Auswahl beanspruchen kann, Kernelemente des Prozesses zu erfassen. Die Global-Governance-Forschung trifft zudem, insofern sie sich der Netzwerktheorie bedient und auf die Policy-Analyse setzt, auf ein zweites Problem: den Mangel an normativen Positionen. Konnte sich die nationale Policy-Analyse noch als »demokratie-endogener Ansatz« (Schubert 1991: 26) verstehen und Fragen der demokratischen Legitimität als selbstverständlich beantwortet annehmen, trifft dies für transnationale Netzwerke, die nicht aus formal legitimierten Akteure bestehen und in einer nicht konstitutionalisierten Globalität agieren, nicht einmal als theoretische Annahme zu. Angesichts der bereits dargestellten Tatsache, dass Global-Governance-Prozesse einen Vertrauensvorschuss hinsichtlich ihrer partizipatorischen und demokratischen Potentiale genießen, ist eine fundierte normative Bewertungsgrundlage ein umso größeres Desiderat, dem ich in diesem Kapitel gerecht werden möchte.

Der abschließende dritte Teil der Arbeit verbindet das theoretische mit dem empirischen Anliegen dieser Arbeit und zieht verallgemeinerbare Schlussfolgerungen. Kapitel 8 führt hierfür die theoretischen Vorarbeiten zum Umgang mit der Allmende, zum Gemeinwohl und zur Steuerungsdebatte in einer Analyse der Global Governance of Water zusammen: In der Folge der Konferenz von Dublin bildeten sich mehrere strategische Netzwerke, die hier als gemeinsames Globales Politiknetzwerk (Global Public Policy Network) untersucht werden. Dabei werden vor allem die Akteurs- und Machtstrukturen, Institutionalisierungsprozesse, das Netzwerkhandeln, die Interessen sowie die Rahmenbedingungen analysiert, unter denen das Netzwerk operiert. Mein Ziel ist es, die Vorschläge des Netzwerks zum Umgang mit der Allmende und zur Realisierung eines globalen Gemeinwohls einzuschätzen und zu erklären, wie dessen Netzwerkmacht zustande kommt und auf welchen Wegen politische Ergebnisse des Netzwerks institutionell gesichert und durchgesetzt werden. Im abschließenden Kapitel wird der Bogen zurück zur Theorie geschlagen und die verallgemeinerbaren Lehren für die übergeordneten Fragen dieser Arbeit gezogen. Ich resümiere die empirischen Ergebnisse unter mehreren theoretischen Gesichtspunkten: Erstens geht es um eine Einschätzung des Problemlösungsvermögens von Global Governance – und die Frage, welche neuen Probleme hierdurch geschaffen werden; zweitens um eine Verortung der Rolle des Staates in den Prozessen von Global Governance und drittens um die Bedeutung der Global Governance of Water für die Verantwortung gegenüber dem Gemeinwohl, für Menschenrechte und für Demokratie. Das übergreifende Thema des Kapitels ist mithin die Frage, wie sich der Raum des Politischen verändert und wie diese Veränderungen vor der unhinterfragbaren Prämisse, dass die *polis* demokratisch sein muss, zu bewerten sind.

Insgesamt ist das Buch von der Überzeugung geleitet, dass die subdisziplinäre Spezialisierung der Politikwissenschaft um eine integrative Perspektive zu ergänzen ist, um die politischen Herausforderungen der Gegenwart adäquat erfassen zu können. Dies gilt in mehrfacher Hinsicht: Erstens hat der Prozess der Globalisierung die Grenze zwischen Innen- und Außenpolitik aufgeweicht. Was einst als Gegenstand innerer Souveränität den Hoheitsbereich des Territorialstaates ausmachte, ist heute Teil eines verflochtenen Mehrebenensystems; eine wissenschaftliche Durchdringung von Politikfeldern ist mit einer wechselseitig ausschließenden Perspektive auf »innen« oder »außen« nur noch um dem Preis partieller Blindheit gegenüber einflussreichen Faktoren möglich. Die Reflexion von Politikbereichen als Gegenstand der Internationalen Beziehungen, insbesondere in der schon früh von Internationalisierungstendenzen gekennzeichneten Umweltpolitik (Jachtenfuchs 2002a), zeugt hiervon ebenso wie die im Bereich der Steuerungstheorie und Governance-Forschung durchbrochene Linie zu Prozessen der Global Governance (Benz 2004b; Mayntz 2004; Schuppert 2006).

Zweitens wurde in der Politikfeldanalyse schon früher beklagt, dass die Reflexion der normativen Grundlagen des Steuerungshandelns im Rahmen einer als selbstverständlich angenommenen Legitimität demokratischen Regierens ausblieb. Die Verbindung von empirisch orientierter Politikfeldanalyse mit theoretisch aufgeklärter Demokratie-, Macht- und Herrschaftstheorie ist daher ein schon länger bestehendes Desiderat. Einer Füllung dieser Forschungslücke bedarf es meines Erachtens heute umso dringender, weil der Rahmen des demokratischen Verfassungsstaates verlassen wird und somit nicht einmal mehr ideell demokratische Legitimität von Steuerungsprozessen als unproblematisch angenommen werden kann.

In einem weiteren Sinne führt dies drittens zu der grundsätzlicheren Forderung, empirische Forschung stärker an die politische Theorie zu binden und theoretische Reflexionen empirisch zu unterfüttern. Normative Maßstäbe sind für eine kritische Beobachtung der Wirklichkeit und damit für die Distanz der Wissenschaft von der Politik zur Politik elementar. Wenn es richtig ist, dass die Etablierung von Global Governance eine neue Herrschaftsformation bedeutet, und hierfür spricht vieles, ist eine normativ begründete Macht- und Demokratietheorie im Hintergrund dieser Forschung unverzichtbar. Umgekehrt ist auch normative Theorie auf Korrekturen aus der Wirklichkeit angewiesen. Deutlich zeigt sich dies zum Beispiel in der Allmendeforschung, die ihren Modellen kollektiven Handelns eine egoistische Rationalität zugrunde legt, die den komplexen Handlungsmustern in der Bewirtschaftung von Gemeineigentum nicht gerecht wird und daher zu vereinseitigenden Schlüssen kommt (vgl. Kapitel 5.3).

Viertens schließlich ist nicht nur erfolgreiches politisches Handeln in der Wissensgesellschaft an die Fähigkeit geknüpft, Forschungsergebnisse diverser Disziplinen politisch zu verarbeiten, sondern auch die Politikwissenschaft muss sich zunehmend den Erkenntnissen anderer wissenschaftlicher Disziplinen öffnen. Im Falle der Wasserpolitik bedeutet dies, dass etwa hydrologische, biologische oder auch demographische Forschungsergebnisse systematisch zur Kenntnis genommen und verarbeitet werden müssen, um Lösungsansätze bewerten zu können. Eine integrative Perspektive ist kein Ersatz für subdisziplinäre Forschungen; sie ist vielmehr auf diese zwingend angewiesen. Umgekehrt gilt aber auch, dass ein spezialisierter Expertendiskurs nicht ausreicht, um die tatsächliche Verbindung der vor allem aus forschungspraktischen Gründen isoliert dargestellten Spezialisierungen des Politischen zu erfassen. Die methodischen Schwierigkeiten einer integrativen Perspektive liegen auf der Hand und sind insbesondere in dem absichtlich komplex gehaltenen Gegenstand begründet, den es zu bändigen gilt. Dieses Problem wird hier auf zwei Wegen gelöst:

Zum einen sind empirische Forschung und theoretische Diskussion verschränkt. Während der erste Teil der notwendigen Einführung in das Thema der Wasserpolitik dient, werden im zweiten Teil die theoretischen Grundlagen für eine empirische Untersuchung des globalen Politiknetzwerks im dritten Teil der Arbeit gelegt.

Den Interessen an einer Erweiterung der theoretischen Bewertung von Prozessen der Global Governance und an einer empirisch fundierten Revision theoretischer Annahmen wird somit gleichermaßen Rechnung getragen. So dient der zweite Teil der Arbeit der Gewinnung normativer Maßstäbe für die Beurteilung der Empirie, wie die Erzeugung empirischen Wissens im Dienste der theoretischen Schlüsse des abschließenden Teils steht.

Zum anderen bediene ich mich in dieser Studie einer Art computertomographischer Vertiefungstechnik derart, dass bei aller Fülle der zu berücksichtigenden Gegenstände diese selbst nur insoweit vertieft werden, wie es für den Gesamtzusammenhang notwendig ist. Dies setzt eine begründete Auswahl ebenso voraus wie einen Methodenmix in der Bearbeitung der jeweiligen Fragestellungen: Im ersten Teil erörtere ich jene Aspekte der Trinkwasserpolitik, die für eine Beurteilung der Global Governance of Water erforderlich sind. Im zweiten Teil beschränke ich mich auf diejenigen theoretischen Grundlagen, die für eine Analyse der globalen Wasserpolitik als Beispiel der Entwicklung von Global-Governance-Prozessen unabdingbar scheinen, und konzentriere mich dabei auf drei zentrale Debatten: über die Allmende (die der Entscheidung über eher markt- oder staatszentrierte Formen der Bewirtschaftung öffentliche Güter vorausgeht), über die Konkretisierung des Gemeinwohls (die im demokratischen Verfassungsstaat mit dem konstitutionellen Rahmen und demokratischen Institutionen aufs Engste verknüpft und dessen legitime Konkretisierung in Regierungsformen jenseits des Staates weitgehend unbearbeitet ist) sowie über den Wandel von Steuerungsprozessen und Steuerungskonzeptionen. Der dritte Teil verbindet die theoretischen und empirischen Grundlagen in einer netzwerkanalytischen Untersuchung und einem Ausblick auf verallgemeinerbare theoretische Erträge.

Das Buch strebt eine der Problemstellung angepasste Verbindung von normativer politischer Theorie, Steuerungs- und Staatstheorie, Policy- und Netzwerkanalyse an, die an der Grenze zwischen klassischer Innen- und Außenpolitik angesiedelt ist. Methodisch verbindet es eine normative Argumentation mit einer empirischen Analyse, deren konkrete Durchführung von den Kategorien der Netzwerkanalyse angeleitet ist.

# 1. Schmutzige Brühe und blaues Gold: Die globale Trinkwasserkrise

> Wenn es uns jemals gelingen sollte, zu einem billigen Preis Frischwasser aus Salzwasser zu gewinnen, so würde dies jeden anderen wissenschaftlichen Fortschritt in den Schatten stellen. (John F. Kennedy)

> Toiletten mögen vielleicht nicht wie Katalysatoren des menschlichen Fortschritts erscheinen – es spricht jedoch alles dafür, dass sie es sind.
> (Bericht über die menschliche Entwicklung 2006)

Die Trinkwasserprobleme der Welt unter der kollektiven Bezeichnung »globale Trinkwasserkrise« zusammenzufassen ist teils berechtigt, teils irreführend. Zutreffend erfasst der Begriff die begründete Prognose, dass der globale Wasserhaushalt künftig immer weniger in der Lage sein wird, den wachsenden Bedarf zu decken. Wasserknappheit, Wasserverschmutzung und mit Wasser verbundene Katastrophen sind ubiquitäre Probleme, die die Rede von der globalen Trinkwasserkrise rechtfertigen und die »menschliche Familie« (Annan 2003) an ihrem Lebensnerv treffen.

Aber die Krise hat viele Gründe und Dimensionen, und die hiermit verbundenen Risiken sind räumlich und sozial ungleich verteilt. Die wasserknappen, aber ölreichen Länder am Golf können ihr regionales Wasserproblem durch energieintensive Entsalzungsanlagen lösen.[1] Nicht nur Trinkwasser, auch Golfplätze, Schwimmbäder und grüner Rasen verdanken sich hier der Kombination aus Meerwasser und Öl, das heißt Reichtum. Ein globaler Flaschenwassermarkt ermöglicht allen, die es sich finanziell leisten können, sich mit einwandfreiem Trinkwasser zu versorgen, auch an den Orten,

1 Kennedys Traum, durch Meerwasserentsalzungsanlagen die Wasserarmut zu beseitigen, hat sich bisher nicht erfüllt: Entsalzungsanlagen spielen zwar in den ölreichen Ländern des mittleren Ostens eine zentrale Rolle – die Hälfte der weltweiten Entsalzungskapazität wird hier erzeugt, 18 Prozent allein in Saudi Arabien, 13 Prozent in den Vereinigten Arabischen Emiraten und 5 Prozent in Kuwait. Global gesehen erzeugen Entsalzungsanlagen aber nur 0,3 Prozent des jährlich verbrauchten Frischwassers. Hohe Energie- und damit auch Endnutzerkosten sowie problematische Umweltfolgen setzen zurzeit einer massiven Ausweitung der diversen Entsalzungstechnologien recht enge Grenzen (Cooley u. a. 2006).

an denen Arme den Konsum von oder Umgang mit verseuchtem Trinkwassers mit dem Leben bezahlen – weltweit 6000 Menschen täglich. Manche Länder werden auch in Zukunft Wasser im Überfluss haben. Und obwohl industrialisierte Zonen der Welt ebenfalls unter Wasserknappheit leiden, können doch Kinder in der entwickelten Welt dreißig- bis fünfzigmal so viel Wasser konsumieren wie Kinder der Dritten Welt (UNESCO 2003d: 5). Die globale Krise trifft die Weltbevölkerung nicht gleich, und innerhalb der »menschlichen Familie« werden die Konsequenzen teils gar nicht spürbar, teils teuer und teils tödlich sein. Manche werden erheblich von der globalen Krise profitieren. Normativ gibt es keine Alternative dazu, sich als Weltgemeinschaft den wissenschaftlichen, finanziellen, technischen und politischen Anstrengungen zu stellen, die geeignet sein könnten, die weltweit vorhandenen, aber regional und sozial unterschiedlichen Risiken einer unzureichenden Wasserversorgung zu vermeiden oder abzufangen. Faktisch aber bergen ungleiche Betroffenheiten und ungleich verteilte Handlungsmöglichkeiten die Gefahr egoistischer Fluchten aus einem der »kritischsten Naturprobleme, die die Welt heute gewärtigt« (UNESCO 2003d: 5; vgl. auch Lee 2003: 39 f.).

Politisch hat die summarische Rede von einer globalen Krise daher vor allem zwei Bedeutungen: Sie eröffnet die Perspektive auf die unabsehbaren Folgewirkungen, die ein sich regional und sozial unterschiedlich auswirkender Mangel an dieser absolut existenziellen Ressource für die ganze Welt hat. Und sie verdeutlicht die teils moralisch begründete, teils in wohlverstandenem Eigeninteresse liegende Verantwortung der Weltgemeinschaft, nach Lösungen zu suchen. Dies gilt umso mehr, als sich die globale Krise lokal und sozial unterschiedlich manifestieren und damit die ebenso dringenden wie komplexen Handlungsnotwendigkeiten uneinheitlich ins Bewusstsein rücken wird. Besonders betroffen sind Arme, unter ihnen vor allem Frauen und Kinder, und unter den Kindern wiederum insbesondere Mädchen,[2] die schlechte Überlebensbedin-

2 Dort, wo keine funktionierenden Trinkwassernetze vorhanden sind, obliegt die Beschaffung von Trinkwasser insbesondere Frauen und Kindern. Verschlechtern sich die ökologischen Bedingungen, verschlechtern sich auch die hygienischen Bedingungen und die Wege werden weiter. Vor allem Mädchen gehen aus diesem Grund oft nicht (mehr) zur Schule, womit nicht nur ihre gegenwärtigen Entwicklungsmöglichkeiten rapide sinken, sondern auch ihre Zukunftsaussichten. Zu-

gungen vor allem ausgleichen müssen und gleichzeitig am meisten unter ihnen leiden. An ihrer Versorgung mit Trinkwasser und sanitären Anlagen wird sich der Erfolg jeglicher Strategie messen lassen müssen. Zweitens machen die lokalspezifischen Bedingungen und Hintergründe der Krise ein für alle und überall geeignetes Rezept unmöglich.

Eingedenk dessen wird der Begriff der globalen Trinkwasserkrise, deren zentrale Dimensionen im Folgenden dargestellt werden, einerseits als Tatsachenbegriff zur Kennzeichnung eines globalen Missstandes benutzt, andererseits als Kompositum regionaler Unterschiedlichkeiten verstanden, die in den Szenarien der Krisenlösung größter Beachtung bedürfen.

Aus dem großen Problemspektrum, das der Begriff der globalen Trinkwasserkrise umfasst, werde ich im Folgenden einige zentrale Aspekte vertiefen. In Kapitel 1.1 stelle ich den grundlegenden Wissensbestand über die weltweiten Wasserressourcen und -probleme dar, um dann in Kapitel 1.2 die Hauptursachen der globalen Trinkwasserkrise zu systematisieren. Abschließend resümiere ich das geschilderte Problemszenario als komplexe Herausforderung an politisches Handeln (Kapitel 1.3).

## 1.1 Wissen und Prognosen: Was »unser Überleben und das unseres Planeten Erde am meisten bedroht«[3]

### *1.1.1 Zur Einleitung: Go West, young man, go West …*

Die amerikanischen Great Plains, der von der kanadischen bis zur mexikanischen Grenze reichende, etwa 500 km breite Landstreifen zwischen den Rocky Mountains und dem 100. Längengrad, sind ein semiarides Gebiet mit weniger als 50 cm, vielerorts weniger als

gleich werden Frauen und Mädchen weit häufiger krank, wenn sanitäre Anlagen fehlen, und Kinder sind bei hygienischer Unterversorgung krankheitsanfälliger als Erwachsene. Erkranken die Kinder, sind es wiederum die Frauen, die zusätzlich zu den allgemeinen Bürden des Lebens auch noch den zeitlichen und finanziellen Aufwand für die Wiederherstellung der Gesundheit der Kinder aufbringen müssen – falls sie es überhaupt können (UNDP 2006: 2, 6, 18, 47 f.).

3 So die Problembestimmung in der Einleitung der Zusammenfassung des Ersten Weltwasserberichts (vgl. UNESCO 2003c).

30 cm Niederschlag pro Jahr. Für etwa eine halbe Million amerikanischer Siedler und Goldsucher, die um die Mitte des 19. Jahrhunderts auf dem California- und dem Oregontrail westwärts zogen, waren die Great Plains vor allem ein Hindernis, das es zu überwinden galt (National Park Service California 1992).

Massive Propaganda in der New York Herald Tribune – »Go West, young man, go West«[4] –, das offenbar gelingende Experiment einer an utopischen Prinzipien orientierten Siedlerkooperative[5] und ein Zufall der Natur – überdurchschnittliche Regenfälle in mehreren aufeinander folgenden Jahren – führten Mitte der 1860er Jahre dennoch zu einem Siedlungsboom in dem auch als *Great American Desert* bezeichneten Landesteil.

Zugführer, die auf dem Weg nach Oregon durch das westliche Nebraska führen, berichteten, dass das Land, das für gewöhnlich von der Dürre gelb oder von Präriebränden schwarz war, in leuchtendem Grün erstrahlte. In den späten 1870er Jahren schien sich die Grenze der Großen Amerikanischen Wüste (*Great American Desert*) rückwärts über die Rocky Mountains bis an die Schwelle des Großen Beckens (*Great Basin*) verlagert zu haben. Ein so spektakulärer klimatischer Wandel konnte nicht als Zufall interpretiert werden, jedenfalls nicht von einem Volk, das sich als von Gott selbst dazu auserwählt wähnte, einen wilden Kontinent zu besetzen. Vielmehr wurde eine neue Schule der Meteorologie gegründet, um den Wandel zu erklären. Ihr unausgesprochenes Prinzip hieß »göttliche Intervention«, und ihr Motto lautete: »Der Regen folgt dem Pflug.« (Reisner 1987: 35)

Die meteorologische Theorie, nach der »der Niederschlag zunehmend wird, wenn die Bevölkerung wächst« (ebd.: 36), wie es ein führender Vertreter der neuen Klimatheorie formulierte, entsprach zwar auch dem damaligen Wissensstand nicht. Es unterstützte aber das ökonomische Interesse der Investoren, den Eisenbahnbau durch die langfristige Abhängigkeit von an der Strecke ansässigen

4 Dieses Zitat wird fälschlicherweise dem Herausgeber der *New York Herald Tribune*, Horace Greeley, zugeschrieben. Tatsächlich stammt es ursprünglich von John B. L. Soule aus einem Editorial des *Terre Haute Express* (Indiana) von 1851. Greeley popularisierte den Aufruf, indem er das Editorial in seiner Zeitung abdruckte. Allerdings entsprach der Aufruf Greeleys eigenen Ansichten – 1841 bereits hatte er in einem Artikel aufgerufen, sich dem Großen Westen *(Great West)* zuzuwenden und dort sein Glück zu suchen (Mitchell 2004).

5 Obwohl der Gründungsort dieser Kolonie nach Horace Greeley benannt wurde, ist der eigentliche Urheber der Landwirtschaftsredakteur der *New York Tribune*, Nathan C. Meeker (City of Greeley 2006).

Siedlern zu refinanzieren, und das Interesse der Regierung, durch den Verkauf von Land die wachsenden öffentlichen Schulden zu mindern (Secretary of the Interior 1862: 4). Viele Eisenbahn-Gesellschaften verfügten über eigene Zeitungen, in denen von wundersamen Erträgen in den Great Plains berichtet und so für deren Besiedelung geworben wurde – von Wüste könne nicht die Rede sein, eher ein Schlaraffenland, für die mormonischen Siedler gar »das gelobte Land«.

Nach dem Homestead Act[6] von 1862 konnte jeder Siedler ein Landstück von 65 Hektar, eine halbe Quadratmeile, billig erwerben; unter günstigen Witterungsbedingungen ist dies ein ausreichendes Stück Land, um eine Familie zu ernähren. Unter den klimatischen Bedingungen der Great Plains ist eine Subsistenz auf einer solchen *quarter section* ohne künstliche Bewässerung aber unmöglich. Die Abhängigkeit von Bewässerungswasser unter der rechtlichen Regelung des Wasserbesitzes durch das sogenannte »Flussanliegerrecht« (*riparian principle*) wirkte sich für die Mehrheit als landwirtschaftliches Desaster aus: Nach diesem Rechtsprinzip ist die Verfügung über Wasser an den Besitz des wasserführenden Landes geknüpft und erlaubt in der Regel dessen »vernünftigen« Gebrauch.[7] Die-

6 Der 1862 erlassene Homestead Act trug dem Umstand eines zusammenbrechenden Landmarktes Rechnung, indem er Land quasi kostenfrei an Siedler übertrug. Er sicherte jedem Familienoberhaupt oder jeder Person ab 21 Jahren, die Bürger der Vereinigten Staaten war oder werden wollte, einmalig das Recht zu, ein Landstück von bis zu 160 acres (65 Hektar) zu seinem Besitz zu machen. Die Kosten waren gering, aber der Erwerb des Landes war an die Bedingung geknüpft, ein Haus zu bauen und mindestens fünf Jahre lang das Land zu bewirtschaften. Mehr als zwei Millionen Menschen siedelten unter dem *Homestead Act* auf mehr als 100 Millionen Hektar Land (Mitchell 2004).

7 Die *riparian water rights* oder kurz *riparian rights* entstammen dem *common law* und gelten bis heute in England (Environment Agency 2007) und Teilen der USA. Sie beziehen sich in den USA auf Oberflächen- und Grundwasser, wobei die Entnahme von Wasser für jedweden Gebrauch in der Regel heute so gestaltet ist, dass für die mit gleichen Rechten ausgestatteten anderen Nutzer eine ebenfalls ausreichende und qualitativ gleichwertige Menge an Wasser vorhanden bleiben muss. Dieses ähnlich vage Prinzip wie die völkerrechtliche Formel der »Billigkeit« hat Streitigkeiten um Wasser nicht verhindert; eine Folge davon ist, dass ein großer Teil der Fortentwicklung des amerikanischen Wasserrechts weniger politischen Grundsätzen oder neuen Kenntnissen als vielmehr den gerichtlichen Entscheidungen über konkrete Streitfälle folgte. Zudem wurden bei späteren Pfadänderungen frühere Rechte anerkannt: So wies der oberste Gerichtshof von Texas bereits 1872 darauf hin, dass das *riparian right* für aride und semiaride Gegenden nicht geeignet

se Regelung begünstigt generell die Besitzer von Grundstücken an oder auf Wasservorkommen und unter ihnen wiederum die Oberlieger. Diese können durch den Bau von Dämmen an Flüssen und Bächen ihren Bedarf auch in niederschlagsarmen Zeiten decken; die Unterlieger haben dann das Nachsehen. Für die Great Plains ist dieses Recht der Schlüssel zur Monopolisierung der fließenden Oberflächengewässer durch wenige Landbesitzer und legale Grundlage der Überausbeutung des Grundwassers.

John Wesley Powell, einer der ersten Pioniere, die die Great Plains erkundet hatten, wurde zum größten Kritiker der Besiedlungspolitik:

Spekulation. Wassermonopol. Landmonopol. Erosion. Korruption. Katastrophe. Nach diversen Reisen durch die Great Plains und die Rocky Mountain Staaten war John Wesley Powell überzeugt, dass dies die Früchte der Landpolitik im Westen sein werden, die auf frommen Wünschen, Undiszipliniertheit und schlechter Wissenschaft beruhte. In der Tat passierte alles, was er vorhergesagt hatte, besonders die Monopolisierung von Land und Wasser, Bestechung und Betrug. (Reisner 1987: 43)

Powells zentrale Vorschläge, die Great Plains als Allmende zu bewirtschaften und die Expansion in den Westen in Anpassung an die natürlichen Grundlagen zu verlangsamen, blieben ungehört. Die von ihm prognostizierten Katastrophen aber trafen ein: Ende des 19. Jahrhunderts, Anfang der 1930er Jahre, in den 1950er und wieder in den späten 1980er Jahren wurden die Great Plains von jahrelangen Dürreperioden heimgesucht (National Climate Data Center 2005).

Besonders die Dürre der 1930er Jahre, die wegen der Sandstürme auch als »*dust bowl drought*«[8] bezeichnet wurde, traf die Farmer

ist, was 1895 zu einer Gesetzesänderung im Sinne einer *prior appropriation* führte, nach der das Recht auf Wassernutzung beim Staat verbleibt, wenn er der Verkäufer des Landes ist. Jedoch wurden früher erworbene Wasserrechte nicht bestritten, so dass bis heute die anerkannten privaten Aneignungsrechte immer noch leicht über den jährlichen Anteilen an Oberflächengewässern liegen, die dem Staat insgesamt dauerhaft zur Verfügung stehen (Templer 2001).

8 Der *Dust-bowl*-Effekt entstand, weil neben der anhaltenden Dürre auch eine Landwirtschaft betrieben worden war, die die Oberflächen schutzlos dem Wind aussetzte. Trockene Erde wurde aufgewirbelt und bildete große Sandwolken, die sogar die Sonne verdeckten (sogenannte Schwarze Blizzards) (National Climate Data Center 2005). Die Sandstürme bildeten auch den Hintergrund für John

hart. Um Verluste der Großen Depression zu kompensieren, hatten sie ihre Produktion erhöht. Mit dieser Maßnahme setzte jedoch ein Teufelskreis ein, der mittelfristig für viele Farmer das ökonomische Ende bedeutete: Die erhöhte Produktion ließ die Preise in den Keller fallen, was die Farmer wiederum zu einer Steigerung der landwirtschaftlichen Produktion zwang, um die Kosten für Ausrüstung, Saatgut und das eigene Leben decken zu können. Die Trockenheit zerstörte diese Hoffnungen, und »nicht einmal mit staatlicher Nothilfe konnten viele Bauern der Great Plains die ökonomische Krise der Dürre überstehen. Viele von ihnen mussten ihr Land verlassen, so dass auf dem Höhepunkt der Krise eine von zehn Farmen in einen neuen Besitz überging« (National Climate Data Center 2005). Zwischen 1930 und 1936 verließen über 730 000 Menschen, etwa 12 Prozent der Bevölkerung,[9] die Staaten der Great Plains, davon etwa die Hälfte Richtung Westen (Gregory 1989b: 74).

Für die verbleibenden Bewohner wurde im Rahmen des New Deal ein großes Bewässerungsprojekt aufgelegt. Knapp 90 Staudämme und Stauseen werden heute vom US Bureau of Reclamation in den Great Plains verwaltet (Bureau of Reclamation 2006). Die öffentlichen Ausgaben für Dämme und Bewässerungskanäle waren enorm und werden aufgrund der niedrigen Wasserpreise niemals zu einer Amortisierung der öffentlichen Investitionen führen, so dass ironischerweise der idealtypisch allein auf sein Unternehmerglück gestellte amerikanische Farmer zutiefst vom Gewährleistungsstaat abhängt.[10] Zusätzlich schlägt die Katastrophenbekämpfung zu Bu-

Steinbecks *Früchte des Zorns*, dessen Darstellung der Ereignisse von der Forschung jedoch weitgehend als rein fiktional zurückgewiesen wird (Gregory 1989a; Gregory 1989b).

9 Die Zahlen entstammen einer eigenen Berechnung auf der Basis der Daten des Great Plains Project der University of Michigan, das mir freundlicherweise den Zugang zu seiner Datenbasis erlaubt hat.

10 Im weit überwiegenden Anteil aller *counties* der Great Plains liegt der Anteil der mit öffentlichen Geldern unterstützten Agrarbetriebe bei mindestens 50 Prozent, in North und South Dakota, Kansas und Teilen von Montana sogar bei 70 Prozent und mehr (National Agricultural Statistics Service 2002). »Das Federal Bureau of Reclamation liefert Wasser für ein Viertel der bewässerten Fläche des Westens – mehr als 4 Millionen Hektar –, abgesichert durch langfristige Verträge (in der Regel mit 40 Jahren Laufzeit) und zu stark subventionierten Preisen. Diese Praxis geht auf den Reclamation Act von 1902 zurück, der den Farmern bei der Beschaffung von Bewässerungswasser helfen wollte. Im Laufe der Zeit hat sich die öffentliche Hilfe noch verstärkt, weil das Büro die Entscheidung getroffen

che: Allein die Kosten der Dürre von 1987 bis 1989, der teuersten Trockenheitsperiode, werden auf 39 Milliarden US $ geschätzt (National Climate Data Center 2005).

Profiteur der Investitionen ist seit den 1960er Jahren in zunehmendem Maße die Agroindustrie: Heute bewirtschaften etwa 30 000 Großbetriebe[11] die Great Plains und erbringen auf 10 Prozent der landwirtschaftlichen Nutzfläche ein Drittel des Gesamtertrages der USA. Diesen positiven Folgen der Konzentrationsprozesse der Landwirtschaft stehen allerdings negative Wirkungen gegenüber: Die Produktivitätssteigerung ist wesentlich auf eine hochgradig prekäre Bewässerungslandwirtschaft zurückzuführen, sie geht mit einer dramatischen Abwanderung der Bevölkerung einher, die allein im letzten Jahrzehnt um ein Drittel abnahm,[12] und Düngemittel sowie Tierexkremente haben die Schadstoffkonzentration in Boden und Grundwasser erhöht (Kerr Center 2000; Mitchell 2004).

Die Bewässerungslandwirtschaft auf den Great Plains wird seit den 1930er Jahren und insbesondere nach dem Zweiten Weltkrieg vor allem durch das Wasser aus dem unter den Great Plains lie-

hat, die Zinsen für den Bau von Wasserprojekten nicht in Rechnung zu stellen, die Rückzahlungszeiträume zu verlängern und die Zahlungen der Farmer an ihre Zahlungsfähigkeit zu koppeln. Im Ergebnis haben sich die Subventionen aufgebläht […]. Mitte der achtziger Jahre hatten die Nutznießer des kalifornischen Central Valley Projektes gerade einmal vier Prozent der Kosten rückerstattet: 38 Mio. $ von 950 Mio. $. Den Rest mussten die amerikanischen Steuerzahler aufbringen.« (Postel 1997: 167 f.)

11 Im 20. Jahrhundert erreichte die Anzahl der Farmen ihren Höhepunkt Mitte der dreißiger Jahre bei etwa 85 000. Seither ist die Anzahl der Farmen um fast zwei Drittel gesunken, die landwirtschaftliche Durchschnittsnutzfläche pro Farm von etwa 400 Acres auf 1200 Acres gestiegen (Rathge 2001); im landesweiten Durchschnitt bewirtschaftet eine Farm in den USA nur 446 Acres (United States Department of Agriculture 2007: 2).

12 Grundsätzlich muss der regionale Rückgang der Bevölkerung vor dem Hintergrund einer ansonsten wachsenden Bevölkerung gesehen werden. Zwischen 1990 und 2000 hat die Gesamtbevölkerung der USA um 32 Millionen zugenommen, der durchschnittliche Zuwachs pro Staat lag bei 13,2 Prozent (US Census Bureau 2007). Von den Great-Plains-Staaten liegen nur Colorado, New Mexiko und Texas über diesem Durchschnitt. 65 Prozent aller *counties* und 91 Prozent aller ländlichen *counties* der Great Plains – das heißt derjenigen, in denen es keinen Ort mit mehr als 2500 Einwohnern gibt – haben seit 1950 kontinuierlich Einwohner verloren. In den ländlichen *counties* betrug der Bevölkerungsrückgang in der Zeit im Durchschnitt ein Drittel (Perry/Mackun 2001; Rathge 2001).

genden Ogallala- oder High Plains Aquifer[13] gespeist, dem größten Grundwasserreservoir der Vereinigten Staaten. Die nördliche Spitze des Ogallala-Aquifers liegt in South Dakota, das südliche Ende in Texas, in der Mitte verläuft das Aquifer unterhalb von Wyoming, Colorado, Nebraska, Kansas, Oklahoma und New Mexico. Das Reservoir erstreckt sich über eine Fläche von 174 000 Quadratmeilen; die wasserführende Schicht (*saturated thickness*) beträgt im Durchschnitt 60 Meter, schwankt jedoch ortsabhängig stark. Die Grundwasservorräte liegen durchschnittlich 30 Meter tief, mancherorts aber ist Wasser erst 150 Meter unter der Oberfläche zu finden (Dennehy 2000).

Das Ogallala-Aquifer sorgt für 30 Prozent des jährlichen Bewässerungswassers der Vereinigten Staaten (Muller Ogle/Hallberg o.A.) und für die Trinkwasserversorgung von 82 Prozent der Bevölkerung der Great Plains, das sind knapp zwei Millionen Einwohner (Dennehy 2000). Vordergründig ist mit dieser schier endlosen Wasserquelle der Bedarf von Landwirtschaft und Privathaushalten gedeckt, aber Verschmutzung und Überausbeutung des Grundwassers bringen die inzwischen weitgehend industrialisierte, kapitalisierte und monopolisierte Landwirtschaft in der Region in absehbarer Zukunft in größte Gefahr.

Insgesamt wurde die bewässerte Fläche seit Mitte des Jahrhunderts von 2 Millionen Acre auf ungefähr 13 Millionen Acre Anfang der 1990er Jahre ausgedehnt (Stanton/Fahlquist 2006). In den 1950er Jahren waren 3792 Pumpen in Betrieb, 2003 waren es 9202 (McGuire 2004: 2). Im Jahr 2000 wurden dem Grundwasserreservoir täglich etwa 64 Milliarden Liter Wasser für Bewässerungszwecke, weitere knapp 1,2 Milliarden Liter für private Haushalte entzogen (U.S. Geological Survey 2006; Dennehy 2000). Die wasserführende Schicht hat sich in dem Zeitraum um durchschnittliche 3,7 Meter verringert, auf mehr als einem Viertel der Fläche allerdings um circa 7,5 Meter, auf einem knappen Zehntel der Fläche sogar um 15 Meter (ebd.: 3 f.).

Allein zwischen 2002 und 2003 nahm die wasserführende Schicht des Reservoirs um durchschnittliche 35 cm ab (McGuire 2004: 2). Gleichzeitig ist der Grundwasserspiegel gesunken: Seit Beginn der Bewässerungslandwirtschaft in den 1940er Jahren sank er in Teilen

13 Ein Aquifer ist ein von undurchlässigen Schichten und oftmals selbst mit Sedimenten durchsetzter Grundwasserleiter.

von Kansas, New Mexico, Oklahoma und Texas um mehr als 30 Meter. In einigen Gebieten ist damit die Bewässerungslandwirtschaft entweder zu teuer oder ganz und gar unmöglich geworden (Dennehy 2000).[14] Die Landwirte graben sich förmlich selbst das Wasser ab: Eine erhöhte Entnahme führt zu einem sinkenden Wasserspiegel, was den Ertrag der Pumpe, der als Menge pro Zeiteinheit gemessen wird, senkt. Eine abnehmende Pumpleistung erhöht die Bewässerungskosten und mindert die Einnahmen aus der landwirtschaftlichen Produktion. Versiegt das Wasser, muss die Bewässerungswirtschaft eingestellt werden. Wird die gegenwärtige Pumpleistung aufrechterhalten, ist diese Folge auf Dauer unvermeidlich, denn die Wasserentnahme und die Wiederauffüllungsrate divergieren stark. Selbst optimistische Schätzungen gehen davon aus, dass die Wiederauffüllungsrate des Aquifers nur einem Zehntel der Entnahme entspricht. Da das Reservoir keinen unterirdischen Zufluss hat, erfolgt die Wiederauffüllung ausschließlich über Niederschläge und ist somit von meteorologischen Entwicklungen abhängig: »Das Ogalla-Aquifer anzuzapfen ist ein einmaliges Experiment, irreparabel und irreversibel.« (Kerr Center 2000) Ein weiteres Problem ist die Verschmutzung des Grundwassers durch einsickernde Pestizide und Nitrate. In einer Studie im nördlichen (mit 30 Proben) und südlichen Teil (29 Proben) des Aquifers wurden in 90 Prozent der nördlichen und 55 Prozent der südlichen Proben Nitratwerte oberhalb des standardisierten Berichtslevels (*laboratory reporting level*, LRL)[15] gefunden; in 55 bzw. 17 Prozent lagen diese Werte auch oberhalb des maximalen Nitratgehaltes des

14 »Erstens senkt der schnelle Wasserentzug den Grundwasserspiegel und erhöht die Entfernung, die zurückgelegt werden muss, um das Wasser an die Oberfläche zu bringen. Zweitens reduziert die Minderung der wasserführenden Schicht das Pumpergebnis, das in Gallone pro Minute gemessen wird, und verlängert die Zeitspanne, die gebraucht wird, um das Wasser auf die Felder zu bringen. Sinkende Pumpleistungen und größere Pumptiefen erhöhen die Kosten insgesamt und senken die Profitabilität der Bewässerungslandwirtschaft.« (Kerr Center 2000: 13)

15 Der *laboratory reporting level* (LRL) misst die Abweichung einer Stoffkonzentration in einer Umgebung. In der Regel liegt der LRL in zweifacher Höhe des *long term method detection level* (LT-TDL), der aus wenigstens 24 Proben bestimmten Standardabweichung einer Konzentration. Beide Standards werden durch jährliche Messungen neu bestimmt, sind also variabel (U.S. Geological Survey 2007).

Trinkwasserstandards.[16] 73 Prozent der nördlichen und 24 Prozent der südlichen Proben wiesen eine Belastung mit mindestens einem Pestizid oberhalb des LRL auf (Stanton/Fahlquist 2006: 33f.).

Die umfassendste Studie, die sich als einzige auf das gesamte Aquifer bezieht und historische wie aktuelle Ergebnisse von 43 Institutionen, knapp 30 000 Orten und über einer Million Proben in einer Datenbank zusammenfasst, bilanziert nüchtern, dass »Nitrate, Pestizide und Salinität Anlass zu erheblichen Sorgen bezüglich der Wasserqualität geben« (Litke 2001: 54). In weiten Bereichen des Aquifers übersteigen auch die Anteile an Eisen, Mangan, Radon, Fluoriden und Uran die nach dem Trinkwasserstandard zulässigen Maximalwerte. 16 Prozent aller Proben liegen über den zulässigen Nitratwerten, und in über 70 Prozent aller *counties* lagen die Nitratbelastungen in den Jahren 1980 bis 1998 erheblich über den historischen Vergleichsdaten aus der Zeit zwischen 1930 und 1969. In der gesamten Studie wurden 50 Pestizide identifiziert, vier von ihnen (Atrazine,[17] Alachlor,[18] Cyanazine[19] und Simazine[20]) überschritten die zulässigen Trinkwasserwerte. 29 Prozent aller Proben

16 Überhöhte Nitratwerte im Trinkwasser können schwere Krankheiten auslösen und bis zum Tod führen, insbesondere bei Kindern. Die Umwandlung von Nitraten in Nitrite im menschlichen Körper vermindert die Fähigkeit der Sauerstoffversorgung. Langfristig können Nitrite und Nitrate zu Nieren- und Milzerkrankungen führen, insbesondere zu Blutungen und Ablagerungen (U.S. Environment Protection Agency 2006d).

17 Atrazine ist eines der gebräuchlichsten Pflanzenschutzmittel in den USA, das in einigen europäischen Ländern verboten ist. Atrazine kann kurzfristig zu Unterfunktionen von Herz, Lungen, Leber und Nieren führen, zu Muskelverkrampfungen, Gewichtsverlust und niedrigem Blutdruck. Langfristige Folgen können Herz- und Gefäßverengungen, Netzhaut- und Muskeldegenerationen und Krebs sein (U.S. Environment Protection Agency 2006b).

18 Alachlor hat kurzfristig nur wenige Nebenwirkungen, nämlich Haut- und Augenerkrankungen; langfristig kann es Leber-, Milz- und Nierenschäden hervorrufen sowie Krebs (U.S. Environment Protection Agency 2006a).

19 Versuche an Labortieren zeigen eine Gewichtsabnahme und eine Vergrößerung der Leber, Depressionen und Inaktivität sowie tödliche Effekte für Föten. Der Stoff scheint sich im Körper zwar anzusammeln, zeigt aber keine mutagenen und karzinogenen Effekte. Auswirkungen auf den Menschen sind nicht nachgewiesen (Extoxnet 1996).

20 Simazine kann kurzfristig zu Blutveränderungen und Gewichtsverlust führen, langfristig zu Zuckungen, Hoden-, Leber-, Nieren- und Schilddrüsenerkrankungen sowie zu Genveränderungen und Krebs (U.S. Environment Protection Agency 2006e).

zeigten eine Versalzung des Wassers an, die über dem sekundären Trinkwasserstandard[21] lag, auch hier ist die Tendenz im historischen Vergleich steigend (ebd.: 22 ff.).

Alle Studien über die Quantität und Qualität der Wasserressourcen weisen darauf hin, dass nur eine radikale Umkehr zu einer nachhaltigen Nutzung der Wasserressourcen die Landwirtschaft und das menschliche Überleben in den Great Plains auf Dauer sichern kann. Lösungen, die einen auch nur annähernd vergleichbaren Wasserverbrauch in der Zukunft erlauben würden, sind nicht in Sicht. Konservierung, eine veränderte Bewirtschaftungsmethode und sparsamere Bewässerungsformen sind die einzigen Alternativen zu einer kompletten Ausbeutung. Dies ist jedoch leichter gefordert als umgesetzt, denn die landwirtschaftliche Bedeutung der Region für die Gesamtversorgung der USA ist enorm: »Die Region hat einen großen Anteil an dem in den USA produzierten Getreide, Fleisch und Ballaststoffen, darunter 60 Prozent des Weizens, 87 Prozent der Hirse und 36 Prozent der Baumwolle. Mehr als 60 Prozent des gesamte Viehbestandes ist hier beheimatet [...].« (USGCRP 2000)

Diese immense Produktivität des Landstrichs, der auch 40 Prozent des amerikanischen Rindfleisches hervorbringt, beruht auf dem Raubbau an den Wasserressourcen. Dieser Raubbau ist weder kurzfristig noch kostenlos zu beenden. Entsprechende Programme werden zwar gefordert und gefördert, aber neuere Zahlen über den fortschreitenden Schwund der Wasservorräte in der Region stimmen skeptisch, ob sich eine nachhaltige Wende mit den gegenwärtigen Instrumenten noch zustande bringen lässt. Die Profitinteressen der ansässigen landwirtschaftlichen Unternehmer und die ernährungspolitische Abhängigkeit der gesamten Vereinigten Staaten von der Produktivität dieser Region dämpfen die Hoffnungen auf eine absichtsvoll herbeigeführte ökologische Wende.

21 Das US-amerikanische Recht unterscheidet zwischen einem primären und einem sekundären Trinkwasserstandard. Die Überschreitung des primären Standards wird als gesundheitlich bedenklich eingeschätzt und seine Einhaltung wird rechtlich durchgesetzt. Der sekundäre Standard bezieht sich auf Komponenten, die »kosmetische« oder »ästhetische« Veränderungen hervorrufen können wie Zahnverfärbungen oder Geschmacksveränderungen; auf Bundesebene ist der sekundäre Standard nur eine Leitlinie, kann aber auf Ebene der Einzelstaaten auch zu einem rechtsverbindlichen Standard definiert werden (U.S. Environment Protection Agency 2006c).

Nicht nur der Konflikt zwischen den kurz- und den langfristigen Interessen macht die Geschichte der Great Plains zu einem politischen und ökologischen Lehrstück über den Umgang mit dem Blauen Gold. Die frühen wissenschaftlichen Fehleinschätzungen und politischen Fehlentscheidungen – die kryptowissenschaftliche meteorologische Theorie, die Einführung eines Wasserrechts, das bis heute die private Verfügung über große Teile der Wasservorkommen einer politischen Steuerung unzugänglich macht, die Ausrichtung der Siedlungspolitik an kurzfristigen Finanzinteressen und anderes – erzeugen langfristig wirkende Pfadabhängigkeiten und somit enorme Schwierigkeiten, auf dem einmal beschrittenen Weg umzukehren.

Zudem zeigt dieses Beispiel, dass das globale Trinkwasserproblem keineswegs auf die dürren Zonen und Metropolen der »Dritten Welt« beschränkt ist, sondern in diesem Fall eine der landwirtschaftlich produktivsten Zonen der Welt betrifft. Beunruhigend daran ist jedoch, dass auch der im Vergleich zu fast allen anderen Gegenden der Welt große Reichtum des Landes zwar die Krisendiagnose verbessert, dies aber nichts daran ändert, dass eine nachhaltige Lösung hier gegenwärtig ebenso wenig in Aussicht steht wie anderswo.

### *1.1.2 Der Wasserhaushalt der Erde*

Die Erde ist zu drei Vierteln mit Wasser bedeckt – der größte Teil hiervon, ungefähr 97,5 Prozent, ist Salzwasser. Vom verbleibenden Süßwasseranteil von 2,5 Prozent entfallen 68,9 Prozent auf die Polkappen und Gletscher; weitere 29,9 Prozent des Süßwassers sind Grundwasser. 0,9 Prozent des Süßwassers existiert als Bodenfeuchte, in Sümpfen und Mooren – lediglich 0,3 Prozent ist leicht zugängliches Oberflächengewässer in Flüssen und Seen (Shiklomanov 1998: 4). Dieser ohnehin schon geringe Süßwasseranteil an den gesamten Wasservorräten der Erde steht indessen nicht in vollem Umfang zum Verbrauch zur Verfügung.

Zwar wird letztlich das gesamte Wasser im hydrologischen Kreislauf erneuert, jedoch in sehr unterschiedlichen Zeiträumen.[22] Was-

22 »Die verschiedenen Formen von Wasser in der Hydrosphäre werden während eines hydrologischen Kreislaufes vollständig wieder aufgefüllt, aber in sehr unterschiedlichen Zeiträumen. Zum Beispiel dauert es 2500 Jahre, bis das Wasser des Ozeans komplett regeneriert ist, für Permafrost und Eis beträgt dieser Zeitraum

ser, das ohne Schaden für die Natur jährlich verbraucht werden kann, ist daher allein der Teil des Süßwassers, der im hydrologischen Kreislauf im Laufe eines Jahres erneuert wird (*renewable water*) und somit dauerhaft zur Verfügung steht. Hierunter fällt hauptsächlich der Oberflächenabfluss, der sogenannte *river runoff. Runoff* ist die Differenz zwischen Niederschlag und Evaporation zugunsten der Landfläche der Erde. Ein Plus kommt hier insofern zustande, als die Verdunstung der Weltmeere größer ist als der zu ihnen zurückkehrende Niederschlag. Weltweit beträgt der jährliche Gewinn aus dieser Differenz etwa 44 800 $km^3$ bzw., ohne den hierin enthaltenen geringen Grundwasserabfluss von 2100 $km^3$, 42 700 $km^3$ Wasser.[23]

Allein dieser Anteil, der durch den hydrologischen Kreislauf regeneriert wird und als Surplus der vorhandenen Süßwassermenge aus den Oberflächengewässern zurück ins Meer fließt, steht theoretisch zur permanenten Verfügung. Praktisch jedoch unterliegt diese Wassermenge jährlichen Schwankungen von ±15 bis 25 Prozent (Shiklomanov 1998: 9), und auch innerhalb eines Jahres fließt diese Menge nicht gleichmäßig ab. Etwa 60 bis 70 Prozent der Wassermenge fließen in den jeweiligen Flutperioden zurück ins Meer, mancherorts sind es bis zu vier Fünftel der jährlichen Wassermenge, die in einer kurzen Flutperiode von etwa drei Monaten abfließen und enorme saisonale Schwankungen der nutzbaren Wassermenge verursachen. Diese Schwankungen können nur teilweise und mit neuen finanziellen und ökologischen Folgekosten durch Staubehälter abgefangen werden. Eine zuverlässige Frischwasserquelle ist daher allein der verbleibende Rest des sogenannten *base-flow runoff*, »ein stabiles Volumen, das nur geringfügig über die Jahre schwankt,

ca. 10 000 Jahre und für tiefes Grundwasser und Gletscher etwa 1500 Jahre. Wasservorkommen in Seen werden in 17 Jahren komplett ersetzt und in Flüssen in ungefähr 16 Tagen.« (Shiklomanov 1998: 6)

23 »Jedes Jahr werden 577 000 $km^3$ Wasser auf der Erde umgewälzt. Das beinhaltet das Wasser, das aus den Ozeanen verdunstet (502000 $km^3$), und Wasser, das von der Landfläche stammt (74200 $km^3$). Dieselbe Menge kommt als Niederschlag wieder zurück, 458 000 $km^3$ davon fallen in den Ozen und 119 000 $km^3$ auf die Landfläche. Die Differenz zwischen Niederschlag und Verdunstung auf der Landfläche (119000-74200 = 44 800 $km^3$/Jahr) entspricht dem jährlichen Oberflächenabfluss aus den Flüssen der Erde (42700 $km^3$) und dem direkten Grundwasserabfluss (2100 $km^3$) in die Ozeane.« (Shiklomanov 1998: 5) Vgl. auch die Zusammenstellung anderer Berechnungen in FAO (2003a: 28); die minimale Angabe liegt bei 38 830 $km^3$/Jahr, die maximale bei 44 690 $km^3$/Jahr.

und dessen Gebrauch ohne künstliche Regulation möglich ist. Er beträgt etwa 37 Prozent des gesamten Volumens des globalen Oberflächenabflusses, nämlich ungefähr 16 000 km$^3$ pro Jahr« (Shiklomanov 1998: 10).

Andere Schätzungen kommen zu dem Ergebnis, dass nur etwa 14 000 km$^3$ (Postel u. a. 1996) bzw. nur 12 500 km$^3$ (ECOSOC 1997a: Art. 37) leicht zugänglichen Wassers weltweit zur Verfügung stehen. Die Differenzen sind mit unterschiedlichen Mess- und Extrapolationsmethoden zu erklären, die sich auch in unterschiedlichen Einschätzungen der Höhe des tatsächlichen Verbrauchs niederschlagen.[24] Einigkeit besteht indessen darüber, dass nennenswerte Zuwächse verfügbaren Wassers nicht zu erwarten sind und die aktuelle Ausbeutungsrate angesichts von industriellem und Bevölkerungswachstum Anlass zur Sorge gibt (ECOSOC 1997a: Art. 37).

Noch gravierender für die Beurteilung der Situation als die Perspektive auf den globalen Wasserhaushalt ist die räumlich und zeitlich ungleiche Verteilung des verfügbaren Wassers (UNESCO 2003d: 10). So findet mehr als 40 Prozent des weltweiten *river runoff* auf den Territorien von nur sechs großen Staaten (Brasilien, Russland, Kanada, USA, China und Indien) statt, und etwa 27 Prozent des verfügbaren Trinkwassers entstammt den fünf größten Flusssystemen der Welt, Amazonas, Ganges und Brahmaputra, Kongo, Yangtze und Orinoco (UNESCO 2003d: 85; Shiklomanov 1998: 12 f.). Auf die ariden und semi-ariden Zonen der Welt, die etwa 40 Prozent der Landmasse ausmachen, entfallen nur etwa 2 Prozent des globalen *runoffs* (ECOSOC 1997a: Art. 35).

Zudem korreleriert das Aufkommen von Niederschlägen nicht mit der Siedlungsstruktur der Menschen: 60 Prozent der bis 2025 auf vermutlich fast acht Milliarden Menschen angestiegenen Weltbevölkerung werden sich nach Schätzungen des United Nations Population Fund in Städten konzentrieren und die schon heute problematische Diskrepanz zwischen Wasserangebot und -bedarf in den urbanen Zentren besonders der Dritten Welt noch verschär-

24 Shiklomanov (1998: 24) geht von einer globalen Wasserentnahme in Höhe von 3750 km$^3$ für 1995 aus, was etwa einem Viertel der nach seiner Rechnung überhaupt verfügbaren Menge entspricht. Postel, Daily und Ehrlich (1996; Postel 1997: xi) schätzten für denselben Zeitraum, dass die Hälfte der verfügbaren Frischwasserressourcen, also nach ihrer Rechnung etwa 7000 km$^3$, verbraucht werden; diesen Befund teilten 2001 auch Jackson, Carpenter et al. (2001).

fen (UNFPA 2002; United Nations 2008a). Obwohl also weltweit Wasser im Überfluss vorhanden ist, wird dessen räumliche und saisonale Verteilung dazu führen, dass in zwanzig Jahren »der größte Teil der Weltbevölkerung unter Konditionen einer niedrigen oder gar katastrophal niedrigen Wasserversorgung leben wird« (Shiklomanov 1998: 27; vgl. auch United Nations 2008a: 40).

Eine Verbindung der global-quantitativen Analyse mit relationalen und qualitativen Faktoren verdeutlicht das Ausmaß der globalen Trinkwasserkrise.[25] Dem ersten Weltwasserbericht folgend können hierbei drei Kernprobleme unterschieden werden: (1) Wasserknappheit, (2) Wasserverschmutzung und (3) mit Wasser verbundene Katastrophen (UNESCO 2003d: 10 ff.).

(1) Wasserknappheit ist eine relationale Größe, die sich aus der verfügbaren Wassermenge im Verhältnis zu verschiedenen anderen Faktoren errechnen lässt und entweder statisch-deskriptiv oder dynamisch-prognostisch ist. Eine zentrale Relation, die sowohl deskriptiv als auch prognostisch zur Bestimmung von Wasserknappheit verwandt wird, ist das Verhältnis zwischen erneuerbaren Wasserressourcen (global oder lokal) und der Bevölkerungszahl.

Der von Malin Falkenmark und Carl Widstrand erarbeitete Wasserstressindex (*human water stress index*) geht davon aus, dass pro Einwohner für alle Zwecke (Haushalt, Industrie, Landwirtschaft und Energieproduktion) im jährlichen Durchschnitt 1700 $m^3$ Wasser ausreichend sind bzw. nur gelegentlich oder lokal zu Wasserknappheit führen. Unterhalb dieser Grenzmarke erfahren die betroffenen Länder regelmäßigen oder periodischen Wassermangel (*water stress*). Sinkt der Wert unter 1000 $m^3$/Jahr pro Kopf, leidet das Land unter chronischem Wassermangel, der sich negativ auf die industrielle Entwicklung und die menschliche Gesundheit auswirkt. Fällt die Menge an erneuerbarem Frischwasser unter die Grenze von 500 $m^3$, wird von absoluter Wasserknappheit gesprochen (Falkenmark/Widstrand 1992; vgl. auch Gleick 1993; World Bank 1992a).

25 Allerdings nicht das vollständige Ausmaß: Da die Dimensionen und Auswirkungen des Klimawandels unter Hydrologen umstritten sind, sind dessen potenzielle Effekte auf die künftigen Ressourcen nicht berücksichtigt. Schließlich erfassen die Aussagen nur die Quantität des Wassers, nicht aber die sinkende Qualität infolge von Umweltverschmutzungen, die das tatsächlich verfügbare Potenzial drastisch senken.

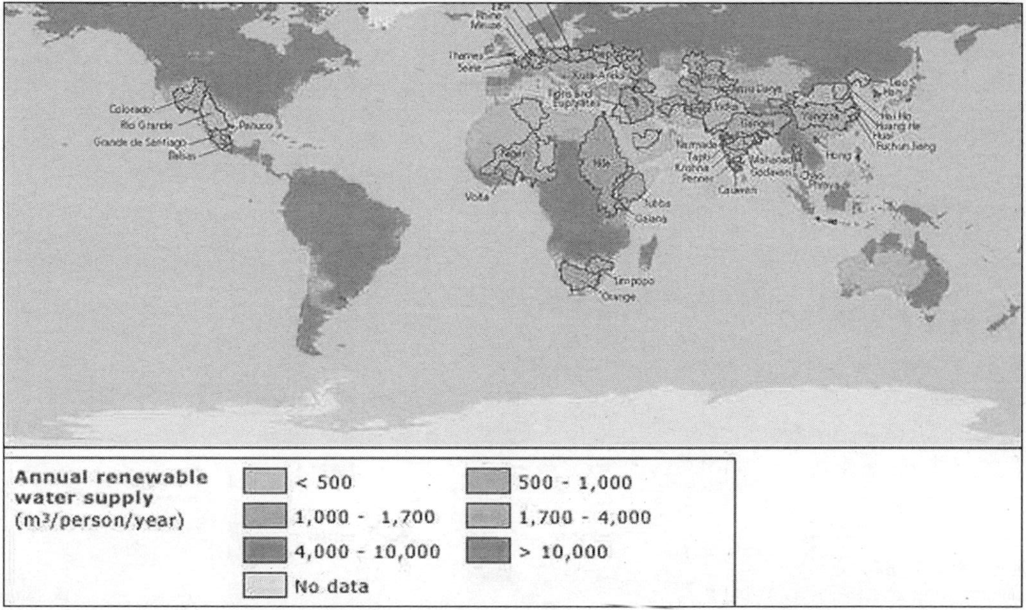


*Abbildung 1*: Erneuerbare Wasserressourcen in Kubikmeter/Person/Jahr (*human water stress index*) im Jahr 1995 (Quelle: World Resources Institute 2000a).

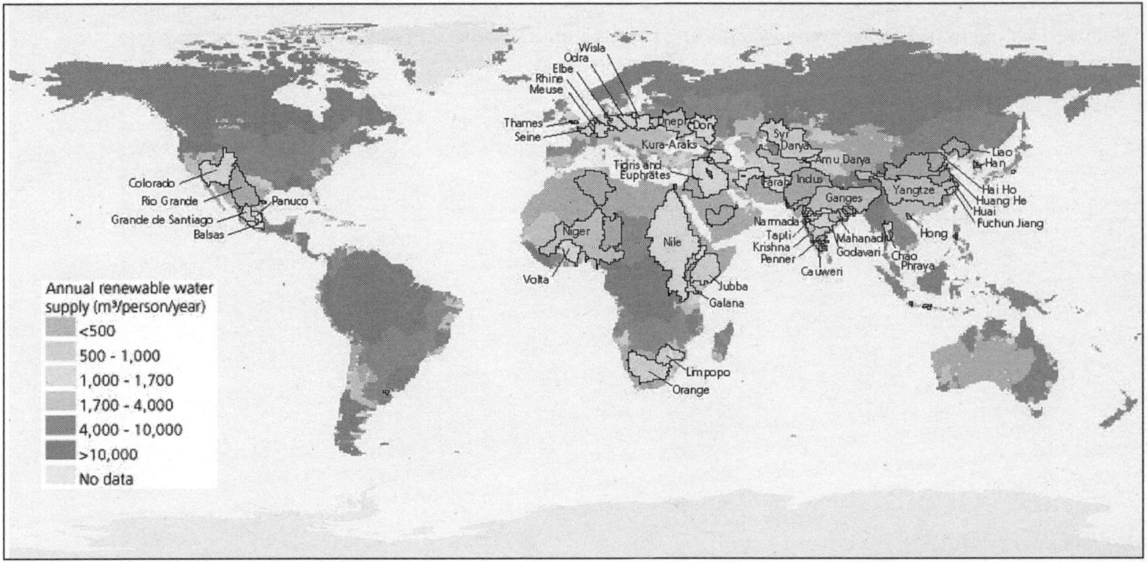


*Abbildung 2*: Für das Jahr 2025 projektierte erneuerbare Wasserressourcen Kubikmeter/Person/Jahr (*human water stress index*) (Quelle: World Resources Institute 2000c).

Legt man diese Messlatte an, litten im Jahr 2000 mehr als vierzig Länder, in der Mehrzahl in Asien und Afrika, aber auch Polen, Dänemark und Tschechien, unter periodischem Wasserstress[26] (weniger als 1700 $m^3$/Kopf). In dreißig dieser Länder herrschte im Jahr 2000 bereits chronischer Wassermangel mit weniger als 1000 $m^3$/Kopf und in zwanzig Ländern absolute Wasserknappheit (UNESCO 2003d: 70 ff.). Ausgehend von einem steigenden Verbrauch und zunehmender Weltbevölkerung lautet die pessimistische Prognose, dass im Jahr 2050 sieben Milliarden Menschen in sechzig Ländern mit periodischem oder chronischem Wassermangel leben werden. Die optimistischste Voraussicht schätzt, dass es zwei Milliarden Menschen in 48 Ländern sein werden (Gardner-Outlaw/Engelman 1997).

Die Stärke des *human water stress index* ist seine vergleichsweise einfache Bestimmung, da er lediglich die Bevölkerungszahl in ein Verhältnis zur verfügbaren Wassermenge setzt. Hierin ist allerdings auch die Schwäche des Modells begründet, das sich allein auf den direkten menschlichen Bedarf konzentriert und die ökologischen Systemerhaltungsnotwendigkeiten ausblendet. Zunehmende Umweltzerstörungen und die Überausbeutung von Flüssen bis hin zu ihrem periodischen Versiegen haben in den letzten Jahren aber die Wahrnehmung gestärkt, dass ein menschliches Eigeninteresse an der Erhaltung aquatischer Systeme und ihrer Funktionen etwa für die Ernährung, die Reduktion von Flutrisiken und der Diffusion von eingeleiteten Schmutzstoffen besteht.

Der ökologische Knappheitsindex (*environmental scarcity index*) reflektiert diese Erkenntnis, indem er die einem Wassersystem entzogene Wassermenge zu den Anforderungen ins Verhältnis setzt, die erfüllt sein müssen, um das ökologische Gleichgewicht zu erhalten. Das Konzept ist dem oben geschilderten *human water stress index* vergleichbar, nimmt aber nicht die menschlichen, sondern die ökologischen Systembedürfnisse als Grundlage der Risikobestimmung. Der Index ist jedoch insofern anspruchsvoller, weil in ihm mehr Faktoren berücksichtigt werden – neben der für den menschlichen Bedarf entzogenen Wassermenge wird auch geschätzt, wie viel Wasser verbleiben muss, um das ökologische System zu erhalten; entsprechendes Wissen über die Erhaltungsnotwendigkeiten öko-

26 Wasserstress ist ein auch im Deutschen eingeführter Fachbegriff für eine nicht ausreichend verfügbare Menge an Süßwasser.

logischer Systeme muss für eine solche Darstellung modelliert und projektiert werden. Aufgrund der sensibleren Anforderungen stellt eine auf dem ökologischen Knappheitsindex basierende graphische Darstellung die künftige Lage der Weltwasserressourcen noch problematischer dar als eine reine Abbildung jener Notlagen, die sich aufgrund menschlichen Bedarfs ergeben werden.

Die Karte veranschaulicht die auf hydrologischen Daten erstellte Projektion ökologischer Wasserknappheit auf der Basis von Annahmen über die ökologischen Wasserbedarfe.[27]

> Der Wasserstressindikator dieser Karte misst den Anteil der Wasserentnahme in Bezug auf das für den menschlichen Gebrauch verfügbare Wasser. Wasser, das für den menschlichen Gebrauch zur Verfügung steht, entspricht dem in einem Gewässer vorhandenen Wasser abzüglich des geschätzten ökologischen Wasserbedarfs, das heißt desjenigen Anteils, der für die Erhaltung der ökologischen Integrität notwendig ist. Gewässer mit einem Stressindikator über 0.4 sind aus einer ökosystemischen Perspektive bereits als unter ökologischem Stress stehend einzustufen. Gewässer mit einem Indikator über 0.8 […] sind ökologisch hochgradig gestresst. (Water Resources Institute 2005)

Ein dritter gebräuchlicher Indikator setzt das jährlich entzogene Wasser in Relation zu den verfügbaren Wasserressourcen. Nach dieser Definition werden vier Regionaltypen unterschieden: niedriger Wasserstress (*low water stress*) liegt vor, wenn ein Land weniger als 10 Prozent seiner erneuerbaren Ressourcen benutzt, mittlerer Wasserstress (*moderate water stress*) herrscht bei einem Entzug von 10 bis 20 Prozent der Wasserressourcen. In diesem Fall muss Wasser bereits als begrenzender Faktor anerkannt und müssen relevante Anstrengungen unternommen werden, um die verfügbare Menge

27 »Um die ökologischen Wassererfordernisse für ein Ökosystem zu bestimmen, muss man diejenigen Aspekte eines natürlichen hydrologischen Systems identifizieren, die für die Erhaltung der Kernelemente und -prozesse des Ökosystems am wichtigsten sind. Man muss auch in der Lage sein, die Risiken möglicher ökologischer Degradation zu erkennen, die auftreten, wenn die ökologischen Wassererfordernisse des Systems nicht erfüllt werden. Allerdings mangelt es zur Zeit noch für den größten Teil der Welt an Infomationen und genauen Kenntnissen über die ökologischen Prozesse aquatischer Ökosysteme, den Einfluss sich wandelnder Strömungsregime auf diese Prozesse und auf die Artenausstattung. Auf globaler Ebene ist es daher bislang nur möglich, auf der Basis hydrologischer Methoden grobe Schätzungen des ökologischen Wasserbedarfs vorzunehmen.« (Water Resources Institute 2005)

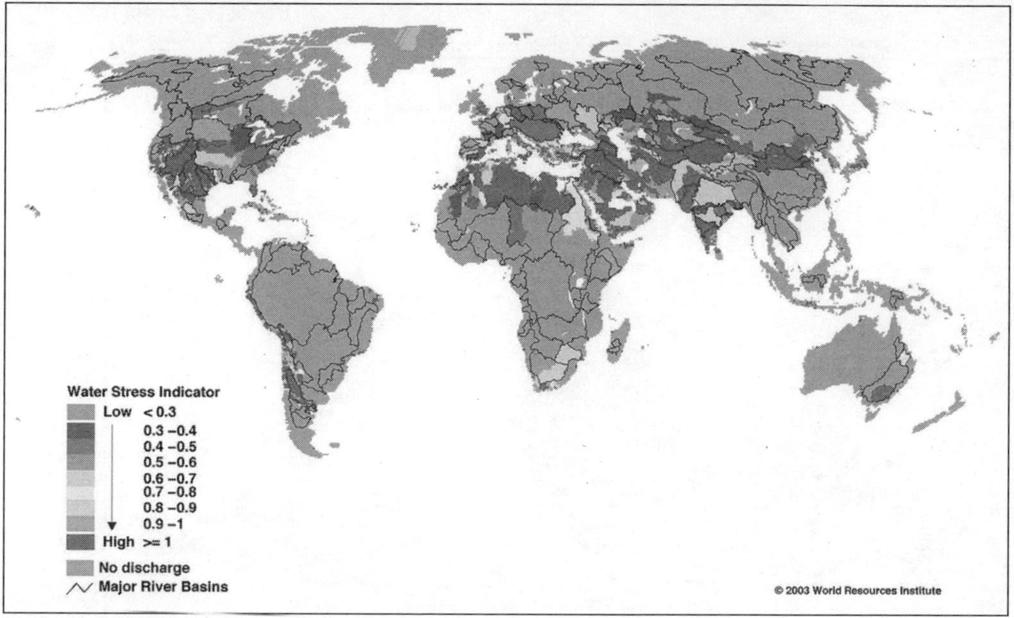


*Abbildung 3*: Ökologischer Wasserbedarf im Jahr 1995 (*environmental scarcity index*) (Quelle: Water Resources Institute 2005).

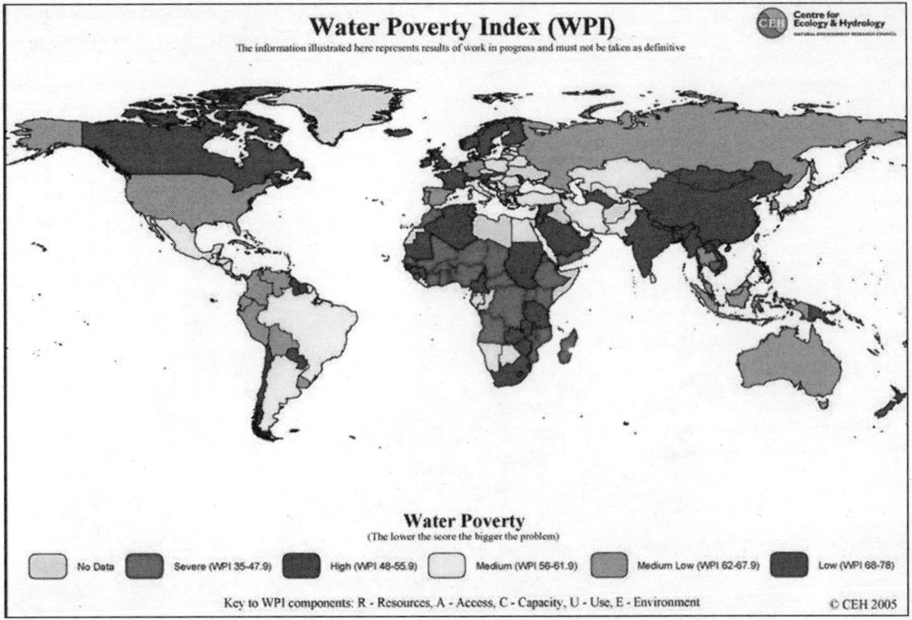


*Abbildung 4*: Wassernutzung als Anteil an der verfügbaren Wassermenge im Jahr 2001 (Quelle: FAO 2008).

zu erhöhen und den Bedarf zu reduzieren (ECOSOC 1997a: Art. 70). Unter mittelhohem Wasserstress (*medium high water stress*) steht ein Land, wenn es zwischen 20 und 40 Prozent seiner Ressourcen nutzt. Hier sind bereits erhebliche Anstrengungen nötig, um konkurrierende Bedarfe abzuwägen, die Effizienz der Wassernutzung zu erhöhen, den Wasserlauf in den aquatischen Systemen zu überwachen und für ausreichende Wassermengen zu sorgen. Zudem muss der Sorge um die Nachhaltigkeit der eigenen Wasserversorgung auch ein – in Entwicklungsländern beträchtlicher – Teil des Bruttoinlandsprodukts gewidmet werden. Hoher Wasserstress (*high water stress*) schließlich liegt vor, wenn mehr als 40 Prozent der verfügbaren Wasserressourcen genutzt werden:

> Bei einem Gebrauch von mehr als 40 Prozent des verfügbaren Wassers besteht erhebliche Knappheit; in der Regel geht diese mit einer wachsenden Abhängigkeit von Entsalzungsanlagen und einem Grundwasserverbrauch einher, der über der Wiederauffüllungsrate liegt. Es gibt folglich einen dringenden Bedarf nach einem intensiven Management der Wasserversorgung und des Verbrauchs. Die gegenwärtigen Nutzungsstrukturen und Wasserentnahmen sind vermutlich nicht nachhaltig und Wasserknappheit kann ein hemmender Faktor für die wirtschaftliche Entwicklung sein. (ECOSOC 1997a: Art. 70)

Dieser Wasserindex lässt sich in Kombination mit den Einkommensstrukturen eines Landes in eine Matrix aus durchschnittlichem Einkommen und Wasserknappheit übersetzen, anhand deren die spezifische Verwundbarkeit (*freshwater vulnerability*) eines Landes sichtbar wird. Unterschieden wird nach einer Einteilung der Weltbank in Länder mit

- geringem Durchschnittseinkommen (unter 795 US $/Kopf/ Jahr),
- geringem bis mittlerem Durchschnittseinkommen (von 796 bis 2895 US $/Kopf/Jahr),
- mittlerem bis höherem Durchschnittseinkommen (von 2896 bis 8955 US $/Kopf/Jahr) und
- hohem Einkommen über 8956 US $/Kopf/Jahr.

Folgende Matrix ergibt sich, wenn man die Wassermenge und Einkommen kombiniert:

| Anzahl der Menschen in Relation zu ihrem Einkommen | | Einwohner in Mio. und Entzug von Wasser in Prozent der verfügbaren Menge (1995) | | | |
|---|---|---|---|---|---|
| Einkommen (in US $/ Kopf/ Jahr) | EW (in Mio.) | bis 10 % (W: gering) | 10-20 % (W: mäßig) | 20-40 % W: mittel-hoch | ab 40 % W: hoch |
| weniger als 795 (E: gering) | 326784 | 80618 | 126589 | 95770 | 23807 |
| 796-2895 (E: gering bis mittel) | 113159 | 54240 | 28595 | 16533 | 13791 |
| 2896-8955 (E: mittel bis hoch) | 47279 | 25895 | 1310 | 13730 | 6344 |
| mehr als 8956 (E: hoch) | 82384 | 10844 | 51441 | 18125 | 1974 |
| Summe | 569606 | 171597 | 207935 | 144158 | 45916 |
| Legende: E = Einkommen, EW = Einwohner, W = Wasserstress | | | | | |

*Tabelle 1*: Verhältnis von Wasserentzug und Einkommen, 1995 (*freshwater vulnerability*) (Quelle: ECOSOC 1997, korrigiert und leicht modifiziert).

Die *freshwater vulnerability* zeigt also spezifisch kumulierte Nach- und Vorteile: Die am stärksten benachteiligte Gruppe ist natürlich die, die wasserarm und ressourcenarm ist (geringes Einkommen, hoher Wasserstress). 1995 befanden sich in dieser Gruppe knapp 24 Millionen Menschen, die mit einem Einkommen von weniger als 795 US $ pro Jahr leben müssen und zugleich unter hohem Wasserstress stehen, weil mehr als 40 Prozent der verfügbaren Wassermenge verbraucht werden. Ein geringes Einkommen und hoher Wasserstress bieten wenig Raum für ökonomische Entwicklungen, weder für persönliche noch für volkswirtschaftliche. Von den privaten Einkommen und der eigenen Lebenszeit muss ein erheblicher Teil für die Trinkwasserversorgung aufgewandt werden. Auch die volkswirtschaftlichen Expansionsmöglichkeiten sind gering, wenn Wasser als Grundlage landwirtschaftlicher und industrieller Produktion fehlt. Dies gilt auch für die unter mittelhohem Wasserstress stehende Gruppe von 957 Millionen Menschen, so dass insgesamt knapp 1,2 Milliarden Menschen unter prekären Wasser- und Einkommensverhältnissen leben.

Auf der extremen Gegenseite steht die Gruppe, die über ein hohes Einkommen verfügt und niedrigen Wasserstress hat (hohes Einkommen, geringer Wasserstress), in der sich Mitte der 1990er Jahre 1,7 Milliarden Menschen befanden.

In den beiden anderen Fällen extremer Kombinationen (hoher Wasserstress und hohes Einkommen und niedriges Einkommen und niedriger Wasserstress) sind zumindest Möglichkeiten der Kompensation des jeweiligen Nachteils möglich: Ein hohes Einkommen kann einen hohen Wasserstress ausgleichen helfen; die Golfstaaten fallen in diese Kategorie. Umgekehrt besteht bei niedrigem Wasserstress wenigstens die ökologische Möglichkeit, die landwirtschaftliche und industrielle Produktion auszudehnen. Für Individuen bedeutet das Leben in einer Gesellschaft mit niedrigem Wasserstress auch, dass Zeit und Raum für andere Aktivitäten erübrigt werden können.[28]

(2) Die genannten Wasserstress-Indizes berücksichtigen allerdings nur die Menge, nicht die häufig schlechte Qualität des vorhandenen Wassers. Hauptursachen der weltweiten Verschmutzung sind menschliche Exkremente und Abfälle, von denen etwa 2 Millionen Tonnen täglich ins Wasser eingeleitet werden (UNESCO 2003d: 10), industrielle Abfälle und Chemikalien sowie Pestizide, Schwermetalle, Dünger aus der Landwirtschaft, Säuren, Erosionssedimente, Säuren und Salze (UNESCO 2003d: 11).

Arten, Niveaus und Folgen der Verschmutzung sind schwer zu summieren, so dass in diesem Bereich der Wasserprobleme die Darstellung entweder sehr allgemein oder sehr detailliert in Bezug auf bestimmte Regionen und Gewässer ausfällt. Einige Beispiele geben jedoch einen Eindruck von der Brisanz des Problems: Die Einleitung ungereinigter Abwässer führt in Asien zu einer Belastung durch fäkale Kolibakterien, die die Unbedenklichkeitsschwelle der Weltgesundheitsorganisation um das Fünfzigfache überschreitet. In Lateinamerika werden nur etwa zwei Prozent der Abwässer gereinigt, der Rest fließt ungeklärt zurück in die Gewässer und das

28 Vgl. insgesamt auch zur Kombination von Wasserverfügbarkeit und Einkommen die Darstellungen zum Wasserarmutsindex (*water poverty index*) z. B. bei Sullivan (2002).

Grundwasser. Unter den Pestiziden und Düngern rangiert die Verschmutzung mit Nitraten weit oben:

> In einigen Teilen Afrikas liegt die Belastung von Brunnen mit Nitrat sechs- bis achtmal über dem von der Weltgesundheitsbehörde für unbedenklich eingestuften Wert. Nitrate sind nicht nur schädlich für die menschliche Gesundheit, weil sie zu Hirnschäden und bei Kindern auch zum Tod führen können [...]. Sie stimulieren auch ein schnelles Algenwachstum im Wasser und verursachen eine Eutrophierung in Inlandsgewässern und den Meeren. (UNEP 1999; vgl. auch Fewtrell 2004)

Abfälle in Flüssen verunreinigen nicht nur die Süßwasserressourcen, sondern gefährden zunehmend auch das marine Leben. Versalzung ist ein weiteres Problem, das sich in aller Regel aus der Überausbeutung von Grundwasserressourcen in Meernähe ergibt, aber auch als Folge der Bewässerungslandwirtschaft im Binnenland auftritt. In Oman ist die komplette Batinah Coastal Plain als Ackerland verloren gegangen (UNEP/ESCWA 1992). In Madras wandert Salzwasser bis zu 10 km weit ins Inland (UNEP 1996) und besonders die kleinen Inselstaaten mit ohnehin knappen Süßwasservorräten sind infolge der Überausbeutung des Grundwassers durch nachsickerndes Meerwasser von einer Versalzung ihrer Süßwasserreservoire bedroht.

Wenn auch Grade und Arten der Verschmutzung sich einer komprimierten Darstellung entziehen, können die Auswirkungen doch in Zahlen gefasst werden: Es wird geschätzt, dass verschmutztes Wasser die Gesundheit von 1,2 Milliarden Menschen weltweit beeinträchtigt und jährlich den Tod von 15 Millionen Kindern unter fünf Jahren mit verursacht (ICWE 1992).

(3) Das Seebeben, das im Winter 2004 im Indischen Ozean eine der schwersten Tsunamikatastrophen der Geschichte auslöste und mehr als 230 000 Menschen das Leben kostete, hat das Gefühl der Bedrohung durch Naturkatastrophen für eine geraume Zeit ins Weltbewusstsein gerückt. Hurrikan Katrina, der im Sommer 2005 in New Orleans mehr als eine Millionen Menschen in die Flucht trieb, viele der Verbliebenen tötete und die Überlebenden in einen Zustand der Anomie versetzte, verdeutlichte eine weitgehende Machtlosigkeit im Angesicht von Naturkatastrophen.

Weltweit starben zwischen 1991 und 2000 über 665 000 Menschen durch natürliche Katastrophen, von denen 90 Prozent wasserbezogen waren. Die überwältigende Mehrheit der Opfer, 97 Prozent, lebte in Entwicklungsländern. (UNESCO 2003d: 12)

Während es weltweit vor allem die armen Länder sind, die von Naturkatastrophen betroffen sind, zählen überall in erster Linie Arme, Alte, Kinder und Frauen während und nach Katastrophen zu den Opfern. Überflutungen und Dürren gehören gleichermaßen zu den großen, mit Wasser verbundenen Katastrophen. Überflutungen sind die häufigsten Katastrophen überhaupt, allein im Jahr 2000 gab es 153, von denen sich die schlimmsten in Mozambique und am Mekong ereigneten; Dürren jedoch kosten die meisten Menschenleben (ebd.).

Insofern sowohl Dürren als auch Überflutungen Katastrophen sind, die vielfach entweder auf menschliches Handeln zurückzuführen sind oder durch menschliches Handeln in ihren Ausmaßen eingedämmt werden können, zählen sie wie auch Wasserknappheit und Wasserverschmutzung zu den Kernproblemen globaler Trinkwasserbewirtschaftung, für die es politische Lösungen zu finden gilt.

### *1.1.3 Wissen*

Mangelndes Wissen und falsche politische Rahmensetzungen sind in den letzten Jahren zunehmend als ein wesentlicher Grund unzureichenden Wassermanagements identifiziert worden (Postel 1997: xxi; UNEP 1999: 15 f.; UNESCO 2003d: 51; UNESCO 2006: 433 ff.). Die unbestreitbare Fülle bereits vorliegender Informationen und die Klage über ein Wissensdefizit stehen nur scheinbar im Widerspruch zueinander: Viele offene Fragen sind Resultat eines Anfangswissens, das Unstimmigkeiten zutage fördert und Zusammenhänge erkennen lässt, die genauerer Forschung bedürfen.

Unser Wissen über den gegenwärtigen Zustand der Umwelt ist in vielfacher Hinsicht lückenhaft. Es gibt nur wenige Instrumente, um die Effekte der Entwicklung einer Region auf eine andere abschätzen zu können oder die Träume und Hoffnungen einer Region daraufhin zu prüfen, ob sie mit der Bewahrung der menschlichen Gemeingüter verträglich sind. Auch wird noch zu wenig Mühe darauf verwendet herauszufinden, ob die neuen ökologischen Politiken und Investitionen überhaupt zu den gewünschten Ergebnissen führen. Diese Wissenslücken wirken als kollektive Augenbinde – im Dunkeln liegt der Weg zu einer nachhaltigen Entwicklung und wir wissen nicht, in welche Richtung wir reisen. (UNEP 1999: 15 f.)

Die Wissenslücken zu füllen – »*filling the knowledge gaps*« – wird damit zu einer zentralen Herausforderung für den nachhaltigen Umgang mit den natürlichen Ressourcen. Gesichertes Wissen über den Wasserhaushalt der Erde, das sich nicht auf eine summarische Listung offenkundiger Problemzonen beschränkt, ist nur auf der Basis adäquater Indikatoren, gesicherten Datenmaterials, verlässlicher Prognosen über die weitere Entwicklung einer Reihe von Faktoren (darunter Klima, Bevölkerungsentwicklung, Industrie, Landwirtschaft, Landnutzungsformen) und realitätsnaher Modelle über die Interdependenzen regionaler Wassernutzungsstrukturen zu erlangen. Hier gibt es erhebliche Defizite, so dass eine weitergehende Datenerhebung, Forschung und eine empirisch gesättigte Theoriebildung in allen diesen Bereichen notwendig ist.

Die Datenlage ist erstens unvollständig. Shiklomanov (1998) weist darauf hin, dass von den 64 000 hydrologischen Messstationen weltweit nur eine Minderzahl zuverlässig und dauerhaft Daten liefert und insgesamt die Datenlieferung rückläufig ist:

Rückläufige Datenmeldungen können in der ganzen Welt beobachtet werden, sogar in den ansonsten so gut überwachten Ländern wie den Vereinigten Staaten und Kanada. Am dramatischsten sind aber die abnehmenden Daten aus den Entwicklungsländern. Insofern diese Länder besonders von den unmittelbaren und kurzfristigen Effekten anthropogenen Wandels betroffen sind, ist die fehlende Infrastruktur zur Überwachung der Wasserressourcen sehr besorgniserregend. (UNESCO 2003d: 51)

Frischwasserressourcen anhand meteorologischer Daten zu beziffern ist methodisch vergleichsweise einfacher, wird jedoch als wesentlich ungenauer eingeschätzt. Ein deutliches Manko dieser Messmethode liegt in der Unzuverlässigkeit für aride und semi-aride Zonen, für die wiederum genaue Daten aufgrund ihrer erhöhten Gefährdung besonders wichtig wären (Shiklomanov 1998). Zudem sind, wie schon die Differenzen zwischen den verschiedenen Wasserstress-Indizes zeigen, die Modelle und vor allem die zu berücksichtigenden Parameter umstritten.

Zweitens werden für verschiedene Zwecke unterschiedliche Daten benötigt und erhoben. Während beispielsweise für die Einschätzung des weltweiten Versorgungsstandes mit sanitären Anlagen allein die Zahl der hiermit ausgestatteten Einwohner ausreichend ist, kann es für die Lagebeurteilung auf regionaler Ebene wichtig sein, nicht die Anzahl, sondern den Standard der sanitären Anlagen detaillierter zu erfassen (wie etwa den Versorgungsgrad mit 6-Liter-Toiletten). Je nach Erhebungsart können lokale, regionale, nationale und globale Daten nicht umstandslos zueinander in Verbindung gesetzt werden. Differenzen bei den Erhebungsmethoden stellen große methodische Probleme für eine globale Aggregation dieser Daten dar, und umgekehrt geben globale Daten oft keinen Aufschluss über die regionalen Besonderheiten.

Gerade bei globalen Betrachtungen stellt sich drittens die Frage, welcher räumliche Maßstab die adäquatesten Informationen bereithält. Nimmt man beispielsweise eine Darstellung nach Staatsgrenzen, so gleichen sich hier Extremwerte – etwa sehr trockene und sehr niederschlagsreiche Gebiete – wechselseitig aus. Das Land erscheint dann als insgesamt unproblematisch, und regionale Probleme, die erheblich sein können, bleiben unsichtbar. Nicht nur die räumliche, auch die temporale und mengenmäßige Skaleneinteilung hat Folgen für die Informationen, die letztlich zur Verfügung stehen. Kombiniert man die Fragen nach dem jeweils »richtigen« Maß, wird deutlich, wie schwierig eine jeweils adäquate Problembestimmung ist (vgl. auch UNESCO 2006: 2).

Problematisch ist viertens auch die Dynamik des Prozesses. Alle den Darstellungen zugrunde liegenden Faktoren – Bevölkerungszahlen, Bruttoinlandsprodukt, industrielle Entwicklung, Wasserverbrauch usw. – unterliegen dynamischen Veränderungen. Differenzen hinsichtlich der Prognosen sind eine natürliche Folge und werden zu unterschiedlichen Einschätzungen des Problems führen. Außerdem ist die Darstellung dynamischer Prozesse mit einem dreifachen Interdependenzproblem gekoppelt: Die sich verändernden sozialen, politischen, rechtlichen und wirtschaftlichen Faktoren wirken auf die ökologischen Verhältnisse ein, wie das Beispiel der Great Plains verdeutlichte. Zudem sind aber auch die ökologischen Bedingungen interdependent und unterliegen im Laufe der Zeit eigenen Wechselbedingungen. Als örtliche Faktoren kommen die aufeinander einwirkenden regionalen Veränderungen hinzu.[29]

29 Wenn man also etwa dynamisch darstellen kann, dass industrielle Kühlanlagen zu einer Erwärmung von Wassertemperaturen im Laufe der Zeit führen, so ist

Fünftens existiert für eine Reihe von Faktoren keine Einigkeit über ihre Entwicklung und ihre Folgen bzw. sind einige von ihnen bislang nicht hinreichend erforscht. Insbesondere gehen die Folgen des Klimawandels in die Modelle bisher nicht in ausreichendem Maße ein. In klimatischer Hinsicht sind die Modelle daher statisch, obwohl eine dynamische Veränderung wahrscheinlich ist und allgemein angenommen wird, dass der Klimawandel zu einer Verschärfung der Trinkwasserprobleme führen wird. Auch werden andere Landnutzungsmethoden – etwa die Abholzung zugunsten von Ackerbau – als sehr bedeutsam für den hydrologischen Kreislauf eingeschätzt, sind aber in die globalen Trends bislang nicht integrierbar (Shiklomanov 1998: 16).

Schließlich besteht ein Übersetzungsproblem in politische Aktivitäten:

> Noch existieren keine wissenschaftlichen Daten, um den politisch Verantwortlichen deutlich zu machen, wie viel Wasser gebraucht wird und wann, um beispielsweise Fischbestände zu erhöhen, gefährdete Arten zu schützen oder andere ökologische Ziele zu erreichen. Dieser Mangel an wissenschaftlichem Verständnis verhindert notwendige politische Maßnahmen, um Ökosysteme zu schützen, und ist ein Problem, das dringend gelöst werden muss. (Postel 1997: xxi)

Postel beschreibt das Problem der Übersetzung ökologischen Wissens in politisches Handeln zwar richtig, aber nicht vollständig. Geklärt werden muss darüber hinaus, welche politischen Steuerungsmodi je geeignet sind, um die erwünschten Ziele zu erreichen. Das ist keineswegs einfach zu bewerkstelligen, nicht nur aufgrund von »Lücken im Datenmaterial, konzeptionellen Schwierigkeiten und methodologischen Problemen« (UNEP 1999: 5), sondern auch, weil verfügbare Informationen nicht einfach in politisches Handeln übersetzt werden können. So zeigen etwa die dargestellten Informationen über die Grundwasserverseuchung in den Great Plains zwar den klaren Trend der Verschmutzung, aber welche Effekte die

mit dieser Darstellung noch nicht erfasst, welche Auswirkung das für den biologischen Kreislauf des Gewässers hat – wie sich z. B. das Pflanzen- und Tierleben in diesem Gewässer verändert, was wiederum Auswirkungen auf die dort lebenden Menschen haben wird. Veränderungen einer Region wirken auf den Wasserhaushalt anderer Regionen ein; Abholzungen haben klimatische Effekte jenseits des Ortes, an dem sie stattfinden.

landwirtschaftlichen Pestizide tatsächlich auf das Grundwasser haben, hängt unter anderem von der Bodenbeschaffenheit vor Ort, den Anbauprodukten, der Tiefe des Grundwassers, der Tiefe, aus der das Grundwasser entnommen wurde, und der Anzahl von Jahren ab, die das Grundwasser im Boden lagerte. Welche politische Regulierung jenseits des ökonomisch und politisch nicht durchsetzbaren sowie auch aufgrund der landwirtschaftlichen Bedeutung der Region nicht wünschenswerten vollständigen Verbots eines Düngemitteleinsatzes ist hier denkbar? Es mangelt nicht einfach an ökologischem Wissen, sondern zudem fehlt es an Wissen und Erfahrung,

> wenn es darum geht, die Umwelteinwirkungen makro-ökonomischer Prozesse zu analysieren und zu steuern. Eine Anzahl von Entwicklungen, etwa Handels- und Finanzbeziehungen, werden gar nicht thematisiert, weil es an Informationen und Wissen fehlt. Es gibt den dringenden Bedarf, unser Verständnis der Effekte ökonomischer und sozialer Entwicklungen auf die Umwelt – und umgekehrt – zu verbessern. (Ebd.: 16).

Dieser Brückenschlag zwischen sozialen und ökologischen Entwicklungen ermöglicht wiederum eine wirksame Umsetzung in soziales und politisches Handeln erst dann, wenn dieses Wissen systematisch mit der Erforschung rechtlicher und politischer Möglichkeiten einer effektiven und legitimen Steuerung verzahnt wird.

»*Filling the knowlegde gaps*« meint daher weit mehr als Grundlagenforschung über ökologische Zusammenhänge: Neben diesem primären Wissensproblem besteht als zweites ein Problem der Übersetzung dieses Wissens in die sich hieraus ergebenden politischen, wirtschaftlichen und sozialen Handlungsanforderungen, das nur interdisziplinär zu lösen ist. Aber selbst zu wissen, was getan werden sollte, heißt nicht, dies auch durchsetzen zu können. Eine dritte Kategorie notwendigen Wissens ist daher Steuerungswissen. Viertens schließlich verläuft die ökologische Entwicklung exponentiell, was ein doppeltes Zeitproblem mit sich bringt: Das notwendige Wissen muss schnell verfügbar werden und es muss die Dynamik des Prozesses reflektieren können. Die Wissenslücken zu füllen bedeutet alles in allem, Lösungen für vier Probleme zu finden: Wissensprobleme, Übersetzungsprobleme, Steuerungsprobleme und Zeitprobleme.

## 1.2 Ursachen und Dimensionen der Wasserkrise

### *1.2.1 Verbrauchsstrukturen: Landwirtschaft, Industrie, Haushalte*

Ungefähr die Hälfte der leicht zugänglichen, erneuerbaren Wasserressourcen wird heute weltweit verbraucht. Hiervon entfallen etwa 69 Prozent auf die Landwirtschaft, 21 Prozent auf die Industrie und 10 Prozent auf private Haushalte (FAO 2002a).[30] Regionale Unterschiede sind allerdings gravierend: Im Nahen Osten werden mehr als 90, in Afrika und Asien mehr als 80 Prozent des Wassers für die Landwirtschaft genutzt, während in Nordamerika und Europa die Industrie mehr als 40 bzw. mehr als 50 Prozent konsumiert (FAO 2003b: 8). Wo Wasserressourcen knapp sind, verschärft sich die Konkurrenz zwischen verschiedenen Nutzergruppen (UNESCO 2006: 8).

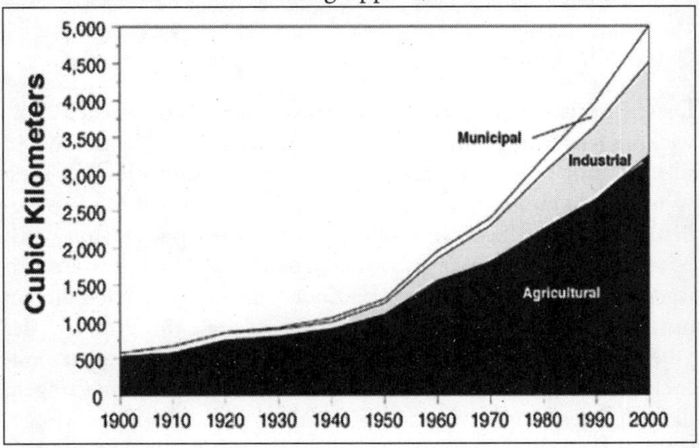


*Abbildung 5*: Globaler Wasserverbrauch nach Sektoren, 1900-2000 (Quelle: Abromovitz 2006).

30 Diese Zahlen beziehen sich auf die aktiv bewirtschaftete Wassermenge, also auf den Teil, der aktiv der Natur entzogen wird, um auf verschiedene Weise in Landwirtschaft, Industrie und Haushalten genutzt zu werden. Bezüglich des Verbrauchs von Wasser insgesamt (inklusive Regen) ändern sich die Konsumrelationen noch einmal drastisch: In Bezug auf die Gesamtmenge verbraucht die Landwirtschaft 93 Prozent, die Industrie 4 Prozent und Haushalte nur 3 Prozent Wasser (FAO 2002a: 2).

Viele Faktoren sind dafür verantwortlich, dass der absolute Wasserverbrauch der Landwirtschaft seit den 1960er Jahren kontinuierlich gestiegen ist: Der Ausbau der Bewässerungslandwirtschaft, die auf 17 Prozent der bebauten Fläche weltweit für etwa 40 Prozent der Erträge sorgt, hat den landwirtschaftlichen Wasserbedarf um 60 Prozent gesteigert (ECOSOC 1997a: Art. 44). Mit den negativen Folgen eines erhöhten Pestizid- und Düngereinsatzes und um den Preis der Abhängigkeit einheimischer Landwirte von internationalen Agrarkonzernen haben die »grüne Revolution« und eine intensive Bewässerungslandwirtschaft seither wesentlich dazu beigetragen, dass die Steigerung der weltweiten Getreideproduktion mit dem Bevölkerungswachstum Schritt halten konnte. Die weit höheren Erträge künstlich bewässerter Felder im Vergleich zu nicht bewässerten Flächen lenken die Hoffnungen für die Erhaltung des Versorgungsstandes einer steigenden Weltbevölkerung auf eine Extensivierung und Intensivierung der Bewässerungslandwirtschaft. Erwartet wird eine Nettoerweiterung der bewässerten Anbaufläche um etwa 40 Millionen Hektar, was ungefähr einem Fünftel der heute bewässerten Fläche entspricht, sowie ein steigender Wasserverbrauch um 14 Prozent bis 2030 (FAO 2003b: 14).[31]

Diese Schätzung ist jedoch nur eine unter vielen.[32] Um 2025 die Weltbevölkerung ausreichend zu ernähren, werden Steigerungen um 50 bis 100 Prozent des heutigen Wassereinsatzes für notwendig gehalten, und einige Schätzungen gehen sogar davon aus, dass praktisch das ganze verfügbare Wasser zu diesem Zeitpunkt ge-

31 Neben der Erweiterung der Anbauflächen müsste aber zudem eine Ertragssteigerung erreicht werden. Die Welternährungsorganisation (Food and Agriculture Organization, FAO) schätzt, dass für eine Weltbevölkerung von 8 Milliarden Menschen der gegenwärtige Durchschnitt von 3 Tonnen Getreide pro Hektar auf 4 Tonnen ansteigen muss (UNESCO 2003d: 193). Angesichts der Tatsache, dass dies bislang auch die entwickelten Länder nicht zu leisten vermögen, ist diesbezüglich Skepsis angebracht.

32 »Zukunftsprojektionen des IFPRI (die auf entsprechenden Modellstudien basieren) gehen davon aus, dass die Wasserentnahme zwischen 1995 und 2025 um etwa 22 Prozent zunehmen wird. Den Projektionen ist zu entnehmen, dass in den Entwicklungsländern die Entnahme um 27 Prozent steigen wird, verglichen mit 11 Prozent in den entwickelten Ländern. [...] Die größte Zunahme wird im sub-saharischen Afrika mit 44 Prozent erwartet, die niedrigste in Ostasien mit 6 Prozent. Die erwartete Zuwachsrate für Lateinamerika beträgt 32 Prozent, die für den Nahen Osten und Nordafrika ca. 10 Prozent sowie 14 Prozent für Südasien.« (FAO 2003b: 12 ff.; vgl. auch FAO 2002b)

nutzt werden muss, um den Bedarf zu decken (ECOSOC 1997a: Art. 89).

Angesichts des hohen Wasseranteils, den die Bewässerungslandwirtschaft bereits gegenwärtig konsumiert, und angesichts des geringen Effizienzgrades (bei hohem Schaden), den eine unsachgemäße Bewässerung mit sich bringt, richten einige Strategien ihr Hauptaugenmerk auf effizientere Wassernutzung in der Landwirtschaft. Nur etwa 1 Prozent der bewässerten Landfläche wird bisher mit der als besonders effektiv eingeschätzten Tropfenmethode (*drip irrigation*) bewässert, die das Wasser in kleinsten Portionen direkt an die Pflanzen liefert und im besten Fall elektronisch reguliert wird. Allerdings haben steigende Wasserpreise und Wasserknappheit zu einer deutlichen Bewegung in diese Richtung geführt, zumal sich die Investitionskosten recht schnell auszahlen. Dennoch wird die Vielzahl der Möglichkeiten, die Effizienz der Wassernutzung in der Landwirtschaft zu erhöhen, bei weitem noch nicht ausgenutzt.

Etwa ein Fünftel der verbrauchten Wasserressourcen wird für die industrielle Produktion benötigt. Industriebezogene Wasserprobleme können zwei Grundkategorien zugeordnet werden: der Wassermenge und der Wasserqualität. Der Wasserverbrauch industrieller Produktion entsteht zum einen als direkter Verbrauch in der Produktion, zum anderen wird Wasser als indirektes Rohmaterial für die Kühlung, Waschung oder sonstige prozessuale Voraussetzungen der Produktion benötigt. Weit höher als der eigentlich konsumierte Teil liegt der für den Produktionsprozess im weiteren Sinne benutzte Wasseranteil; der Wasserverbrauch der Industrie wird daher am Entzug (*withdrawal*), nicht am Verbrauch (*consumption*) gemessen. Dieser Entzug ist in den letzten 50 Jahren erheblich angestiegen.

Als direktes Rohmaterial wird Wasser im Industrieprodukt gebunden und »verschwindet« somit aus dem Wasserkreislauf. Als indirektes wird es oftmals verändert, meist erhitzt und/oder verschmutzt, und dem Wasserkreislauf wieder zugeführt; typische Folgeprobleme dieser Nutzung sind ein Anstieg der Wassertemperatur und toxische sowie radioaktive Belastungen des rückkehrenden Wassers.

Die industrielle Verschmutzung des Wassers verändert die Wasserqualität; eine stark gesunkene Wasserqualität infolge angesiedelter Industrieproduktionen mit unzureichenden Filter- und Kläranlagen vermindert nicht nur den Anteil verfügbaren Wassers, sondern birgt auch eigene Gefährdungen für Mensch und Umwelt. Neben direkten Einleitungen wird Wasser zudem durch Niederschlag von in die Atmosphäre entlassenen Substanzen verschmutzt. Die Minderung der verfügbaren Wassermenge durch Wasserverseuchung wird in den summarischen Betrachtungen des Weltwassers aus methodischen Gründen ausgelassen; sie stellt jedoch eine beträchtliche Gefahr dar. Die Gefährdung durch verseuchtes Trinkwasser ist insbesondere dort hoch, wo die industrielle Produktion ohne effektive Umweltauflagen betrieben wird, teils, wie in den sich industrialisierenden Staaten Asiens oder Lateinamerikas, weil es die Profiterwartungen senken würde, teils, weil eine mangelnde staatliche Aufsicht Umweltverschmutzung nicht effektiv steuern kann oder will. Aber auch in der EU wurden im Jahr 2003 allein an Benzol, Ethylbenzol, Toluol und Dimethylbenzol 194 179 kg direkt und 153 479 kg indirekt eingeleitet (UNESCO 2006: 282).

Zwar fehlt eine globale Statistik über die industriell bedingte Wasserverschmutzung, aber regionale Beispiele vermitteln durchaus einen Eindruck von den Problemdimensionen. So finden sich etwa im Rio Grande/Rio Bravo, der die mexikanische Freihandelszone von den USA trennt, eine Vielzahl gefährlichster toxischer Substanzen – von Arsen bis DDT –, die die schlechte Wasserqualität zu einem der drängendsten Probleme in dieser Region machen (Borderlines 1998; Barlow/Clarke 2002). Für die katastrophalen Folgen industrieller Wasserverschmutzung steht bis heute der Name der japanischen Stadt Minamata, wo in den 1950er und 1960er Jahren ungereinigte Abwässer, vor allem Quecksilberverbindungen, ins Meer geleitet wurden. Die Aufnahme des Quecksilbers über die Nahrungskette endete für tausende Menschen tödlich, 20 000 Menschen erlitten chronische Quecksilbervergiftungen (Osiander 1998; Osiander 2007). Sorge bereitet hinsichtlich des steigenden industriellen Wasserbedarfs und der zunehmenden Verschmutzung auch das rasante industrielle Wachstum Chinas, das schon heute an die Grenzen der eigenen Wasserressourcen stößt.[33] Der forcierte

33 Nach den genannten Wasserstress-Indizes wird China beim gegenwärtigen Stand der Bevölkerungsentwicklung bereits 2010 unter Wasserstress stehen, das heißt weniger als 2000 m³ Wasser/Kopf/Jahr zur Verfügung haben. »China braucht gegenwärtig 44 Prozent seines Wassers und liegt immer noch im Rahmen eines kommoden Wasserverbrauchs, doch wird projiziert, dass der Wasserverbrauch bis 2020 bei über 60 Prozent liegt, was es in die Kategorie ›ökologische Überaus-

Ausbau der industriellen Produktion wird den Wasserverbrauch weiter erhöhen und gleichzeitig die nutzbaren Vorräte durch industrielle Verschmutzung verknappen. Shalizi (2006: 2) kommt in einer Untersuchung über Chinas Wasserverbrauch zu ernüchternden Ergebnissen: Die Wassermenge ist inadäquat, der Gebrauch von Oberflächenwasser exzessiv, das Grundwasser wird überausgebeutet, die Wasserqualität sinkt infolge zunehmender Verschmutzung, was insgesamt die Wasserknappheit verschärfen wird.

Chinas Problem ist ausgeprägt, weil die natürlichen Wasservorräte knapp und das industrielle Wachstum dramatisch ist, aber China zeigt nur deutlicher als andere Länder einen der Grundkonflikte von Industrialisierungsprozessen, die an den Grenzen der ökologischen Verträglichkeit stattfinden: Industrielles Wachstum erfordert die Verfügbarkeit natürlicher Ressourcen, deren Vorhandensein ebendieser Prozess selbst gefährdet. Dass sich dieser Konflikt nicht auf die klassischen Industriebereiche beschränken lässt, zeigt schließlich auch die nähere Betrachtung der »sauberen« Produktion der Computerindustrie – in Silicon Valley gibt es mehr und mehr sogenannte *superfund sites*, also Orte mit riskanten Abfallproblemen, als in allen anderen Gegenden der USA und mehr als 150 Stätten, an denen das Grundwasser verseucht ist, wofür in vielen Fällen die High-Tech-Industrie verantwortlich ist (Barlow/Clarke 2002: 8).[34]

Im Vergleich zu Landwirtschaft und Industrie nimmt der direkte Haushaltsverbrauch mit circa 10 Prozent des Gesamtverbrauchs den geringsten Anteil ein. Doch wird auch das häusliche Wasser regional und sozial sehr unterschiedlich konsumiert: In Mozambique,

beutung‹ katapultieren wird. Egal, welche Definition man anwendet, China wird vermutlich ein ernsthaftes Wassermanagementproblem im nächsten Jahrzehnt haben.« (Shalizi 2006: 5; vgl. auch FAO 2003b: 11)

34 »Die französische Zeitung *Le Monde* berichtete am 17. Januar 1998, IBM pumpe jährlich 2,7 Millionen Kubikmeter Wasser aus den alten Grundwasservorkommen im Département Essonne (Frankreich). Für die Produktion seiner elektronischen 64-Megabyte-Chips benötigt IBM sehr reines Wasser, wie man es nur noch in den alten Reserven findet. Diese Reserven sind jedoch durch eine Verordnung zur Wasserverwaltung des Beckens Seine-Normandie geschützt. Wie kommt es, dass die Behörden IBM die Erlaubnis erteilt haben, die alten Vorräte zu nutzen, statt das Unternehmen zu zwingen, Mehrkosten auf sich zu nehmen und Wasser aus oberirdischen Flussläufen zu verwenden? Laut Umweltverbänden haben die Behörden, die versessen versuchen, Arbeitsplätze zu erhalten oder zu schaffen, gegen die mächtigen multinationalen Privatunternehmen nicht mehr viel zu sagen oder gar auszurichten.« (Petrella 2000: 21)

Haiti, Ruanda, Uganda, Angola, Burkina Faso, Niger und Nigeria, Kenia und Bangladesch liegt die täglich zur Verfügung stehende Menge pro Person bei weniger als 50 Litern. Die Weltgesundheitsorganisation und UNICEF schätzen, dass 20 Liter pro Tag das absolute Minimum an Trinkwasser und für persönliche Hygiene darstellen. Erst bei etwa 50 Litern pro Tag kann auch ein erweiterter Reinigungsbedarf (Wäsche, Baden) gedeckt werden. Mehr als das elffache, 575 Liter, verbraucht ein durchschnittlicher US-Bürger pro Tag (UNDP 2006: 34). Auch innerregional sind die Unterschiede gravierend und nicht zuletzt abhängig von der Entfernung einer nutzbaren Wasserquelle:

> In den städtischen Gegenden Asiens, Lateinamerikas und des subsaharischen Afrikas mit hohem Einkommen haben die Menschen Zugang zu mehreren hundert Liter Wasser pro Tag, das ihnen von preisgünstigen öffentlichen Anbietern ins Haus geliefert wird. Gleichzeitig haben Slumbewohner und arme Haushalte in ländlichen Gebieten derselben Länder weniger als 20 Liter zur Verfügung, die gerade den elementarsten menschlichen Bedarf decken. (UNDP 2006: 2)

Absolute Wasserarmut, von der mehr als eine Milliarde Menschen betroffen ist, bedeutet in der Regel einen Tagesverbrauch von weniger als 5 Litern zumeist unsauberen Wassers (UNDP 2006: 34), das zudem unter hohen sozialen Folgekosten vor allem von Mädchen und Frauen oft über viele Kilometer herangeschafft werden muss.

### *1.2.2 Exkurs: Virtuelles Wasser*

Mitte der 1990er Jahre prägte der englische Geograph Tony Allan den Begriff »*virtual water*«, um auf zwei Dinge aufmerksam zu machen: Erstens wird in jedem Produkt eine bestimmte Menge an Wasser gebunden, das weder sichtbar noch im Endprodukt physisch erhalten, jedoch für die Erzeugung dieses Produkts unabdingbar ist. Zweitens beeinflussen der Export und Import virtuellen Wassers die Wasserbilanz eines Landes entweder positiv, indem Waren mit hohem virtuellen Wasseranteil importiert werden, oder negativ, weil wasserintensive Produkte das Land verlassen (Allan 1997; Allan 2001).[35]

35 »Wir sprechen von virtuellem Wasser, weil das reale Wasser, das für das Wachstum des Weizens benötigt wurde, nicht mehr tatsächlich in ihm enthalten ist. Das

Virtuelles Wasser und virtueller Wasserhandel haben eine lebhafte Diskussion ausgelöst. Schlicht erhellend sind zunächst die Angaben, welche Wassermenge zur Herstellung eines bestimmten Produkts benötigt wird: So werden zum Beispiel für eine Din-A-4 Seite Papier zehn Liter Wasser, für einen Liter Bier 300 Liter Wasser und für einen durchschnittlichen PKW zwischen 20 000 bis 30 000 Liter Wasser gebraucht. Stärker noch als die industrielle Produktion steht die Landwirtschaft, die weit mehr Wasser als die Industrie verbraucht, im Fokus der Debatte über virtuelles Wasser. So konzentrieren sich Studien des Institute for Water Education der UNESCO auf die Analyse virtueller Wasserströme, die der internationale Handel mit Agrarprodukten bewirkt. In volkswirtschaftlichen Gesamtbetrachtungen können auf diesem Wege Nettoimporteure und Nettoexporteure von virtuellem Wasser identifiziert werden (Hoekstra/Hung 2002: 26).

Zusätzlich zur Analyse virtueller Wasserströme werden hiermit auch strategische Überlegungen verbunden. »Der Handel mit virtuellem Wasser hat in den letzten 40 Jahren kontinuierlich zugenommen; über 15 Prozent des Wassers, das in der Welt verbraucht wird, geht in virtueller Form in den Export.« (UNESCO 2003a)

Indem das im Produkt gebundene Wasser sichtbar gemacht wird, werden ökologisch und wirtschaftlich unsinnige Wassertransfers kritisierbar, Nutzungskonflikte erkennbar und schließlich auch der virtuelle Wassertransfer politisch steuerbar (Hummel u. a. 2006: 7). Strategisch könnte, so die Überlegung, eine ressourcenadäquata Anbaustrategie für Agrarprodukte zu einer Wasserersparnis der global aufgewendeten Ressourcen führen, wenn Produkte dort angebaut werden, wo entweder genügend Wasser vorhanden ist und/oder technologische und klimatische Faktoren bessere Anbaubedingungen ermöglichen:

So werden etwa in Frankreich zur Produktion von einem Kilogramm Mais im Bewässerungsfeldbau 530 Liter Wasser benötigt, während in Ägypten – insbesondere aufgrund der wesentlich höheren Verdunstungsraten – dazu 1100 Liter erforderlich wären. Die globale Ersparnis beträgt somit 570 Liter

Konzept des virtuellen Wassers hilft uns zu erkennen, wieviel Wasser tatsächlich gebraucht wird, um verschiedene Güter und Dienstleistungen herzustellen. In semi-ariden und ariden Gegenden kann es sehr hilfreich sein, den virtuellen Wasserwert einer Ware oder einer Dienstleistung zu kennen, um zu entscheiden, wie das vorhandene knappe Wasser am besten genutzt werden kann.« (Allan 2005)

Wasser pro Kilogramm, wenn Frankreich den Mais anbaut und Ägypten diesen importiert. (Horlemann/Neubert 2006: 27)

Kritiker halten jedoch fest, dass der Begriff irreführend sei, weil es sich keineswegs um virtuelles, sondern um reales Wasser handele. Zudem werde unzureichend zwischen landwirtschaftlichen Erträgen (*crops*) und dem Wasser für landwirtschaftliche Erträge (*crop water*) unterschieden (Merrett 2003: 540 f.). Der Import von wasserintensiven landwirtschaftlichen Produkten bedeute eben keinen Import von Wasser, sondern von Lebensmitteln. Insbesondere fragwürdig ist auch, ob die strategische Steuerung virtuellen Wasserhandels überhaupt möglich und, wenn ja, nicht kontraproduktiv ist.

Denn das Konzept basiert im Wesentlichen darauf, dass Dumpingpreise für Nahrungsmittel auf dem Weltmarkt durch die Agrarsubventionen des Westens gehalten werden. Nur wenn diese Preise auch niedrig bleiben, entsteht für wasserarme Länder ein Anreiz, landwirtschaftliche Produkte eher zu importieren als selbst anzubauen. (Horlemann/Neubert 2006: 28)

Abgesehen davon ist die Vorstellung lebensmittelpolitischer Autarkie keineswegs überwunden, so dass eine Abhängigkeit von der Lieferbereitschaft anderer Staaten auch im Zeitalter der Globalisierung allenfalls in Grenzen akzeptabel ist. Der größere Nutzen des Konzepts liegt daher in der Aufklärungsfunktion und der Sichtbarmachung von Wasserverbräuchen als in einer tatsächlichen globalen Steuerung landwirtschaftlicher Produktion.

### *1.2.3 Bevölkerungswachstum und Urbanisierung*

Eine besondere Sorge bereitet das prognostizierte Bevölkerungswachstum, gerade in Gebieten mit bereits heute geringem Trinkwasserversorgungsgrad. Nach den Berechnungen des US-amerikanischen Population Reference Bureau (PRB) wächst die Weltbevölkerung um 2,6 Menschen pro Sekunde bzw. etwa 80,6 Millionen Menschen pro Jahr. Der weitaus größte Anteil hiervon, 79,5 Millionen Menschen, fällt auf die weniger entwickelten Ländern. Das PRB prognostiziert einen Anstieg auf circa 9,4 Milliarden Menschen bis 2050, von denen ungefähr acht Milliarden in den weniger entwickelten Ländern leben werden (Population Reference Bureau 2006a; Population Reference Bureau 2006b). Auch wenn andere

Schätzungen niedriger ausfallen, gibt es keinen Zweifel an einem insgesamt enormen Bevölkerungswachstum und den hiermit verbundenen Schwierigkeiten, die Versorgung mit Frischwasser auf dem heutigen Stand zu halten bzw. gar zu verbessern.

1950 lebten auf der Welt circa 2,5 Milliarden Menschen – im Jahr 2000 hatte sich dieser Anteil um fast 150 Prozent auf mehr als 6 Milliarden erhöht. In diesem Zeitraum ist vor allem der Anteil der Weltbevölkerung, der in städtischen Gebieten lebt, von 29 auf 47 Prozent gestiegen (UNESCO 2006: 3). In den weniger entwickelten Ländern ist die Entwicklung der Urbanisierung noch rasanter verlaufen: In Afrika und Asien hat sich die städtische Bevölkerung in den letzten 50 Jahren verdreifacht. Weltweit wird sich die in Städten lebende Bevölkerung im Laufe der nächsten Generation von 2,5 Milliarden Menschen auf das Doppelte erhöhen (United Nations 2001: 24; UNESCO 2009: 30).

Die rasante Urbanisierung, vor allem die Ansiedlung in Slums, stellt eine bisher ungelöste Herausforderung für die Versorgung dar. In trockenen Gebieten, nicht nur in den Entwicklungsländern, ist bereits die Verfügbarkeit von Trinkwasserressourcen ein Problem, das teilweise nur mit dem Transport aus weit entfernt liegenden Gebieten gelöst werden kann.[36] Zudem ist der Anschluss an die Wasserversorgung und vor allem auch an ein Entsorgungssystem in den urbanen Slums absolut unzureichend:

In Indien zum Beispiel verfügen siebzig Prozent der Bevölkerung über keine Abwasserreinigung. Zwischen dreißig und vierzig Prozent der Bevölkerung von Mexiko Stadt, Karatschi, Jakarta, Rio de Janeiro, Buenos Aires, Casablanca, Delhi, Hanoi, Kairo, Schanghai und Seoul haben keinen Zugang zu Trinkwasser. Zu einem großen Teil liegt das am rapiden und massiven Bevölkerungszuwachs. Mexiko Stadt zum Beispiel ist zwischen 1940 und 1990 von 1,5 Millionen auf fünfzehn Millionen Einwohner angewachsen, Schanghai zwischen 1950 und 1990 von vier auf vierzehn Millionen, und Jakarta zählte 1930 noch eine Million Einwohner, während Großjakarta

36 »Die Landwirtschaft verliert einen Teil ihrer vorhandenen Wasservorräte an die Städte, weil die Bevölkerung wächst und die Urbanisierung den städtischen Wasserbedarf in die Höhe treibt. […] Der Druck, Wasser von den Farmen in die Städte zu verschieben, wird sich erhöhen bzw. existiert bereits in China, im Westen der Vereinigten Staaten und anderen wasserarmen Gegenden.« (Postel 1997: xv) Die Stadt Los Angeles reagierte bereits Anfang des Jahrhunderts auf seine Wasserknappheit mit dem »Wasserdiebstahl« aus dem Owen Valley (Libecap 2005).

heute das Herz einer Metropole von zwanzig Millionen Einwohnern ist. Mexiko Stadt nähert sich der Zwanzig-Millionen-Schwelle, Kalkutta hat sie schon überschritten, und Bombay wird sie nächstens erreichen. (Petrella 2000: 35)

Neben einem mangelnden Angebot an Infrastruktur sind die vielfach hohen Gebühren für Arme ein Hindernis, sich an das Leitungsnetz anschließen zu lassen. Die Folgen sind gravierend: Die Nutzer zahlen bei privaten Anbietern kleiner Wassermengen oder bei Versorgungslastern weit höhere Preise als an das Leitungssystem angeschlossene Konsumenten.[37] Gerade für die Ärmsten und die Nutzer der geringsten Mengen ist Wasser daher oft am teuersten und verschlingt beträchtliche Anteile der ohnehin niedrigen Einkommen.[38] Fehlende Sanitäranlagen führen zu einer Verunreinigung von Straßen und Grundwasser mit Fäkalien, zu erhöhter Krankheitsgefahr, zu Typhus, Cholera und Durchfall sowie hohen Sterberaten insbesondere von Kindern.

Für die ländliche Bevölkerung wasser- und ressourcenknapper Länder ist die Lage nicht besser: So hat sich zwar in allen Entwicklungsländern zusammen betrachtet die Versorgung der urbanen Bevölkerung mit Trinkwasser auf 92 Prozent erhöht, beträgt aber in ländlichen Gebieten weiterhin nur durchschnittlich 73 Prozent (United Nations 2009: 47). Auch hierfür sind mehrere Gründe verantwortlich: Die Versorgung ländlicher Gebiete ist aufgrund größerer Entfernungen teurer. Zudem haben die ländlichen Bewohner in der Regel auch weniger politische Durchsetzungsmacht als Städter (UNDP 2006: 53).

37 In Kibera, einem Slum in Nairobi, wohnen nach Schätzungen zwischen 500 000 und 1 Million Menschen: »Weniger als 40 Prozent der Haushalte haben Zugang zu legalen Wasseranschlüssen, in der Regel Standpumpen. Von denen, die einen Zugang haben, erhält ein Drittel Wasser nur jeden zweiten Tag. Etwa 80 Prozent der Haushalte erwerben ihr ganzes Wasser oder einen Teil davon von privaten Verkäufern, deren Preise durchschnittlich bei 3.50 US $ pro Kubikmeter liegen, aber auf fast das Doppelte in der Trockenzeit ansteigen. Auch der Durchschnittspreis ist siebenmal höher als der, der von den Menschen in den Siedlungen mit hohem Einkommen bezahlt wird, die von dem Wasser- und Abwasserversorger Nairobis beliefert werden – und höher als die Preise in London oder New York.« (UNDP 2006: 38)

38 So zahlt z. B. das untere Einkommensfünftel in Argentinien, Jamaica und El Salvador mehr als 10 Prozent seines Einkommens für Wasser (Gasparini/Tornarolli 2006; UNDP 2006: 51).

Noch schlechter sieht es bei der Ausstattung mit sanitären Anlagen aus: 2004 waren weltweit 81 Prozent der städtischen Bevölkerung mit sanitären Einrichtungen versorgt, aber nur 37 Prozent der ländlichen Bevölkerung; in den weniger entwickelten Ländern stehen 58 Prozent der städtischen, aber weniger als einem Drittel der ländlichen Bevölkerung sanitäre Anlagen zur Verfügung (UNICEF 2005: 109).

Die im Zuge der Millennium Development Goals (MDGs) für beide Ziele, Versorgung mit Trinkwasser und mit sanitären Anlagen, erreichten Fortschritte werden durch das Bevölkerungswachstum zu einem großen Teil nivelliert bzw. teilweise sogar ins Gegenteil verkehrt: Der Fortschrittsbericht für 2008 hält fest, dass insgesamt 879 Millionen Menschen noch keinen Zugang zu verbessertem Trinkwasser haben; 84 Prozent hiervon, also 746 Millionen Menschen, leben in ländlichen Gebieten (United Nations 2008a: 42). Der Fortschrittbericht des Folgejahres konstatiert, dass nunmehr 5 Millionen weitere Menschen, nämlich 884 Millionen, keinen Zugang zu sauberem Trinkwasser haben; der ländliche Anteil ist mit 84 Prozent gleich geblieben (United Nations 2009: 46). Bezüglich der Versorgung mit sanitären Anlagen ist die Bilanz ebenfalls keineswegs befriedigend: Obwohl zwischen 1990 und 2006 1,1 Milliarden Menschen mit verbesserten Sanitäreinrichtungen ausgestattet wurden, sind weiterhin 2,5 Milliarden Menschen weltweit unversorgt (ebd.: 45) – 1990 waren es 2,7 Milliarden Menschen (United Nations 2006a: 51).

Jeweils 1,18 Milliarden Menschen haben zwischen 1990 und 2004 einen Zugang zu Trinkwasser und zu sanitären Anlagen erhalten – doch werden die Fortschritte vom Bevölkerungswachstum förmlich geschluckt: Die Anzahl unversorgter Menschen bleibt trotz der Fortschritte nahezu gleich.

### *1.2.4 Wasserverschmutzung, Überausbeutung und Versalzung*

Die in Long Beach, Kalifornien, ansässige Algalita Marine Research Foundation hat sich auf den Schutz und die Erforschung der marinen Umwelt spezialisiert. Ihr Forschungsprojekt zur Ablagerung von Plastikmüll im Nordpazifik zeigt, dass hier die Menge des Plastikmülls inzwischen sechsmal so groß ist wie die des zoologischen

Planktons. Nur circa 5 Prozent des weltweit produzierten Plastiks wird recycelt; zwischen 6,4 und 8 Millionen Tonnen Abfall wandern jährlich in die Ozeane und sammeln sich zum Beispiel in einem Strudel im Nordpazifik in einem Umfang, der die Fläche Mitteleuropas abdecken würde. Plastikmüll zersetzt sich in kleinste Teile, aber er verschwindet nicht: Von der Oberfläche bis zum Meeresgrund finden sich mikroskopisch kleine Teile aus Polyester, Acryl und Nylon; allein im Nordpazifik, so schätzen die Forscher von Algalita, sterben jährlich 100 000 Meeressäuger an den Folgen des Mülls (Algalita Marine Research Foundation 2006; Rögener 2004).

Die Ozeane sind die letzte Sammelstelle für Abfälle, die vom Land in die Flüsse und von den Flüssen ins Meer geleitet werden. Neben Plastik, dessen chemische Langzeitwirkung sich früher oder später über die Nahrungskette auch als direkte Lebensbedrohung für Menschen entfalten wird, sind Grund- und Oberflächengewässer weltweit von einer zunehmenden Menge chemischer Substanzen bedroht, die in den am stärksten betroffenen Gebieten diesen Teil der biologischen Umwelt zu einem hochgiftigen Gemisch machen. Der Missbrauch von Gewässern als Müllabladeplatz erweist sich bei zunehmender Industrialisierung als tödliche Falle für Mensch und Tier.

In vielen Regionen sind es vor allem Nitrate und menschliche wie tierische Abfälle, die ungefiltert in die Gewässer eingeleitet werden. Die Vereinten Nationen erwarten, dass »die Verschmutzung mit Nitrat zum dringendsten Problem für die Wasserqualität in Europa und Nordamerika werden wird, aber auch für andere Länder wie Indien und Brasilien schwere Probleme mit sich bringen wird, wenn der gegenwärtige Verschmutzungstrend anhält« (ECOSOC 1997a: 20). In vielen Gewässern der Welt lagern sich überdies hochgiftige und schwer abbaubare polychlorine Biphenyle (PCB) und dichlorine Phenyltrichlorethane (DDT) an. Diese und andere chlorine Chemikalien sind inzwischen so weit verbreitet, »dass sie überall auf der Welt im Gewebe von Menschen und Tieren zu finden sind« (ebd.).

### *1.2.5 Grundwasser*

Die weltweit vorhandenen Grundwasservorräte und deren Ausbeutung sind kaum jemals umfassend quantifiziert worden (FAO 2003b: 11). Eine Ausnahme stellen die zwischen 1983 und 1990 von den Vereinten Nationen veröffentlichten Regional Groundwater Reports (United Nations 1983-1990) dar, die auf Länderbasis versuchen, Grundwasserressourcen zu erfassen. Deren Stand gilt allerdings als veraltet. Dieser Informationsmangel rührt nicht zuletzt aus den komplexen Herausforderungen, denen eine Grundwassermessung unterliegt: Um zuverlässige Daten zu erhalten, müssen die örtlich, saisonal und jährlich schwankenden Grundwasserspiegel kontinuierlich gemessen und in Beziehung zu Entnahme sowie interner (etwa durch anderweitig nachfließendes Grundwasser) und externer Wiederauffüllung durch Regen und Versickerung gesetzt werden. Oft sind auch Grundwasserbecken nicht klar voneinander getrennt, was eine deutliche Unterscheidung von Entnahme und Wiederauffüllung unmöglich macht. Trotz zahlreicher Studien über die Dynamiken spezieller Grundwasserbecken sind folglich die Kenntnisse über den Stand der weltweiten Grundwasserressourcen begrenzt (Moench 2004: 80f.). Sofern Annahmen über Grundwasserentnahmen dennoch existieren, sind sie lückenhaft und fragwürdig (World Resources Institute 2000b). Und sie können die Faktoren nicht erfassen, die jenseits der Grundwassermenge entscheidend sind: Wo liegt der für den Erhalt von Ökosystem und grundwassergespeisten Flüssen kritische Punkt? Schließlich gibt es keinen klar erkennbaren Zusammenhang zwischen Menge und Qualität von Grundwasser: Sinkende Grundwasserspiegel können, aber müssen nicht mit einer Verschlechterung der Qualität einhergehen und umgekehrt (Moench 2004: 83).

Jenseits dieser Mess- und Bestimmungsprobleme jedoch besteht insgesamt kein Zweifel an der wachsenden Gefährdung durch quantitativ und qualitativ abnehmende Grundwasservorräte:

> Viele der bevölkerungsreichsten Ländern der Welt – China, Indien, Pakistan, Mexiko und fast alle Ländern im Mittleren Osten und Nordafrika – haben in den letzten zwei oder drei Jahrzehnten buchstäblich einen Freifahrtschein für die Ausbeutung ihrer Grundwasserressourcen ausgestellt. Die Strafe für das schlechte Management kommt jetzt, und es ist nicht übertrieben zu behaupten, dass dies für diese Länder katastrophal ausfällt

bzw., wenn man deren Bedeutung in Rechnung stellt, für die ganze Welt. (Seckler u. a. 1999: 30)

Detailuntersuchungen stützen diese Annahme: In Teilen Indiens fallen die Grundwasserspiegel um mehr als einen Meter pro Jahr und gefährden die Landwirtschaft wie das Überleben der ansässigen Bauern (UNDP 2006: 14; Schmitt 2006). Mancherorts, wie in Mexiko, den USA oder Thailand, senkt sich das darüber liegende Land zwischen einem und zehn Metern ab (ECOSOC 1997a: 19). In großen Teilen Asiens, aber auch in Süd- und Mittelamerika steigt die Gefahr durch Arsenverschmutzung des Grundwassers, von der allein in Bangladesch 21 Millionen Menschen als gefährdet betrachtet werden und 200 000 akut betroffen sind (BGS/DPHE 2001). Vielerorts versalzen Grundwasservorräte durch nachsickerndes Meerwasser und infolge extensiver Bewässerungslandwirtschaft (ECOSOC 1997a: 19).

Die Grundwasserausbeutung für die Bewässerungslandwirtschaft ist essenziell für das Verständnis der globalen Ressource, jedoch liegen auch bezüglich der weltweiten Vorkommen und ihrer Nutzung bislang keine vollständigen Erhebungen vor; methodische Schwierigkeiten des Messung, des Vergleichs und nicht zuletzt der Erfassung zeitlicher Veränderungen liegen auf der Hand, jedoch bemüht sich die FAO mit dem Aquastat-Projekt, diese Mängel auszugleichen (FAO 2003a).

Lokal und regional stellt sich die politische Gestaltungsmöglichkeit einer nachhaltigen Bewirtschaftung von Grundwasserressourcen als schwierig dar. Denn oberflächennahes Grundwasser wurde seit 1970 bis weit in die 1990er Jahre als gute Möglichkeit betrachtet, arme ländliche Kommunen in Nordchina und Südasien aus der Armut zu führen, indem jedem, der sich eine Pumpe leisten konnte, ein freier Zugang zur Ressource garantiert wurde.[39] Die Vorteile lagen klar auf der Hand:

Bewässerung mit Grundwasser ist grundsätzlich produktiver als Bewässerung durch Kanalsysteme, denn Grundwasser ist nahe an seinem Ver-

39 »Der Volkszählung in Indien zufolge beträgt der Anteil der ländlichen Bevölkerung etwa 70 Prozent und praktisch alle diese Einwohner sind von der Landwirtschaft abhängig. Shah et al. (2003) schätzen vergleichbar, dass 55 bis 60 Prozent der indischen Gesamtbevölkerung auf Grundwasser angewiesen ist. Wenn diese Zahlen auch nur annähernd richtig sind, wird klar, welche zentrale Rolle Grundwasser für das ländliche Leben in dieser Region spielt.« (Moench 2004: 90)

brauchsort und kann praktisch ohne Transportverluste genutzt werden. Zudem können die Bauern den Zeitpunkt und die Entnahmemenge kontrollieren. (FAO 2003b: 11 f.)

Die Nachteile dieser Armutspolitik zeigen sich allerdings heute in der drohenden Gefahr noch größerer Armut bei Versiegen der Quelle, denn die Grundwasserökonomie liegt völlig in den Händen des privaten und informellen Sektors, der keiner oder nur sehr begrenzter Regulation zugänglich ist (Shah u. a. 2003: 130).

Auch hier scheint ein Konflikt auf, der Wassermanagementprobleme begleitet: Wasser ist oftmals frei zugänglich, die Kontrolle daher schwierig zu gestalten. Indien, und zu einem geringeren Teil auch China, Pakistan und der Iran, beziehen ihr Grundwasser aus einer Vielzahl kleiner Pumpen (in Indien zwischen 19 und 26 Millionen). Wie viel Grundwasser hier entnommen wird, kann nur geschätzt werden, sicher ist jedoch, dass auch die unkontrollierte Entnahme durch eine Vielzahl kleiner Pumpen zu einer Überausbeutung von Grundwasserreservoiren führen kann (Postel 1999: 125). Für eine im öffentlichen Interesse notwendige Regulierung stellt sich entsprechend die Frage, »wie genau können auftretende Problem quantifiziert werden und wie können sie gemanagt werden, wenn man über ihren Umfang keine Angaben hat?« (Moench 2004: 90).

### *1.2.6 Technische Infrastruktur*

Um die Millennium Development Goals im Wasserbereich zu erreichen, wird geschätzt, dass Mehrinvestitionen in Höhe von 49 Milliarden US $ jährlich notwendig sind (Winpenny 2003: 3). Unabhängig davon, wie genau diese Zahlen wirklich sind (und sein können), geben sie doch einen Eindruck des desolaten Zustandes der technischen Infrastruktur. Hierbei sollte gleichwohl nicht vergessen werden, dass die MDGs jeweils nur eine *Halbierung* der Bevölkerung ohne Trinkwasser und ohne sanitäre Anlagen vorsehen. Zudem beschränken sich diese Entwicklungsziele auf den direkten Haushaltsverbrauch, der nur ungefähr ein Zehntel der Gesamtmenge des verbrauchten Wassers umfasst. Technische Ursachen dieses Aspektes der Wasserkrise liegen in der inadäquaten Menge und Beschaffenheit von Leitungssystemen, der Zahl der Hausanschlüsse, der Verlässlichkeit von Wassermenge und -qualität sowie der Ausstattung mit sanitären Anlagen.

Bezüglich der Leitungssysteme sind sowohl Mängel in der Zuleitung als auch in der Ableitung von Wasser zu beheben. Selbst dort, wo Wassernetze vorhanden sind, findet das Wasser oftmals nicht den Weg zum Verbraucher, weil es unterwegs versickert oder die Leitungssysteme illegal angezapft werden. In Kairo, Jakarta, Lagos, Lima und Mexiko City verschwindet auf diesen Wegen etwa die Hälfte des urbanen Leitungswassers, dessen Bereitstellung Kosten verursacht, für die niemand aufkommt (Postel 1997: 159).

Auch in entwickelten Ländern führen schadhafte Leitungssysteme zu hohen Wasserverlusten: In der Oberlausitz beliefen sich diese 2002 auf circa 15 Prozent (Regionaler Planungsverband Oberlausitz-Niederschlesien 2002), in Thüringen lagen sie 2004 bei mehr als 21 Prozent (Nußpickel 2007), und für London wird angenommen, dass ein Drittel bis die Hälfte des Leitungswassers auf dem Weg zu den Kunden versickert. Die Weltbank schätzt, dass Investitionen in Höhe von 600 Milliarden US $ notwendig sind, um die Wasserleitungen weltweit zu reparieren (ECOSOC 1997a: 21).

Wasserknappheit infolge unzureichender Zuleitung schließt Wasserüberfluss aufgrund schlechter Abwasserkanäle nicht aus. Bilder aus Manila zeigen, dass Bewohner kniehoch im Abwasser stehen, aber Wasser zum Trinken mit ungewisser Qualität allenfalls bei teuren Einzelhändlern zu kaufen ist. Der Aufbau netzgebundener Infrastrukturen – Trink- und Abwassersysteme sowie Elektrizität – setzt allerdings gepflasterte Straßen und Wege voraus, die vielfach nicht vorhanden sind (UNESCO 2006: 7).

Fehlende Abwasserkanäle wiederum haben Überschwemmungen in Regenzeiten zur Folge, bei denen mangels funktionierender Sanitäranlagen und Mülldeponien ein Gemisch aus Wasser, Fäkalien, Abfall und Dreck durch Wohngebiete fließt. Ein Leben ohne Toiletten ist unwürdig, gesundheitsgefährdend und verursacht insbesondere eine hohe Kindermortalität. In den Worten einer Bewohnerin des Slums Kibera in Nairobi:

> Die Zustände hier sind furchtbar. Überall ist Abwasser. Es verschmutzt unser Wasser. Die meisten Leute nehmen Eimer und Plastiktüten als Toilette. Unsere Kinder bekommen ständig Durchfall und andere Krankheiten wegen des ganzen Drecks. (Mary Akinyi, zit. in Deutsche Gesellschaft für die Vereinten Nationen 2006: 1)

Selten hat ein Bericht der Vereinten Nationen so deutliche Worte gefunden wie der Weltentwicklungsbericht (*Human Development Report*) 2006, um die Folgen der Nichtgewährung des Menschenrechts auf Wasser ins Bewusstsein zu rücken:

So wie Hunger ist auch der erschwerte Zugang zu Wasser eine Krise, die sich im Verborgenen abspielt. Denn von dieser Krise sind in erster Linie die Armen betroffen; von denjenigen, die die Ressourcen, Technologie und politische Macht hätten, ihr ein Ende zu bereiten, wird sie hingenommen. Doch es handelt sich hier um eine Krise, die den Fortschritt der Menschen hemmt und große Teile der Menschheit zu einem Leben in Armut, Schutzlosigkeit und Unsicherheit verdammt. Diese Krise fordert mehr Menschenleben – durch Krankheiten – als irgendein Krieg durch Waffen. Sie verstärkt zudem noch die gewaltige Kluft zwischen reichen und armen Staaten, die sich durch die ungleiche Verteilung der Lebenschancen in einer immer wohlhabenderen und ineinander verwobenen Welt auftut, aber auch die Kluft innerhalb der einzelnen Länder auf der Grundlage von Vermögensstand, Geschlecht und anderer Merkmale von Benachteiligung. (Ebd.: 1 f.)

### *1.2.7 Klimawandel*

2004 veröffentlichte Michael Crichton den Roman *Welt in Angst (State of Fear)*, dessen mit vielen wissenschaftlichen Studien belegte Kernaussage lautet: Es gibt keinen Klimawandel. Mit seinem Werk ergreift er Position im Kampf um das von den USA zwar unterzeichnete, aber nicht ratifizierte Kyoto-Protokoll zur Reduktion von Treibhausgasen, die maßgeblich für die Erderwärmung verantwortlich gemacht werden. Die politische Stoßrichtung ist klar: Wenn es keinen nachweisbaren Zusammenhang zwischen $CO_2$-Erhöhung und Klima gibt, besteht kein Anlass, die Kohlendioxide zu reduzieren, und somit auch kein Grund, der industriellen Produktion in den USA die Bürde von Umweltschutzmaßnahmen aufzuerlegen.

Die weltweite Mehrheitsmeinung ist eine andere: Eine kontinuierliche Steigerung des Ausstoßes von Treibhausgasen

wird früher oder später zur Erwärmung der Erdoberfläche führen. Das wird unweigerlich bedeuten, dass sich die regionalen Muster von Niederschlag und Verdunstung, die biophysikalischen Prozesse der Photosynthese und Respiration, ja, die ganzen thermalen und hydrologischen Muster, die sowohl die natürlich als auch die agrikulturellen Systeme bestimmen, verändern werden (Rosenzweig/Hillel 1998: 4).

Dass der Klimawandel Auswirkungen auf den globalen Wasserhaushalt haben wird, ist unbestritten, doch »während wir wissen, dass sich die Folgen der globalen Erwärmung nicht einfach aus der Vergangenheit extrapolieren lassen, bleibt es ein Rätsel, welche Veränderungen der Klimawandel genau bedeuten wird« (Postel 1997: 88). Wasserpolitik unter den Bedingungen des Klimawandels heißt daher »zu lernen, Wasser unter den Bedingungen erhöhter Unsicherheit zu managen« (UNESCO 2009: 73).

Welche genauen Dimensionen die Erderwärmung haben wird, ist Gegenstand umfangreicher Forschungsprogramme, die aufgrund des erheblichen Umfangs an Daten und Prognosen, die in die Modellbildungen eingehen, zum Teil erhebliche Divergenzen bezüglich der Prozessgeschwindigkeit und der lokalen Auswirkungen aufweisen. Vermutet wird, dass der Klimawandel zu einer Veränderung der Regenfälle führen wird: Eine erhöhte Verdunstung wird zu einem steigenden Bedarf an Bewässerung führen oder aber die saisonale und regionale Verteilung von Wasser ändern. Die Folge kann mehr Wasser im Winter und weniger im Sommer sein und damit die Anforderungen an eine Vorratshaltung von Wasser verändern.[40] Nicht nur direkt, auch indirekt wird der Klimawandel auf den Wasserhaushalt einwirken:

> Insekten werden mit steigenden Temperaturen in Gebieten auftreten, wo sie bisher nicht überleben konnten, und Infektionskrankheiten verbreiten. Auch wasservermittelte Krankheiten werden zunehmen, wenn verschmutztes Oberflächenwasser in Trinkwasserquellen und Brunnen gerät oder das Trinkwasser in bestimmten Regionen knapper wird. (Fues 2003: 198)

Die Verfügbarkeit von Wasser wird die atmosphärische Fähigkeit zur Hitzeabsorption ändern und damit für einen Temperaturanstieg, einen Anstieg des Meeresspiegels und Änderungen der Niederschläge führen. Das Intergovernemental Panel on Climate Change (IPCC), das weltweite Anstrengungen unternimmt, verläss-

40 Nach einer Untersuchung des amerikanischen Hydrologen John Schaake wird eine Erwärmung um 2 Grad Celsius im Bereich des Animas River in Durango, Colorado, die Menge der Niederschläge nicht ändern, aber zu einer Verschiebung der Niederschläge führen. Nach seinem Modell wird sich der *river runoff* zwischen Januar und März um 85 Prozent erhöhen, im Juli, wenn das Wasser wirklich gebraucht wird, aber um 40 Prozent absinken (Schaake 1990).

liche Computermodelle für die Zukunft des Weltklimas zu entwickeln, lässt wenig Hoffnung, dass Crichton recht hat: Auch wenn die gegenwärtigen Modelle nicht präzise genug und zu umstritten sind, um genaue Zeit- und Ortsangaben machen zu können, zeigen sie doch drastische Veränderungen von Wasserpegeln und Niederschlägen spätestens am Ende des 21. Jahrhunderts. Verheerend wird sich auswirken, dass diese Entwicklungen sich aller Wahrscheinlichkeit nach auch dann fortsetzen, wenn der $CO_2$-Ausstoß sofort drastisch reduziert würde. Damit ist aber – nicht zuletzt angesichts einer rapiden »nachholenden Entwicklung« hinsichtlich der industriellen Verschmutzung in China und eines ungebrochenen Glaubens an die Unendlichkeit ökologischer Resistenz in den USA – nicht zu rechnen.

Der Klimawandel addiert zu den schon bekannten Wasserproblemen die Dimensionen einer wahrscheinlichen, aber heute noch unklaren, dynamischen, globalen Entwicklung. Eine gewisse Ermüdungserscheinung angesichts schon lange prognostizierter ökologischer Katastrophen – die die Welt als Ganze immer noch überlebt hat – erhöht die Wahrscheinlichkeit einer »globalen Umkehr« nicht. Konträre Interessen, auch der Egoismus der Gegenwart, erschweren eine koordinierte globale Aktion zusätzlich.

### *1.2.8 Zur Ambivalenz von Staudämmen*

Ein eigenes Forschungsfeld innerhalb der Wasserpolitik ist die Auseinandersetzung mit Staudämmen. Drei zentrale Gründe sind für die reichhaltige Forschungs- und Publikationstätigkeit zu erkennen: erstens die Präsenz von Staudämmen und Becken, deren weltweite Zahl von etwa 5000 im Jahr 1950 auf über 45 000 zum Ende der 1990er Jahre angestiegen war (Postel 1997: xix; WCD 2000b: 6; McCully 2001: xxxvii); zweitens die kontroversen Positionen zum Staudammbau, der der einen Seite als unverzichtbare, ökologisch nachhaltige Energiequelle und insgesamt lebensrettend, den Gegnern aber als größte Bedrohung für Menschen und die ökologische Umwelt gilt (McCully 2001; Shiva 2002: 87 ff.; Zimmerle 2003; WEED 2005); und insbesondere drittens die 1998 erfolgte Gründung der öffentlichkeitswirksamen, institutionell innovativen World Commission on Dams (WCD).

Die aus einem Streit um einen insgesamt positiven Evaluationsbericht über Weltbankprojekte im Bereich großer Staudämme entstandene Kommission versammelte Betreiber und Gegner von Stauanlagen, Vertreter von UN-Organisationen und globalen NGOs. Die Kommission wurde von einem offenen Forum bei ihrer Arbeit begleitet. Ihre zentralen Aufgaben sahen die unabhängigen Mitglieder in einer umfassenden Analyse der Leistungen und Auswirkungen von Staudämmen und in der Entwicklung international annehmbarer Kriterien für ihre Planung, ihren Bau und Betrieb sowie ihre Überwachung. Neuartig war auch das Finanzierungsmodell der Kommission, das alle 53 an der Diskussion beteiligten Gruppen und Institutionen einband. Geleitet wurde das Gremium von dem damaligen südafrikanischen Wasserminister Kader Asmal. Trotz kontroverser Standpunkte konnte sich die Kommission auf einen gemeinsamen Abschlussbericht einigen (WCD 2000a).

Die institutionelle Neuartigkeit des Multi-Stakeholder-Prozesses der Kommission, aber auch ihre umfangreichen Ergebnisse und kritischen Darlegungen der Folgen des Staudammbaus haben in den Folgejahren die wissenschaftliche Auseinandersetzung mit dem Staudammbau bestimmt (vgl. z. B. McCully 2001; Dingwerth 2002). Ich kann hier weder die umfassenden Forschungsergebnisse der WCD noch die sich hieran anschließende Literatur referieren, möchte jedoch einige Ergebnisse nennen, anhand deren sich beurteilen lässt, ob Staudämme etwas zur Lösung der globalen Trinkwasserkrise beitragen können:

– »Großstaudämme für Bewässerungszwecke erfüllen ihre physischen Ziele nur selten, decken ihre Kosten nicht und sind wirtschaftlich weniger vorteilhaft als erwartet. [...] Großstaudämme zur kommunalen und industriellen Wasserversorgung haben ihre Planziele im allgemeinen verfehlt, was das zeitgerechte und mengenmäßige Wasserangebot angeht; sie weisen eine schwache, finanzielle Kostendeckung und wirtschaftliche Leistung auf.« (WCD 2000b: 15)

– Weiterhin hat der weltweite Staudammbau zu einer Vertreibung von 40 bis 80 Millionen Menschen geführt (Zimmerle 2003: 28), von denen viele unzureichend entschädigt wurden und die Existenzgrundlagen der allermeisten nur unzureichend wiederhergestellt wurden. Die Kommission kritisiert insgesamt ein »mangelndes Engagement« (WCD 2000b: 19) oder unzureichende Fähigkeiten, die Folgen der Vertreibung und Umsiedlung zu mildern.

Besonders betroffen sind indigene Bevölkerungen oder ethnische Minderheiten; insgesamt wirken sich Staudammbauten auf die regionalen Anwohner gesundheitsgefährdend aus und führen in aller Regel zu einer Vertiefung der Geschlechterdifferenzen (WCD 2000a: 97ff.).

– In ökologischer Hinsicht ist ein Verlust an Waldflächen und Lebensräumen für wilde Tiere zu beklagen, an Fischbeständen oberhalb wie unterhalb von Staudämmen und an im Wasser lebenden Arten, der sich gegebenenfalls bis in die nahe gelegenen Küstenbereiche fortsetzt. »Unter dem Strich«, so schließt die Kommission, »sind die Auswirkungen auf die Ökosysteme eher negativ als positiv zu bewerten und haben in vielen Fällen zu einem erheblichen und nicht umkehrbaren Verlust an Tier- und Pflanzenarten sowie Ökosystemen geführt.« (WCD 2000b: 17)

– Keine endgültigen Ergebnisse liegen bezüglich der Umweltbilanz von Wasserkraft im Vergleich zu Kraftwerken vor, die mit fossilen Brennstoffen betrieben werden. Alle untersuchten Großstauseen produzieren Treibhausgase durch faulende Pflanzen und Kohlenstoffzufuhr, einige der untersuchten Stauseen liegen dabei unter den Werten anderer Kraftwerke, andere zeigen vergleichsweise hohe Belastungen.

– Die Kommission kommt insgesamt zu dem Schluss, dass eine institutionelle Neuausrichtung von Staudammprojekten nötig und möglich ist, bei der auch alternative Strategien zur Sicherung der Strom- und Wasserversorgung eine wachsende Rolle spielen können. Sowohl die Evaluation der Kommission als auch ihre Politikvorschläge orientierten sich dabei an den Grundkriterien der Gerechtigkeit, Effizienz, partizipativer Entscheidungsfindung, Nachhaltigkeit und Rechenschaftspflicht (WCD 2000b: 24).

## 1.3 Die globale Trinkwasserkrise als komplexe Herausforderung an politisches Handeln

Zusammengefasst stellt sich die globale Trinkwasserkrise als ein Set verschiedener Problemkomplexe dar, die ich im Folgenden unter sechs Aspekten systematisch betrachten[41] und zu den politischen

41 An einigen Punkten greife ich in dieser Darstellung auf später zu entwickelnde Argumente vor; entsprechende Verweise finden sich im Text.

Handlungsanforderungen, die sich hieraus ergeben, in Beziehung setzen werde: (1) Verfügbarkeit von Trinkwasser, (2) Verteilung, (3) Infrastruktur, (4) Zeit, (5) Wissen und (6) politische Steuerung.

(1) Die jährlich verfügbaren *Wasserressourcen* liegen bei ungefähr 16 000 km³; diese Menge ist ausreichend, um den globalen Wasserbedarf zu decken. Jedoch ist diese Betrachtung zu summarisch, um regionale Defizite ermessen zu können. Die errechnete Zahl ist das Ergebnis einer mathematischen Operation, jenseits von Zeit und Ort. Sie lässt die Wasserqualität und die Kosten unberücksichtigt, die damit verbunden sind, das vorhandene Wasser auch tatsächlich zur Verfügung zu stellen. Betrachtet man die Verfügbarkeitsprobleme realistisch, so lassen sich drei Kernprobleme identifizieren:

Erstens steigt der Wasserbedarf mit der Weltbevölkerung, ihrer notwendigen Versorgung mit Lebensmitteln und ihrer gewünschten Versorgung mit Konsumgütern. Weite Teile der Welt verbrauchen einen zu hohen Anteil der ihnen zur Verfügung stehenden Wasserressourcen; sie müssen bereits oder werden in absehbarer Zeit unter chronischem oder periodischem Wasserstress leben und stoßen dabei auch an die Grenzen ihrer ökonomischen Entwicklungsfähigkeit.

Zweitens erfordert die globale Urbanisierung ungleich viel Wasser an konzentrierten Orten; bereits 2010 wird die Hälfte der Menschheit in Städten leben. Wasserknappheit verschärft sich in den urbanen Slums. Zwischen 1990 und 2001 ist der Anteil der urbanen Bevölkerung, der in Slums wohnt, mit 31,6 Prozent konstant geblieben, absolut in diesem Zeitraum aber von 721 Millionen Menschen auf 924 Millionen Menschen angestiegen (United Nations 2006b: 51).

Drittens ist die Wasserqualität an vielen Stellen prekär und gefährdet nicht nur die Trinkwasservorräte, sondern auch das ökologische Überleben in und an diesen Gewässern.

(2) Das Problem der *Verfügbarkeit* von Wasser mündet in das mehrdimensionale Problem der Verteilung.

Die erste Dimension ist eine regional-zeitliche Ungleichverteilung von Wasserressourcen, die gewissermaßen eine ökologische Ungerechtigkeit darstellt. Dass die natürlichen Bedingungen allerdings auch unter menschlichem Einfluss stehen, macht der Klimawandel sehr deutlich. Auch kleinräumigere Veränderungen haben Effekte auf die Wasserressourcen: Abholzungen können die saisonale und regionale Verteilung von Wasser verändern, Überausbeutungen von Grundwasser und Oberflächengewässern lassen Wasserquellen versiegen.

Die zweite Verteilungsdimension ist eine soziale: Der Zugang zu Trinkwasser ist mit dem Einkommen verknüpft. Dies gilt in beide Richtungen: Ein gutes Einkommen ermöglicht ortsunabhängig einen Zugang zu sauberem Wasser, und umgekehrt ist die Versorgung mit sauberem Wasser Voraussetzung der eigenen Entwicklung, auch der ökonomischen. Der Weltentwicklungsbericht von 2006 skandalisiert die soziale Ungerechtigkeit mit der Feststellung: »Die Knappheit, die den Kern der globalen Wasserkrise ausmacht, hat ihre Grundursachen [...] in den Machtverhältnissen, in Armut und Ungleichheit, nicht in der tatsächlichen Verfügbarkeit von Wasser.« (Deutsche Gesellschaft für die Vereinten Nationen 2006: 3) Die Forderung nach einem expliziten Menschenrecht auf Wasser unterstreicht die soziale Verteilungsdimension.

Auch wenn die kriegerischen Auseinandersetzungen um Wasser hier weitgehend außen vor gelassen werden müssen, so darf als dritte Verteilungsdimension die nationalstaatliche nicht fehlen. Internationale Auseinandersetzungen werden zurzeit nicht vorrangig um Wasser geführt, aber gewaltsame Konflikte, in denen Wasser eine Rolle spielt, nehmen zu, und neue Konflikttypen treten auf (Gleick 2004a).[42] Schon für die klassischen internationalen Konflikte über die Nutzung und Verunreinigung von Gewässern sowie über relative (Euphrat, Nil, Ganges) und absolute Verteilungskonflikte (Rio Grande/Rio Bravo del Norte, Jordan) (Haftendorn 1999: 4) reicht das völkerrechtliche Instrumentarium nicht aus. Die Ausweitung dieser Auseinandersetzungen und die Diversifizierung der Konflikte unterstreichen den Bedarf an neuen und vor allem effizienteren Konfliktlösungsmustern.

Viertens besteht eine wachsende Konkurrenz zwischen verschie-

42 In einer neuen Version der Chronologie der Wasserkonflikte führt Peter Gleick sechs Typen von Wasserkonflikten auf: neben (1) der Kontrolle über Wasserressourcen auch (2) den Einsatz von Wasserressourcen als militärisches Werkzeug, (3) terroristische Drohungen, Wassersysteme zu vergiften, (4) Wassersysteme als Angriffsziele militärischer Aktionen, (5) sogenannte »Development Disputes« zwischen staatlichen und nichtstaatlichen Akteuren im Kontext der ökonomischen und sozialen Entwicklung und (6) als politisches Instrument, indem Wasserressourcen benutzt werden, um ein politisches Ziel zu erreichen (Gleick 2004a: 235).

denen Nutzungsformen: Dort, wo Wasser knapp wird, treten industrielle, agrikulturelle und menschliche Eigenbedürfnisse in Konkurrenz zueinander. Auseinandersetzungen zwischen konkurrierenden Nutzergruppen treten oftmals spontan auf und zeigen an, dass prophylaktische Maßnahmen für potenzielle Nutzerkonflikte verbessert werden müssen.

(3) Die MDGs greifen vor allem das *Infrastrukturproblem* auf, bei dem es sich letztlich um ein finanzielles Problem handelt. Die Weltbank geht davon aus, dass jährlich zusätzliche 11 Milliarden US $ Investitionen notwendig sind, um diese Ziele zu erreichen (Winpenny 2003: 53). Der Weltentwicklungsbericht, der von 10 Milliarden US $ jährlich ausgeht, stellt diesen Betrag in eine plastische Relation:

> Die Kosten von zehn Milliarden US-Dollar, die mit der Erreichung dieses Millenniums-Entwicklungsziels verbunden sind, erscheinen auf den ersten Blick enorm – sie müssen jedoch in den Zusammenhang gestellt werden. Diese Summe ist geringer als das, was die Welt in fünf Tagen für militärische Zwecke ausgibt; sie entspricht noch nicht einmal ganz der Hälfte des Betrags, den die reichen Länder jedes Jahr für Mineralwasser ausgeben. (Deutsche Gesellschaft für die Vereinten Nationen 2006: 10)

Daran gemessen scheint es fast leicht, die MDGs zu erreichen, wenn der politische Wille da ist.

Zusätzlich zu der Finanzierung der Infrastrukturen besteht aber auch ein Bedarf des dauerhaften Managements: Wie eingangs deutlich gemacht wurde, ist die Bewirtschaftung von Wasserressourcen eine Daueraufgabe, die politischer Regulierung bedarf. Infrastrukturen müssen nicht nur errichtet, sondern auch erhalten und verwaltet werden. Hier stellt sich für den Bereich der Trinkwasserversorgung und Abwasserentsorgung die Frage nach lokal angepassten, geeigneten Besitz- und Bewirtschaftungsformen.

(4) Die *Exponentialität* und *Interdependenz* sozialer und ökologischer Entwicklungen stellen die Welt vor ein enormes Zeitproblem, schnelle Lösungen zu finden bzw. die formulierten Zielsetzungen schnell umzusetzen. Die Verankerung klarer zeitlicher Zielvorgaben in den Millennium-Entwicklungszielen weisen in die richtige Richtung. Dass Zeit ein wesentlicher Faktor ist, wird durch die Tatsache unterstrichen, dass die Erfolge bei der Umsetzung der MDGs im Bereich der Wasserversorgung vom Bevölkerungswachstum zu einem beträchtlichen Teil eingeholt werden.

(5) *Mangelndes Wissen* ist als ein herausragendes Hindernis auf dem Weg zur Lösung der globalen Wasserkrise diagnostiziert worden: Hierbei stellt sich neben dem primären Wissensproblem über ökologische Fakten und Zusammenhänge die Aufgabe der Übersetzung in und Vernetzung mit anderen Wissenschaftsgebieten. Weiterhin muss die Forschung die Darstellbarkeit dynamischer Prozesse noch verbessern, wofür es neben zuverlässigen Erhebungsdaten auch einer Investition in langfristige Modellierungen komplexer Prozesse bedarf. Eine weitere Herausforderung besteht darin, dieses Wissen in praktizierbares Steuerungshandeln zu überführen.

(6) Die alles überragende Herausforderung lautet, die genannten Probleme einer effektiven und legitimen politischen *Steuerung* zu unterwerfen. Die Steuerungsproblematik ist besonders gravierend, weil sie sich nicht supplementär zu den bestehenden Defiziten verhält, sondern eine Metaebene darstellt, die die ungelösten Schwierigkeiten in sich vereint und einer Lösung zuführen sollte. Steuerungsprobleme lassen sich aus drei theoretischen Perspektiven fokussieren: der des Policy-Zyklus, der Governance-Perspektive und einer strukturellen Perspektive.

Betrachtet man die Steuerungsprobleme auf der Ebene des Policy-Zyklus, so sind es vor allem die Phasen des Agenda-Settings, der Politikformulierung und der Implementierungsphase, die Herausforderungen stellen. Zwar rücken Wasserprobleme zunehmend ins Bewusstsein der Weltöffentlichkeit und auch globaler Politik, doch ist die Wasserkrise immer noch eine »stille Krise« (UNDP 2006: 1), in deren Lösung im Vergleich zu ihrer fundamentalen Bedeutung für alle sozialen und ökonomischen Prozesse vergleichsweise wenig Geld investiert wird. In der Tendenz ist die internationale Hilfe eher sinkend als steigend, die staatlichen Ausgaben sind in den meisten Ländern für den Wassersektor zu gering, um die gesetzten Ziele zu erreichen, und auch von den privaten Infrastrukturinvestitionen gehen weltweit nur circa 5 Prozent in den Bereich der Wasser- und Abwasserversorgung, weit weniger als in andere Infrastrukturbereiche (Winpenny 2003: 7 ff.).[43] Die Unterfinanzie-

43 Im Jahr 2005 sind weltweit private Investitionen in Höhe von 17,5 Milliarden US $ in den Energiesektor, 59,6 Milliarden US $ in Telekommunikation, 16,5 Milliarden US $ in das Transportwesen, aber nur 1,5 Milliarden US $ in den Wasser- und Abwassersektor von Ländern mit niedrigem und mittlerem Einkommen geflossen (World Bank 2007a).

rung ist gleichermaßen ein Anzeichen für Defizite des Agenda-Settings wie der Implementierung. Hinsichtlich der Politikformulierung sind zwar globale Ziele unstrittig, aber ihre Untersetzung mit konkreten Zielerreichungsstrategien bleibt von der lokalen bis zur globalen Ebene ein Desiderat.[44]

Aus einer Governance-Perspektive lassen sich politische Steuerungsprobleme im Wassersektor drei Grundtypen zuordnen: Effizienz-, Finanzierungs- und Legitimitätsproblemen. Dass Effizienz- und Finanzierungsprobleme bestehen, wurde bereits ausführlich geschildert. Unter Legitimitätsdruck stehen einerseits internationale Institutionen wie die Weltbank und der Internationale Währungsfonds, die viel von ihrem ehemaligen Kredit verspielt haben (Ecker-Ehrhardt/Zürn 2007: 28; Falke 2005), andererseits aber auch die transnationalen Akteurskonstellationen der globalen Wasserpolitik. Deren Engagement für eine Verbesserung der Weltwassersituation gilt vielen Kritikern als nicht glaubwürdig, weil ihre Politikvorschläge verdächtigt werden, einseitig im Dienste korporativer Interessen zu stehen (insbesondere der Vorschlag einer weitergehenden Privatisierung der Trinkwasserdienstleistungen). Zudem wird die Repräsentativität dieser Akteure in Zweifel gezogen sowie die mangelnde Transparenz der Entscheidungsfindung und die fehlende Orientierung ihrer Politik an Vorstellungen sozialer Gerechtigkeit kritisiert. Trans- und internationale Akteure stehen somit in jeder Hinsicht unter dem zivilgesellschaftlichen Druck, ihre Input-, Throughput- und Output-Legitimität zu verbessern.

Von einem strukturellen Standpunkt aus schließlich kann man die Steuerungsanforderungen sektoralen, temporalen und territorialen Dimensionen zuordnen: Konkrete Herausforderungen bestehen in sektoraler Hinsicht darin, ideelle und materielle Nutzungskonkurrenzen und Zielkonflikte zu lösen. Diese Aufgabe wird mit zunehmender Wasserknappheit noch stärker in den Vordergrund treten und durchaus innovative Lösungen verlangen, wenn es etwa darum geht, berechtigte Ansprüche auf Bewässerungswasser gegen Ansprüche auf Trinkwasser oder Wasser für die Industrie abzuwägen.[45] In zeitlicher Hinsicht stellen sich insbesondere die Heraus-

44 Die generelle Richtung der Politikformulierung wird zwar seit mehreren Jahren mit dem Begriff des »Integrated Water Resource Management« (IWRM) angedeutet, doch ist dieses Konzept weder unstrittig noch präzise genug (vgl. Kapitel 7).

45 Eine simple Steuerung über den Preis wird hierbei nicht ausreichen: Multinati-

forderungen, negative Pfadabhängigkeiten zu überwinden sowie das komplexe Programm umzusetzen, das sich hinter der global anerkannten Leitidee einer nachhaltigen Entwicklung verbirgt. Schließlich besteht eine zu überwindende Inkongruenz zwischen der territorialen Begrenztheit steuerungspolitischer Eingriffe und den grenzüberschreitenden Einflussfaktoren und Wirkungen biologischer Prozesse; die Aufgabe liegt hier insbesondere darin, eine substanzielle Handlungskoordination über verschiedene Entscheidungsebenen zu erreichen.

Im Ergebnis lassen sich die Erfordernisse unter drei schlichten Punkten zusammenfassen: Die Lösung der globalen Trinkwasserkrise erfordert Geld, Wissen und eine verbesserte Steuerungsfähigkeit.

onale Getränkekonzerne sind schon heute gerne bereit, die für sie existenziellen (Grund-)Wasservorräte durch höhere Preise schützen zu lassen. Preisstrukturen treffen aber auch die ansässige Bevölkerung, insbesondere die Bewässerungslandwirtschaft, und haben einen Einfluss auf die ökonomischen und persönlichen Lebensbedingungen der ansässigen Menschen.

| Problem-dimension | Spezifische Probleme/Perspektive | Handlungsanforderungen |
|---|---|---|
| **Verfügbarkeit** | Steigender Wasserbedarf | – Wassersparmaßnahmen<br>– verbesserte Bewässerungsmethoden (»more crop per drop«) |
| | Urbanisierung | – Verbesserung der Infrastruktur<br>– Rückbau von urbanen Slums |
| | Wasserqualität | – Umweltschutz, Filteranlagen |
| **Verteilung** | ökologische Dimension | – Klimaschutz<br>– Nachhaltigkeit im Umgang mit den ökologischen Ressourcen |
| | soziale Dimension | – sozial gerechte Verteilung |
| | nationale Konflikte | – verbessertes Konfliktmanagement (international)<br>– geteiltes Ressourcenmanagement |
| | Nutzerkonflikte | – verbessertes Konfliktmanagement (national, regional) |
| **Infrastrukturprobleme** | Bereitstellung | – Leitungssysteme<br>– sanitäre Anlagen |
| | Bewirtschaftung | – zuverlässige, lokal angepasste Institutionen |
| **Zeitprobleme** | Dynamik ökologischer und sozialer Entwicklungen | – Zeitvorgaben politischer Ziel setzungen<br>– Modellbildungen interdependenter und exponentieller Dynamiken |
| **Wissensproblem** | primäres Wissensproblem | – zuverlässige Datenerhebung |
| | Übersetzungswissen | – interdisziplinäre Forschung |
| | Dynamik | – langfristige und aussagekräftige Modellbildung |
| | Steuerungswissen | – ökologisch und sozial aufgeklärtes politisches Steuerungswissen |
| **Steuerungsprobleme** | Policy-Zyklus | – Verbesserung von Agenda-Setting, Politikformulierung, Implementation |
| | Governance | – Verbesserung von Input-, Throughput- und Outputlegitimität |

*Tabelle 2*: Übersicht über Problemdimensionen

## 2. Weltwasserkonferenzen – Chronologie und Zwischenbilanz

> Die Handlungsverantwortung für den Schutz und die Verbesserung der menschlichen Umwelt liegt vor allem bei den Regierungen.
>
> (UNEP 1972)
>
> Man muss sich fragen, ob diese Megatreffen die Kosten und den Aufwand rechtfertigen, besonders wenn man in Betracht zieht, was am Ende eigentlich dabei herauskommt.
>
> (Asit Biswas 2003)

Raubbau an der Natur begleitet den Kapitalismus seit seinen Anfängen. Stärker jedoch als Warnungen vor einer zerstörerischen Ausbeutung der natürlichen Ressourcen waren in allen politischen Lagern und in allen ökonomischen Systemen seither die Triebkräfte für eine fortschreitende Entwicklung der Produktion. Eine breitere Thematisierung ökologischer Zerstörung als Folge ungebremsten Wachstums fand daher erst spät, in den 1960er Jahren, statt. Angesichts der Ausweitung des Konsums in den westlichen Gesellschaften nach dem Zweiten Weltkrieg, die zugleich zum Leitbild der Entwicklung der ärmeren Länder wurden, konnte nicht mehr übersehen werden, dass »der direkte und indirekte Verbrauch der reichsten zehn Prozent der Weltbevölkerung an Energie, Fläche, Wasser, Luft und anderen Naturgütern nicht auf die übrigen neun Zehntel ausgedehnt werden konnte, ohne dass die Erde schließlich ökologisch kollabieren würde« (Eisermann 2003a: 21). Es bedurfte eines knappen weiteren Jahrzehnts, bis sich die schmerzliche Erkenntnis einer drohenden globalen Umweltkrise so weit durchsetzte, dass die internationale Staatengemeinschaft koordinierten Handlungsbedarf konstatierte (Kaiser 1970). Die UNO-Generalversammlung berief nach einer Empfehlung des Economic and Social Council (ECOSOC) 1968 eine Weltkonferenz über die Umwelt des Menschen ein. Diese fand vier Jahre später als Konferenz der Vereinten Nationen über die Umwelt des Menschen (United Nation Conference on the Human Environment, UNCHE) in Stockholm statt, auf der unter anderem das Umweltprogramm der Vereinten Nationen (United Nations Environment Programme, UNEP) entwickelt wurde. Aufsehenerregende Prognosen der weiteren ökologischen Entwicklung, vor allem der Bericht des Club of Rome (Meadows et al. 1972) und der Bericht *Global 2000* an den US-amerikanischen Präsidenten Carter aus dem Jahr 1980 (Barney 1980), hielten in den 1970er und 1980er Jahren das Thema auf der Agenda (vgl. hierzu auch Henne 1998). Auch die unter der Leitung der vormaligen norwegischen Umweltministerin Gro Harlem Brundtland tagende Weltkommission für Umwelt und Entwicklung (World Commission on Environment and Development, WCED) thematisierte prominent den Zusammenhang zwischen Umweltfragen und dem Nord-Süd-Konflikt. Der 1987 veröffentlichte Bericht der Kommission, der *»Brundtland-Report«* (Hauff 1987), trug nachhaltig zur Aufmerksamkeit für Umweltfragen bei und forderte gemeinsames Handeln. Der von der UNO initiierte Prozess der Entwicklung einer verbindlichen, globalen Umweltpolitik mündete 1992 in den »Erdgipfel« von Rio, dessen Umsetzungserfolge zehn Jahre später im Gipfel von Johannesburg evaluiert wurden.

Auf dem Weg von Stockholm bis Johannesburg wurde auch die globale Wasserkrise in unterschiedlichem Ausmaß thematisiert, teilweise im Rahmen übergreifender Umweltkonferenzen, teilweise auch auf speziellen Weltwasserkonferenzen. Neben einer Dokumentation der chronologischen und inhaltlichen Entwicklung des Themas sowie der vorgeschlagenen politischen Lösungsansätze gibt das folgende Kapitel einen Einblick in die institutionellen Änderungen, in deren Folge die Verantwortung für Trinkwasser sukzessive von genuinen UNO-Organisationen an globale Public-Policy-Netzwerke ausgelagert wurde.

## 2.1 Globale Umwelt- und Wasserkonferenzen von Stockholm bis Istanbul

### *2.1.1 Konferenz der Vereinten Nationen über die Umwelt des Menschen, Stockholm 1972*

Die UNO-Koferenz über die Umwelt des Menschen, die vom 5. bis 16. Juni 1972 in Stockholm stattfand, versammelte neben Vertretern zahlreicher UNO-Organisationen Repräsentanten von 133 Staaten. Die Konferenz stand sowohl unter dem Zeichen des Ost-West-

Konflikts als auch unter dem des Nord-Süd-Konflikts. Aus Protest gegen die Teilnahme der Bundesrepublik, nicht aber der DDR, die noch nicht Mitglied der UNO war, blieb auch die Sowjetunion dem Gipfel fern. Inhaltlich stritten die anwesenden Ostblockländer eine Verantwortung für die globale Umweltkrise ab und machten allein die westlichen, kapitalistischen Länder verantwortlich. Der Nord-Süd-Konflikt wurde in der Ablehnung von Umweltauflagen als »Luxus« deutlich, den die Länder des Südens sich nicht zu leisten imstande sahen (Eisermann 2003a: 22). »Viele Sprecher aus Entwicklungsländern betonten, dass es eine Ausbeutung ihrer natürlichen Ressourcen durch die entwickelten Ländern gäbe – für deren eigene Zwecke; manche protestierten gegen die Aktivitäten bestimmter multinationaler Konzerne.« (UNEP 1972a: Abs. 45) Gemessen an diesen schwierigen Umständen muss die Vereinbarung zur Einführung des Umweltprogramms der UNO (UNEP), an dem die Sowjetunion im Übrigen später mitwirkte, bereits als Erfolg gewertet werden. Ein bleibendes positives Ergebnis der Konferenz ist auch die Stockholmer Deklaration, die gemeinhin als Beginn eines von anderen Rechtsgebieten unabhängigen Umweltvölkerrechts gilt. Zudem wurde in Stockholm ein Aktionsprogramm verabschiedet, das in den Empfehlungen 51 bis 55 auch erste Ansätze einer globalen Wasserpolitik enthält.

Diese trennen klar zwischen den Problemen einer internationalen Wassernutzung und nationalem Wassermanagement. Nur bei Ersteren richten sich die Aufforderungen an die Staaten selbst: »Es wird empfohlen, dass betroffene Regierungen in Betracht ziehen, Kommissionen oder andere geeignete Kooperationsformen für Wasserressourcen schaffen, die mehr als einer Rechtsprechungsinstanz unterliegen.« (UNEP 1972c: Empfehlung 51)

Empfehlungen bezüglich des nationalen Wassermanagements fordern nicht die Staaten selbst, sondern den Generalsekretär zur Bereitstellung von diversen Unterstützungsmöglichkeiten auf, die Regierungen gegebenenfalls in Anspruch nehmen können. Empfehlung 52 thematisiert ganz generell, dass bei Bedarf Regierungsaktivitäten (*government action*) in Bezug auf Wasserressourcen durch UN-Organisationen unterstützt werden sollen.

Technische und finanzielle Unterstützung durch die Vereinten Nationen bei der Wasserbewirtschaftung sind Gegenstand der nächsten Empfehlung. Weiterhin wird die Bereitstellung eines

Expertenpools empfohlen, der auf Anfrage Regierungen dabei unterstützen kann, die Umwelteffekte größerer Wasserentwicklungsprojekte abzuschätzen und auszuwerten (UNEP 1972c: Empfehlung 54). Die letzte wasserbezogene Empfehlung schließlich rät zur Auflage eines Programms, das die aktuellen und potenziellen Effekte von Wassermanagement auf die Ozeane ermessen kann.

Die Empfehlungen zeugen insgesamt von höchster Zurückhaltung gegenüber dem souveränen Staat. Das Aktionsprogramm thematisiert zentrale Probleme der Wasserbewirtschaftung, enthält aber keinerlei normative Vorgaben für den staatlichen Entscheidungsprozess (Lee 2003: 109 f.). Die menschliche Umwelt, so deklariert die Stockholmer Konferenz auch in ihren Prinzipien explizit, »muss für das Wohlergehen der heutigen und künftigen Generationen geschützt werden« (UNEP 1972b: Principle 2); diese Aufgabe »liegt vornehmlich bei den Regierungen und muss in erster Linie auf der nationalen und regionalen Ebene bewältigt werden werden« (UNEP 1972d: (1)). Allerdings, so hob der Generalsekretär der Konferenz, Maurice F. Strong, hervor, bedürfe es in der Zukunft neuer Konzepte der Souveränität, »die nicht auf der Preisgabe nationaler Souveränitäten beruhen, sondern auf besseren Möglichkeiten, diese gemeinsam und mit einer größeren Verantwortung für das Gemeinwohl auszuüben« (UNEP 1972a). Hierzu seien auch neue internationale Rechtsformen und bessere Mittel für das Management der gemeinsamen Ressourcen der Menschheit nötig. Bei aller Vorsicht gegenüber den sensibel auf Eingriffe in ihre Souveränität achtenden Staaten scheint in diesen Vorschlägen doch bereits durch, dass ein globales Umweltmanagement mit solchen Empfindlichkeiten auf Dauer in Konflikt geraten müsse.

### *2.1.2 UNO-Wasserkonferenz, Mar del Plata 1977*

Fünf Jahre nach der Stockholmer Konferenz fand in Mar del Plata die erste UNO-Konferenz statt, die sich zentral dem Thema Wasser widmete. Aufgabe der Konferenz war es, »die nationale und internationale Bereitschaft zu fördern, dazu beizutragen, eine Wasserkrise von globalen Dimensionen am Ende des Jahrhunderts zu verhindern« (Biswas 2003: 3).

Als zentrales Thema beschäftigte die Versammlung das Problem, den sozioökonomischen Bedürfnissen einer wachsenden Weltbevölkerung durch eine adäquate Versorgung mit qualitativ gutem Wasser gerecht zu werden. Ergebnis der Versammlung war der sogenannte Mar-del-Plata-Action-Plan, der sich aus zwei Teilen zusammensetzte: Im ersten Teil wurden übergreifende Themen wie Wassermanagement, Umwelt, Gesundheit und Kontrolle von Umweltverschmutzung, regionale und internationale Kooperation u. a. behandelt, im zweiten Teil folgten zwölf Resolutionen zu spezifischen Themen.

Im Mittelpunkt standen in Mar del Plata wie auch vorher in Stockholm Probleme der Wasserversorgung und der Trinkwasserbewirtschaftung. Obwohl der Staat weiterhin als Hauptstütze aller Problemlösungsstrategien galt, wurden im Gegensatz zur Stockholmer Zurückhaltung gegenüber der staatlichen Souveränität die Staaten nun unmittelbar zur Handlung aufgerufen. Deutlicher formulierte die Konferenz auch, was genau Staaten tun sollten, um Wasserprobleme zu lösen. Unter dem Leitmotiv einer effizienten Wassernutzung wurde Wasserbewirtschaftung im Aktionsplan als hoheitliche Aufgabe der Daseinsvorsorge verstanden, die mit den Mitteln öffentlich-rechtlicher Planung und Regulierung vollzogen werden sollte. Die Hauptrolle wurde dabei wie schon in Stockholm dem nationalen Staat, seiner besseren Planung und Koordination sowie der Schaffung stringenter gesetzlicher Grundlagen zugewiesen, die Rolle substaatlicher Ebenen hingegen wurde kaum berücksichtigt (Lee 2003: 119).

Zusätzlich zu dieser insgesamt stark auf den Staat und seine Steuerungsfähigkeit setzenden Strategie wurde nun aber außerdem eine Preisorientierung gefordert. Wie dieses Instrument einzusetzen sei, blieb im Gesamtzusammenhang des Aktionsplans allerdings unbestimmt: Zum einen hieß es, dass der Wasserpreis die wahren ökonomischen Kosten wiedergeben solle. Zum anderen wurden ökonomische Anreize für eine effiziente und ausgewogene Wassernutzung für sinnvoll gehalten und Subventionen nicht ausgeschlossen. Die potenzielle Spannung zwischen einer Subvention im Wasserbereich (etwa für Prestigeprojekte der »Grünen Revolution« oder auch zur Versorgung armer Bevölkerungsschichten) und einer am »wahren ökonomischen Wert« orientierten Preispolitik thematisierte der Mar-del-Plata-Plan nicht. Trotz der Wendung hin zu marktwirtschaftlichen Instrumenten verstand man aber darunter eindeutig keine Privatisierung: Wasser wurde explizit als öffentlich-rechtliches Eigentum bezeichnet und Wassermanagement als Mittel zur Förderung öffentlicher Wohlfahrt begriffen (UNEP 1977: § 50 und § 51).

Spätere Bewertungen der Konferenzergebnisse sind ambivalent: Durchgreifende Verbesserungen der Wasserversorgung haben die in Mar del Plata beschlossenen Maßnahmen nicht bewirken können. Eine zentrale Kritik wurde auch an der für die 1970er Jahre nicht untypischen Steuerungshoffnung geäußert (ICWE 1992). Andere fanden, dass der Aktionsplan von Mar del Plata zwar einen exzellenten Fahrplan darstelle, es jedoch nicht gelungen sei, diesen Plan in irgendeiner relevanten Weise auch in die Tat umzusetzen, weil jeder Fortschritt vom Bevölkerungswachstum, Urbanisierung und Industrialisierung zunichte gemacht worden sei (Falkenmark 1997: 6). Positiv wurde vermerkt, dass die im Vorfeld der Konferenz begonnenen Anstrengungen, weltweit mehr Wissen über den tatsächlichen Stand der Trinkwasserversorgung zu sammeln, auch im Anschluss an die Konferenz weiterverfolgt wurden. Zudem habe die in Mar del Plata beschlossene International Water Supply and Sanitation Decade (1980-1990) wenigstens Akzente für eine verstärkte Kooperation der mit Wasser beschäftigten UN-Organisationen gesetzt. Die Konferenz war in Bezug auf diese Sicht der Dinge zumindest ein wichtiger Meilenstein auf dem Gebiet der Wasserentwicklung und des Wassermanagements (Biswas 2003: 4).

Dennoch war in den 1980er Jahren das Wasserthema nicht sehr prominent auf der internationalen Agenda vertreten. Erst im Vorfeld der Rio-Umweltkonferenz wurde es erneut – und diesmal ganz anders – von der Internationalen Wasserkonferenz (International Conference on Water and the Environment, ICWE) in Dublin, »dem wichtigsten Treffen zum Thema der Wasservorräte, das jemals stattgefunden hat« (McCarthy 1992), behandelt.

### *2.1.3 Internationale Wasserkonferenz, Dublin 1992*

Die Weltwasserkonferenz in Dublin markierte in mehrfacher Weise einen signifikanten Wechsel in der Organisation, aber auch in den Ergebnissen globaler Wasserpolitik. Bemerkenswert an der Zusammenkunft, die vom 26.-31. Januar 1992 in Dublin stattfand, war bereits die Einladungspraxis: Einladende Organisation war eine technische Sonderorganisation der UNO, die Weltorganisation für

Meteorologie (World Meterological Organization, WMO), die im Namen all der UN-Organe und Sonderorganisationen handelte, die im Rahmen des UN Administrative Committee on Coordination Inter Secretariat Group for Water Resources (ACC/ISGWR) ihre Aktivitäten im Wassersektor koordinieren (ICWE Secretariat 1992). Auch wenn die Konferenz allgemein als UNO-Konferenz bezeichnet wird, stellte sie keine Staatenkonferenz im eigentlichen Sinne dar, da keine Staatenvertreter zusammentrafen. Vielmehr nahmen etwa 500 Teilnehmer aus rund hundert Staaten und 24 Organisationen der Vereinten Nationen teil, darunter »von Regierungen entsandte Experten und Repräsentanten von achtzig internationalen, intergouvernementalen und Nichtregierungsorganisationen« (ICWE 1992).

Unklar bleibt angesichts der Zusammenstellung des Teilnehmerkreises der rechtliche Status der Konferenz und ihrer Empfehlungen. Während das Sekretariat der Konferenz den offiziellen Auftrag der Konferenz behauptete (ICWE Secretariat 1992: 3), hält Asit K. Biswas, einer der führenden Akteure der Konferenz von Mar del Plata, die Vorbereitung der Rio-Konferenz durch ein Expertengremium mit fragwürdiger Legitimation für einen zentralen Fehler:

> Die Dublin-Konferenz wurde unglaublicherweise als ein Expertentreffen organisiert und nicht als intergouvernementales Treffen. Dies passierte trotz anderslautender Ratschläge, die von verschiedenen Regierungen, vor allem der schwedischen, und einschlägigen Wasserexperten und regelkundigen Kennern von UN-Megakonferenzen gegeben wurden. Der Unterschied zwischen einer Expertenkonferenz und einem intergouvernementalen Treffen ist bedeutsam, da solche Konferenzen nur Empfehlungen von Regierungstreffen, nicht aber von irgendeiner Expertenkommission annehmen können. (Biswas 2003: 6)

Speziell ist auch der Output der Konferenz, der in einem von der UNO herausgegebenen Konferenzbericht sowie der Dubliner Erklärung vorliegt, die als Arbeitsgrundlage der kurz darauf folgenden Rio-Konferenz über Umwelt und Entwicklung empfohlen wurden.

Im Vergleich zu Mar del Plata nahm die Dublin-Konferenz deutlichen Abstand von der früheren Planungs- und Steuerungseuphorie und erkannte, ohne dies näher zu erläutern, dass »Fehler« und »Vorurteile« (ICWE 1992: 13) den Aktionsplan von Mar del Plata gekennzeichnet hätten. Zwar enthielt die Handlungsempfehlung von Dublin einige detaillierte Empfehlungen – etwa zu Wasserkonservierung und Wiederverwertung, zu einer nachhaltigen urbanen Entwicklung und zum Schutz gegen Naturkatastrophen –, im Vordergrund standen aber vier »Leitprinzipien«, die seither als »Dublin Prinzipien« bezeichnet werden:

Prinzip 1: Trinkwasser ist ein endliches und verletzliches Gut, das notwendig ist für Leben, Entwicklung und Umwelt.
Prinzip 2: Wasserentwicklung und -management muss auf einem partizipatorischen Ansatz beruhen, der Verbraucher, Planer und Entscheidungsträger aller Stufen einschließt.
Prinzip 3: Frauen spielen eine entscheidende Rolle bei der Beschaffung und Verwaltung sowie beim Schutz von Wasser.
Prinzip 4: Wasser hat einen wirtschaftlichen Wert bei allen seinen konkurrierenden Nutzungen und muss als ökonomisches Gut betrachtet werden.[1]

In formaler Hinsicht bricht die Dubliner Erklärung mit ihrer Formulierung von Leitprinzipien den üblichen Charakter internationaler Empfehlungen oder Richtlinien. Prinzipien sind Grundsätze, die entweder, wie in der Naturwissenschaft, auf objektiven Tatsachen beruhen oder normativ gut begründete Handlungsrichtlinien darstellen. Im Vergleich zu Empfehlungen haben Prinzipien damit deutlich stärkeren Anweisungscharakter. Bezüglich der konkreten Umsetzung können Prinzipien hingegen vage bleiben. Die Dubliner Prinzipien sind jedoch ein Konglomerat ganz unterschiedlicher Aussagen: Neben objektiven Tatsachen (Wasser ist eine knappe Ressource) stehen Empfehlungen für den praktischen Umgang mit Wasser (partizipatorischer Ansatz, Frauen spielen eine zentrale Rolle) sowie eine grundsätzliche Umwertung von Wasser (Wasser hat einen ökonomischen Wert). Der Interventionscharakter der Prinzipien ist daher amorph, sowohl bezüglich ihrer Inhalte als auch im Hinblick auf die Bedeutung, die sie in der Konkretisierung einer globalen Wasserpolitik spielen könnten.

1 Es kursieren verschiedene Übersetzungen der Prinzipien, was auch mit dem dürftigen Dokumentationsstand der Konferenz und ihrem unklaren rechtlichen Status erklärt werden kann. Im Original heißt es: »Principle No. 1: Fresh water is a finite and vulnerable resource, essential to sustain life, development and the environment. Principle No. 2: Water development and management should be based on a participatory approach, involving users, planners and policy-makers at all levels. Principle No. 3: Women play a central part in the provision, management and safeguarding of water. Principle No. 4: Water has an economic value in all its competing uses and should be recognized as economic good.« (ICWE 1992)

Inhaltlich wird im Vergleich zu Mar del Plata die Rolle von Staaten in der internationalen Wasserversorgung deutlich relativiert:

Zentralisierte und sektoralisierte (top down) Zugänge zur Entwicklung und zum Management von Wasserressourcen haben sich oft als unzureichend erwiesen und Managementprobleme zu lösen. Die Rolle von Regierungen muss sich ändern, um eine aktivere Beteiligung der Bürger und lokaler Institutionen zu ermöglichen, sowohl privater als auch öffentlicher. (Ebd.: 38)

Die bisherige staatliche Führungsrolle wird dabei gleichzeitig auf untere, lokale Ebenen und auf »öffentliche und private Institutionen« verlagert. Entstaatlichung bedeutet in dieser Hinsicht verschiedene Dinge: Dezentralisierung, öffentliche Beteiligung und Privatisierung.

Der Markt nimmt nun eine spürbar wichtigere Stellung ein, die mit den hohen Kosten für eine Umsetzung ordnungsrechtlicher Instrumente begründet wird, welche zudem einen großen Personaleinsatz erforderlich machten. Gefordert wird stattdessen, »sich stärker auf Anreize, Preise und Märkte zu verlassen, weniger auf traditionelle Ansätze wie Befehle und Kontrollen« (ebd.: 15). Ergänzten noch in Mar del Plata ökonomische Anreize das ordnungsstaatliche Programm, wird die Marktorientierung nun als bessere Alternative betrachtet. Die Dubliner Erklärung empfiehlt den Einsatz von Märkten und damit ein Bewertungsverfahren für den Wasserpreis, dem die Zahlungsbereitschaft der Nutzer zugrunde liegt.

Früheres Versagen, den ökonomischen Wert von Wasser anzuerkennen, hat zu einem verschwenderischen und ökologisch schädlichen Verbrauch der Ressource geführt. Wasser als ökonomisches Gut zu managen ist ein wichtiger Weg, um eine effiziente und gerechte Nutzung zu ermöglichen sowie zur Konservierung und zum Schutz der Wasserressourcen anzuregen. (Ebd.: 4)

Hervorzuheben ist, dass die Bewertung von Wasser als ökonomisches Gut nicht im Sinne der Wirtschaft gefordert wird, sondern als Nutzen für die Ökologie und die langfristige Wahrung der Wasserressourcen dargestellt wird. In einem Zeitungsartikel über die Konferenz berichtet der Journalist McCarthy, dass der Ruf nach einem »Wasserschock«, ähnlich der Ölkrise, von Arcot Ramachandran, dem Direktor des UN Centre for Human Settlements, kam. Eine der wichtigsten Botschaften, die die Konferenz den Regierungen der Welt mit auf den Weg geben könne, sei, dass sie Wasser mit einem realistischen ökonomischen Wert versehen sollten. Die Öl-Krise der frühen 1970er Jahre hätte einen ähnlichen Effekt für den Umgang mit Energie gehabt – nun sei es vielleicht an der Zeit, auf diesem Wege auch einen sensibleren Umgang mit Wasser zu forcieren, und es läge in der Macht der »kollektiven Expertise der Konferenz«, diese Botschaft zu überbringen (McCarthy 1992: 10).

Mit der Forderung, Wasser ausschließlich als ökonomisches Gut zu betrachten und einen realistischen Preis hierfür zu verlangen, wird gegenüber allen bisherigen Vorstellungen ein grundlegender Paradigmenwechsel vollzogen. »Wurde Wasser von der Mar-del-Plata-Konferenz noch selbstverständlich als öffentliches Eigentum behandelt, so liegt die Forderung nach der Behandlung von Wasser als privates und damit grundsätzlich frei handelbares Eigentum nahe, auch wenn diese Schlußfolgerung ebenfalls nicht explizit gezogen wurde.« (Lee 2003: 124)

Schließlich schlägt die Dubliner Konferenz eine Neuinstitutionalisierung der globalen Wasserpolitik vor:

> Um alle privaten Institutionen, regionale und Nichtregierungsorganisationen zusammen mit allen interessierten Regierungen in die Umsetzung und Folgeprozesse zu involvieren, schlägt die Konferenz der UNCED vor, ein Wasserforum oder einen Rat zu gründen, dem sich alle diese Gruppen anschließen könnten. (ICWE 1992: 7 f.)

Biswas kritisierte in einem Rückblick auf die Entwicklung der internationalen Wasserpolitik, dass Dublin »mit keiner einzigen neuen Idee oder Konzeption aufwartete« (Biswas 2003: 6). Bezüglich der tatsächlichen Problemlösung ist dieses Urteil wohl zutreffend, weil auch ein Jahrzehnt nach Dublin eher eine Verschärfung denn eine Entschärfung der weltweiten Wasserkrise zu bemerken ist. Doch unterschätzt diese Kritik die inhaltliche und institutionelle Neuausrichtung der globalen Wasserpolitik in der Folge von Dublin völlig.

### *2.1.4 UN-Konferenz für Umwelt und Entwicklung, Rio de Janeiro 1992*

Bereits 1989 beschloss die UN-Generalversammlung, eine Konferenz für Umwelt und Entwicklung (UNCED) nach Rio de Janeiro einzuberufen. Zwanzig Jahre nach Stockholm sollte angesichts der Zuspitzung globaler Umweltprobleme eine Weltkonferenz stattfinden, die die seinerzeit diskutierte Problematik der globalen Bedrohung ökologischer Ressourcen in einen wirtschafts- und entwicklungspolitischen Rahmen stellte. Der Auftrag an die Konferenz war gewaltig:

> Die Menschheit steht an einem entscheidenden Punkt ihrer Geschichte. Wir erleben eine zunehmende Ungleichheit zwischen Völkern und innerhalb von Völkern, eine immer größere Armut, immer mehr Hunger, Krankheit und Analphabetentum sowie eine fortschreitende Schädigung der Ökosysteme, von denen unser Wohlergehen abhängt. Durch eine Vereinigung von Umwelt- und Entwicklungsinteressen und ihre stärkere Beachtung kann es uns jedoch gelingen, die Deckung der Grundbedürfnisse, die Verbesserung des Lebensstandards aller Menschen, einen größeren Schutz und eine bessere Bewirtschaftung der Ökosysteme und eine gesicherte, gedeihlichere Zukunft zu gewährleisten. Das vermag keine Nation allein zu erreichen, während es uns gemeinsam gelingen kann: in einer globalen Partnerschaft, die auf eine nachhaltige Entwicklung ausgerichtet ist. (BMU 1993: 4)

Der Größe der gestellten Anforderung entsprechend war das Aufgebot: Mit 178 vertretenen Staaten, mehr als 100 Staatsoberhäuptern und einer Vielzahl von Nichtregierungsorganisationen wurde die Konferenz von Rio zur bis dahin größten Konferenz in der Geschichte der Vereinten Nationen. Ihre zentralen Ergebnisse sind in der Rio-Deklaration (Eisermann 2003b) und der Agenda 21 (BMU 1993) enthalten. Beschlossen wurde zudem, den UNCED-Folgeprozess durch die dem Wirtschafts- und Sozialausschuss der Vereinten Nationen (ECOSOC) zugeordnete Kommission für nachhaltige Entwicklung (Commission on Sustainable Development, CSD) voranzutreiben und zu kontrollieren.[2] Während die Rio-Deklara-

2 »Die CSD ist eigens zur Überwachung der Umsetzung sowie zur Fortentwicklung der Agenda 21 und der Waldgrundsatzerklärung von der 47. Generalversammlung der Vereinten Nationen eingesetzt worden. Sie ist das zentrale politische Beschlußorgan im Rio-Folgeprozeß. Die CSD hat bei ihrer 1. Sitzung im Juni 1993 Leitlinien

tion eine unkonkrete Sammlung guter Absichten darstellt,[3] ist die Agenda 21 mit 40 Kapiteln ein umfassender Plan für die ökologische und ökonomische Entwicklung des 21. Jahrhunderts:

> Mit diesem Aktionsprogramm werden detaillierte Handlungsaufträge gegeben, um einer weiteren Verschlechterung der Situation entgegenzuwirken, eine schrittweise Verbesserung zu erreichen und eine nachhaltige Nutzung der natürlichen Ressourcen sicherzustellen. Wesentlicher Ansatz ist dabei die Integration von Umweltaspekten in alle anderen Politikbereiche. Das Aktionsprogramm gilt sowohl für Industrie- wie für Entwicklungsländer. Es enthält wichtige Festlegungen, u. a. zur Armutsbekämpfung, Bevölkerungspolitik, zu Handel und Umwelt, zur Abfall-, Chemikalien-, Klima- und Energiepolitik, zur Landwirtschaftspolitik sowie zu finanzieller und technologischer Zusammenarbeit der Industrie- und Entwicklungsländer. (Töpfer 2003)

Kapitel 18 der Agenda 21 ist dem »Schutz der Güte und Menge der Süßwasserressourcen: Anwendung integrierter Ansätze zur

für die Berichtsstruktur und die Bearbeitung der Berichte in der CSD festgelegt. Sie hat sich ein mehrjähriges Arbeitsprogramm gegeben, wonach bis zur Sonder-Generalversammlung der Vereinten Nationen im Jahre 1997, die sich mit der Umsetzung der Rio-Ergebnisse befassen wird, die gesamte Agenda 21 behandelt werden soll.« (Töpfer 2003)

3 Vgl. etwa Grundsatz 2: »Die Staaten haben im Einklang mit der Charta der Vereinten Nationen und den Grundsätzen des Völkerrechts das souveräne Recht, ihre eigenen Ressourcen im Rahmen ihrer eigenen Umwelt- und Entwicklungspolitik zu nutzen, und haben die Verantwortung, dafür Sorge zu tragen, dass Tätigkeiten unter ihrer Hoheitsgewalt oder Kontrolle der Umwelt anderer Staaten oder Gebieten außerhalb nationaler Hoheitsgewalt keinen Schaden zufügen.« Grundsatz 10: »Umweltfragen werden am besten unter Beteiligung aller betroffenen Bürger auf der jeweiligen Ebene behandelt.« Grundsatz 12: »Die Staaten sollen gemeinsam daran arbeiten, ein stützendes und offenes Weltwirtschaftssystem zu fördern, das in allen Ländern zu Wirtschaftswachstum und nachhaltiger Entwicklung führt, um die Probleme der Umweltverschlechterung besser angehen zu können. Umweltbezogene handelspolitische Maßnahmen sollen weder ein Mittel willkürlicher oder ungerechtfertigter Diskriminierung noch eine verdeckte Beschränkung des internationalen Handels darstellen. Einseitige Maßnahmen zur Bewältigung von Umweltproblemen außerhalb des Hoheitsbereichs des Einfuhrlandes sollen vermieden werden. Maßnahmen zur Bewältigung grenzüberschreitender oder weltweiter Umweltprobleme sollen soweit möglich auf internationalem Konsens beruhen.« Oder auch Grundsatz 20, der dem dritten Dublin-Prinzip entspricht: »Frauen kommt in Fragen der Umwelt und Entwicklung eine grundlegende Rolle zu. Ihre volle Einbeziehung ist daher für eine nachhaltige Entwicklung wesentlich.« (Zit. nach Eisermann 2003b)

Entwicklung, Bewirtschaftung und Nutzung der Wasserressourcen« (BMU 1993: Kap. 18) gewidmet. Vorrang hat die Förderung eines integrierten Wassermanagements, wobei hierunter verstanden wird, dass »alle Arten von untereinander in Verbindung stehenden Gewässer einschließlich Oberflächengewässer und Grundwasservorkommen« einbezogen, der »sektorübergreifende Charakter der Wasserwirtschaft« berücksichtigt und die »unterschiedlichen Interessen dienende Nutzung der Gewässer« (BMU 1993: Kap. 18.3) anerkannt werden sollen. Die Programmbereiche der Süßwasserressourcen werden sieben thematischen Gebieten zugeordnet:

(a) Integrierte Planung und Bewirtschaftung der Wasserressourcen;
(b) Abschätzung des Wasserdargebots;
(c) Schutz der Wasserressourcen, der Gewässergüte und der aquatischen Wassergüte;
(d) Trinkwasserversorgung und Sanitärmaßnahmen;
(e) Wasser und nachhaltige städtische Entwicklung;
(f) Wassernutzung für die nachhaltige Nahrungsmittelerzeugung und ländliche Entwicklung;
(g) Auswirkungen von Klimaänderungen auf die Wasserressourcen (ebd.: Kap. 18.5).

Die detaillierten Vorschläge in Kapitel 18 stehen unter dem Gesamtziel einer »Deckung des Wasserbedarfs aller Länder zur Erzielung einer nachhaltigen Entwicklung« (BMU 1993: Kap. 18.7), das – in allen verabschiedeten Einzelpunkten der Agenda – bis zum Jahr 2025 vollständig erreicht sein soll (ebd.: Kap. 18.11).

Den Vorschlägen der Konferenz von Dublin, die in dem vierten Prinzip formuliert hatte, dass Wasser ein ökonomisches Gut ist, folgte die Konferenz in Rio nur auf halbem Weg. Die Agenda 21 geht stattdessen von der Annahme aus, »daß Wasser ein integraler Bestandteil des Ökosystems, eine natürliche Ressource und ein *soziales und wirtschaftliches Gut* ist, wobei Menge und Güte die Art der Nutzung bestimmen« (BMU 1993: Kap. 18.8 [Herv. P.D.]). Deutlich zurückhaltender verhielt sich die Konferenz auch zu der Frage der Weitergabe der Kosten an die Nutzer. In der Ausführung hierzu wird gefordert, dass

> auf die Funktionsfähigkeit der aquatischen Ökosysteme und die dauerhafte Verfügbarkeit der Ressource zu achten ist, damit der Bedarf an Wasser für den menschlichen Gebrauch gedeckt und entsprechend angepasst werden

kann. Vorrang bei der Erschließung und Nutzung der Wasserressourcen gebührt der Deckung der Grundbedürfnisse und dem Schutz der Ökosysteme. Darüber hinaus soll der Wassernutzer jedoch in angemessenem Umfang für das von ihm verbrauchte Wasser aufkommen (BMU 1993: Kap. 18.8).

Während man in Dublin die subventionierte Versorgung Unterprivilegierter als wichtige Ausnahme von einer vollen Kostendeckung gefordert hatte, kehrte die Agenda 21 das Verhältnis um: Vorrang gebührt der Deckung der Grundbedürfnisse, darüber hinaus sollen die Wassernutzer für die entstandenen Kosten aufkommen.

Aber nicht nur das Regel-Ausnahmeverhältnis wird umgekehrt, sondern auch die Aussagen zum Bewertungsmaßstab für den Preis von Wasser fallen deutlich zurückhaltender aus. Während die Expertenkonferenz von Dublin die »vollen Kosten« als grundsätzlichen Bewertungsmaßstab empfiehlt, hat sich die Staatenkonferenz von Rio mit dem Maßstab der Angemessenheit begnügt, ohne diesen Begriff weiter zu konkretisieren. Die Forderung nach »angemessener« Bepreisung des Wassers wird in den Kapiteln zur städtischen Entwicklung und zur Landwirtschaft wieder aufgegriffen, nicht jedoch im Kapitel zur Trinkwasserversorgung. (Lee 2003: 131)

In deutlicher Abkehr von der staatlichen Orientierung früherer Wasserpolitiken und in Anlehnung an die Vorschläge der Dubliner Expertenkonferenz wird eine Ansiedelung von Wassermanagement auf der »niedrigsten angemessenen Ebene« (*lowest appropriate level*) vorgeschlagen, insbesondere bezüglich der Trinkwasserversorgung und der Abwasserentsorgung. Integriertes Wassermanagement auf Grundlage jeweiliger Einzugsgebiete von Wasserressourcen wird daher mit den Empfehlungen zur Dezentralisierung und Privatisierung gekoppelt. Neben größtmöglicher Autonomie und finanzieller Unabhängigkeit städtischer Einrichtungen soll der private Sektor verstärkt in die Wasserwirtschaft einbezogen werden. Insgesamt bereiten die Vorstellungen über künftiges Wassermanagement zwar den Abschied von staatlicher Daseinsfürsorge auf diesem Gebiet vor, doch verhält sich die Agenda 21 in ihren Zentralaussagen über die Zukunft der Wasserversorgung noch unentschieden zwischen der Forderung nach einer Ökonomisierung der Wasserbewirtschaftung und einer am Prinzip der Daseinsfürsorge ausgerichteten Verantwortung jenseits der Erwirtschaftung der »wahren Kosten«. Das Trilemma von ökologischer Nachhaltigkeit, ökonomischer Wirtschaftlichkeit und sozialer Verantwortung wird somit zwar thematisiert, aber nicht gelöst. Die scheinbar salomonische Entscheidung in Rio, Wasser als soziales und als ökonomisches Gut zu bezeichnen, zeichnet die zentrale Konfliktlinie der folgenden Jahre und Konferenzen vor, die ihren Fluchtpunkt in der Debatte über die Privatisierung von Wasserdienstleistungen findet.

Zudem entsteht nach Dublin und Rio eine organisatorische Doppelstruktur: Neben den offiziellen UNO-Zusammenkünften – CSD-Konferenzen, die bis 2003 jährlich durchgeführt wurden, Weltgipfeln im Abstand von fünf und zehn Jahren nach Rio und Weltkonferenzen, auf denen Probleme der Wasserversorgung Teil des übergreifenden Themas sind – wird eine Reihe »privater« transnationaler Konferenzen durchgeführt. Während Letztere zunächst in Vorbereitung auf die offiziellen UNO-Konferenzen stattfinden, treten sie im Laufe der Jahre im Bereich der Wasserpolitik immer stärker an deren Stelle. Zudem trägt eine wachsende Aufmerksamkeit für die grundlegende Bedeutung der Trinkwasserressourcen und -versorgung dazu bei, dass das Thema auch auf inhaltlich anders ausgerichteten Konferenzen präsent ist.[4] Eine chronologische Darstellung der Konferenzen nach 1992 kann aus beiden Gründen nur selektiv erfolgen. Dabei ist jedoch zu berücksichtigen, dass auch Konferenzen ohne formelle UNO-Organisation und mit ungeklärter politischer Verbindlichkeit, insbesondere die seit 1997 alle drei Jahre stattfindenden Weltwasserforen und die Conference on Freshwater, die 2001 in Bonn tagte, seitens offizieller UNO-Organisationen als ebenbürtige Weltwasserkonferenzen betrachtet werden.[5] Ohne die implizierte Gleichrangigkeit von UNO- und Nicht-UNO-Konferenzen zu akzeptieren, werden diese Versammlungen in der weiteren Darstellung berücksichtigt, da sich gerade an ihnen der wachsende Einfluss globaler Public-Policy-Netzwerke ermessen lässt.

### *2.1.5 Erstes Weltwasserforum, Marrakesch 1997*

Die in Dublin geforderte strategische Netzwerkbildung führte im Jahr 1996 zu der gleichzeitigen Bildung zweier Netzwerke der in-

4 Vgl. z. B. die Weltfrauenkonferenz in Peking oder die Habitat II-Konferenz.

5 Ranggleich wird die Konferenz von Dublin etwa in Zusammenstellungen internationaler Wasserkonferenzen zwischen Mar del Plata und dem Umweltgipfel in Rio platziert (Helvetas 2005; UNESCO 2003b; ECOSOC 1997a: Art. 30).

ternationalen Wasserpolitik, der Global Water Partnership (GWP) und des World Water Council (WWC). Der Zeitpunkt ist nicht zufällig, sollte doch im Folgejahr die erste Evaluation der Agenda 21 auf dem Earth Summit+5 erfolgen. Erklärtes Ziel der Netzwerke war und ist eine strategische Einflussnahme auf die Gestaltung der globalen Wasserpolitik im Sinne der Dublin-Prinzipien. Der anstehende Gipfel bot hierzu eine günstige Gelegenheit.

Das »flagship product« (WWC 2005 f.) des WWC ist das im März 1997 in Marrakesch erstmals durchgeführte Weltwasserforum, das seither im dreijährigen Rhythmus eine wachsende Plattform für Experten, Politiker, internationale Organisationen und Nichtregierungsorganisationen darstellt. Das Erste Weltwasserforum war im Vergleich zu späteren Weltwasserforen, die von mehr als 20 000 Teilnehmern besucht wurden, mit 250 Anwesenden eine kleine Veranstaltung. Teil nahmen hochrangige Vertreter von UN-Organisationen, der Weltbank und regionalen Entwicklungsbanken, Konzernen des Wassersektors sowie Regierungsvertreter; viele entstammen den vorher gegründeten strategischen Partnerschaftsnetzwerken und sind später an dem hier vereinbarten Konsultationsprozess der World Water Commission[6] beteiligt. Der Verlauf der Veranstaltung ist nicht öffentlich dokumentiert; dem Konferenzplan ist lediglich zu entnehmen, dass globale Themen wie »Perspektiven auf das Weltwasser«, »Auf dem Weg zu einer langfristigen Vision für das Weltwasser« und »Die Herausforderungen des 21. Jahrhunderts« (WWC 2005a) auf der Agenda standen.

Die Konferenz verabschiedete eine Abschlussdeklaration, die sogenannte Marrakech Declaration (auch »Marrakech Action Plan« genannt), die in den Folgejahren immer wieder als Meilenstein auf dem Weg zu einer Regulierung globaler Wasserpolitik hervorgehoben wurde. Ein zentrales Anliegen der Deklaration ist die Gründung einer neuen Partnerschaft zwischen zivilgesellschaftlichen und öffentlichen Akteuren:

> Das Forum ruft Regierungen, internationale Organisationen, Nichtregierungsorganisationen und die Menschen dieser Welt dazu auf, in einer erneuerten Partnerschaft den Plan von Mar del Plata, die Dublin-Prinzipien und das Kapitel 18 des Erdgipfels von Rio umzusetzen und durch eine

6 Die World Water Commission ist das in Marrakesch eingesetzte Gremium, das mit dem Entwurf einer »World Water Vision for the 21st century« betraut wurde (vgl. Kapitel 8).

»blaue Revolution« die Nachhaltigkeit der Wasserressourcen der Erde zu sichern. (WWC 1997)

Die politisch unterschiedlichen Strategien von Mar del Plata und Dublin werden hierbei ignoriert, jedoch lässt sich an der zweiten Kernforderung der Deklaration erkennen, dass das Erste Weltwasserforum das Vertrauen in die staatliche Steuerungsfähigkeit, das die Konferenz von Mar del Plata noch kennzeichnete, nicht teilt. Stattdessen setzt das Forum auf eine transnationale Initiative, die einen langfristigen Einfluss auf staatlich-souveräne Akteure entfalten soll, denen am Ende nur eine Letztentscheidung zukommt:

> Als Antwort auf die dargelegten Notwendigkeiten und empfohlenen Aktionen mandatieren wir hiermit den World Water Council, eine dreijährige Initiative zu starten, die eine auf Studien, Konsultationen und Analysen beruhende globale Vision für Wasser, das Leben und die Umwelt im nächsten Jahrhundert entwickelt. [...] Wir sind uns der Schwierigkeiten dieses Unterfangens bewusst, doch am Ende dieses Prozesses wird diese Vision den Regierenden dieser Welt politikrelevante Erkenntnisse und Handlungsempfehlungen übermitteln, die zum Wohle künftiger Generationen umzusetzen sind. (WWC 1997)

Politisch beachtlich ist die »Mandatierung« des World Water Council durch das Weltwasserforum, weil hier ein selbstreferentieller Legitimationsprozess in Gang gesetzt wird, der die Führerschaft der strategischen Partnerschaften behauptet und auch erfolgreich etabliert: Der World Water Council war selbst der Organisator des Weltwasserforums, das nunmehr seinen eigenen Veranstalter mit der Erarbeitung einer Strategie für den Umgang mit dem Weltwasser im 21. Jahrhundert beauftragt. Der politische Anspruch, der mit dieser Strategie verbunden ist, wird in der Forderung deutlich, mit der das Forum die Deklaration abschließt: »Wir bitten hiermit unsere jeweiligen Regierungen und Organisationen dringend, die Sprache und die Prinzipien der Deklaration von Marrakesch als offizielle Politik anzunehmen.« (Ebd.)

Der World Water Council wiederum leitet aus dem Weltwasserforum die Bestätigung des eigenen Führungsanspruchs in Wasserfragen ab: Der Erfolg der Konferenz und Marrakesch-Deklaration »hat die Führerschaft des Councils in Wasserangelegenheiten nachhaltig begründet« (WWC 2005 f.).[7]

7 »Die Long Term Vision for Water, Life, and Environment in the 21st Century – oder kurz World Water Vision – wurde während des ersten Weltwasserforums

Von außen und im Rückblick betrachtet kommt der Konferenz von Marrakesch vor allem die Aufgabe zu, neue politische Handlungsmuster zu etablieren und zu rechtfertigen, in denen Regierungen nur noch eine notarielle Funktion zukommt, die strategische Entwicklung und Handlungsinitiative aber in die Hände einer strategischen Partnerschaft transnationaler *policy broker* gelegt wird. Zudem wird die Konferenz in der Folge zum Gründungsmythos der seither kontinuierlich wachsenden Weltwasserforen.

### *2.1.6 Earth Summit+5, New York 1997*

Im Rahmen der 19. Sondersitzung der UN-Generalversammlung, dem sogenannten Earth Summit+5, evaluierten vom 23. bis 28. Juni 1997 165 Staatenvertreter, darunter 53 Regierungschefs und Staatsoberhäupter, den Umsetzungsprozess der Agenda 21. Sie verabschiedeten das »Programm für die weitere Implementation der Agenda 21«, das die Kommission für nachhaltige Entwicklung auf ihrer fünften Sitzung im April desselben Jahres erarbeitet hatte. Globale Wasserpolitik wurde auf beiden Konferenzen auf der Grundlage zweier Berichte des Generalsekretärs der Vereinten Nationen diskutiert.

Der erste Bericht, Overall Progress achieved since the United Nations Conference on Environment and Development (ECOSOC 1997b), schildert unter Bezugnahme auf die in der Agenda 21 vereinbarten Hauptziele den Entwicklungsstand. Erfolge seien lediglich in Einzelbereichen zu vermelden – so schätzt der Bericht, dass seit Anfang der 1990er Jahre etwa 800 Millionen Menschen Zugang zu sauberem Trinkwasser erhalten haben.[8] Er nimmt aber zugleich an, dass auch die absolute Bevölkerung ohne Zugang zu sauberem Trinkwasser insgesamt gewachsen ist, so dass weiterhin etwa 1,1 Milliarden Menschen ohne sauberes Trinkwasser und circa 3 Milliarden

des World Water Councils in Marrakesch, Marokko, 1997 eingeführt. Die Marrakesch-Erklärung gab dem Council das Mandat, eine solche Vision zu entwickeln.« (Second World Water Forum 2000a: 4)

8 Diese Zahl ist bemerkenswert, weil für 2004 ein Zuwachs von 1,18 Milliarden Menschen seit 1990 dokumentiert ist. Wenn beide Zahlen stimmen, hat der überwiegende Anteil dieses Gesamtzuwachses in den ersten sieben Jahren stattgefunden; zwischen 1997 und 2004 hätten dann nur 318 Millionen Menschen einen Anschluss an die Trinkwasserversorgung erhalten.

ohne sanitäre Anlagen leben. Verhaltene Erfolge im Bereich besserer Politikplanung, gewachsenen Bewusstseins über die Bedeutung des Schutzes der Wasserressourcen und einzelner Aktionsprogramme können insgesamt nicht darüber hinwegtäuschen, dass die Umsetzungserfolge der Agenda 21 in diesem Bereich enttäuschend sind. Unter der Überschrift »Unerfüllte Erwartungen« führt der Bericht eine Reihe ungelöster Probleme auf, insbesondere

- eine fragmentierte Verantwortlichkeit in der Bewirtschaftung von Wasserressourcen (ECOSOC 1997b: Abs. 14),
- einen Mangel an adäquater Gesetzgebung und Politiken für eine effiziente und gerechte Verteilung von Wasser (ebd.),
- die geringe Bedeutung, die der nachhaltigen Bewirtschaftung von Wasserressourcen zugemessen wird (ebd.: Abs. 15).

Für eine effiziente Bewirtschaftung von Wasser im Sinne der Agenda 21, so folgert der Generalsekretär, müssten daher fünf Prinzipien stärker berücksichtigt werden:

- transparente Konsultationen,
- eine Trennung von regulatorischen und operationellen Funktionen,
- eine Gesetzgebung, die integriertes Wassermanagement befördert, nicht behindert,
- eine verstärkte Betonung von Wassermanagement, »insbesondere die Einführung von Wasserpreisen, um einen effizienten Wasserverbrauch anzuregen und Fonds für den Betrieb und die Erweiterung existierender Einrichtungen zu schaffen« (ebd.: Abs. 21), sowie
- eine verstärkte Beteiligung von Frauen in der Wasserbewirtschaftung.

Der knapp 50 Seiten starke zweite Bericht, Comprehensive Assessment of the Freshwater Resources of the World (ECOSOC 1997a),[9] macht sehr deutlich, dass von einer Entspannung der Lage keine Rede sein könne:

9 Der Bericht beruht auf der Zuarbeit zahlreicher UN-Organisationen: dem Department of Policy Coordination and Sustainable Development, der FAO, UNDP, UNEP, UNESCO, UNCED, UNIDO, der Weltbank, der WHO und der WMO sowie des Stockholm Environment Institute. Die Erstellung wurde zudem von Kanada, den Niederlanden, Schweden, Norwegen sowie Dänemark unterstützt (ECOSOC 1997a: Art. 29).

> Die Ergebnisse in diesem Bericht zeigen, dass in vielen Ländern, sowohl Entwicklungsländern als auch entwickelten Ländern, die gegenwärtigen Strukturen der Wassernutzung nicht nachhaltig sind. Es gibt klare und überzeugende Beweise, dass die Welt vor einer schlimmer werdenden Serie lokaler und regionaler Probleme mit der Wasserqualität und -quantität steht, die vor allem das Resultat schlechter Verteilungen, verschwenderischen Umgangs mit der Ressource und eines Mangels an sachgerechtem Management sind. Begrenzte Wasserressourcen und eine Verschlechterung der Wasserqualität schwächen eine wichtige Ressourcenbasis, auf die die menschliche Gesellschaft aufbaut. (ECOSOC 1997a: Art. 1)

In seinen Empfehlungen bezieht sich der Bericht explizit auf die Agenda 21 sowie auf die Konferenz in Dublin.[10] Im Gegensatz zu der moderaten Position der Agenda 21 bezüglich einer vollen Kostendeckung und zur Frage, ob Wasser ausschließlich als ökonomisches Gut verstanden werden sollte, vertritt der Generalsekretär nun sehr deutlich die Linie der Dublin-Prinzipien. Er geht zunächst davon aus, dass Wasser dort, wo es knapp wird, nicht länger ein »freies Gut« bleibt, sondern zu einer »handelbaren Ware« (ECOSOC 1997a) wird. Entsprechend müssten Regierungen einen Wechsel vollziehen von der Aufgabe, Wasser zu sehr geringen Kosten bereitzustellen, zu der Rolle, Wassermärkte zu regulieren (ebd.). Knappheit werde den Preis in die Höhe treiben und dazu führen, dass einige Bieter anderen unterlegen sein werden. Die Forderung von Dublin, Wasser zu ökonomisieren, wird somit im Bericht des Generalsekretärs als unausweichliche Folge zunehmender Knappheit bereits vorweggenommen.

Die Agenda 21 hatte soziale Verantwortung in Form einer Grundsicherung in den Vordergrund gestellt und eine Kosteneffizienz als demgegenüber nachgeordnet betrachtet. Der Bericht des Generalsekretärs kehrt, wie vordem schon die Experten in Dublin gefordert hatten, das Verhältnis von Ausnahme und Regel um.[11]

10 »Die Empfehlungen dieses Berichts waren von den Inhalten vorhergehender Konferenzen geleitet, besonders von der Wasserkonferenz in Dublin […] und Kapitel 18 der Agenda 21.« (ECOSOC 1997a: Art. 30)

11 Offen bleibt, wie sich diese (staatliche) Daseinsvorsorge mit der Forderung verträgt, dass Regierungen sich auf die Rolle der Marktregulierung zurückziehen sollten. Angesichts der vorherigen Problemdiagnose, dass im Jahr 2025 zwei Drittel der Menschheit unter Wasserknappheit leiden werden, die meisten davon in einkommensschwachen Regionen, scheint auch die Problemdimension – »some users« – der vorher beschriebenen Größenordnung nicht gerecht zu werden.

In den abschließenden Schlussfolgerungen greift der Bericht des Generalsekretärs seine bereits genannten Vorschläge aus dem Überblick über die Umsetzungserfolge der Agenda auf (siehe oben). Zudem fügt er aber die Prinzipien von Dublin in seine Empfehlungen ein, darunter die Forderungen,

- die vollen Kosten für Wasser dem Nutzer in Rechnung zu stellen,
- die Rolle von Regierungen in der Bereitstellung von Wasser zu reduzieren,
- den privaten Sektor verstärkt an der Trinkwasserversorgung zu beteiligen,
- Wassermärkte förmlich einzuführen und
- Subventionen auf Ausnahmefälle zu begrenzen.

Noch einmal wiederholt der Bericht explizit die vier Dublin-Prinzipien und fordert die Regierungen auf, diese »wichtigen Prinzipien in ihren sozialen, ökonomischen und ökologischen Planungen zu berücksichtigen« (ECOSOC 1997a: Art. 135).

Unverkennbar propagiert der Bericht des Generalsekretärs eine stärker ökonomisierte und liberalisierte Wasserbewirtschaftung, als sie von der Rio-Konferenz gutgeheißen worden war. Die Umsetzung der Dublin-Prinzipien in die Agenda 21 war auf halbem Wege stehengeblieben - das Anliegen des Berichts des Generalsekretärs ist, diesen Weg nun zu Ende zu gehen. Allerdings ist er nicht erfolgreich: Der Earth Summit+5 verhält sich zu diesem Bericht ebenso zurückhaltend wie fünf Jahre zuvor zu der Empfehlung der Dubliner Konferenz und bestätigt im Wesentlichen die Aussagen der Agenda 21 (Lee 2003: 134 ff.).

### *2.1.7 Commission on Sustainable Development (CSD-6, 1997/1998)*

Auch der sechsten Konferenz der Kommission für nachhaltige Entwicklung im Dezember 1997 und April/Mai 1998 liegt ein Bericht des Generalsekretärs vor, doch beschränkt sich dieser auf eine ausführliche Darlegung der Aktivitäten von UN-Organisationen auf dem Gebiet der Frischwasserressourcen (ECOSOC 1998a) und wird seitens der CSD lediglich dankend zur Kenntnis genommen. Im Vorfeld der Konferenz der CSD, vom 27. bis 30 Januar 1998, hatte jedoch ein Expert Group Meeting on Strategic Approaches to

Freshwater Management in Harare stattgefunden, das es zwar, wie die CSD selbst, vermied, die Diskussion über Wasser als ökonomisches und/oder als soziales Gut wieder aufzugreifen, jedoch eine stärkere Ökonomisierung und Privatisierung der Wasserressourcen thematisierte (ECOSOC 1998d; ECOSOC 1998c). Die Experten in Harare forderten eine Effizienzsteigerung durch den Einsatz ökonomischer Instrumente und eine volle Kostendeckung bei der Wasserversorgung. Die Verteilung von Wasser sollte nach Kriterien der ökonomischen Effizienz und der Nachhaltigkeit erfolgen, jedoch forderten sie auch Subventionen für »spezifische Gruppen, besonders die Ärmsten« (ECOSOC 1998c: 7).

Unter Bezug auf die Ergebnisse von Harare thematisierte die CSD-6-Konferenz erneut eine Ökonomisierung und Privatisierung von Wasser. Die Übernahme der vollen Kosten für Wasser wurde seitens einiger Teilnehmer gefordert, worunter Wasserpreise verstanden wurden, die alle Kosten und Risiken im Zusammenhang mit dem Erschließen von Wasserressourcen, der Bereitstellung, Konservierung und Lieferung von Trinkwasser an die Konsumenten abdecken (ECOSOC 1998b).

Während zudem große Übereinstimmung herrschte, dass Regierungen letztlich verantwortlich bleiben für den Schutz von Wasser, für die Versorgung und Verteilung, wurde zugleich die Vorstellung laut, dass eine verstärkte Beteiligung privater Akteure wünschenswert sei (ebd.: Art. 50 und 53). Viele Teilnehmer bemerkten, dass »die Industrie eine aktive Rolle in einigen Bereichen übernehmen könnte, unter anderem bei der Erforschung und Entwicklung neuer effizienter Infrastrukturen für die städtische Wasserversorgung sowie neuer Technologien für die Wiederverwertung von Abwasser« (ebd.: Art. 54). Insbesondere Vertreter der Industrie schlugen vor, mehr in die Aufgabe zu investieren, »die Beschaffenheit und Bepreisung natürlicher Ressourcen wie etwa Wasser zu definieren, insbesondere in die Bestimmung, was soziale Güter seien und wie sie monetarisiert und in Markt- und Preisstrukturen integriert werden können« (ebd.: Art. 60).

Die Forderung nach einer Ökonomisierung geht mit der nach einer Relativierung staatlicher Aufgaben einher, wie sie bereits in dem Bericht des Generalsekretärs im Jahr zuvor verdeutlicht worden war. Staaten sollten sich auf eine Regulierung der Märkte beschränken, die Versorgung mit Trinkwasser selbst aber privaten

Anbietern überlassen. Die Konferenz folgte den Vorschlägen von Harare und jenen Teilnehmern, die eine Relativierung der Rolle des Staats forderten, zwar insoweit, dass sie Public Private Partnerships (PPP) als wünschenswert empfahl (ECOSOC 1998b Chapter I, Art. 13e und 17), wollte sich aber nicht vollends für eine Überlegenheit des Marktes gegenüber staatlicher Dienstleistung im Wassersektor aussprechen.

### *2.1.8 Zweites Weltwasserforum, Den Haag 2000*

Das Zweite Weltwasserforum in Den Haag war weit besser besucht als das erste drei Jahre zuvor in Marrakesch. Etwa 5700 Menschen nahmen an dem Forum teil. Zudem fand im Rahmen des Forums auch eine Ministerialkonferenz mit 114 Ministern und Vertretern von 130 Ländern statt. Veranstalter des Forums war erneut der World Water Council, der in Den Haag auch den Bericht der in Marrakesch ins Leben gerufenen World Water Commission präsentierte.

Die Diskussion in Den Haag hatte als zentrales Thema die Frage der Besitzrechte an Wasser. Erbittert wurde darum gestritten, ob Wasser ein Menschenrecht (*human right*) oder nur ein menschliches Bedürfnis (*human need*) ist. Entlang dieser Definitionen organisieren sich die Gegner und Befürworter einer Privatisierung der Trinkwasserressourcen und -versorgung. Die Forderung der Nichtregierungsorganisationen, durch die Verankerung eines Menschenrechts auf Wasser eine völkerrechtliche Verpflichtung zu erwirken, die Grundversorgung eines jeden mit Wasser höher zu gewichten als eine Kostendeckung und Gewinnsicherung investierender Unternehmen, wurde abgelehnt. Stattdessen formulierte die Ministerialkonferenz in ihrer Schlusserklärung unter anderem die folgenden Leitlinien globalen Wassermanagements:

> Grundbedürfnisse befriedigen: Anzuerkennen, dass der Zugang zu sicherem und ausreichenden Wasser ein grundsätzliches menschliches Bedürfnis darstellt und für die Gesundheit und das Wohlbefinden essenziell ist; die Menschen, insbesondere Frauen, sind durch ihre Beteiligung am Wassermanagement zu ermächtigen. […] Wasser bewerten (*valuing water*): Wasser in einer Weise zu managen, die die ökonomischen, sozialen, ökologischen und kulturellen Werte für alle Arten des Gebrauchs reflektiert, und voranzuschreiten in der Realisierung voll kostendeckender Wasserpreise.

Dieser Ansatz sollte dem Bedarf nach Gerechtigkeit und den grundlegenden Bedürfnissen von Armen und besonders Bedürftigen Rechnung tragen. (Second World Water Forum 2000a)

Die Nichtregierungsorganisationen (NGOs) reagierten empört. In einer Erklärung an die Ministerialkonferenz erläuterten sie ihre Enttäuschung:

Die NGOs verlangen jetzt eine klare Verbindlichkeit und Entschiedenheit, die Dinge zu ändern. Wir brauchen eine Reform in der Governance von Wasser, die auf Fähigkeiten, Erfahrung und Legitimität lokaler Menschen und Gemeinschaften gründet, die menschliche Bedürfnisse und Rechte zum Primat erklärt und auf einem soliden Verständnis von Ökosystemen und dem Management von Flusseinzugsgebieten beruht. Wir brauchen Ziele und Zeitpläne für Verbesserungen. Wir brauchen eine substanzielle Erhöhung wasserbezogener Investitionen in allen Ländern und besonders in den Entwicklungsländern, in denen die Probleme am drängendsten sind. Wir brauchen eine Verstärkung der multilateralen und bilateralen Unterstützung der entwickelten Länder, um diesen Prozess zu bewerkstelligen. Bis zum Rio+10 Gipfel im Jahr 2002 könnten Sie, wenn Sie wirklich wollten, eine vollständige globale Strategie entwickelt und verbindliche Geldzusagen gemacht haben, um diese Verbesserungen zu bewerkstelligen. Wir müssen aber sagen, dass der Entwurf dieser Erklärung [...] dieses Ziel traurigerweise völlig verfehlt. Es ist ein Dokument voller Zurückhaltungen und Ausflüchte. Es zeigt keinen wirklichen Sinn für die Dringlichkeit des Problems und keinerlei Bereitschaft, mehr Anstrengungen zu unternehmen, um mit den Wasserproblemen umzugehen. Minister, es ist nicht zu spät für Sie, dieses schwache Dokument zurückzuweisen, das man Ihnen vorgelegt hat und sich zu wirklicher Handlungsbereitschaft zu entschließen [...]. (Second World Water Forum 2000b)

Die NGOs blieben ungehört; die Konferenz von Den Haag, an deren Durchführung (wie im Übrigen an der Formulierung der World Water Vision for the 21st Century) an vorderer Front auch Vertreter internationaler Wasserkonzerne beteiligt waren, gilt als Rückschlag für die Gegner einer Privatisierung. »Die meisten Regierungen sind offenbar der Auffassung, dass die Wassernot in weiten Teilen der Welt nur durch eine Privatisierung der Wasserversorgung bekämpft werden kann« (SZ, 23.3.2000), fasste die *Süddeutsche Zeitung* das Konferenzergebnis zusammen. Wasser, so musste man die Botschaft aus Den Haag verstehen, ist ein käufliches Gut, eine Handelsware – kein Menschenrecht.

### *2.1.9 International Conference on Freshwater, Bonn 2001*

Im Dezember 2001 organisierten das deutsche Umweltschutzministerium und das Ministerium für wirtschaftliche Zusammenarbeit und Entwicklung eine Konferenz zu Frischwasser in Bonn. Eine zentrale Aufgabe der Konferenz sollte in Vorbereitung auf den Gipfel in Johannesburg eine Zusammenführung der beiden auseinanderdriftenden Vorstellungen – des Menschenrechts- und des Kommodifizierungsansatzes – sein. Die Konferenz war von einem breiten Beteiligungsansatz gekennzeichnet (Bundesregierung 2002: 90 f.). Zwei *»multi-stakeholder dialogues«* fanden zu den Themen eines gleichen Zugangs zu Wasser für Arme sowie zur Frage einer nachhaltigen Wasserbewirtschaftung statt.

Die Bonner Konferenz positionierte sich in der Debatte über die Privatisierung anders als das Weltwasserforum von Den Haag:

In Bonn schälte sich eine breite Ablehnungsfront von NGOs, Gewerkschaften und einigen Regierungsvertretern, insbesondere aus Entwicklungsländern, gegen die Privatisierung im Wassersektor und insbesondere gegen die Rolle transnationaler Wasserkonzerne heraus. Hervorgehoben wurden [...] die massive Korruption, das geringe Unternehmensinteresse an der Versorgung ärmerer, sprich: nicht profitabler Bevölkerungsgruppen, und eine völlig unzureichende Regulierung und Kontrolle durch Regierungen, Gemeinden und Öffentlichkeit. Am Ende der Konferenz stand ein klares Bekenntnis zum öffentlichen Sektor. (Hoering 2003: 34)

In der abschließenden Ministerialerklärung bestätigten die Regierungsvertreter die Verantwortung von Regierungen für die Wasserversorgung und sprachen sich deutlich gegen eine Privatisierung von Wasserressourcen aus;[12] sie kehrten gewissermaßen zur ursprünglichen Stockholmer Formulierung einer vorrangigen Verantwortung von Regierungen für ein nachhaltiges und gerechtes Management von Wasserressourcen zurück:

Die primäre Verantwortlichkeit für ein nachhaltiges und gerechtes Management von Wasserressourcen liegt bei den Regierungen. Jedes Land sollte anwendbare Arrangements für die Governance von Wasser auf allen Ebenen bereithaben und, wenn dies notwendig ist, Reformen im Wassersektor

12 Interessant ist, dass die Ministerialkonferenzen, die nun in schneller Folge stattfinden und jeweils neue Deklarationen vereinbaren, hierbei zu unterschiedlichen Ergebnissen kommen. Im Gegensatz zu der Deklaration von Den Haag ist die Erklärung von Bonn erfrischend progressiv.

beschleunigen. Wir fordern den privaten Sektor auf, mit den Regierungen und der Zivilgesellschaft zusammen dazu beizutragen, die Wasserdienstleistungen und die Versorgung mit sanitären Anlagen für diejenigen zu verbessern, die bisher keinen Zugang hierzu haben und diesbezügliche Investitionen und Managementfähigkeiten zu intensivieren. Private Dienstleistungsangebote sollten keinen Privatbesitz an Wasserressourcen implizieren. Anbieter sollten einer effektiven Regulierung und Überwachung unterworfen werden. (Bundesregierung 2002: 20)

Der umfangreiche Konferenzbericht hält zudem wichtige Forderungen der Nichtregierungsorganisationen fest, etwa die nach einer Überprüfung der Erfahrungen mit der Beteiligung des privaten Sektors an der Wasserversorgung und die Aufforderung an internationale Finanzinstitutionen, die Kreditvergabe im Wasserbereich nicht länger an die Bedingung einer Privatisierung zu knüpfen.

Ein Aktionsplan legte unter den Aspekten »Governance«, »Finanzielle Ressourcen mobilisieren« und »Kapazitäten ausbauen und Wissen teilen« in 27 Unterpunkten die Schwerpunkte künftiger Arbeit dar (ebd.: 23 ff.). Hierbei wurden auch die Bedeutung von Nichtregierungsorganisationen und Gewerkschaften sowie die lokaler Gemeinschaften hervorgehoben und ein sicherer Zugang für alle Menschen zu sauberem Wasser gefordert. Eine explizite Anerkennung des Zugangs zu Wasser als Menschenrecht sowie ein eindeutiges Bekenntnis gegen Wasser als Handelsgut wurden jedoch weder in der Ministerialerklärung noch im Aktionsplan verankert. Auch wenn die Konferenz von Bonn durch ihre breite Partizipation, gute Dokumentation und die Förderung des »*multi-stakeholder dialogues*« wichtige Akzente für die Organisation internationaler Wasserkonferenzen setzte, blieb der inhaltliche Einfluss der Konferenz auf den Gipfel in Johannesburg gering.

### *2.1.10 World Summit on Sustainable Development (WSSD), Johannesburg 2002*

Dreißig Jahre nach der Konferenz in Stockholm und zehn Jahre nach der Konferenz in Rio fand vom 26. August bis 4. September 2002 der World Summit on Sustainable Development in Johannesburg statt. Grundsätzlich bestätigte die Konferenz die Rio-Erklärung sowie die Agenda 21 (United Nations 2002c: Resolution, Art.

8). Sie fügte aber in ihrer Erklärung auch hinzu, dass die Probleme seither nicht gelöst wurden:

> Die Schäden an der Umwelt nehmen weltweit zu. Der Verlust der biologischen Vielfalt hält an, die Fischbestände werden weiter erschöpft, Wüsten verschlingen immer mehr fruchtbares Land, die nachteiligen Auswirkungen der Klimaänderung sind bereits augenfällig, Naturkatastrophen werden immer häufiger und verheerender, die Krisenanfälligkeit der Entwicklungsländer steigt, und durch die Verschmutzung von Luft, Wasser und Meeren wird Millionen von Menschen nach wie vor ein menschenwürdiges Leben versagt. (United Nations 2002a: Art. 13)

Vielmehr habe die Globalisierung diesen Herausforderungen neue Dimensionen hinzugefügt, denn »Nutzen und Kosten [...] sind [...] ungleich verteilt, und die Entwicklungsländer sehen sich besonderen Schwierigkeiten bei der Bewältigung dieser Herausforderung gegenüber« (ebd.: Art. 14).

In Bestätigung der zwei Jahre zuvor vereinbarten Millennium-Entwicklungsziele hielt die Konferenz an der Verpflichtung fest, bis 2015 den Anteil an der Gesamtbevölkerung, der keinen Zugang zu sauberem Trinkwasser und sanitären Anlagen habe, zu halbieren. Hierfür seien enorme Fortschritte in den Bereichen häuslicher und öffentlicher Sanitäreinrichtungen, eine umfangreiche Hygieneerziehung, die Entwicklung bezahlbarer und sozial wie kulturell akzeptierter Technologien sowie innovative Finanz- und Partnerschaftsmechanismen vorrangig. Zudem bekannte sich die Konferenz zur Förderung eines integrierten Wassermanagements.

In der offiziellen Deklaration dominiert die Versorgungsfrage die ökologische Dimension des Wasserproblems; dies veranlasste die Umweltorganisation WWF zu der provokanten Frage, was es denn helfe, wenn bis 2015 tatsächlich Millionen neuer Wasserhähne und Toiletten installiert würden, dafür aber nicht genügend Wasser zur Verfügung stehe (Hoering 2003: 35). Die politische Diskussion über Trinkwasser ist auch in Johannesburg von der Kontroverse gekennzeichnet, die seit der Konferenz von Dublin vorherrschend war und die auch die Bonner Konferenz nicht zufriedenstellend abschließen konnte: ob Wasser ein Wirtschaftsgut und eine Ware ist oder ob Wasser als Menschenrecht von einer weiteren Privatisierung und Kommodifizierung ausgenommen werden muss.

Für die Lösung der globalen Trinkwasserkrise brachte Johannesburg insgesamt keine nennenswerten Fortschritte. Zu stark war die Konzentration auf technische Fragen und allgemeine Absichtserklärungen, zu gering die Bereitschaft der Länder des Nordens, die finanzielle Unterstützung für die Länder des Südens signifikant auszuweiten und so den Millenniumszielen auch praktisch zu Erfolgen zu verhelfen.

### *2.1.11 Drittes Weltwasserforum, Japan 2003*

Das Dritte Weltwasserforum fand im März 2003 in drei japanischen Städten, Kyoto, Osage und Shiga, gleichzeitig statt. In Den Haag waren schon knapp 6000 Teilnehmer vor Ort, in Japan waren es viermal so viele, darunter 1000 Journalisten und 130 Minister, die sich auf eine dreifache Anzahl von Plena und Sitzungen verteilten. Kritisch bemerkt der Wasserexperte Asit Biswas in einem Rückblick auf die Weltwasserkonferenzen seit Mar del Plata: »Die große Anzahl an Teilnehmern und Sitzungen, die sich über drei Städte verteilten, bedeuteten, dass kein Teilnehmer oder Institution einen klaren Überblick über das Geschehen auf dem Forum hatte und welche, wenn überhaupt eine, Botschaft diesem Forum zu entnehmen ist.« (Biswas 2003: 6) In der Tat war nicht nur die Anzahl der Teilnehmer, sondern auch die thematische Breite des Dritten Weltwasserforums so groß, dass gemeinsame Resultate nicht zu erwarten waren.

Zudem weist Biswas auf ein Problem hin, dass die privat organisierten Megakonferenzen insgesamt kennzeichnet: Es gibt keine Dokumentation des Konferenzgeschehens. Verfügbar ist nur »ein Satz oberflächlicher Zusammenfassungen einiger ausgewählter Sitzungen« (Biswas 2003: 13). Die Ereignisse des Dritten Weltwasserforums wurden in einem online zugänglichen *Forum Bulletin* festgehalten. Der Aussagegehalt vierseitiger Zusammenfassungen eines Tages, den 24 000 Teilnehmer einer Konferenz in drei Städten in Diskussionen verbracht haben, darf bezweifelt werden. Die Frage stellt sich, wie ein gemeinsames Ergebnis einer solchen Konferenz aussehen kann. Welche Legitimität kann ein Schlussdokument einer solchen Veranstaltung beanspruchen? Biswas kommt insgesamt zu dem Schluss:

Das Zweite und Dritte Weltwasserforum brachte keine neue Idee zutage und von den anwesenden Regierungsvertretern wurden keinerlei Zusagen gegeben. Man muss sich fragen, ob diese Megatreffen die Kosten und den Aufwand rechtfertigen, besonders wenn man in Betracht zieht, was am Ende eigentlich dabei herauskommt. (Biswas 2003: 14)

### *2.2.12 Viertes Weltwasserforum und Fünftes Weltwasserforum, Mexiko 2006 und Istanbul 2009*

Trotz dieser skeptischen Bilanz des Dritten Weltwasserforums wurde die vierte Zusammenkunft planmäßig im Frühjahr 2006 in Mexiko abgehalten. Unter dem Motto »Lokale Aktionen für eine globale Herausforderung« forderte die Ankündigung zur Beteiligung aller Stakeholder, besonders lokaler, auf und versprach einen multilateralen Dialog, um Netzwerkstrukturen zu verbessern und die Herausforderungen gemeinsam zu meistern (World Water Council 2004: 1).

Das Forum diskutiert sieben Tage lang, etwa 20 000 Teilnehmer nehmen an 206 Arbeitssitzungen teil, der Veranstalter zählte Repräsentanten und Delegierte aus 140 Ländern, darunter 120 Bürgermeister, 150 Regierungsvertreter und 1395 Journalisten. Die Ministerialkonferenz wurde von 78 Ministern besucht (WWC 2006a).

Kritiker indessen sahen den Anspruch der Beteiligung aller Stakeholder schon durch Eintrittsgebühren in Höhe von 600 US $ gefährdet. Lokale Aktivisten kritisierten ihren mangelnden Einfluss auf das Abschlussdokument (Indigenous Peoples Parallel Forum 2006). Zu Beginn der Veranstaltung demonstrierten 10 000 Menschen gegen das Forum und warfen den Veranstaltern vor, den Wassermangel in der Welt für das private Geschäft mit dem Wasser nutzen zu wollen. Der japanische Prinz Naruhito beklagte zu Beginn der Konferenz, dass es »keinen entscheidenden Durchbruch« und »wenig Fortschritt« in Bezug auf die Millennium Development Goals gäbe (Viertes Weltwasserforum 2006). Und das insbesondere von NGOs erwartete Bekenntnis zu einem Menschenrecht auf Wasser fehlte erneut im Abschlussdokument der Konferenz.

Das Fünfte Weltwasserforum fand im März 2009 in Istanbul unter dem Motto »Wasser überbrückt Grenzen« statt.

Zum Auftakt wurden zwei Umweltaktivistinnen von der türkischen Polizei in Haft genommen und in ihre Heimatländer ausgewiesen, als sie ein Transparent mit der Aufschrift »*no risky dams*« entrollten. Zur Begründung hieß es, sie würden die öffentliche Meinung beeinflussen. Ebenfalls zum Beginn der Konferenz fand eine Demonstration vor dem Konferenzort statt, in dem ein weiteres Mal gefordert wurde, das Menschenrecht auf Wasser anzuerkennen und Wasser nicht als Ware zu betrachten. Auch bei dieser Gelegenheit wurden 26 Demonstrationsteilnehmer und -teilnehmerinnen festgenommen (Schierenberg 2009).

Die Organisatoren feiern auch das Fünfte Forum als Erfolg, als friedliche Zusammenkunft der »entire water family« (World Water Forum 2009a: 7). Mit 33 058 Teilnehmern aus 192 Ländern sprengte es die bisherigen Dimensionen der Megakonferenzen. Neben neun Staats- und Regierungschefs nahmen 85 Minister, 200 Parlamentarier und 14 hohe Repräsentanten intergouvernementaler Organisationen teil. 1027 akkreditierte Journalisten verfolgten das Geschehen (World Water Forum 2009b). Inhaltlich war die Konferenz mit 111 Sitzungen auf 23 Themen ausgerichtet, die von »Globalen Chancen und Risikomanagement« bis zu Finanzierungsfragen reichten (World Water Forum 2009a: 14). Auch für das fünfte Weltwasserforum waren die Teilnahmegebühren hoch; sie reichten von 80 Euro für Menschen unter 25 Jahren bis zu 1000 Euro für Teilnehmer aus den entwickelten Ländern (World Water Forum 2008). Ein zentrales Konferenzergebnis ist nicht zu erkennen; der 192 Seiten starke Endbericht stellt vor allem das mit Grußworten und Bildern angereicherte Programm dar.

Alles in allem muss man die kritische Frage von Aswit K. Biswas wiederholen: Welche Ergebnisse haben Megakonferenzen, und welche Resultate können Veranstaltungen, deren Besucher der Einwohnerzahl einer deutschen Mittelstadt entsprechen, überhaupt zeitigen? Möglicherweise trifft der Begriff des Familientreffens am ehesten den Kern: Die Wassermegakonferenzen sind Austauschorte für Experten und Betroffene, Treffpunkte derjenigen, die entweder unter Wassermangel leiden, diesen beheben wollen oder mit diesem ihr Geschäft machen, ein Versammlungsort für Kritiker und Aktivisten und auch ein Arbeitsplatz der vielen, die mit der Organisation einer solchen Veranstaltung über Jahre befasst sind; das alles umrankt von Kindersitzungen, Ausflugsfahrten und Preisverleihungen. Auch die wirtschaftliche Dimension eines solchen Unterfangens sollte nicht unterschätzt werden: Stellt man einen durchschnittlichen Eintrittspreis von 500 Euro in Rechnung, betragen allein die Teilnahmegebühren insgesamt circa 16,5 Millionen Euro.[13] Die Treffen sind aber auch das Entscheidungsforum der Entscheider – deren Entschlüsse durch die schiere Zahl der Teilnehmer, die, mögen sie noch so abgeschieden von den relevanten Beschlussfassungen sein, doch dafür zu sprechen scheinen, dass sich hier eine Weltgesellschaft *en miniature* verständigt und dem Forum daher eine Legitimität anhaftet, die die Legitimität einzelner Staaten ebenso übersteigt wie die der Vereinten Nationen.

## 2.2 Vier Jahrzehnte Weltwasserpolitik: Eine Zwischenbilanz

Knapp vier Jahrzehnte sind seit der Stockholmer UN-Umweltkonferenz 1972 vergangen, in der die Grundbausteine der Arena der globalen Wasserpolitik gelegt wurden. Der immense Aufwand, der in einer Zunahme an Konferenzen,[14] Papieren, Strategien, Teilnehmern und Stakeholdern, Institutionen, Diskussionen und auch öffentlicher Aufmerksamkeit sichtbar wird, lässt zögern, die globale Wasserpolitik negativ zu bilanzieren. So viel Energie ist in die politische Organisation gesteckt worden, so viel Eifer in Überzeugungsarbeit und Strategieentwicklung geflossen, so viele Menschen haben sich rund um den Globus bewegt, um zur Lösung

13 Diese Zahlen sind freilich spekulativ: Der World Water Council spricht einerseits von 16 000 »aktiven Teilnehmern«, andererseits von über 30 000 Teilnehmern. Neben »Frühbucherrabatten« ist das System der Eintrittspreise nach Dauer des Aufenthaltes und Länderherkunft gestaffelt; ob der rechnerische Durchschnitt also tatsächlich bei 500 Euro liegt, ist offen. Der Besuch von 1000 Teilnehmern wurde subventioniert. Fraglos aber ist, dass aus dem Forum ein Überschuss für den organisierenden World Water Council erwirtschaftet wurde (WWC 2009b: 38 f.)

14 Die hier dargestellte Chronologie ist keineswegs umfassend: Neben den globalen Großereignissen findet seit 1991 jährlich die vom Stockholm International Water Institute veranstaltete World Water Week statt, auf der an die 2000 Experten zusammenkommen, regional und sektoral spezifische Wasserkonferenzen finden in allen Erdteilen statt, der Zusammenhang von Klimawandel und Wasserressourcen hat in den vergangen Jahren bei allen Klimakonferenzen eine immense Rolle gespielt. Schon eine simple Suche deutet die Fülle der Zusammenkünfte an: Allein für 2010 verweist die Datenbank Conference Alerts auf mehr als 60 große Wasserkonferenzen.

der Krise zusammenzukommen, so viel Problembewusstsein und Handlungsbereitschaft sind wieder und wieder bekundet worden, dass eine grundlegende Kritik der Architektur dieses Politikfeldes vermessen und kleingläubig scheinen muss. Misst man allerdings den Aufwand am harten Ergebnis – dem Fortschritt in der Sache selbst – so lassen Skepsis und Zweifel jeden möglichen Jubel hinter sich. Fast unverändert hoch ist die Zahl der mit Trinkwasser und sanitären Anlagen unversorgten Menschen, die ökologischen Probleme der Trinkwasserqualität sind zwar in einigen entwickelten Ländern bearbeitet worden, doch ist auf einer globalen Ebene weder die Qualität noch die verfügbare Quantität des Wassers ausreichend, um gelassen in die Zukunft zu sehen.

Mit Nüchternheit und Sorge muss man konstatieren, dass die Entwicklung der globalen Wasserpolitik sich kaum durch Erfolge in der Problembewältigung auszeichnet. Dennoch haben relevante institutionelle und politische Richtungsänderungen seit 1972 stattgefunden.

In den 1970er Jahren wurde der Staat (*central government*) als hauptsächlicher Adressat und Problemlöser für Wasserfragen angesehen. Diese Einschätzung entsprach nicht nur einer noch weitgehend ungebrochenen Hoffnung auf die Möglichkeiten staatlicher Steuerung, sondern auch der selbstverständlichen Verantwortung des Staates für die öffentliche Daseinsvorsorge. Seit Beginn der 1990er Jahre wird diese Aufgabenzuweisung zunehmend relativiert: Der Markt avancierte zu einem vorrangigen Steuerungsmodus, dem weit mehr als dem Staat zugetraut wird, die Allokations- und Effizienzprobleme der Wasserversorgung zu lösen. Zudem wurde das Politikmodell einer internationalen Kooperation souveräner Staaten durch die Entwicklung strategischer Partnerschaften unter Beteiligung des privaten Sektors in Form von Netzwerken herausgehobener Persönlichkeiten in Frage gestellt. Für Asit Biswas, der für die Konferenz in Mar del Plata als wichtigster wissenschaftlicher Berater des UN-Generalsekretärs tätig war, ist diese Verlagerung der Verantwortung aus der UN ein »neuer globaler Trend der 1990er Jahre im Wassersektor: die tragende Rolle des UN-Systems der Vergangenheit schwindet und wird nun von neuen Institutionen wie dem World Water Council, der Global Water Partnership und der World Water Week in Stockholm übernommen« (Biswas 2003: 10). Die Dominanz der Netzwerke, in der einzelne Regierungen, internationale Finanzinstitutionen und die Privatwirtschaft eine erhebliche Stimme haben, reagiert allerdings auch auf die institutionelle Zersplitterung der Verantwortung für Wasserfragen innerhalb der UN-Organisationen, die sich auf das Umweltprogramm (UNEP), die Weltgesundheitsorganisation (WHO), das Entwicklungsprogramm (UNDP), die Landwirtschaftsorganisation (FAO) und die Kommission für nachhaltige Entwicklung (CSD) verteilt (Hoering 2003: 33).

In inhaltlicher Hinsicht sind zwei Trends unverkennbar: Während Stockholm noch unter dem Zeichen der globalen Umweltkrise stand, hat sich der Fokus von ökologischen Fragen immer stärker auf Versorgungsfragen verschoben. Diese »Entökologisierung der Debatte« (Hoering 2003: 35) wird am stärksten in der seit 1992 sich sukzessive durchsetzenden Auffassung von Wasser als ökonomisches Gut zum Ausdruck gebracht. Die zweite herausragende Entwicklung hängt hiermit unmittelbar zusammen: Die letzten 15 Jahre der Wasserpolitik waren dominiert von dem Streit um die Privatisierung der Wasserdienstleistungen und der Wasserressourcen.

# 3. »Final frontier« oder letzte Hoffnung? Zur Privatisierung und Kommodifizierung des Trinkwassers

Gott hat uns das Wasser geschenkt, aber nicht die Wasserleitungen.
(Gérard Mestrallet, Suez Lyonnaise)

Defizite der weltweiten Wasserversorgung haben seit Beginn der 1990er Jahre den Ruf nach einer Beteiligung privater Akteure bei der Bewirtschaftung von Trinkwasser laut werden lassen (ICWE 1992). Seither steht die Privatisierung von Trinkwasserdienstleistungen und -ressourcen im Zentrum der Auseinandersetzungen über Ansätze zur Lösung der globalen Wasserkrise.

Unter Privatisierung der Trinkwasserdienstleitungen wird die teilweise oder vollständige Übertragung der Verantwortung für die Finanzierung, Bereitstellung, Versorgung und Entsorgung an privatwirtschaftliche Akteure verstanden. Nicht ausgeschlossen ist auch die materielle Privatisierung der Trinkwasserressourcen selbst, bei der das Eigentum an Wasserressourcen an private Besitzer übergeht. Darüber hinaus besteht eine weit ältere Tradition des Angebots von Wasser in Flaschen, dessen Vorbedingung ein privater Besitz an Quellen[1] oder eine andere Form der privaten Aneignung von Trinkwasser ist. Eine Mischform zwischen privatwirtschaftlichem Leitungs- und Flaschenwassermarkt findet außerdem durch das Angebot von sogenanntem *bulk water* statt, das in größeren Mengen, aber in der Regel ohne dauerhafte Netzbindung mit Lastern, Tankern, Schleppern oder gelegentlich über Pipelines angeliefert

1 Weltweit sind zahlreiche Mineral- und Heilquellen auf privaten Ländereien gelegen und somit auch einer privaten Aneignung bzw. dem Verkauf zugänglich. So kaufte die Perrier-Vittel-Gruppe bereits in den 1950er Jahren im brasilianischen Circuito das Àguas einen der sogenannten »Wasserparks« – ein an Mineralquellen reiches Gebiet, das früher für hydromedizinische Behandlungen genutzt wurde. Perrier füllte hier lange Zeit sein Wasser für Brasilien ab, bis die Gruppe in der Mitte der 1990er Jahre von der Firma Nestlé übernommen wurde. Diese baute 1998 in dem Gebiet eine Abfüllanlage für *Pure Life*, das Dritte-Welt-Produkt der Firma (Frederick 2003).

wird (Gleick et al. 2002: ii).[2] In kritischer Absicht wird der Begriff der Privatisierung schließlich auch benutzt, um als unrechtmäßig empfundene Vorgänge der Übernutzung oder auch Verschmutzung öffentlicher Güter durch einzelne, in der Regel große Konzerne anzuprangern. Privatisierung in diesem weiten Sinne schließt die formale Inbesitznahme öffentlicher Güter oder Aufgaben durch private Akteure ein, beschränkt sich aber nicht auf diese.

Bevor die empirische Entwicklung der Privatisierung im Wassersektor dargestellt wird, möchte ich zunächst theoretisch in die Diskussion einführen: Hierzu werde ich erstens die in der Debatte befindlichen Prozessbeschreibungen (Liberalisierung, Privatisierung, Kommodifizierung) analytisch unterscheiden. Zweitens setze ich die in der Diskussion oft vermengten Vorschläge für kostendeckende Preise einerseits und Privatisierung andererseits zueinander in Beziehung und skizziere drittens die Grundargumente für und wider eine Wasserprivatisierung (Kapitel 3.1).

Faktisch betrifft die Wasserprivatisierung drei zu unterscheidende Bereiche: den Dienstleistungsbereich netzgebundener Trinkwasserversorgung, den globalen Flaschenwassermarkt und die Privatisierung von Wasserressourcen (Kapitel 3.2). Gegenstand dieses Kapitels ist auch ein Exkurs zum Stand der Wasserprivatisierung in Deutschland. Eine Bewertung der Privatisierungsvorgänge und der hiermit verbundenen Diskussionen schließt das Kapitel ab (Kapitel 3.3).

2 Eine weitere Mischform praktiziert die Firma U.S. Global Water Corporation, die »ein Abkommen mit Sitka, Alaska, über den Export von 18 Milliarden Gallonen pro Jahr an Gletscherwasser [schloss], das per Tanker nach China gebracht wird, um es dort in einer Freien Exportzone durch billige Arbeitskräfte in Flaschen abfüllen zu lassen und zu vermarkten« (Deutscher Bundestag 2002: 362; vgl. auch Sawmill Cove Industrial Park 2007).

## 3.1 Zentrale Begriffe und Kernargumente für und wider die Privatisierung

### *3.1.1 Liberalisierung, Privatisierung, Kommodifizierung*

Im weitesten Sinne bezeichnet der Begriff der »ökonomischen Liberalisierung« den Abbau von Wettbewerbsschranken und Regulierungen; er schließt in der Regel die Forderung nach Privatisierungen ein. Im engeren Sinne wird unter Liberalisierung ein »Wettbewerb im Markt« verstanden, ein Wettbewerb also, bei dem »der Endkunde idealtypisch die Wahlfreiheit zwischen unterschiedlichen Anbietern hat« (Kluge/Lux 2001: 6). Für netzgebundene Infrastrukturen setzt der Wettbewerb im Markt eine Aufhebung des Gebietsmonopols voraus. Dieser in der Stromversorgung und bei Telekommunikationsanbietern heute übliche Wettbewerb macht entweder eigene Leitungsnetze oder ein Durchleitungsrecht erforderlich.

Einer Liberalisierung der Wasserversorgung setzt diese infrastrukturelle Voraussetzung aber enge Grenzen. Als tendenziell lokale Ressource wird Wasser mit unterschiedlichen Qualitäten angeboten, und eine Mischung unterschiedlicher Wässer innerhalb desselben Leitungssystems kann zu Qualitätsminderungen führen. Hydraulische Gegebenheiten, korrosionschemische und mikrobiologische Wassereigenschaften sowie betriebliche Aspekte, ein ganzes Set von technischen Anforderungen also, lassen es »zweifelhaft« erscheinen, ob mit Durchleitungen »das angestrebte Ergebnis, Effizienzsteigerung in der Wasserversorgung und Kostenentlastung für die Kunden, erreicht werden kann« (DVGW 2001: 16). Zudem wird Wasser, anders als Strom, nicht produziert, sondern einem Reservoir entnommen. Eine Liberalisierung würde die gewünschte und insbesondere in wasserknappen Gebieten notwendige öffentliche Kontrolle über die nachhaltige Bewirtschaftung der Ressource verschlechtern und zu einer verringerten Berücksichtigung der ökologischen Rahmenbedingungen des Wasserdargebots führen (Umweltbundesamt 2000: 80 ff.). Die Liberalisierung der Wasserversorgung in dem engeren Sinne eines »Wettbewerbs im Markt« ist aus all diesen Gründen keine favorisierte Strategie (vgl. aber die Gegenposition des BMWI 2001).

*Privatisierung* bezeichnet die Überführung öffentlicher Aufgaben, öffentlicher Besitztümer und öffentlichen Rechts in private Aufgaben, privaten Besitz und das Privatrecht. Die implizite Ausgangsposition für die Beobachtung von oder Forderung nach Privatisierung ist mithin die Existenz einer öffentlich-staatlichen Sphäre, aus der etwas ausgelagert werden soll. In Abgrenzung zum »Wettbewerb im Markt« als Folge einer Liberalisierung wird unter Privatisierung lediglich der »Wettbewerb um den Markt« verstanden. Das Gebietsmonopol kann hier erhalten werden, geht aber an privatwirtschaftliche Unternehmen über. Konkurrenz findet nur unter den Anbietern statt, zieht aber keine Entscheidungsfreiheit der Konsumenten nach sich, von welchem Unternehmen sie ihr Wasser beziehen möchten.

Grundsätzlich können fünf Formen der Privatisierung unterschieden werden (vgl. insgesamt: Hilge 2004; FES 2004; Kämmerer 2001; Schuppert 1995; Schuppert 2001; Späth/Fettig 1997):

– *Formelle Privatisierung* bezeichnet die Transformation eines öffentlichen Unternehmens in eine private Rechtsform. Hierbei kann die öffentliche Hand weiterhin (Teil-)Eigner des Unternehmens sein; ein Eigentumswandel ist mit formeller Privatisierung nicht notwendig verbunden.

– *Materielle Privatisierung* liegt vor, wenn tatsächlich ein Transfer von öffentlichem/staatlichem Besitz an private Eigentümer stattfindet.

– *Funktionale Privatisierung* bezieht sich auf die Aufgabenübertragung im Rahmen ausgehandelter Konditionen. Als Unterform schließt funktionale Privatisierung die diversen Varianten von Public Private Partnerships ein, die durch eine gemischte Verantwortung zwischen hoheitlichen und privaten Akteuren gekennzeichnet sind.[3]

3 Unterformen der funktionalen Privatisierung sind das Outsourcing, die Einschaltung eines Verwaltungshelfers sowie die Beleihung. Beim *Outsourcing* werden klar definierte Bereiche der Leistungsverwaltung an Private ausgelagert. Wird ein Verwaltungshelfer eingeschaltet, stehen drei grundlegende Modelle zur Verfügung: Das *Betreibermodell*, bei dem eine – zumeist der Leistungsverwaltung entstammende – Aufgabe langfristig einem privaten Betreiber in die Hand gelegt wird, der von der Kommune finanziert wird, die wiederum die Konsumenten/Nutzer zur Refinanzierung heranzieht. Im *Betriebsführermodell* betreibt ein Privater die Anlagen der jeweiligen Gebietskörperschaft, die aber selbst Besitzer dieser Anlagen bleibt. Das *Kooperationsmodell* setzt die Gründung einer gemischtwirtschaftlichen

– *Finanzielle Privatisierung* findet statt, wenn Private öffentliche Aufgaben finanzieren und dafür im Gegenzug bestimmte Gewinnchancen oder sonstige Kompensationen erhalten. Der öffentliche Nutznießer solcher privater Investitionen wird in der Regel durch langfristige Leasingverträge an die Nutzung dieser privat finanzierten Objekte gebunden.

– Bei der *Vermögensprivatisierung* geht staatliches oder kommunales Vermögen ganz an Private über (zum Beispiel durch den Verkauf öffentlicher Liegenschaften).[4]

Gesellschaft voraus, an der die jeweilige Gebietskörperschaft, in der Regel die Kommune, mindestens 51 Prozent der Anteile behält. Wesentlicher Unterschied zum Betreibermodell ist die Absicherung der Einflussnahme der öffentlichen Körperschaft, die als Gesellschaftseigner eine weit höhere Mitsprache behält. Im Modell der Beleihung wird einem Privaten eine rechtlich festgelegte, hoheitliche Aufgabe übertragen, die dieser im eigenen Namen wahrnimmt (FES 2004).

4 Eine Spezialform zwischen Vermögensprivatisierung und finanzieller Privatisierung ist das sogenannte *Cross-Border-Leasing*, bei dem eine öffentliche Immobilie oder Mobilie an einen amerikanischen Investor verkauft und anschließend langfristig zurückgeleast wird. Der beiderseitige Vorteil des Geschäfts wurde durch eine Gesetzeslücke ermöglicht, die der amerikanische Gesetzgeber allerdings inzwischen geschlossen hat: Der amerikanische Käufer konnte die Transaktion als Kauf deklarieren und diesen steuermindernd gelten machen; an diesem letztlich vom amerikanischen Steuerzahler bezahlten Gewinn wurde der deutsche Partner beteiligt, in der Regel mit einem Barwertvorteil in Höhe von 4 bis 8 Prozent des Transaktionsvolumens. Aufgrund der komplexen Struktur solcher Transaktionen ist ein unterer Wert für Cross-Border-Leasing-Verträge ein Investitionsvolumen von 100 Millionen US $ (Link 2004: 9). Prekär an dieser Geschäftsform ist, dass nach amerikanischem Recht tatsächlich ein Kauf stattgefunden hat, während die deutsche Seite die verkauften Objekte weiterhin als Eigentum betrachtet. Cross-Border-Leasing ist aber auch deshalb hoch umstritten, weil die mehrhundertseitigen Verträge in der Regel nicht einmal den Ratsmitgliedern oder Abgeordneten zugänglich gemacht wurden und weil die langfristigen Folgen einer solchen Praxis niemandem wirklich abschätzbar schienen oder scheinen. Dennoch waren Cross-Border-Geschäfte bis zur Schließung der Gesetzeslücke sehr attraktiv, weil sie kurzfristig erhebliche Gewinne möglich machten: Die Stadt Leipzig z. B. hat auf diesem Weg ihre Messehallen, ein Krankenhaus, Straßenbahnen und Schienennetz, eine Kläranlage und Teile der Kanalisation sowie das Trinkwassernetz veräußert; bei einer Gesamthöhe von 2,9 Milliarden € Investitionssumme erzielte die Stadt 140 Millionen € Erlöse (Müller 2004). Die Finanzkrise hat allerdings die Kehrseite dieser Geschäftspraxis nun für jedermann schmerzhaft ins Bewusstsein gerückt, da die Absicherung des riskanten Finanzhandels – wenig überraschend, doch im Vorfeld gleichzeitig weitgehend unbemerkt – zu Lasten der deutschen Nutznießer geregelt ist.

Mischformen zwischen den diversen Privatisierungsformen sind üblich und können beispielsweise durch die Anwendung verschiedener Modi auf Teilunternehmen realisiert werden. Sofern es sich bei Privatisierungen um Aufgabenbereiche oder Gegenstände der öffentlichen Daseinsfürsorge handelt, ist die Frage der Regulierung der privatisierten Unternehmen und gegebenenfalls auch der Sanktionsmöglichkeiten bei Nichterfüllung der Verträge zentral.

Neben Liberalisierung und Privatisierung wird auch die *Kommodifizierung* bzw. *Kommerzialisierung* von Wasser gefordert bzw. kritisiert. Der Vorgang der Kommodifizierung steht im Zentrum der Marxschen Kapitalismuskritik. »Der Reichtum der Gesellschaften, in welchen kapitalistische Produktionsweise herrscht, erscheint als eine ›ungeheure Warensammlung‹, die einzelne Ware als seine Elementarform« (Marx 1867/1984: 49) – dieser mit Bedacht gewählte Eingangssatz zum ersten Band des *Kapitals* führt systematisch zur Kritik der kapitalistischen Produktionsweise vom Standpunkt des elementaren Prozesses der Verwandlung von Gebrauchsgütern in Tauschgüter, vom »nützliche[n] Ding« (ebd.) zur Ware (Haug 2005: 25 ff.). Die begriffliche Trennung zwischen Gut und Ware ist zentral: Zur Ware wird ein Gut erst durch den Austausch. Nicht jedes Gut ist daher eine Ware, sondern wird zu einer solchen erst dann, wenn es auf dem Markt gegen andere Waren bzw. gegen Geld getauscht werden kann. Neben seiner Nützlichkeit, dem Gebrauchswert, hat eine Ware daher einen Tauschwert, der es in ein Verhältnis zu anderen Waren setzt. Die Verwandlung von Gebrauchsgütern in Waren und vor allem die Verwandlung des Arbeiters in die Ware Arbeitskraft sind maßgeblich für die Bildung von Mehrwert und Kapital. Der Reichtum der Gesellschaften, in denen die kapitalistische Produktionsweise herrscht, setzt also die Verwandlung von Gütern in Waren – Kommodifizierung – voraus. Kommodifizierung bringt notwendig mit sich, dass die zur Ware werdenden Güter Preise haben, käuflich und somit marktfähig sind. Austausch von kommodifizierten Gütern findet folglich nach Marktgesetzen – nach Angebot und Nachfrage – statt.

Marx benutzt für die Beschreibung dieser Zusammenhänge den Begriff der Kommodifizierung nicht. Gewöhnlich wird daher dieser aus dem Englischen eingewanderte Neologismus Karl Polanyis Werk *Die große Transformation (The Great Transformation)* zugerechnet. Richtig ist dies aber nur bezüglich des englischen Originals, in dem der Begriff der *commodification* benutzt wird. Die deutsche Übersetzung spricht jedoch von »Kommerzialisierung« (Polanyi 1976: 104). Tatsächlich ist das deutsche Wort Kommodifizierung daher wohl eher auf den Begriff der *decommodification* zurückzuführen, den Esping-Andersen Ende der 1980er Jahre prägte, um die Strukturunterschiede wohlfahrtstaatlicher Systeme hinsichtlich der An- oder Abkopplung sozialer Rechte an Marktgesetze zu kennzeichnen (Esping-Andersen u.a. 1988; Esping-Andersen 1991; Esping-Andersen 2002).[5]

Eine saubere Begriffsunterscheidung zwischen den beiden deutschen Übersetzungsmöglichkeiten für *commodification* hat bislang nicht stattgefunden. Im heute üblichen Sprachgebrauch werden Kommerzialisierung und Kommodifizierung daher synonym für den Vorgang des Zur-Ware-Werdens bzw. umfassender für die Anpassung nicht marktförmiger Prozesse an Vermarktungs- bzw. Marktlogiken verwendet. Für die synonyme Verwendung spricht, dass beide Begriffe zwar unterschiedliche etymologische Wurzeln haben, aber gleichermaßen auf »Ware« Bezug nehmen: Der Begriff der Kommerzialisierung liegt näher am lateinischen Wort für Ware (*merx*) und Kommodifizierung näher am englischen Warenbegriff, *commodity*, der etymologisch auf das lateinische *commodus* (angemessen, entsprechend, zweckmäßig) zurückzuführen ist.

Wenn auch die Unterschiede demnach gradueller Natur sein mögen, sprechen doch zwei Argumente für die Verwendung von Kommodifizierung statt von Kommerzialisierung: Erstens kann mit dem Begriffspaar Kommodifizierung/Dekommodifizierung auch die politisch und analytisch wichtige Perspektive auf den gegenteiligen Prozess einer Entfernung von Marktlogiken ausgedrückt werden.[6] Zweitens bezieht sich der Begriff der Kommodifizierung enger als Kommerzialisierung auf die von Polanyi eingeführte Unterscheidung zwischen echten und fiktiven Waren, die auch für ei-

5 »Als auf dem Markt angebotene Waren sind die Arbeiter in ihrem Wohlergehen vollkommen von ihrem Marktpreis abhängig. Die Frage sozialer Rechte stellt sich von daher als eine der Dekommodifizierung, das heißt der Bereitstellung alternativer, nicht marktförmiger Mittel der Wohlfahrtsproduktion. Dekommodifizierung kann sich entweder auf die erbrachten Dienste oder den Status einer Person beziehen, aber in jedem Fall steht sie für das Maß, in dem Verteilungsfragen vom Marktmechanismus entkoppelt sind.« (Esping-Andersen 1998: 36)

6 Seit 2004 wird gelegentlich auch von »Dekommerzialisierung« gesprochen (Seminar für Sprachwissenschaft 2004).

ne kritische Perspektive des Zur-Ware-Werdens von Wasser nutzbar gemacht werden kann. Nach Polanyi sind Waren empirisch so zu definieren, dass sie »für den Verkauf auf dem Markt erzeugt werden« (Polanyi 1976: 107). Arbeit, Boden und Geld entsprechen dieser Definition nicht, denn »die Behauptung, daß alles, was gekauft und verkauft wird, zum Zwecke des Verkaufs produziert werden mußte, ist in bezug auf diese Faktoren eindeutig falsch« (ebd.). Diese Faktoren sind daher nur fiktive Waren; gleichwohl werden sie auf Märkten gehandelt. Bezogen auf fiktive Waren warnt Polanyi davor, »den Marktmechanismus als ausschließlichen Lenker des Schicksals der Menschen und ihrer natürlichen Umwelt, oder auch nur des Umfangs und der Anwendung der Kaufkraft« zuzulassen, denn das würde »zur Zerstörung der Gesellschaft führen« (Polanyi 1976: 108). Der Handel von fiktiven Waren auf Märkten bedarf daher einer sozialen Einbettung. Hätte es, so Polanyi, im 19. Jahrhundert keine »schützenden Gegenströmungen« gegen die unkontrollierte Gewalt der industriellen Revolution und die Ausbreitung eines reinen Marktmechanismus gegeben, wäre »die menschliche Gesellschaft [...] tatsächlich vernichtet worden« (ebd.: 112).

Polanyis Analyse für das 19. Jahrhundert, das mächtige Institutionen zur Einschränkung des Marktmechanismus hervorbrachte, kann man getrost in eine Warnung für das 21. Jahrhundert ummünzen, auf solche Institutionen nicht zu verzichten. Die analytische Beobachtung des Zur-Ware-Werdens von Gütern, die nicht für den Verkauf hergestellt wurden, lässt sich unter Berufung auf Polanyi mit einer normativen Forderung nach einer institutionellen Rahmung und Einschränkung des Marktgeschehens zusammenführen – und diese gewünschte Kopplung enthält der Begriff der Kommodifizierung weit stärker als der unschärfere Begriff der Kommerzialisierung.

Zusammenfassend ist festzuhalten, dass Liberalisierung, Privatisierung und Kommodifizierung den ökonomischen Prozess der Vermarktwirtschaftung von unterschiedlichen Standpunkten aus beschreiben und somit verschiedene Aspekte eines zusammengehörigen Ganzen thematisieren: *Liberalisierung* fokussiert das Verhältnis zwischen staatlicher Regelungsinstanz und marktwirtschaftlichem Freigang und fordert eine Verschiebung zugunsten des Letzteren; *Privatisierung* betrachtet die Ebene der Besitz- und Verantwortungsverhältnisse in diesem Prozess und kennzeichnet eine

Entstaatlichung im spezifischen Sinne einer Verlagerung von Eigentum, Aufgaben und Rechtsformen auf private Akteure; *Kommodifizierung* schließlich betrachtet den elementaren Gegenstand dieses Prozesses, die Verwandlung von Gütern in handelsfähige Waren.

### *3.1.2 Preise und Privatisierung*

Weit früher als die Forderung nach einer Privatisierung der Trinkwasserversorgung wurde die Forderung nach kostendeckenden Wasserpreisen (*full-cost pricing*) erhoben, die zunächst explizit mit der Bestätigung des öffentlichen Gemeineigentums an Wasser verbunden wurde (UNEP 1977). Die zentralen Argumente für kostendeckende Preise lauten, dass sie Verschwendung verhindern und die notwendigen finanziellen Mittel für einen Ausbau und Erhaltung der Infrastruktur bereitstellen können (Postel 1997: xvii f., Kap. 5; ECOSOC 1997b: Abs. 21; ECOSOC 1998b; Global Environment Facility 2002: 3; UNESCO 2006: 413 ff.). Insbesondere Ökologen sehen (höhere) Wasserpreise als Mittel, um den Wert der Ressource Wasser ins Bewusstsein zu rücken, Verschwendung und Verschmutzung kostspielig zu machen und somit einzudämmen (Simonis 2001; McCarthy 1992).

Obwohl kostendeckende Wasserpreise die Forderung nach einer Privatisierung nicht zwangsläufig nach sich ziehen, gilt doch der umgekehrte Zusammenhang, dass für private Anbieter nur solche Trinkwasserdienstleistungen lukrativ sind, die auch voll bezahlt werden. Auch wenn Vertreter ökologischer oder infrastruktureller Argumente für angemessene Wasserpreise das Ziel der Privatisierung nicht teilen müssen bzw. es sogar explizit ablehnen können, ist die von ihnen geforderte Durchsetzung einer ökonomisch orientierten Preisstruktur zugleich eine Vorbedingung für die weitergehende Privatisierung bzw. deren notwendige Begleiterscheinung. Nicht zufällig vermelden die Befürworter des *full-cost pricing* daher zunehmende Erfolge in der Durchsetzung von Wasserpreisstrategien seit dem Beginn der Privatisierungsdebatte (Winpenny 2003: 1).

Insgesamt hat die Forderung nach einer Privatisierung der Wasserversorgung die Debatte um Wasserpreise neu gerahmt und faktisch ein »unstrategisches Bündnis«[7] zwischen Vertretern öko-

7 Mit dem Begriff »unstrategisches Bündnis« bezeichne ich eine nicht absichtlich herbeigeführte und nicht unbedingt beiderseits gewollte Interessenübereinstim-

logischer Interessen und kapitalistischen Inwertsetzungsinteressen geschaffen: Die mit dem Anliegen des Ressourcenschutzes vorgebrachten Argumente für eine adäquate Preisgestaltung sind auch kapitalistischen Interessen dienlich. Im Gegenzug hat die Auseinandersetzung über die »Gretchenfrage« (Partzsch 2006: 24) der internationalen Zivilgesellschaft im Wassersektor – die Privatisierungsbestrebungen – die Forderung nach kostenlosem Wasser zu einem Kernelement des Kampfes gegen die Privatisierung erhoben (Desai 2002: 6 ff.; Partzsch 2005: 4). Eine Folge ist nunmehr eine Spaltung zwischen stärker ökologisch und eher sozial orientierten Bewegungen über die Frage kostendeckender Wasserpreise, wobei jene sich zu Unrecht dem Verdacht ausgesetzt sehen, kapitalistischer Inwertsetzung das Wort zu reden, und diese unter dem Vorwurf stehen, ökologische Interessen nicht adäquat zu berücksichtigen.

Die Tatsache, dass kostendeckende Wasserpreise als Mittel unterschiedlicher Ziele gefordert werden, macht eine klare Unterscheidung zwischen dieser Forderung und der nach einer Wasserprivatisierung notwendig. Erst diese in der Debatte oft nicht vorhandene Differenzierung zwischen einer Preisgestaltung als Mittel der Verbesserung der Trinkwasserversorgung und zur Verhinderung von Verschwendung einerseits und einer Bezahlung von Wasserdienstleistungen als Voraussetzung für kapitalistische Verwertungsinteressen andererseits erlaubt es, die politischen Handlungsnotwendigkeiten und -optionen sauber zu trennen, die grundsätzlich zwischen einer privaten und einer öffentlichen Wasserversorgung liegen.

### *3.1.3 Argumente für und wider die Wasserprivatisierung*

Nicht nur in Deutschland wird unter dem Schlagwort der »Modernisierung der Verwaltung« eine neue Aufgabenteilung zwischen privaten und öffentlichen Akteuren diskutiert (Jann u. a. 2004; Bogumil/Holtkamp 2002; Haupert 2007; Bovis 2007). Nach Schuppert (2000: 277 ff.) zeigt ein verändertes Verhältnis der an der Erbringung gemeinwohlorientierter Dienstleistungen beteiligten Sektoren eine Änderung im Verhältnis von Staat und Gesellschaft, insbesondere von Staat und Wirtschaft, an. Für diese These spricht, dass seit den 1990er Jahren nicht nur die Verantwortungsteilung zwischen priva-

mung oder eine aus unterschiedlichen Gründen favorisierte, aber faktisch komplementäre Politik.

ten und öffentlichen Akteuren diskutiert wird, sondern auch eine Liberalisierung öffentlicher Güter stattfindet, in Bezug auf die eine marktliche Steuerung bislang als ungeeignet galt. Die Neuordnung staatlich-öffentlicher und privat-wirtschaftlicher Aufgabenbereiche, die seitdem weitgehend zugunsten einer Privatisierung verläuft (und nicht umgekehrt den Staat stärker in die Verantwortung nimmt), betrifft naturgemäß besonders die öffentliche Daseinsvorsorge, also den Bereich monopolartig geschützter, öffentlicher Dienstleistungen. In diese nicht neue, aber Anfang der 1990er Jahre hegemonial werdende Liberalisierungskonjunktur, die neben der technischen Infrastruktur wie Gas, Wasser, Telekommunikation, Bahn und Strom auch eine sozialpolitische Privatisierungsagenda formuliert, ist zudem die Forderung nach einer verstärkten Einbindung privater Akteure im Wassersektor einzuordnen (Budds/Mc Granahan 2003: 90 ff.).[8]

Konkret nimmt die Forderung nach einer stärkeren Beteiligung von privaten Akteuren an der Wasserversorgung und -entsorgung ihren Ausgang in dem geschilderten schlechten Versorgungsstand einer weltweit noch immer vor allem öffentlichen Verantwortlichkeit für Wasserdienstleistungen. Bislang werden nur etwa 5 Prozent der Weltbevölkerung von privaten Anbietern versorgt (Hall/Lobina 2006: 3). Für eine verstärkte Einbindung privater Akteure sollen die folgenden Argumente sprechen:

*Höhere Effizienz und mehr Transparenz:* Öffentliches Manage-

8 Aus Schupperts These, für die somit manches spricht, kann man in einem weiteren Sinne ableiten, dass eine neue Aufgabenteilung nicht allein auf spezifische Fehlfunktionen reagiert, sondern darüber hinaus eine auf anderen Wegen zustande gekommene Änderung des Grundverständnisses über das Verhältnis von Staat und Gesellschaft bzw. Staat und Wirtschaft reflektieren kann. Diese These ist für die Bewertung der Debatte über die Wasserprivatisierung bedenkenswert, weil sie die Möglichkeit eröffnet, Auffassungsdifferenzen nicht allein als rationale Entscheidung in der konkreten Sache, sondern auch als Ausdruck unterschiedlicher Grundideen über das Verhältnis von Staat und Gesellschaft zu interpretieren. Zu einer ähnlichen Auffassung gelangen Jessica Budds und Gordon Mc Granahan (Budds/Mc Granahan 2003: 92): »Faktisch reagieren wechselnde internationale Meinungen über die angemessenen Rollen des öffentlichen und des privaten Sektors bei der Bereitstellung von Wasser und sanitären Anlagen weit eher auf allgemeine politische Trends als auf Erfahrungen und Beweise aus dem Wasser- und Sanitätssektor. Das ist unglücklich: Politisch motivierte Änderungen der internationalen Meinung sind eine armselige Basis, um lokale Wasser- und Sanitätsprobleme anzugehen.«

ment von Trinkwasserdienstleistungen gilt den Befürwortern einer weitergehenden Beteiligung privater Akteure als »ineffizient, unreguliert und bar jeder Verantwortung (*unaccountable*)« (Cosgrove/Rijsberman 2000: 3). Vom privaten Sektor wird hier eine grundsätzliche Änderung erwartet, weil er profitorientiert und unter einem definierten Vertrag arbeite. Die höhere Effizienz privater Unternehmen soll nach dieser Ansicht einen »Wettbewerbskreislauf« (ebd.) in Gang setzen: Öffentliche Unternehmen sollen sich von der Effizienz und der Verantwortlichkeit ihren Kunden gegenüber von den privaten Unternehmen quasi anstecken lassen und ebenfalls ihre Leistungen verbessern: »Es gibt klare Beweise aus dem urbanen Wassersektor, dass unter solchen Umständen die Leistungen unglaublich steigen« (ebd., vgl. auch SUEZ 2004: 65; Winpenny 2003: 1; Segerfeldt 2005).

*Finanzielle Vorteile* werden situationsabhängig für unterschiedliche Szenarien und Nutznießer ins Feld geführt:

(1) Bei funktionierenden und gewinnbringenden Wasserbetrieben reduziert eine Privatisierung die langfristigen Erhaltungskosten und bringt der öffentlichen Hand vor allem Veräußerungsgewinne. Insbesondere bei knappen öffentlichen Kassen bietet diese Vermögensprivatisierung kurzfristige Haushaltsentlastungen (BMWI 2001: 4).

(2) Bei reparatur- und somit investitionsbedürftigen Wassernetzen wird für eine Privatisierung als Mittel der Fremdfinanzierung von Investitionskosten argumentiert; gerade für finanzschwache Länder erhofft man sich hierdurch eine Aufstockung öffentlicher Mittel (World Bank 2002).

(3) In Entwicklungsländern mit geringen Anschlussquoten an Wasserdienstleistungen wird für die Privatisierung mit dem Argument geworben, dass hierdurch die Anschlussquoten erhöht werden (Rivera 1996: 2 ff.). Hiervon würden, so das Argument, besonders die unteren Schichten profitieren, weil sie ansonsten bei privaten Wasserhändlern noch höhere Ausgaben für Wasser zu tätigen hätten und weil die mittleren Schichten weit stärker als die unteren von der Subventionierung von Wasser profitierten und somit den Armen das Wasser wegnähmen (Cosgrove/Rijsberman 2000: 2; vgl. auch DFID 1999; Kjellén/Mc Granahan 1997: 15).

*Infrastrukturfinanzierung:* Unter den finanziellen Argumenten haben Infrastrukturinvestitionen ein besonderes Gewicht. Der notorisch unterfinanzierte Wassersektor soll durch eine Erhöhung privater Investitionen einen Teil der benötigten finanziellen Ressourcen – etwa zur Erreichung der MDGs – erhalten (Serageldin/Cosgrove 2000).

*Ökologisches Argument:* Da im Falle der Privatisierung ein stärkerer wirtschaftlicher Anreiz zur Durchsetzung kostendeckender Preise besteht, kann auch das ökologische Argument, dass Preise ein Bewusstsein für die Knappheit der Ressource schaffen und damit einen umweltverträglicheren Umgang stimulieren, zugunsten der Wasserprivatisierung gewertet werden.

Alles in allem versprechen sich die Befürworter der Wasserprivatisierung hiervon eine größere Effizienz, geringere öffentliche Kosten, zuverlässigere und bessere Leistungen und einen nachhaltigeren Umgang mit den knappen Wasserressourcen.

Geradezu spiegelbildlich hierzu sind die Gegenargumente.

*Effizienz und Transparenz:* Unter Berufung auf Beispiele privatisierter Wasserbetriebe vertreten die Gegner einer Privatisierung die Ansicht, dass die Hoffnungen auf Effizienzsteigerungen sich weder beweisen ließen noch berechtigt seien. Immer wieder finden sich Hinweise auf die in den 1980er Jahren privatisierte britische Trinkwasserversorgung, die von diversen Skandalen – etwa der Lieferung verschmutzten Wassers – begleitet war und der unter anderem ein schlechter Kundenservice bei steigenden Preisen vorgeworfen wird (Kürschner-Pelkmann 2003b: 3). Preissteigerungen und entweder keine Verbesserung bzw. sogar Verschlechterungen im Versorgungsstand werden aber auch aus anderen Ländern und Städten berichtet, so etwa aus Buenos Aires und Manila. Gewichtiger als diese Beispiele, deren Übertragbarkeit bestritten werden kann, sind heute mehrere wissenschaftliche Untersuchungen, die zeigen, dass eine erhöhte Effizienz für private Unternehmen nicht bewiesen ist (Clarke u. a. 2004; ADB 2004; Hall/Lobina 2005). Besonders Studien aus dem privatisierungsfreundlichen Weltbank-Umfeld (Estache u. a. 2005) sind für die Kritiker ein wichtiger Beleg, dass ihre Zweifel an der pauschalen Effizienzvermutung berechtigt sind.

*Finanzielle Vorteile* sehen die Gegner eine Wasserprivatisierung vor allem für die multinationalen Unternehmen, während ihrer Ansicht nach weder die Kunden noch die Kommunen oder der Staat nennenswert profitieren würden:

(1) Dort wo funktionierende und rentable Wasserwerke priva-

tisiert werden, lauten die Zentralkritiken, dass das Tafelsilber veräußert wird, die Verträge mit den privaten Unternehmen intransparent sind, nach der Übernahme die Preise steigen, während die Qualität sinke.

(2) Gegen die Wasserprivatisierung in Entwicklungsländern wird argumentiert, dass privatisierte Wasserbetriebe vor allem den Institutionen der Geberländer dienen, die auf diesem Wege für ihre Firmen neue Absatzmöglichkeiten eröffnen würden (Schulpen/Gibbon 2002; Brenes 2002).

(3) Gerade für die Armen seien die Anschlussgebühren oft zu hoch, so dass bei einer Privatisierung ihr Ausschluss vom Wassersystem wahrscheinlicher sei als ihr Anschluss (Bond 2001; UNESCO 2006: 419).

*Infrastrukturfinanzierung:* Dass mit einer Privatisierung tatsächlich stärker in die Infrastruktur armer Länder investiert würde, wird vor allem aus zwei Gründen bestritten. Erstens seien Privatisierungsverträge mehrfach staatlich abgesichert, so dass sowohl eine gesicherte Rendite als auch eine Refinanzierung von Infrastrukturinvestitionen letztlich von den Konsumenten oder Steuerzahlern, aber faktisch nicht von den investierenden Unternehmen bezahlt würden (Kürschner-Pelkmann 2003b). Zweitens aber ist für profitorientierte Unternehmen eine Investition kein humanitärer Akt, so dass insbesondere nicht profitable, aber besonders bedürftige Regionen (ländliche Gebiete oder urbane Zentren mit großer Armut) kein attraktives Investitionsgebiet sind. Die Privatisierungsgegner halten das Experiment daher für gescheitert:

> Nach 15 Jahren sind gerade einmal 600 000 Haushalte in Folge der Investitionen privater Anbieter im subsaharischen Afrika, Süd- und Ostasien (außer China) an die Wasserleitungen angeschlossen worden – das entspricht weniger als einem Prozent der Menschen, die in diesen Gebieten einen Anschluss benötigen, wenn man die Millennium-Entwicklungsziele erreichen will. (Hall/Lobina 2006: 8)

*Ökologisches Argument:* Aus ökologischer Perspektive wird die Wasserprivatisierung vor allem als Gefahr für ein nachhaltiges Ressourcenmanagement betrachtet, weil private Verwertungsinteressen eine Überausbeutung nahelegen würden (Yaron 2000: 9). Sandra Postel fügt hinzu, dass private Aktivitäten für den Erhalt der ökologischen Umwelt nicht ausreichen, weil der Bedarf ebenso wie die Transaktionskosten zu hoch seien und ein Marktversagen daher vorhersagbar wäre (Postel 1997: 177). Alles in allem wird geschlossen, dass

> die Beteiligung des privaten Sektors kaum die Bedürfnisse eines ökonomisch, sozial und ökologisch nachhaltigen Wassersystems befriedigen wird, weil die Profitorientierung in der Natur der Unternehmen liegt und die Möglichkeiten der Regulation begrenzt sind. Private Wasserfirmen werden eher zum Nachteil der Öffentlichkeit ihre Vorteile im Wasserbereich suchen. In anderen Worten: Die Beteiligung des privaten Sektors wird bedeuten, dass private Firmen die Gewinner und die Öffentlichkeit die Verlierer sein werden. (Brenes 2002: 4)

## 3.2 Privatisierung und Kommodifizierung im Wassersektor

### *3.2.1 Wasserdienstleistungen*

Privatisierte Wasserdienstleistungen werden vor allem im Bereich der Trinkwasserversorgung und der Abwasserentsorgung angeboten; als Sonderleistungen erhältlich sind zudem Regenwassersammlung oder Wasserreinigung (SUEZ 2004: 64; Veolia 2006: 43). Im Rahmen der sogenannten Multi-Utility-Strategie[9] haben Unternehmen in der Vergangenheit versucht, Wasserdienstleistungen in ein größeres Dienstleistungspaket zu integrieren, etwa in Angebote der Müllentsorgung und Energieversorgung, um die Vorteile einer deutlichen Reduktion von Personal- und Verwaltungskosten nutzen zu können (RWE 2007). Das Angebot unterschiedlicher Dienstleistungen, eine große regionale Verbreitung der einzelnen

9 »Als Multi-Utility-Strategie wird das Angebot unterschiedlicher Ver- und Entsorgungsleistungen sowie damit verbundener Dienstleistungen aus einer Hand bezeichnet (u. a. Strom, Gas, Wärme, Wasser, Abwasser, Abfall, Telekommunikation, Gebäudemanagement). In der Vergangenheit waren zahlreiche Stadtwerke als Multi-Utility-Anbieter tätig. Mittlerweile entscheidet sich auch eine wachsende Anzahl von privaten Unternehmen für diese strategische Option. Eingeleitet wurde diese Entwicklung durch eine verstärkte Marktöffnung in der Versorgungs- und Entsorgungswirtschaft. Den privaten Unternehmen erlauben diese Rahmenbedingungen, auch außerhalb ihres angestammten Versorgungsgebiets tätig zu werden und sich in neue Märkte einzukaufen. […] Für die Kunden kann die Abnahme von Versorgungs- und Entsorgungsleistungen aus einer Hand mit Transaktionskosteneinsparungen verbunden sein.« (BMWI 2001: 13)

Unternehmen sowie eine enorme Dynamik durch die Gründung, den Auf- und Verkauf von Tochterunternehmen, Fusionen, die Gründung neuer Geschäftsfelder und deren Preisgabe machen diesen Markt extrem schnelllebig und unübersichtlich.

Zudem spiegeln sich in den Geschäftsstrategien der Wasserkonzerne die Kontroversen über die Vor- und Nachteile einer Wasserprivatisierung wider. Anfang der 1990er Jahre wurden große Hoffnungen mit einer privatisierten Wasserversorgung verbunden, die auch von transnationalen Unternehmen geteilt wurden: Regionale und sektorale Expansion standen bei den multinationalen Wasserunternehmen hoch im Kurs und führten zu einem globalen Konkurrenzkampf um Märkte. Der jüngste Trend geht in die entgegengesetzte Richtung: Die weltweiten Proteste gegen private Wasserversorger, eine unzureichende Profitsicherung in Ländern mit schwachen Währungen und teilweise auch die Unzufriedenheit mit den Leistungen und/oder Preisen der privaten Anbieter haben seit 2000 zu einer Rücknahme geschlossener Verträge und allgemeiner Ernüchterung geführt. Ein spektakulärer Höhepunkt für diesen jüngsten Trend war neben der Auseinandersetzung im bolivianischen Cochabama, die zu einer Auflösung des Vertrags führte, insbesondere die Kündigung des Versorgungsvertrags für Buenos Aires mit dem SUEZ-Konzern im April 2006.[10] Weltweit sind in den letzten paar Jahren mit privaten Firmen geschlossene Verträge wieder gekündigt worden, unter anderem in Manila, Atlanta, Gambia, Mali, Tschad, Südafrika und Tansania (Hall/Lobina 2006: 9), und mit wenigen Ausnahmen versuchen die großen Unternehmen, die

10 SUEZ hatte mit seiner Tochterfirma Aguas de Barcelona 1993 für 30 Jahre die Wasserversorgung für Buenos Aires übernommen; Teil des Kontrakts war das Versprechen, die Preise zu senken und die Anschlussquote zu erhöhen. Bereits Ende 1999 beklagte der Bürgermeister von Buenos Aires, dass die Preise um 20 Prozent gestiegen seien, die versprochenen Anschlussquoten nicht erreicht und die Qualität des Trinkwassers schlecht sei (Kürschner-Pelkmann 2006). Eine erneute Preiserhöhung von 1999 wurde mit notwendigen Investitionen begründet, wogegen Kritiker einwenden, dass diese Investitionen nicht von dem Konzern, sondern von multilateralen Entwicklungsorganisationen finanziert wurden (ebd.). Die Wirtschaftskrise in Argentinien und vor allem die Abkopplung des argentinischen Peso vom US $ führte ab 2002 zu erheblichen Verlusten für SUEZ, die das Unternehmen durch erneute Zahlungsanpassungen kompensieren wollte, was die argentinischen Behörden verhinderten. Seither verklagt SUEZ die argentinische Regierung vor dem ICSID auf 1,7 Milliarden US $ Schadenersatz. Die Klage ist noch anhängig (Case No. ARB/03/19) (World Bank 2006).

aufgekauften Tochterfirmen wieder abzustoßen (Hall u. a. 2003: 3; Hall/Lobina 2006: 8).

In Anbetracht dieser Entwicklungen sind langfristige Aussagen kaum möglich und konkrete Zahlen schnell überholt. Vorsicht ist insbesondere gegenüber den mit größter Überzeugung vorgebrachten Prognosen geboten, die den Höhepunkt der Privatisierungswelle Ende der 1990er Jahre für den Beginn eines kontinuierlichen Anstiegs der privaten Wasserwirtschaft halten. Diesen aktuellen Unwägbarkeiten zum Trotz lassen sich die folgenden Aussagen über den privaten Wasserdienstleistungssektor treffen:

(1) Private Wasserdienstleistungen werden in unterschiedlichen Vertragsformen angeboten, die sich vor allem hinsichtlich der Dauer des Vertrags sowie der jeweiligen Verantwortungsteilung zwischen Öffentlichkeit und privatem Betreiber unterscheiden (Bennett u. a. 1999):

| | **Service-Vertrag** | **Management-Vertrag** | **Leasing** | **Konzession** | **BOT*** | **Verkauf** |
|---|---|---|---|---|---|---|
| **Anlagenbesitz** | Öffentlich | Öffentlich | Öffentlich | Öffentlich | Privat-Öffentlich | Privat |
| **Kapitalinvestitionen** | Öffentlich | Öffentlich | Öffentlich | Privat | Privat | Privat |
| **Kommerzielles Risiko** | Öffentlich | Öffentlich | geteilt | Privat | Privat | Privat |
| **Betreiber** | Öffentlich-Privat | Privat | Privat | Privat | Privat | Privat |
| **Vertragsdauer** | 1-2 Jahre | 3-5 Jahre | 8-15 Jahre | 25-30 Jahre | 20-30 Jahre | unbegrenzt |

*BOT(Built-operate-transfer)-Verträge sind eine Form der finanziellen Privatisierung für neue Infrastrukturen; der private Unternehmer trägt die Kosten der Herstellung und betreibt die Anlage; der öffentliche Auftraggeber verpflichtet sich, über einen bestimmten Zeitraum diese Dienstleistungen abzunehmen.

*Tabelle 3*: Schlüsselverantwortlichkeiten bei privaten Beteiligungen an Wasserdienstleistungen (Quelle: Budds/Mc Granahan 2003: 89; eigene Übersetzung).

(2) Insgesamt wird geschätzt, dass zwischen 1990 und 2002 die Anzahl der von privaten Unternehmen versorgten Menschen von 51 Millionen auf nur 300 Millionen angestiegen ist (Palaniappan u. a. 2004: 46), sich aber der Aktionsradius der sechs größten Unternehmen von 12 Ländern auf über 56 Länder erweitert hat (CPI 2003). Zumindest für die Länder mit niedrigem und mittlerem Einkommen lässt sich ein fortwährendes Wachstum nicht belegen: Private Investitionen in den Wasser- und Abwassersektor von Ländern mit niedrigem und mittlerem Einkommen erreichten einen Höhepunkt von 10,2 Milliarden US $ im Jahr 1999, wobei ein großer Teil der überdurchschnittlichen Investitionen von 1997 und 1999 auf die (inzwischen fast vollständig zurückgenommene) Privatisierung der Wasserversorgung in Manila und die erste Phase der Privatisierung in China zurückzuführen ist (Izaguirre/Hunt 2005: 2). Von 2000 (8,4 Milliarden US $) bis 2003 (1 Milliarde US $) waren die privaten Investitionen in diesen Regionen fortwährend rückläufig; einem kurzen Anstieg im Jahr 2004 (4,6 Milliarden US $) folgte ein neuer Fall 2005 auf 1,5 Milliarden US $ (World Bank 2007a). Die Geringfügigkeit dieser Investitionsbereitschaft wird deutlich, wenn man sie mit anderen Infrastrukturinvestitionen vergleicht: Im selben Jahr wurden 471 Milliarden US $ in die Telekommunikation, 298 Milliarden US $ in den Energiesektor und 142 Milliarden US $ in das Transportwesen dieser Ländergruppe privat investiert (World Bank 2007a)

Insgesamt sind seit 1991 etwa 50 Milliarden US $ investiert worden; hiervon flossen jedoch Investitionen in Höhe von 16,4 Milliarden US $ in Projekte, die entweder inzwischen gekündigt wurden oder sich in Gefahr einer Aufhebung befinden (World Bank 2007a).

(3) In einer kritischen Studie aus dem Jahr 2000 wurde befürchtet, dass die damals zehn größten Wasserunternehmen weltweit »einen großen Einfluss auf den globalen Wassermarkt« (Yaron 2000: 15) haben würden. Der aktuelle Stand zeigt, dass sich diese Unternehmen entgegen den Hoffnungen der Befürworter einer Privatisierung und entgegen den Befürchtungen ihrer Kritiker vor allem auf Europa und die USA konzentrieren:

| **Die zehn größten Wasserkonzerne 1999 (nach Yaron 2000: 14)** | **Unternehmensname heute** | **Anteile der Firmenprofite in Europa und den USA** |
|---|---|---|
| **Vivendi Universal** | Veolia Environnement | 90 Prozent Europa und USA |
| **SUEZ Lyonnaise des Eaux** | SUEZ Environnement | Konzentration auf Europa, Beendigung des Engagements in Lateinamerika 2006 |
| **Bouygues (SAUR)** | 2005 an die private Beteiligungsgesellschaft PAI verkauft; 2007 weiterverkauft an ein französisches Konsortium; firmiert teilweise noch unter dem Namen SAUR | 97 Prozent in Frankreich |
| **Enron (Azurix)** | Bankrott 2001 | – |
| **RWE** | RWE | Konzentration auf Europa, Kerngeschäft Gas und Elektrizität |
| **Thames Water** | 2000 von RWE aufgekauft, 2006 an Kemble Water Limited verkauft | Konzentration auf London, geringe Anteile in Wales und Schottland |
| **United Utilities** | United Utilities | Konzentration auf Großbritannien; keine nennenswerten internationalen Operationen |
| **Severn Trent** | Severn Trent | versorgt 3,7 Mio. Haushalte in Großbritannien |
| **Anglian** | Anglian | versorgt 6 Mio. Privat- und Industriekunden in Ostengland |
| **Kelda Group** | Kelda Group | versorgt 4,7 Mio. Haushalte und 140 000 Industrieunternehmen in Yorkshire |

*Tabelle 4*: Die zehn weltgrößten Wasserunternehmen 1999 und 2006 (Quelle: Annual Reports und Firmenwebsites; eigene Zusammenstellung).

Alle Unternehmensgruppen, die überhaupt jenseits der eigenen Landesgrenze nennenswerte internationale Operationen unterhalten (SUEZ, RWE und Veolia), haben in der jüngsten Zeit ihre Aktivitäten in dem Bereich reduziert bzw. auf Europa und die USA konzentriert:

– SUEZ Environnement hat zwischen 2004 und 2006 sein Personal von 72781 im Jahr 2004 auf 57446 im Jahr 2006 reduziert. Leicht gestiegen ist in dieser Zeit nur der Anteil der Mitarbeiter in der Europäischen Union, wo 2006 48364 Personen, mehr als 84 Prozent des gesamten Personals, beschäftigt waren (SUEZ 2006: 101). Ende 2006 hatte SUEZ sein Engagement in Lateinamerika vollständig beendet (ebd.: 59). Für die Jahre 2007 bis 2009 plante SUEZ Environnement ein Wachstum von 6 bis 10 Prozent und konzentrierte sich hierbei auf Europa: »Der Ehrgeiz der Gruppe richtet sich darauf, sich als integrierter Anbieter auf der ganzen Wertkette in den größeren europäischen Märkten zu positionieren und sich als Schlüsselakteur für komplexe Wasser- und Abfallmanagementsysteme und -technologien zu etablieren.« (SUEZ 2006: 34) Obwohl das Unternehmen die Notwendigkeiten der Wasserversorgung in Entwicklungsländern sieht, ist es der Ansicht, dass Public Private Partnerships ein langfristiges Wachstum vor allem in Europa haben, während ein Engagement in Entwicklungsländern mit Währungsrisiken und dem Risiko behaftet sind, dass die Konzessionsverträge nicht eingehalten werden (ebd.: 70).

– Veolia Environnement ist zurzeit der weltweit größte private Wasserdienstleister, der 108 Millionen Menschen und über 40000 Industriekunden mit Wasser versorgt (Veolia 2006: 54). Im Jahr 2006 steigerte der Konzern seine Nettoprofite um 11,9 Prozent (circa 3 Milliarden Euro) gegenüber dem Vorjahr; 35 Prozent davon entstammten dem Wassersektor. Auch Veolia hat den Hauptschwerpunkt seiner Aktivitäten in Europa, wo 80 Prozent aller Profite erzielt werden. Weitere 10 Prozent entstammen den Geschäften in den USA, allein das übrig bleibende Zehntel wird im Rest der Welt erwirtschaftet (Veolia 2006: 8f.). Auch Veolia hat im Vergleich zu früheren Jahren damit erstens den Anteil an Wasserdienstleistungen im eigenen Firmenprofil gesenkt, aus dem das Unternehmen 2002 noch 44,2 Prozent (knapp 10 Prozent mehr als 2006) seiner Profite bezog, und zweitens in diesen vier Jahren den europäischen Anteil an diesen Gewinnen um etwa 5 Prozent erhöht (Veolia 2002: 8).

– Die deutsche Unternehmensgruppe RWE hat in den Jahren

2000 bis 2003 durch den Aufkauf mehrerer Wasserunternehmen weltweit (u. a. die britische Thames Water, die für die Trinkwasserversorgung in London verantwortlich ist, die China Water Company, zwei chilenische Wasserfirmen, ein spanisches Unternehmen sowie die American Water Inc.) seinen Anspruch auf eine Weltmarktführerrolle auszubauen versucht. 2006 verkaufte das Unternehmen sowohl die spanischen Unternehmen als auch die Thames Water Holding wieder und zog sich zudem aus den Aktivitäten in Thailand zurück (RWE 2007: 48 ff.). 2007 wurden auch die amerikanischen Unternehmensanteile verkauft:

In der Zukunft werden wir uns mehr auf unsere Kernkompetenzen auf dem europäischen Elektrizitäts- und Gasmarkt konzentrieren. Wasser wird ein Teil unseres Geschäftsplans überall dort bleiben, wo wir bereits unseren kontinental-europäischen Kunden integrierte Elektrizitäs-, Gas- und Wasserdienste anbieten. (RWE 2006: 19)

(4) Die Konzentration der privaten Industrie auf die entwickelten Länder wird auch deutlich, wenn man die Beteiligungen privater Unternehmen auf Länderebene betrachtet. Private Unternehmen sind heute in der Hälfte aller Länder weltweit an Wasserdienstleistungen beteiligt. Allerdings ist dieser Teil regional sehr unterschiedlich:

| | **Insgesamt (Anzahl der Länder)** | **Stichprobe (Anzahl der Länder, für die Daten verfügbar sind)** | **Länder, in denen privates Kapital investiert wird (Prozent der Stichprobe)** |
|---|---|---|---|
| **Entwicklungsländer (alle)** | 155 | 127 | 35 % |
| **geringes Einkommen** | 65 | 55 | 18 % |
| **geringes bis mittleres Einkommen** | 52 | 40 | 50 % |
| **mittleres bis hohes Einkommen** | 38 | 32 | 47 % |
| **Entwickelte Länder (Hohes Einkommen)** | 52 | 20 | 80 % |
| **Summe** | 207 | 147 | 41 % |

*Tabelle 5*: Private Kapitalbeteiligungen bei Wasser- und Sanitärdienstleistungen nach Ländereinkommensgruppen (2004) (Quelle: Estache/Goicoechea 2004: 7).

Die Untersuchung zählt allerdings allein die Anzahl der Länder mit Beteiligungen privater Unternehmen – nicht die Höhe dieser Investitionen oder gar den tatsächlichen Marktanteil.[11] Dennoch bestätigt die Untersuchung, dass zurzeit Privatisierungen nicht den Ländern mit der größten Not dienen (von denen nur 18 Prozent private Investoren gewinnen konnten), sondern vor allem dort stattfinden, wo die Verwertungsaussichten sicher scheinen: in den Ländern mit hohem Einkommen, von denen 80 Prozent private Beteiligungen an Wasserdienstleistungen aufweisen.

(5) Anfang der 1990er Jahre wurden in Entwicklungsländern noch kaum private Beteiligungen an Wasserdienstleistungen verzeichnet (World Bank 2007a), und nur wenig anders sah es in entwickelten Ländern aus (So/Shin 1995). Angesichts dieser Ausgangslage ist die Beteiligung privater Firmen in der Hälfte aller Länder als enorme Veränderung einzuschätzen. Der grundsätzlichen Marktöffnung, die stattgefunden hat, entsprechen aber die bisherigen Investitionen nicht: Die mit der Liberalisierung verbundene Hoffnung auf zusätzliche privatwirtschaftliche Finanzierungshilfen hat sich bisher nicht in dem Maße erfüllt, wie sie von den Befürwortern einer Privatisierung erhofft worden war.

Der gegenwärtige Stand der Investitionstätigkeit legt nahe, dass die Strategie der Privatisierung als Lösung des Infrastrukturproblems der Entwicklungsländer vorerst gescheitert ist, weil die Investoren die hiermit verbundenen Risiken noch scheuen. Eine Änderung ist aber aus vielen Gründen denkbar: Seit mehreren Jahren wird eine öffentliche Absicherung des Währungsrisikos für private Unternehmen gefordert, die im Wassersektor investieren (Winpenny 2003). Gleichzeitig wird an der Verbesserung der Zahlungsmoral der Kunden gearbeitet (Catley-Carlson 2001: 9). Beide Bedingungen könnten die Bereitschaft der privaten Unternehmen erhöhen, sich wieder stärker zu engagieren. Die Commerzbank jedenfalls umwarb private Anleger in einer groß angelegten Werbe-

11 Der zweite Weltwasserbericht referiert daher diese Quelle falsch, indem er diese Angaben in Marktanteile übersetzt, die von den Autoren nicht erfasst wurden. Hier heißt es: »Die private Beteiligung am Wasser- und Abwassersektor beträgt in Entwicklungsländern durchschnittlich nur 35 Prozent, während sie in entwickelten Ländern einen Marktanteil von 80 Prozent hat – vor allem, weil es hier bereits eine hohe Abdeckungsrate gibt und ein für private Investitionen freundliches Klima herrscht.« (UNESCO 2006: 419) Die Weltbankstudie hat aber keine Marktanteile erfasst, sondern lediglich absolute Zahlen einer Beteiligung.

kampagne Anfang 2007 mit ungebrochenem Optimismus, in einen neu aufgelegten Wasserfonds zu investieren. Unter der sinnhaften Überschrift »Wasser verspricht sprudelnde Renditen« erklärt die Bank die Wasserkrise aus der Sicht der Finanzwelt:

[D]ie Nachfrage nach Wasser wird sich in den nächsten 30 Jahren verdreifachen. Dieser Umstand lässt auch Börsianer zunehmend hellhörig werden: Steigende Nachfrage bei knapper Verfügbarkeit ist bekanntlich die beste Voraussetzung für attraktive Unternehmensgewinne – die Wasserindustrie erwartet Auftragseingänge in Milliardenhöhe. (Commerzbank 2007: 5)

Die Bank scheut sich nicht, die Gewinnchancen plastisch darzustellen: Allein in den USA würden in den nächsten 20 Jahren 1000 Milliarden US $ benötigt, um die Wassernetze zu erneuern: »[W]er hier den Investitionsbedarf in die Wasserinfrastruktur sieht, kann sich ausmalen, wie es um die weniger entwickelten Länder steht. [...] Bei diesen Aussichten, die auf sprudelnde Renditen hoffen lassen, schlägt jedes Anlegerherz höher. [...] Wohl dem, der investiert!« (Ebd.: 5 f.)

### *3.2.2 Exkurs: Zur Privatisierung der Wasserbetriebe in Deutschland*

Insgesamt waren Mitte der 1990er Jahre in Deutschland 6655 Wasserversorgungsunternehmen und etwa 8000 Wasserentsorgungsunternehmen aktiv (Statistisches Bundesamt 1998), der überwiegende Teil hiervon, 85 Prozent, in kommunalem Besitz (BMWI 2001: 15). Die Enquete-Kommission »Globalisierung der Weltwirtschaft« schätzt die Trinkwasserversorgung in Deutschland so ein:

In Deutschland ist die jederzeit und allerorts gesicherte Versorgung der Bevölkerung mit hygienisch einwandfreiem Wasser traditionell eine Kernaufgabe der öffentlichen Daseinsvorsorge und damit der Kommunen. [...] In diesen Strukturen garantiert die deutsche Wasserwirtschaft seit Jahrzehnten eine flächendeckend hohe Versorgungssicherheit und eine hohe Trinkwasserqualität, die jedem internationalen Vergleich – auch im Hinblick auf das Preisniveau – standhält. (Deutscher Bundestag 2002: 374)

Trotz dieser guten Ergebnisse der öffentlichen Trinkwasserversorgung ist auch in Deutschland inzwischen der Trend zu einer Auslagerung der Aufgaben an Private zu verzeichnen.

Auslöser dieser Bewegung war eine Expertise der Weltbank von 1995, die anlässlich einer Studientour in Deutschland neben einem positiv vermerkten, qualitativ hochwertigen Versorgungsgrad eine Reihe negativer Eindrücke formulierte. Die Weltbankstudie kritisierte eine

> ungenügende Berücksichtigung der ökonomischen Effizienz und Kosten; eine fehlende Debatte der relativen Vorteile und Kosten hoher Umweltstandards; einen Mangel an Sorge um die Effekte der hohen Kosten auf die Verbraucher; eine Dominanz politischer Faktoren bei der Restrukturierung der Industrie in den neuen Bundesländern, die sich nachteilig auf Servicestandards und Kosten auswirkt, und in bezug auf einige Flußeinzugsgebiete eine Rückkehr von einer partizipatorischen zu einer technokratischen Governanceform. (Briscoe 1995: 4)

Die Weltbank schloss, dass die hohen Wasserpreise dem Wirtschaftswachstum in Deutschland abträglich seien. Das Bundeswirtschaftsministerium griff diese Kritik auf und gab eine Studie in Auftrag, um die Möglichkeiten der Liberalisierung und Privatisierung des Wassermarktes in Deutschland zu prüfen. Ergebnis dieser Studie war eine Reihe von Vorschlägen zur Förderung und Umsetzung einer verstärkten Wettbewerbsorientierung, zur Konzentration von Betrieben und zur Öffnung für private Unternehmen (BMWI 2001).[12] Die Studie sprach sich darüber hinaus für Durchleitungen als Voraussetzung einer Liberalisierung des Marktes aus, erntete hierfür aber massive Kritik (DVGW 2001; Kluge/Lux 2001; Umweltbundesamt 2000). Auch wenn diese Studien keinen unmittelbaren Einfluss auf die Privatisierung der Trinkwasserordnung hatten, so werfen ihnen Kritiker doch vor, eine Liberalisierungsde-

12 Die Experten schlugen vor: »Die Schaffung eines Ordnungsrahmens für die Wasserversorgung durch Unternehmen, die sich teilweise oder vollständig im privaten Eigentum befinden und sich dem Zugriff der Städte und Gemeinden entziehen, durch den Bundesgesetzgeber (›Angebotsgesetzgebung‹). [...] Der Übergang zu einer wettbewerbsorientierten Preisobergrenzenregulierung (yardstick competition). [...] Unter Umständen eine Lockerung des kommunalwirtschaftlichen Örtlichkeitsprinzips [...]. Die Erschließung größenbedingter Kostenvorteile in der Trinkwasserversorgung durch Kooperation mit anderen Gebietskörperschaften und die Gründung von Zweckverbänden bzw. Wasser- und Bodenverbänden. Die Aufhebung der steuerlichen und rechtlichen Ungleichbehandlung von Wasserversorgung und Abwasserentsorgung. [...] Der verstärkte Einsatz von Benchmarking.« (BMWI 2001: 5 f.)

batte initiiert und »den ideologischen Boden für das Eindringen des Privatkapitals in die bislang kommunalen Wasser- und Abwasserbetriebe« (Geiler 2003: 20) bereitet zu haben.

Auf der Seite der materiellen Gründe für eine verstärkte Privatisierungsbewegung in den 1990er Jahren stand die Finanznot der Kommunen. Gerade im Osten, hierauf hatte auch die Studie des BMWI hingewiesen, standen erhebliche Rekonstruktionsaufgaben der Versorgungsnetze an, aber auch im Westen wurden die Wasserwerke verstärkt in haushaltspolitische Kalküle einbezogen. Bei knappen Kassen lohnt sich der Verbleib der Stadt- und Wasserwerke für die Kommune nur dann, »wenn die kommunalen Werke mehr Gewinn abwerfen als die eingesparten Zinsen betragen, die man durch den Verkauf der Stadtwerke und den damit erzielten Schuldenabbau erzielen würde« (ebd.: 21). Unabhängig von Verkauf oder Verbleib der Wasserwerke wurde damit insgesamt der Druck auf die Wasserwerke erhöht, profitabel zu wirtschaften.

2004 gab es in der Bundesrepublik noch 5043 Wasserversorgungsunternehmen (Statistisches Bundesamt 2006). Von den 940 Mitgliedsfirmen des Verbandes Kommunaler Unternehmen, zumeist Stadtwerke, hatten in dem Jahr bereits die Hälfte private Beteiligungen (Scholz 2004). Einen Eindruck des Privatisierungsprozesses vermitteln zudem sowohl die Auskünfte der größten privaten Wasserdienstleister als auch die Betriebsstrukturen der Wasserversorger in den zehn größten Städten:

– Veolia (ehemals Vivendi) versorgt nach eigenen Angaben 4,5 Millionen Kunden in 450 Kommunen in Deutschland;

– Eurawasser (SUEZ) versorgt 0,7 Millionen Menschen und ist verantwortlich oder beteiligt an der Wasserversorgung von Cottbus, Rostock, Schwerin, Goslar, Leuna und im Saale-Unstrut-Gebiet;

– Thüga (E.ON) ist der größte Aufkäufer von Beteiligungen in Deutschland; 2007 war die Thüga an mehr als 100 Stadtwerken finanziell beteiligt, unter anderem in Hannover, Freiburg, Dresden, Wetzlar, Sylt, Fulda, Frankfurt am Main, Duisburg und der Wasserversorgung Rheinhessen.

– Die RWE Rhein-Ruhr AG war zum selben Zeitpunkt beteiligt an den Versorgern in Essen, Köln, Mönchengladbach, Berlin (im Verbund mit Veolia), Duisburg, Essen und Mülheim.[13]

13 Diese Informationen sind eine eigene Zusammenstellung auf der Grundlage von Geschäftsberichten, Informationen von Stadtwerken und Firmenwebsites.

Von den zehn größten deutschen Städten waren 2004 nur noch Hamburg und München im alleinigen Besitz ihrer Stadtwerke. Der Verkauf der Hamburger Wasserwerke ist zwar seit Jahren im Gespräch, konkrete Verkaufsabsichten werden aber regelmäßig dementiert. Zusätzlich zu Hamburg und München gibt es auch in Dortmund keine private Beteiligungen an der Wasserversorgung: Die Wasserwerke Westfalen, die Dortmund versorgen, gehören zu je 50 Prozent den Städten Dortmund und Bochum. In den verbleibenden sieben Städten liegen die Konzernanteile zwischen 20 Prozent (Köln) und 74,95 Prozent (Düsseldorf). Nur Stuttgart hat keine Beteiligung mehr an der eigenen Wasserversorgung.

| Stadt | Einwohner | Wasserversorger | städt. Anteil | Anteil privater Konzerne |
|---|---|---|---|---|
| **Berlin** | ca. 3,4 Mio. | Berlinwasser AG | 51,1 % | RWE Aqua und Veolia Wasser: 49,9 % |
| **Hamburg** | ca. 1,6 Mio. | Hamburger Wasserwerke (HWW) | 100 % | - |
| **München** | ca. 1,2 Mio. | SWM | 100 % | - |
| **Köln** | 953551 | Rheinenergie | 80 % | RWE Gruppe: 20 % |
| **Frankfurt am Main** | 644865 | Mainova | 75,2 % | Thüga: 24,4 % |
| **Stuttgart** | 579988 | EnBW Energie Baden-Württemberg AG | 0 % | Electricité de France: 45,1 % |
| **Dortmund** | 599055 | Wasserwerke Westfalen | 50 % | - |
| **Essen** | 626973 | Stadtwerke Essen AG | 51 % | Thüga: 20 %<br>RWE: 29 % |
| **Düsseldorf** | 575794 | Stadtwerke Düsseldorf | 25,05 % | EnBW: 54,95 % GEW Köln AG: 20 % |
| **Bremen** | 551219 | Stadtwerke Bremen (swb) | 49 % | Essent AG: 51 % |
| Anmerkung: Die Anteile der Stadt sowie die Anteile privater Konzerne summieren sich nicht notwendig zu 100 Prozent, da an manchen Betreibern andere Kommunen beteiligt sind. | | | | |

*Tabelle 6*: Anteil privater Beteiligungen an der Wasserversorgung der zehn größten deutschen Städte (Quelle: Geschäftsberichte, Informationen Stadtwerke, Firmenwebsites, eigene Zusammenstellung. Stand: 2009).

Neben Privatisierungen gab es allerdings auch einige Rekommunalisierungen bwz. diesbezügliche Versuche: 1997 verkaufte die Stadt Potsdam 49 Prozent der Anteile an ihren Stadtwerken an die SUEZ-Tochter Eurawasser. Angesichts einer Verdopplung des Wasserpreises im Laufe der folgenden beiden Jahre sah die Stadt sich im Jahr 2000 zu einem Rückkauf der Aktien veranlasst; neben der Rückkaufsumme von 2,5 Millionen Euro soll eine Abfindung in unbekannter Höhe gezahlt worden sein.

Eine andere Form der Rekommunalisierung stellte der Kauf der Gelsenwasser AG durch die Stadtwerke Dortmund und Bochum im Jahr 2003 dar. Für 835 Millionen Euro übernahmen die Stadtwerke von der Firma E.ON 80,5 Prozent der Aktien. Der Aufkauf wurde sehr unterschiedlich aufgenommen; der wirtschaftspolitische Sprecher der FDP im nordrhein-westfälischen Landtag bezeichnete den Kauf als »ordnungspolitischen Sündenfall«, der damalige CDU-Landesvorsitzende Jürgen Rüttgers hielt es für ein »falsches Signal, wenn ein gut florierendes Unternehmen jetzt mit Zustimmung der Landesregierung verstaatlicht werden soll« (wdr 2003). Die Bilanz des Unternehmens lässt sich allerdings sehen: Die Gelsenwasser AG ist heute ein international tätiger Wasserdienstleister, der für rund 6,8 Millionen Einwohner und zahlreiche Industriekunden die Wasser-, Abwasser- und Energieversorgung leistet (Gelsenwasser 2006: 1), und erwirtschaftete 2005 ein Jahresergebnis vor Gewinnabführung von 83,6 Millionen Euro (Stadt Dortmund 2006: 107).

Andere Städte folgen: Stuttgarter Bürger fordern seit 2002 einen Rückkauf der Wasserwerke, dessen Realisierungschancen die Stadt inzwischen prüft. Im Oktober 2009 begann auch Dresden mit dem Rückkauf der Stadtwerke. Die LBD Beratungsgesellschaft glaubt förmlich einen Trend der Rekommunalisierung ausmachen zu können und sieht hier sinnigerweise als Vorteil für die Kommunen, dass diese am wirtschaftlichen Erfolg partizipieren könnten, die Daseinsvorsorge in kommunaler Hand verbleibe und der kommunale Einfluss sichergestellt wäre (LBD Beratungsgesellschaft 2008).

### *3.2.3 Der Flaschenwassermarkt*

Der Flaschenwassermarkt[14] hat sich in den letzten zehn Jahren bei jährlichen Wachstumsraten von circa 10 Prozent mehr als verdoppelt und zählt damit zu den dynamischsten Branchen überhaupt. 1996 wurden weltweit 72 Milliarden Liter abgefüllten Wassers konsumiert, 2004 waren es bereits 154 Milliarden Liter (Gleick 2004b: 18; Arnold/Larsen 2006). Neben dem klassischen Flaschenwasser stellt insbesondere das sogenannte *Home-and-Office-Delivery* (HOD) einen um jährlich 8 Prozent wachsenden Markt dar, in dem Wasser in größeren Wasserbehältern bespielsweise an Geschäfte geliefert wird (Brugger 2003: 26). Die Firma Nestlé, einer der größten Anbieter auf diesem Markt, schätzt, dass es sich hierbei um »eine der größten Anteile auf dem Markt, der ungefähr ein Viertel der Verkäufe ausmacht« (Nestlé 2007), handelt.

Der größte Teil abgefüllten Wassers wird (noch) in Europa und Nordamerika gekauft, wo 2004 mehr als 60 Prozent der angebotenen Wassermenge konsumiert wurde (Beverage Marketing Corporation 2006). Doch ist der Anteil insbesondere in Schwellenländern steigend: Zwischen 1999 und 2004 stieg in Indien der Konsum um 300 Prozent, in China, Indonesien und Brasilien um das Doppelte (IBWA 2006).

Diese Wachstumsraten manifestieren sich in einer Teilung des Flaschenwassermarktes in zwei grundlegende Segmente, die sich

14 Flaschenwasser wird mit unterschiedlichen Qualitäten angeboten. Nach der Verordnung für Mineral- und Tafelwasser wird folgendermaßen unterschieden: Mineralwasser ist ein Grundwasser, das im Gegensatz zu Leitungswasser bestimmte zusätzliche Mineralstoffe enthält. Es entstammt »unterirdischen, vor Verunreinigungen geschützten Wasservorkommen und wird aus einer oder mehreren natürlichen oder künstlich erschlossenen Quellen gewonnen« (Min/TafelWW § 2). Natürliches Mineralwasser heißt ein Wasser dann, wenn diese Mineralien natürlichen Ursprungs und nicht extra zugesetzt sind. Stilles Mineralwasser unterscheidet sich von anderem Mineralwasser nur durch den Kohlensäuregehalt. Die Gewinnung von Mineralwasser erfolgt aus amtlich anerkannten Quellen. Tafelwasser ist in der Regel Trinkwasser, dessen Qualität durch Beigabe von Meerwasser, natürlich salzhaltigem Wasser und Natriumchlorid verändert werden darf (Min/TafelWW § 11, (1)). Quellwasser darf nur direkt an der Quelle abgefüllt werden; erlaubt sind die Hinzufügung von Kohlendioxid und der Entzug von Kohlensäure, Eisen und Schwefel. Die Bestimmungen für Heilwasser sind im Arzneimittelgesetz festgesetzt. Anders als Mineral-, Quell- und Tafelwasser unterliegt es permanenten Kontrollen.

auch in unterschiedlichen Vermarktungsstrategien niederschlagen. In Ländern wie Deutschland, dessen Leitungswasser eine hervorragende Trinkwasserqualität hat, ist Flaschenwasser ein Luxuskonsumgut, dessen Qualität im Vergleich zum Leitungswasser aufgrund geringerer Kontrollen eher schlechter denn besser ist, für das aber aufwändig und mit vollmundigen Gesundheitsversprechen geworben wird. In Ländern ohne ausreichende Trinkwasserversorgung ist Wasser in Flaschen eine Lebensnotwendigkeit, die mit dem Argument der reinen Existenzerhaltung gerechtfertigt wird. Gemeinsam ist beiden Märkten, dass das Trinkwasser zu Preisen angeboten wird, der den von Leitungswasser bis um das 10 000-Fache übersteigen kann (Arnold/Larsen 2006).[15]

Der Weltentwicklungsbericht von 2006 kontrastiert die Entwicklungen scharf:

> Die 25 Milliarden Liter Mineralwasser, die jährlich von US-Haushalten konsumiert werden, übersteigen den Gesamtverbrauch der 2,7 Millionen Menschen in Senegal, die keinen Zugang zu sauberem Trinkwasser haben. Deutsche und Italiener zusammen konsumieren genügend Mineralwasser, um den Haushaltsbedarf von 3 Millionen Menschen in Burkina Faso zu decken. Während ein Teil der Welt einen Designer-Flaschenwassermarkt unterhält, der keinerlei greifbare gesundheitliche Vorteile bringt, leidet ein anderer Teil der Welt unter erheblichen Gesundheitsrisiken, weil hier die Menschen das Wasser aus Seen und Flüssen trinken, das sie mit den Tieren teilen und das mit schädlichen Bakterien infiziert ist. (UNDP 2006: 35)

Die Zukunft des boomenden Flaschenwassermarktes in unterversorgten Gebieten hängt eng mit der Qualität und Quantität des angebotenen Leitungswassers zusammen: Sollten die Reformbemühungen um die leitungsgebundene Trinkwasserversorgung zu den gewünschten Erfolgen führen, wird dies zu ökonomischen Verlusten der privaten Akteure im Flaschenwassermarkt überall

15 In Deutschland, dessen Wasserpreise im internationalen Vergleich eher hoch sind, liegt der durchschnittliche Leitungswasserpreis bei 1,72 € für 1000 Liter. Zu diesem Preis können je nach Anbieter zwischen ein und maximal 10 Liter Flaschenwasser gekauft werden. Das übliche Mineralwasser entspricht dabei in der Qualität durchaus dem Leitungswasser und wird nicht selten sogar aus derselben Quelle bezogen. So füllte die Firma Coca-Cola ihr Flaschenwasser »Dasani« in England aus dem normalen Leitungswasser der Stadt Sidcup bei London ab (attac 2004; Riecke 2007).

dort führen, wo Flaschenwasser kein Luxus, sondern bislang noch Lebensnotwendigkeit ist. Umgekehrt zeigt der anhaltende Boom der Flaschenwasserindustrie die unzureichenden Erfolge bei der Versorgung mit Leitungswasser ausreichender Qualität an.

Marktführer sind heute vier große Unternehmen: Nestlé, die Danone-Gruppe, The Coca-Cola Company und PepsiCo (Beverage Marketing Corporation 2006).

Die Schweizer Firma Nestlé ist mit 19 Prozent einer der beiden Weltmarktführer beim Verkauf von Flaschenwasser. Der hiermit betraute Konzernteil Nestlé Water, zu der auch die Qualitätswässer Perrier, Vittel und San Pelegrino gehören, produziert an 105 Standorten in 37 Ländern 72 verschiedene Wassermarken (Nestlé 2007). Unter dem Namen »Pure Life« bietet Nestlé seit 1998 ein Produkt an, das insbesondere den Dritte-Welt-Markt erschließen soll: Diesem Wasser werden alle natürlichen Mineralstoffe entzogen, anschließend wird es mit einer bestimmten Menge an Zusatzstoffen wieder angereichert. Durch diesen Prozess soll Pure Life auf der ganzen Welt den gleichen Geschmack haben; Pure Life wird heute in 21 Ländern angeboten und steht unter allen Wässern weltweit auf dem zweiten Platz der Verkaufsliste (Nestlé 2007).

– Die in Paris ansässige Danone-Gruppe, die u.a. die Marken Evian und Volvic vertreibt,[16] sieht sich im Flaschenwasserverkauf gleichauf mit Nestlé. Asien wird von der Firma heute als Schlüsselmarkt für Getränke betrachtet, die hier 48 Prozent (1,6 Milliarden €) aller Profite in diesem Konzernbereich erwirtschaftet. Danone ist Marktführer in China, Indonesien und Japan, und verkauft hier dreimal mehr als der nächste Rivale (Danone 2005: 40).

– Eine neuere Konkurrenz für Nestlé und Danone stellen in jüngerer Zeit auch The Coca-Cola Company und PepsiCo Inc. dar. Die Coca-Cola Company verkauft nach eigenen Angaben 10 Prozent aller nichtalkoholischen Getränke weltweit (Coca-Cola Company 2007: 10) und ist mit mindestens 16 eigenen Markennamen (in Europa: Mt. Kinley, Dasani, Bonaqua, Apollinaris) im Wassergeschäft vertreten.

– Sein amerikanischer Hauptkonkurrent, PepsiCo, ist nach Nestlé der zweitgrößte Hersteller von Getränken und Lebensmit-

16 Die Danone-Gruppe kooperiert mit Coca-Cola; die Coca-Cola Company ist der einzige Vertreiber von Evian in den USA; umgekehrt nutzt die Danone-Gruppe die Vertriebslogistik von Coca-Cola in Asien (Coca-Cola Company 2007: 4).

teln weltweit, setzt allein in den USA mehr als doppelt so viel um wie die Coca-Cola Company (PepsiCo 2007: 9 f.) und liegt insbesondere bei Wassergetränken mit 45 Prozent Marktanteil gegenüber 5 Prozent von Coca-Cola in den USA weit vorne (Riecke 2007). Für das 1994 eingeführte Flaschenwasser »Aquafina« und das mit Geschmacksstoffen versetzte Wasser »Gatorade« konnten in den Jahren 2005 und 2006 jeweils zweistellige Zuwachsraten verzeichnet werden; beide Produkte rangieren heute unter den zehn erfolgreichsten Produkten des Konzerns (ebd.: 13 und 49). Die Coca-Cola Company versucht inzwischen verstärkt, Marktanteile gegenüber PepsiCo aufzuholen, und kaufte im Mai 2007 für 4,1 Milliarden US $ das New Yorker Unternehmen Energy Brands (Glacéau), um in dem boomenden Markt sogenannter »energy drinks« und der Wassergetränke an Boden zu gewinnen. Nach Einschätzung der Beverage Marketing Corporation stellen die beiden amerikanischen Firmen zwar keine unmittelbare Bedrohung für die Marktführerrolle von Nestlé und Danone in Westeuropa dar, müssen aber als ernsthafte Gefahr in den weniger entwickelten Ländern betrachtet werden, vor allem in Asien, Osteuropa und Lateinamerika (Beverage Marketing Corporation 2006).

Alle Marktprognosen stimmen darin überein, dass der Kampf um die Märkte von Entwicklungs- und Schwellenländern ein entscheidender Faktor für den wirtschaftlichen Erfolg der Unternehmen ist. Die Danone-Gruppe hat hierauf bereits mit einem Teilrückzug aus dem amerikanischen Markt zugunsten eines Ausbaus in anderen Regionen reagiert, die Firma Coca-Cola hält eine Expansion in Osteuropa, Asien und Lateinamerika für strategisch entscheidend (Coca-Cola Company 2007: 8).

Welche Expansionsmöglichkeiten für den Flaschenwassermarkt grundsätzlich existieren, macht ein Vergleich des Pro-Kopf-Konsums in ausgewählten Ländern deutlich: Weltweit führend im Pro-Kopf-Verbrauch ist Italien, wo der Konsum an Flaschenwasser 2004 bei 183,6 Litern lag; der durchschnittliche Weltverbrauch lag zum selben Zeitpunkt bei 24,2 Litern (Arnold/Larsen 2006). Die Gewinnerwartungen der Unternehmen sind entsprechend enorm.

Neben der Expansion in Länder, in denen bisher nur ein geringer Konsum an Flaschenwasser zu verzeichnen ist, werden weitere Marktentwicklungen im zunehmenden Konsum von stillem Wasser gesehen, der etwa in Deutschland von 2005 bis 2006 um überdurchschnittliche 17 Prozent anstieg (WafG 2007). Zudem setzen die Unternehmen auf eine prognostizierte Verdopplung geschmacksverstärkter Wasserprodukte, die im Moment nur etwa 3 Prozent aller Wassergetränke ausmachen (Beverage Marketing Corporation 2005).

Dem expandierenden Flaschenwassermarkt wird mit zahlreichen Kritiken begegnet (vgl. zusammenfassend: Brugger 2003: 26 ff.):

– Im Gegensatz zu Leitungswasser verbraucht Flaschenwasser enorme Transportenergien. Fast ein Viertel aller Wasserflaschen wird auf Schiffen, Zügen und Lastwagern exportiert, bevor es seinen Konsumenten erreicht, oftmals über mehrere tausend Kilometer (Arnold/Larsen 2006).

– Flaschenwasser, das zunehmend in PET-Flaschen angeboten wird, trägt zur Umweltverschmutzung bei. Das Worldwatch Institute kritisiert, dass Millionen von Tonnen an Plastik jährlich für Wasserflaschen gebraucht werden, von denen die meisten nicht recycelt werden. Für die USA sei der Trend zum Recycling sogar dramatisch fallend, so dass jährlich 2 Millionen Tonnen an PET-Flaschen einfach auf Mülldeponien landen (Worldwatch 2007).

– Das Earth Policy Institute schätzt, dass allein für den größten Verbrauchermarkt in den USA jährlich 1,5 Millionen Barrel Öl verbraucht werden, genug, um 100 000 Autos für ein Jahr mit Sprit zu versorgen (Paulsen 2007). Die Energiebilanz von Flaschenwasser (Herstellung der Flaschen, Abfüllung, Transport, Entsorgung) beschreibt Peter Gleick mit einem simplen Bild: »Es ist so, als würde man jede Flasche zu einem Viertel mit Öl füllen.« (Ebd., vgl. auch Algalita Marine Research Foundation 2006)

– Der Preis von Flaschenwasser, der erheblich über dem von Leitungswasser liegt, macht das in Entwicklungsländern angebotene Wasser für die Ärmsten unbezahlbar (Worldwatch 2007; Ekenna 2002). Zudem sind die Kontrollen gering, so dass die Wasserqualität nicht garantiert wird.

– Flaschenwasser steht in Konkurrenz zu funktionierenden Trinkwasserleitungen. Einige Kritiker vermuten daher, dass ein Ausbau des Flaschenwasserangebots zur weiteren Vernachlässigung der Leitungssysteme einlädt. »Andere Szenarien rechnen damit, dass die Qualitätsstandards der öffentlichen Wasserversorgung gesenkt werden und das Wasser zum Kochen und Trinken künftig aus der Flasche kommt.« (Brugger 2003: 26 f.)

– Ein weiteres Problem stellt die Grundwasserabsenkung im Bereich der Abfüllanlagen dar. Hier entsteht eine Konkurrenz zwischen Nutzergruppen, bei der in der Regel die lokalen Bewohner und die lokale Landwirtschaft ins Hintertreffen geraten (Gleick 2004b: 41; vgl. die Gegendarstellung bei IBWA 2004). Flaschenwasser und die Kritik an der Privatisierung der Trinkwasserressourcen stehen daher in einem engen Zusammenhang.

### *3.2.4 Privatisierung von Wasserressourcen*

Jedem privaten Verkauf von Wasser muss ein privater Zugriff auf Wasser als natürliche Ressource vorausgehen. Diese scheinbar triviale Feststellung birgt in der Praxis enorme Probleme und bietet Zündstoff für zahlreiche, auch gerichtlich ausgetragene Konflikte.

Wasser kann als natürliche Ressource wie Luft und Sonnenlicht als reines öffentliches Gut verstanden werden, das dadurch definiert ist, dass niemand von seinem Gebrauch ausgeschlossen werden kann und dieser Gebrauch nicht rivalisierend im Konsum ist. Diese Definition erscheint überall dort zutreffend, wo Wasser in großen Mengen vorhanden ist und sich an der Erdoberfläche befindet.

Ein anderer Eindruck entsteht, wenn Wasser verborgen und/oder knapp ist. In dem Fall kann man sehr wohl Nutzer vom Konsum ausschließen, der dann, wenn er stattfindet, potenziell auch rivalisierend ist. Das einem Grundwasserreservoir entzogene Wasser wird nur sehr langsam wieder aufgefüllt, und wenn große Mengen entzogen werden, stehen sie anderen Nutzern nicht zur Verfügung. Definitorisch wird Wasser unter solchen Umständen entweder zu einem unreinen öffentlichen Gut oder aber auch zu einem privaten.

Die Zuordnung von Wasser zur Theorie öffentlicher und privater Güter ist somit nicht nur unscharf, sie lässt auch keine unzweifelhafte Begründung von Wassernutzungsrechten zu. Denn die Einordnung in die Gütertheorie wird deskriptiv gewonnen, sie ist nicht normativ (etwa in dem Sinne, dass niemand vom Konsum ausgeschlossen werden darf). Zudem beinhaltet sie keine Vorentscheidung über die Bewirtschaftungsform: Auch ein privates Gut kann öffentlichen Kontrollen unterstellt werden, und ein öffentliches Gut wird immer dann privat genutzt oder auch bewirtschaftet werden, wenn Menschen dieses Gut für ihre wirtschaftlichen Aktivitäten nutzen.

Auch wenn dieser definitorische Zugriff somit nur begrenzt aussagekräftig ist, entfaltet die Unterscheidung zwischen öffentlichen und privaten Gütern doch eine enorme Suggestivität. Für die politische Rhetorik für und wider die Privatisierung von Wasserressourcen ist daher die Definition von Wasser als öffentliches Gut ebenso wesentlich wie die Einordnung von Wasser als Ware und Produkt.

Auch hier ist die Lage unentschieden: Eine Ware ist dadurch definiert, dass sie für den Markt hergestellt wird. Insofern Wasser eine natürlich vorkommende Ressource ist, wird es nicht hergestellt; dennoch wird es auf dem Markt gehandelt. Wasser, das einem See entnommen wird, ist auch kein Produkt: Es wird nicht hergestellt. Wird es aber behandelt, gefiltert, verändert, in Flaschen abgefüllt, wird es auch zum Produkt.

Schließlich ist die Frage der Gleichbehandlung von Wassernutzern ein Abwägungsproblem: Bei der traditionellen Nutzung von Oberflächen- und Grundwasser in der Landwirtschaft und der Industrie findet eine private Aneignung von Wasserressourcen statt, die *auch* im Allgemeininteresse liegt. Die Kritik an der Privatisierung von Wasserressourcen kann sich aus diesem Grund nicht gegen alle Formen der privaten Aneignung und Nutzung richten; sie bleibt situationsabhängig. Die in der politischen Auseinandersetzung übliche und taktisch naheliegende Fundamentalopposition gegen die Privatisierung der Wasserressourcen ist folglich weder rechtlich umsetzbar noch politisch wünschenswert.

Alle diese Fragen können unthematisiert bleiben, solange Wasser in ausreichendem Maße vorhanden ist. Knappheit aber ändert die Szenerie. Für die Auseinandersetzungen um die Privatisierung von Wasserressourcen spielt dieser Vorgang des Knappwerdens entsprechend eine außerordentliche Rolle, weil er gesetzliche Lücken aufzeigt und die legitime Nutzung von Wasser zu einem Streitpunkt werden lässt.

Der Terminus »Privatisierung der Wasserressourcen« ist aus all diesen Gründen vor allem ein Begriff der Widerstandsbewegung(en), der zur Kritik konkreter Projekte benutzt und auf verschiedene Vorgänge bezogen wird. Angestoßen wurde diese Diskussion durch die Definition von Wasser als ökonomisches Gut, »das in wachsendem Maße den Regeln und der Macht von Märkten, Preisen, multinationalen Unternehmen und internationalen Handelsregimen unterworfen ist« (Palaniappan et al. 2004: 45). Kritiken hieran beziehen sich folglich auf »verschiedene ökonomische Ansätze, die auf verschiedene Weise an unterschiedlichen Orten praktiziert werden« (ebd.). Der Natur nach bleibt eine solche Liste von Privatisierungsvorgängen exemplarisch, wenn auch die Kritik global geäußert wird.[17] Eine statistische Erfassung privatisierter Wasserressourcen ist aus demselben Grund nicht möglich. Die folgenden Beispiele geben jedoch einen Eindruck des Spektrums der unter dem Begriff der »Privatisierung von Wasserressourcen« thematisierten Konflikte, die sich (1) auf den Export großer Mengen von Wasser (*bulk water*), (2) die Überausbeutung durch kommerzielle Unternehmen, (3) den Verkauf von Land- oder Wasserflächen, die für die Allgemeinheit relevant sind, (4) die Privatisierung von Extraktionsrechten und (5) im weiteren Sinne auf eine Umgestaltung der ökologischen Umwelt im Dienste wirtschaftlicher Interessen beziehen.

(1) Seit drei Jahrzehnten ist die Frage umstritten, ob kanadisches *bulk water* exportiert werden darf oder gar im Rahmen von Freihandelsabkommen exportiert werden muss. Kanada ist im Besitz der größten Frischwasserressourcen weltweit. Dieser Überfluss hat zu der Forderung veranlasst, Wasser in wasserarme Regionen zu transportieren, vor allem in den Südwesten der USA. Obwohl die kanadische Regierung bereits 1987 großen Wasserexporten eine Absage erteilt hat, sind die öffentlichen Bedenken nicht zerstreut worden, sondern im Zuge der Vereinbarungen über das US-amerikanisch-kanadische Freihandelsabkommen (FTA) und das Nordamerikanische Freihandelsabkommen (NAFTA) noch verstärkt worden.

Die Konflikte dauern an, ob Oberflächen- und Grundwasser in ihrem natürlichen Zustand (z. B. in Seen und Flüssen) Gegenstand der NAFTA-Verpflichtungen sind. Manche behaupten, das sei so. Gleichzeitig haben aber

17 »Jedoch gibt es inzwischen Hinweise, dass es durchaus auch um eine Privatisierung von Wasser selbst geht. Internationale und nationale Konzerne sichern sich strategisch wichtige Ressourcen. Grundwasser, Seen, Flüsse und Quellen sollen zunehmend für den Verkauf von Flaschenwasser oder den Wasserexport in großem Maßstab genutzt und über weite Strecken transportiert werden. Darüber hinaus gibt es viele Fälle, in denen durch Bergbau oder große Infrastrukturprojekte sauberes Wasser den bisherigen NutzerInnen entzogen oder so verschmutzt wird, dass es nicht mehr als Lebensmittel taugt. In den letzten Jahren taucht der Begriff ›Wasserraub‹ deshalb verstärkt auf.« (Zimmerle 2005: 4)

die Regierungen Kanadas und der Vereinigten Staaten bekräftigt, dass die NAFTA-Regeln für Wasser im natürlichen Zustand nicht gelten. (Johansen 2002)

Bereits 1988 bereitete die kanadische Regierung ein Gesetz (Bill C-156) vor, das den Export von *bulk water* verhindert hätte. Bevor das Gesetz jedoch die Legislative durchlaufen konnte, wurde das Parlament im Zuge der anstehenden Neuwahlen aufgelöst. Seither ist die Frage, ob Wasser unter die Regulierungen von Freihandelsabkommen – nicht nur der FTA und der NAFTA, sondern auch der Welthandelsorganisation (World Trade Organization, WTO), insbesondere des Freihandelsabkommen (General Agreement on Trade and Tariffs, GATT) – fällt, immer wieder und bisher nicht abschließend diskutiert worden.

In einer Expertise unterschied das Kanadische Außen- und Handelsministerium (Department of Foreign Affairs and International Trade, DFAIT) 2001 zwischen drei unterschiedlichen Problematiken: Ob das Freihandelsabkommen auf Wasser überhaupt zutreffe, ob der erstmalige Export von Wasser einen Präzedenzfall schaffe, der Kanada oder eine der Provinzen generell verpflichte, Wasser auszuführen, und welche Verbindung zwischen der Entnahme von *bulk water* und dem Kapitel 11 der NAFTA, das den Schutz und die Gleichbehandlung ausländischer Investoren regelt, bestehe (DFAIT 2001). Die Studie kommt zu dem Schluss, dass in keiner dieser Hinsichten ein Exportverbot eine Verletzung der Abkommen darstellen würde.[18]

Doch weder diese Studie noch wiederholte Bekundungen der kanadischen Regierung, große Wasserexporte nicht zu erlauben,

18 »In Bezug auf den Warenhandel beschränken das NAFTA und die WTO weder die Möglichkeit von Regierungen, die Entnahme von Wasser in seinem natürlichen Zustand zu regulieren, noch verpflichten sie Kanada oder die Provinzen, eine grenzenlose Entnahme großer Wassermengen, auch nicht für den Export, zu erlauben. Weil die vorgeschlagene Vereinbarung sich auf Wasser in seinem natürlichen Zustand bezieht, ist es den Bestimmungen dieser Übereinkünfte, sofern sie sich auf den Warenhandel beziehen, nicht unterworfen. Außerdem gilt, dass solange die Regulierungen, die sich auf die Entnahme von Wasser in seinem natürlichen Zustand beziehen, keinen NAFTA-Investor oder Investitionen von Investoren, die ansonsten gleich sind, auf der Basis der Nationalität benachteiligen, solche Regulierungen auch in Übereinstimmung mit der Verpflichtung gleicher Behandlung verschiedener Nationen nach Kapitel 11 des NAFTA sind.« (DFAIT 2001)

haben die Sorge um die Wasserressourcen tatsächlich beseitigen können. Ein Grund für die Skepsis liegt darin, dass parallel zu den Bekundungen eines Wasserexportverbots in den 1980er Jahren die Vision des Great Recycling and Northern Development (GRAND) Canal Project neu entdeckt wurde und auch Anhänger unter kanadischen Regierungsangehörigen fand; neben dem Betrieb von Wasserkraftwerken würde dieses gigantische Projekt (das einen Deich zur Trennung von James und Hudson Bay ebenso wie einen 300 km langen Kanal einschließt) auch den Transport größerer Mengen von *bulk water* aus Kanada in die USA ermöglichen (Barlow/Clarke 2002: 137; Great Lakes Directory 1997). Die Kritiker sind insgesamt davon überzeugt, dass ein ausreichender Schutz der Wasserressourcen nur mit einer eindeutigen Vertragsergänzung hergestellt werden könne (Johansen 2002).

(2) Lokale Konflikte richten sich auch gegen die teils legale, teils halblegale (Über-)Ausbeutung von Grundwasserressourcen durch kommerzielle Unternehmen. Internationale Aufmerksamkeit hat die Auseinandersetzung zwischen der indigenen Bevölkerung Indiens mit Coca-Cola und Pepsi-Cola hervorgerufen. Beide Unternehmen nutzen in ihren indischen Anlagen Grundwasser in einer rechtlich ungeregelten Grauzone bzw. teilweise widerrechtlich. Die Unternehmen besitzen zusammen etwa 90 Anlagen, die ihren jährlichen Wasserbedarf von 40 Milliarden Liter Wasser »völlig unkontrolliert« (Shiva 2005) aus dem Grundwasserreservoir decken. Eine insbesondere von Frauen initiierte Protestbewegung gegen die von Coca-Cola verursachte dramatische Grundwasserabsenkung, die Verschmutzung der Felder und der übrig bleibenden Trinkwasserressourcen hat schließlich zu einer Klärung der Rechtslage durch den Obersten Gerichtshof von Kerala geführt, der den Klägerinnen recht gab und weitere Entnahmen verbot. Coca-Cola unterhält nach eigenen Angaben im Jahr 2007 noch mehr als 40 Anlagen in Indien (Coca-Cola India 2007a). Gegen die Vorwürfe der Grundwasserausbeutung wehrt sich die Firma auf ihrer Homepage folgendermaßen:

Behauptungen, dass die Coca-Cola Company das Grundwasser in Indien ausbeute, werden ohne jeglichen wissenschaftlichen Beweis erhoben und werden weder von den Regierungsinstitutionen, die unseren Wasserverbrauch in Indien regulieren, noch von Wissenschaftlern oder den Kommunen unterstützt, in denen wir unsere Anlagen haben. Wir glauben, dass diese Anschuldigungen vor allem von Globalisierungsgegnern hervorgebracht werden und nicht von Menschen, denen die Umwelt wirklich am Herzen liegt. (Coca-Cola India 2007b)

(3) In der Kritik steht auch der Verkauf öffentlicher Flächen, die für die Grundwasserversorgung notwendig sind: So lag dem österreichischen Nationalrat im Juni 2006 ein Entschließungsantrag des Salzburger Landtages vor, bei dem anlässlich des Verkaufs von 800 Hektar Waldfläche eine »›Privatisierung‹ von Teilen des Tennegebirges« (Mayer, J. 2006: 3 f.) kritisiert wird, die auch die Grundwasserversorgung gefährde. Unter Verweis auf die überregional bedeutsamen und strategisch wichtigen Wasserressourcen wird der Nationalrat zu einer Revision der Verkaufsstrategien aufgefordert.

(4) Für die Kommerzialisierung von Extraktionsrechten steht beispielhaft die chilenische Gesetzgebung: In den 1980er Jahren wurde hier eine Reform der nationalen Wassergesetzgebung vorgenommen, bei der Wasser- und Bodenrechte getrennt wurden und ein Konzessionssystem etabliert wurde. In einem befristeten Zeitraum konnten Konzessionen bzw. Wasserrechte beim Staat beantragt werden, die kostenlos und unbefristet vergeben wurden. »Alles weitere bleibt ›dem Markt‹ überlassen, das heißt die Konzessionsinhaber können ihre Wasserrechte verkaufen oder neue dazukaufen, ohne weitere Einmischung vom Staat.« (Sacher 2005) Die chilenische Bewegung »Chile sustenable« kritisiert unter anderem, dass »bis 2002 rund 83 Prozent der Trinkwasserversorgung in Chile von privaten Unternehmen übernommen worden war. Im Bereich des Nutzwassers herrscht zu 100 Prozent das privatwirtschaftliche Regime« (ebd.).

(5) Lateinamerikanische Bewegungen haben wiederholt eine ganze Liste von wasserbezogenen Vorgängen skandalisiert, bei denen der privatwirtschaftliche Zugriff auf Wasserressourcen unter das Gesamtmotto der Kritik an der Privatisierung gestellt wurde. Parallel zum Vierten Weltwasserforum in Mexiko fand ein »Wassertribunal« statt, in dem unter Anwesenheit von 100 verschiedenen Organisationen insgesamt 14 Fälle von Konflikten unter anderem in Mexiko, Panama, Chile, Bolivien, Ecuador, Peru und Brasilien verhandelt wurden. Zu den Fällen, über die ohne Rechtskraft entschieden wurde, zählte das geplante Wasserkraftwerk La Parota im mexikanischen Bundesstaat Guerrero ebenso wie der Transport von radioaktivem Material über den Panamakanal und die Kontrolle

über Teile der Wasserressourcen in Bolivien durch SUEZ (Vogel 2006).

Gemeinsam ist dieser Vielfalt von Kritiken die Intuition, dass diese Vorgänge gegen das Menschenrecht auf Wasser verstoßen; hierbei handelt es sich trotz der juristischen Artikulation um keine legale Kategorie, sondern um ein Rechtsempfinden, dem zufolge Wasser ein öffentliches Gut bleiben muss, das niemand über Gebühr für sich beanspruchen darf (Zimmerle 2005: 6). Bei dem Versuch, die Vielfalt der hiermit gemeinten Vorgänge zu systematisieren, zählt ein Beobachter die folgenden Aspekte der »Privatización del Agua« auf: die Privatisierung der öffentlichen Wasserdienstleistungen, die Privatisierung von Bioregionen und Territorien, Privatisierung zum Zwecke der Umleitung von Gewässern, Privatisierung durch Verschmutzung (*contaminación*), Privatisierung für die Abfüllung von Flaschenwasser und schließlich die Monopolisierung technischen Wissens zur Wasseraufbereitung und Purifikation von Wasser (Marrero Ruiz 2005).

## 3.3 Wasser als »final frontier« kapitalistischer Inwertsetzung?

Von zahlreichen Befürwortern wie ein letzter Ausweg propagiert, halten Kritiker der Wasserprivatisierung entgegen, dass damit der Kapitalismus seine »final frontier« (Yaron 2000) erreiche: »Was einst als ›Allmende‹ (*the commons*) verstanden wurde, ist nun die letzte Grenze in der Expansion des globalen Kapitalismus.« (Barlow/Clarke 2002: 88)

Doch betrachtet man die Privatisierungserfahrungen der letzten Jahre im Überblick, haben weder die Befürworter noch die Kritiker der Wasserprivatisierung vollständig recht behalten. Die Investitionstätigkeit der Unternehmen selbst allerdings bestätigt die Kritiker der Privatisierung weit stärker als ihre Befürworter: Privatwirtschaftliche Unternehmen sind keine Wohltätigkeitsorganisationen. Das schließt die Wahrnehmung einer unternehmerischen Verantwortung keineswegs aus, sehr wohl aber karitatives Handeln unter Missachtung der Profitorientierung. Unternehmen müssen und werden ihre Profitmöglichkeiten realistisch einschätzen; die Dynamik des Wassermarktes zeigt, dass sie dieses Interesse anhand von Marktanalysen und nicht anhand von globalen Bedürftigkeiten verfolgen. Die Hauptwirkung der Privatisierung liegt daher nicht in der Ersetzung einer dysfunktionalen öffentlichen Wasserversorgung durch effiziente und transparente private Unternehmen, sondern in der Erschließung neuer Geschäftsfelder und Märkte im Schatten dieser anhaltenden Dysfunktionalität und in der Kommerzialisierung von Betrieben, die bislang in öffentlichem Besitz und öffentlicher Verwaltung waren. Dass die Unternehmen so handeln, ist ihnen keineswegs vorzuwerfen: Jährliche Umsatzsteigerungen von 10 Prozent, die der globale Flaschenwassermarkt verzeichnet, bieten attraktive Aussichten. Die Unternehmen verhalten sich also vollständig rational, wenn sie die Geschäftsfelder suchen, die die höchsten Renditen versprechen.

Sie geben den Kritikern in einer weiteren Hinsicht recht, wenn sie ihre Expansion in neue geographische Regionen und neue Märkte als das Hinausschieben der Grenzen kapitalistischer Inwertsetzung beschreiben. Die Danone-Gruppe spricht sich offen über das aus, »was wir als unsere neuen Grenzen bezeichnen« (Danone 2005):

> Vor ein paar Jahren identifizierten wir fünf Länder mit einem signifikanten Potenzial für unsere Produkte und wählten diese als neue Grenze (*new frontiers*) für unsere Suche nach weitergehendem Wachstum aus – China, Indonesien, Russland, Mexiko und, für Milchprodukte, die USA. [...] Wenn wir in die Zukunft schauen, sehen wir, dass sich neue Grenzen öffnen, die weiteres Potenzial für die Zukunft bieten [...]. (Ebd.)

Gemeinsam ist Befürwortern und Gegnern der Privatisierung aber eine Überschätzung der Investitionsbereitschaft privater Investoren in das riskante Geschäft langfristig bindender Infrastrukturen zumal in Regionen ohne ausreichende rechtliche Rahmensetzung. Investoren beklagen unsichere Profitchancen, mangelnde rechtliche Rahmenbedingungen und Unwägbarkeiten in der Realisierung der möglichen Profite. Aufgrund der hohen Investitionskosten bei geringen Amortisationsmöglichkeiten sind auch ländliche Regionen unattraktiv für Wasserversorger.

Bezüglich der ursprünglichen Hoffnungen, mit der Privatisierung von Wasser größere Fortschritte in der Versorgung armer und ländlicher Regionen erzielen zu können, muss man den Vorgang der Privatisierung als völlig gescheitert ansehen. Die erbitterten

Auseinandersetzungen zwischen Befürwortern und Gegnern, bei der Privatheit gegen Öffentlichkeit und Staat gegen Markt gehalten wurden, nehmen sich angesichts dieser realen Entwicklung als ein Stück Zeitverschwendung bei der Suche nach nachhaltigen Lösungen der globalen Trinkwasserkrise aus.

Effekte des in Dublin eingeleiteten Politikwandels sind dennoch klar erkennbar:

Erstens hat die Forderung nach einer Privatisierung, die im Lichte der Weltwasserkrise verlangt wurde, den europäischen Markt nachhaltig geöffnet, wo heute ein Großteil der Profite der Wasserunternehmen erzielt wird. Zweitens sind der mit Hoffnungen verbundene Einzug von multinationalen Unternehmen in Entwicklungsländer und ihr Rückzug für die betroffenen Länder potenziell mit erheblichen finanziellen Einbußen verbunden. Drittens hat die Privatisierungsforderung den Markt für kleine Firmen geöffnet, deren Engagement jedoch statistisch kaum erfasst werden kann (Izaguirre/Hunt 2005: 4). Welche Folgen dies haben wird, bleibt abzuwarten. Viertens hat das Versprechen großer Gewinne in einem weltweiten Wasserdienstleistungssektor einen Markt für private Kapitalanlagen geschaffen, auf dem für renditestarke Aktien geworben wird. Schließlich hat die Privatisierungsdebatte der Kommodifizierung von Wasser Vorschub geleistet: Dass Wasser ein frei zugängliches, öffentliches, gar generell subventioniertes oder kostenloses Gut sein könnte, wird inzwischen als antimoderner Reflex der »Globalisierungsgegner« (MWIT 2007) bezeichnet.

Mögen sich auch die Kritiker in den letzten Jahren über die Richtung der Privatisierung partiell – und gemeinsam mit den Befürwortern – getäuscht haben: Recht behalten sie in der Vermutung, dass der Kapitalismus auf der Suche nach Grenzen ist, die überwunden werden können. Dies ist weit weniger überraschend als eine ganz andere Tatsache: Diese Verwertungschancen, die heute ergriffen werden, mussten politisch hergestellt werden. Die eigentliche »Gretchenfrage« im Wassersektor ist daher nicht, ob die Privatisierung gut oder schlecht ist, sondern wie eigentlich in Vergessenheit geraten konnte, dass der Markt nur funktionieren kann, wenn der Staat ihm zur Seite steht und sein Fehlverhalten durch eine öffentliche Daseinsvorsorge kompensiert.

# 4. Theoretische Grundlagen und empirische Forschung: Global Governance of Water

## 4.1 Die Folgen von Dublin: Die Reform der globalen Wasserpolitik

Die Konferenz von Dublin, deren Ergebnisse der kurz darauf stattfindenden Konferenz der Vereinten Nationen für Umwelt und Entwicklung in Rio als Entscheidungsgrundlage übergeben wurden, hat einen mehrfachen Paradigmenwechsel in der globalen Wasserpolitik ausgelöst:

(1) Die stärkste Wirkung ging von der Einordnung von Wasser in die Reihe der ökonomischen Güter aus, die erstmals in Dublin gefordert wurde. Als *economic good* ist Wasser eine Ware, käuflich und verkäuflich, Gegenstand privater Besitzansprüche, die sich auf die Ressourcen selbst und auf hiermit verbundene Dienstleistungen beziehen können. Betont man die ökonomische Dimension von Wasser, so sind kostendeckende Preise und eine private Bewirtschaftungsform naheliegende Forderungen. Zwar ergänzte die Konferenz in Rio, dass Wasser auch ein soziales Gut sei, doch in der Folge der Ökonomisierung von Wasser bot dies keinen ausreichenden Widerstand. Als soziales Gut ist Wasser ein Teil der Allmende; es gehört niemandem bzw. allen, und seine Nutzung erfordert soziale und ökologische Verantwortung. Politisch manifestiert sich die soziale Dimension in dem Anerkennungskampf um ein Menschenrecht auf Wasser und in lokalen Kämpfen gegen Privatisierungsvorgänge. Faktisch sind die Positionen entgegengesetzt: Wasser gleichzeitig als ökonomisches und als soziales Gut zu betrachten ist ein dilatorischer Formelkompromiss, und so markiert die fehlende Positionierung des Erdgipfels den Beginn der seither unüberwundenen Spaltung innerhalb der globalen Wasserpolitik. Die Folgejahre sind vom Streit über den Umgang mit Wasser gekennzeichnet, der sich leicht zum Sinnbild grundlegend unterschiedlicher Auffassungen über Form und Richtung der Globalisierung gestalten ließ. Der in Rio gefundene Kompromiss konnte auf Dauer die realen Diskrepanzen zwischen beiden Optionen nicht

überbrücken; faktisch wurde daher in offiziellen Verlautbarungen und auch in der Gestaltung der globalen Wasserpolitik die soziale Dimension der ökonomischen untergeordnet.

Zum einen wurde der Unterschied zwischen der Dubliner Einschätzung und der des Erdgipfels in Folgedokumenten diskursiv eingeebnet und trotz der Differenzen schlicht von den Dublin-Rio-Prinzipien bzw. auch einfach nur den Dublin-Prinzipien als Leitlinie für, teilweise gar Konsens über den Umgang mit den weltweiten Wasserressourcen gesprochen (vgl. u. a. ECOSOC 1997a: Art. 30 und 132; ECOSOC 1998d; Cosgrove/Rijsberman 1998: 3; Europäische Kommission 2002; UNESCO 2006: 151; vgl. auch Partzsch 2007: 31 ff.). Exemplarisch für diese Narration wird etwa in einem von der FAO veröffentlichten Buch über Wassermanagement in der Landwirtschaft unter der Überschrift »Internationaler Konsens in der Wasserpolitik: Wasser als ökonomisches Gut« eine ungebrochene Linie von Dublin bis Johannesburg gezogen:

> Drei Übereinkommen begründen den Konsens in Bezug auf Wasserpolitik: (i) ein Satz an Grundsatzempfehlungen (die als Dublin-Prinzipien bekannt geworden sind), die von der Internationalen Konferenz über Wasser und die Umwelt (1992) beschlossen wurden; (ii) Kapitel 18 (zu Frischwasserressourcen) der Agenda 21, ein Aktionsplan, der auf der Konferenz der Vereinten Nationen über Umwelt und Entwicklung (1992) in Rio de Janeiro beschlossen wurde und der die Dublin-Prinzipien für Wasserressourcenmanagement in ländlichen Gebieten einschließt; und (iii) der Weltgipfel über nachhaltige Entwicklung (2002) in Johannesburg, der die Dublin-Prinzipien von 1992 noch einmal bestätigt hat und die zentrale Bedeutung von Wasser hervorgehoben hat. (Turner u. a. 2004)

Zum anderen wurde in der Folge der Dublin-Prinzipien das Regel-Ausnahme-Verhältnis von sozialen und ökonomischen Bewirtschaftungskriterien umgekehrt: In Dublin war eine volle Kostendeckung verlangt worden, von der nur in sozial begründeten Ausnahmefällen abgewichen werden sollte; die Konferenz in Rio war dieser Empfehlung nicht gefolgt. Sie hatte die Deckung von Grundbedürfnissen an die erste Stelle gesetzt und gefordert, dass erst darüber hinaus die Nutzer die Wasserkosten tragen sollten. Diese Orientierung wurde jedoch in den Folgejahren zunehmend preisgegeben: 1997 forderte der Generalsekretär in seinem Bericht an die CSD, dass »das Konzept von Wasser als ökonomisches Gut implementiert werden muss, wobei die Versorgung mit Wasser für die elementaren Bedürfnisse zu beachten sei« (ECOSOC 1997a: Art, 135). Dieser Linie folgen auch spätere Empfehlungen (ECOSOC 1998d: 7; WWC 2000a). Was wie eine Spitzfindigkeit erscheint, macht in der Praxis der Preisgestaltung für Wasserdienstleistungen den Unterschied zwischen einer kostenfreien Basislieferung von Wasser zur Deckung der Grundbedürfnisse und einer Lieferung von Wasser, die gegebenenfalls nur gegen Vorauszahlung erfolgt. Zudem ist im ersten Fall eine generelle Anschlussgebühr zu zahlen, die im Fall einer sozialen Grundorientierung nicht unbedingt erhoben werden muss.

Schließlich setzte sich die diskursive Betonung ökonomischer Kriterien in der Wasserbewirtschaftung auch als praktische Orientierung fort, die sich nahtlos in den generellen Liberalisierungstrend der 1980er und 1990er Jahre einfügte. Die Privatisierung öffentlicher Infrastrukturen und die Deregulierung von Dienstleistungen stellten Schwerpunkte der internationalen Handelsvereinbarungen dieser Zeit dar. Wasser konnte als Infrastruktur und Dienstleistung problemlos in das Portfolio der kommerzialisierten Bereiche integriert werden. Ein zentrales Instrument für die Durchsetzung der Privatisierungspolitik stellte die 1992 von der Weltbank verabschiedete Leitlinie für Strukturanpassungskredite (World Bank 1992b) dar, weil sie die Vergabe von Krediten für Entwicklungsländer an den Transfer von Infrastrukturen zu privaten Betreibern koppelte.

Auch wenn die Erfolge umstritten sind, hat die Privatisierungspolitik der 1990er Jahre Fakten geschaffen, die sich nicht einfach revidieren lassen: 80 Prozent der Länder mit hohem Einkommen hatten 2004 private Kapitalbeteiligungen in ihrem Wassersektor (Estache/Goicoechea 2004: 7). In Entwicklungsländern gab es vor 1990 keinerlei private Beteiligungen; 2005 waren in 55 Ländern private Akteure in 383 Projekten an der Versorgung beteiligt (World Bank 2007a). Trotz vehementer Proteste und zweifelhafter Erfolge ist Wasser heute ein ökonomisches Gut.

(2) Die Kommodifizierung von Wasser ist Ausdruck und Antriebskraft einer weiteren Veränderung, die die Kooperation und Aufgabenteilung zwischen privaten und staatlichen Akteuren betrifft. Die Stockholmer Konferenz adressierte Staaten unter größter Berücksichtigung ihrer nationalen Souveränität und hielt insgesamt fest, dass die Verantwortung für den Schutz der Ressource vor allem bei den Regierungen liege (UNEP 1972d: [1]). Die Dub-

liner Konferenz hingegen ist davon überzeugt, dass der Markt mehr Problemlösungen bereithält als der Staat, und fordert eine Zurückdrängung der Regierungsverantwortung zugunsten anderer Akteure (ICWE 1992: 38). Zugleich wird einer hoheitlichen Planung, staatlicher Daseinsvorsorge und Steuerung verstärkt die gemeinwohlfördernde Wirkung der unsichtbaren Hand des Marktes gegenübergestellt (ebd.: 15). Die Vorstellung der Dublin-Konferenz findet ihren Widerhall in der später weit verbreiteten Auffassung, privatwirtschaftliche Akteure hätten eine höhere Effizienz in der Erfüllung öffentlicher Aufgaben vorzuweisen. Dublin markiert damit alles in allem auch einen Wendepunkt in der Frage, wie die Verantwortung für die traditionell öffentliche Daseinsvorsorge künftig zwischen Markt und Staat verteilt sein soll.

(3) Dublin leitete schließlich einen Wechsel in der institutionellen Organisation der globalen Wasserpolitik vom internationalen System souveräner Staaten zu Formen von Global Governance ein: Dies betrifft bereits die Konferenz selbst, aber auch den Folgeprozess.

Die in Stockholm und Mar del Plata tagenden Konferenzen waren klassische UNO-Konferenzen, Zusammenkünfte von Staatenvertretern mit nennbarem und nachweisbarem Status. Dublin hingegen war eine »Expertenkonferenz« – wobei diese Bezeichnung ungeschützt und damit grundsätzlich offen ist.[1] Aufgrund der Zusammensetzung der Teilnehmer konnte eine rechtliche Legitimation für eine Beratung der UN-Konferenz in Rio nicht bestehen und wurde daher auch von einigen Teilnehmerländern in Rio zu Recht kritisiert (Biswas 2003: 6). Dennoch hat in Rio eine Diskussion der Prinzipien von Dublin stattgefunden, wurden Elemente der Dubliner Beschlüsse in die Agenda 21 aufgenommen und zunehmend als UNO-eigene Ziele ausgegeben. Die faktische Durchsetzung der Dublin-Prinzipien wird nicht zuletzt darin deutlich, dass die Konferenz retrospektiv in die Chronologie von UNO-Konferenzen eingemeindet wird: Das World Water Assessment Program der UNESCO etwa zählt die Konferenz von Dublin zu den Meilensteinen auf dem Weg von Stockholm nach Kyoto, lässt aber die

1 Die dem Konferenz-Bericht angefügte Teilnehmerliste zeigt für die Teilnehmer nur den Nachnamen und das Herkunftsland bzw. die Herkunftsorganisation. Worin ihre Expertise gründet, welche und wessen Interessen sie vertreten, ist nicht zu recherchieren (ICWE 1992: 44ff.).

UN-eigene Gründung der Commission on Sustainable Development unerwähnt (UNESCO o.A.).

Als institutionelle Neuerung wirkt sich schließlich auch die in Dublin geforderte Netzwerkbildung aus, die gegenüber der traditionellen intergouvernementalen Zusammenarbeit zunehmend an Boden gewinnt (ICWE 1992: 7f.). Die Konferenz reagierte damit auf eine im Wassersektor fehlende intergouvernementale Organisation (ebd.: 42). Eine Institutionalisierung im Rahmen der UN-Organisationen erschien ihr nicht sinnvoll, weil keine der mit Wasserfragen befassten Organisationen eine Basis darstelle, auf der sich die Zusammenarbeit zwischen Regierungen und Gruppen des privaten Sektors etablieren ließe, die für den Wasserbereich so wichtig sei (ebd.). In direktem Bezug auf die Konferenz von Dublin und unter Einbezug einiger Teilnehmer der Konferenz entstanden daher in den Folgejahren Parallelorganisationen zur UNO, die für sich beanspruchen, erstmals Zielsetzungen eines globalen Wassermanagements zu formulieren.

Zeitgleich wurden 1996 die Global Water Partnership und der World Water Council gegründet, die seither in enger Kooperation die Weltwasserforen abhalten. Die Organisationen beziehen sich explizit auf das vierte Leitprinzip von Dublin und haben sich der Schaffung von »strategischen Partnerschaften« verpflichtet, »die an praktischen Wegen arbeiten, um eine Preispolitik zu implementieren und den privaten Sektor zu integrieren, ohne die Armen zu benachteiligen« (GWP 2001: 13). Bedenken bezüglich der Vertretung von Allgemeininteressen ergeben sich angesichts der führenden Rolle von Vertretern großer Wasserkonzerne und multilateralen Entwicklungsbanken in diesen Netzwerken, deren sozialpolitische Glaubwürdigkeit von vielen zivilgesellschaftlichen Organisationen im Wassersektor in Frage gestellt wird.[2] Zudem versperrt die Verpflichtung auf das vierte Dublin-Ziel der Ökonomisierung von Wasser – die Global Water Partnership fordert gar auf dem Auf-

2 Vergleiche exemplarisch die Kritik von International Rivers Network/Brot für die Welt: »In den verschiedenen internationalen Vereinigungen wie dem WWC oder der GWP sitzen überwiegend Technokraten der Entwicklungs-, Bewässerungs- und Energieministerien sowie Vertreter von transnationalen Wasserkonzernen, Ingenieur- und Baufirmen. Sie versichern, dass die Politik, auf deren Umsetzung sie drängen, von der Sorge für die Armen dieser Welt getragen sei. Tatsächlich aber entspringen ihre vorgeblichen ›Lösungen‹ persönlichen, institutionellen, politischen und Unternehmensinteressen.« (Hasskamp 2005)

nahmeformular zu einem schriftlichen Bekenntnis zu diesem Prinzip auf (GWP 2005b) – privatisierungskritischen Organisationen den Weg in diese Netzwerke. Keine dieser Institutionen ist in den UNCSD-Prozess oder sonstige multilaterale Abkommen zwischen Staaten integriert:

> Gleichwohl ist seit den Vorbereitungen zur Rio+10-Konferenz jeder Versuch unternommen worden, diese Initiativen als intergouvernementale Abkommen zu präsentieren. Inwieweit diese Abkommen von den Vereinten Nationen und der Welthandelsorganisation anerkannt werden, ist noch immer unklar. (Varghese 2003: 6)

Die entstandenen Netzwerke, deren Organisation und Wirkungsmächtigkeit in Kapitel 8 dieser Arbeit untersucht werden, sind auch ein Reflex auf den in Dublin geforderten »partizipatorischen Ansatz« und geben Anlass, eine vorschnelle Freude über die Öffnung der internationalen Staatengemeinschaft zur Zivilgesellschaft kritisch zu prüfen. Partizipation kann als Versprechen verstanden werden, die Interessen der Allgemeinheit verstärkt zu berücksichtigen. Doch wäre diese einseitige Sicht naiv: Die Zivilgesellschaft ist weder notwendig demokratisch noch frei von organisierten Interessen. Die sich in den Weltwasserforen organisierende Zivilgesellschaft ist nicht nur ein neues Vertretungsorgan für das globale *common good*, sondern auch Bühne der strategischen Verteidigung von Interessen multinationaler Wasserkonzerne. Bezüglich der Gemeinwohlorientierung bleibt die Forderung nach Partizipation damit zwiespältig: Zwar kann eine Relativierung staatlicher Kompetenz im Sinne einer Beteiligung von Nutzern und substaatlichen Ebenen eine größere Effizienz bewirken, sie kann aber ebenso den unkontrollierten und profitorientierten Wechsel zu einer Vertretung privater Interessen ermöglichen.

Fasst man die von Dublin ausgehenden Initiativen zur Reorganisation der globalen Wasserpolitik zusammen, so treten drei zentrale Elemente hervor:

– Dublin erzeugt einen Bruch mit der Auffassung, dass Wasser ein Allgemeingut ist, und fasst Wasser nachhaltig als ökonomisches Gut.

– Die Konferenz ebnet den Weg für eine privatwirtschaftliche Beteiligung an der bis dahin weitgehend selbstverständlichen öffentlichen Verantwortung für diesen Bereich der Daseinsvorsorge.

– Mit der Bildung strategischer Netzwerke, denen es in der Folge gelingt, die Initiative in der Weltwasserpolitik zu ergreifen und die Grundrichtung globalen Wassermanagements zu bestimmen, initiiert die Konferenz einen globalen Steuerungsmodus, der den einzelnen Staat sowie den Verbund souveräner Staaten als Kollektivakteur in der zweiten Reihe platziert.

Unglücklicherweise sind diese Veränderungen von keinem nennenswerten Fortschritt in der eigentlichen Sache – der Lösung der globalen Trinkwasserkrise – begleitet.

## 4.2 Zwischenresümee und Ausblick auf die nächsten Kapitel

Als roter Faden zieht sich durch die von Dublin ausgehenden Veränderungen eine Neujustierung des Verhältnisses zwischen Öffentlichem und Privatem. Auf unterschiedliche Weise manifestiert sich in dem Reformprogramm die Idee, dass eine Verstärkung der privat(wirtschaftlich)en Anteile an der Verantwortung für Wasser effektiver, transparenter, ökologischer und nachhaltiger sei: Mit der Einstufung von Wasser als ökonomisches Gut wurde die Hoffnung verbunden, dass eine Berücksichtigung des wirtschaftlichen Wertes von Wasser auch zu einem ökologischen Ressourcenschutz führen würde und ein nachhaltigerer Umgang zugunsten aller hieraus folgen könnte (McCarthy 1992). Die privatwirtschaftliche Beteiligung an Wasserdienstleistungen wurde unter der Annahme größerer Transparenz, erhöhter Effizienz und der Anwerbung privater Finanzressourcen forciert (Winpenny 2003). Die Forderung nach einer Beteiligung privatwirtschaftlicher Akteure an der Formulierung von Politik wird mit der generellen Unterstellung begründet, der Staat und die internationale Gemeinschaft seien angesichts der Komplexität in einer globalisierten Welt überfordert (Benner u. a. 2001).

Dieser Trend zur Privatisierung im weitesten Sinne – zur Privatisierung des Allmendegutes Wasser, zur Privatisierung der öffentlichen Daseinsvorsorge in diesem Bereich und zur Privatisierung der Verantwortung für die politische Rahmensetzung – findet seine Begründung nicht in wasserpolitischen Rationalitäten und Gegebenheiten: Weder konnte Anfang der 1990er Jahre auf Fakten zurückgegriffen werden, die eine Privatisierung als effizientere

Lösung zweifelsfrei nahegelegt hätten, noch hat sich im Rückblick die höhere Leistungsfähigkeit privater Akteure bestätigt. Ohne eine detaillierte Fehleranalyse öffentlicher Institutionen kritisierte die Argumentation von Dublin sehr pauschal, die globale Wasserpolitik seit Mar del Plata sei von »schweren Fehlern« und »unklugen Vorurteilen« (ICWE 1992: 13) gekennzeichnet gewesen. Die größere Effizienz privatwirtschaftlicher Unternehmen im Wasserdienstleistungsbereich konnte Anfang der 1990er Jahre nur behauptet, aber nicht untersucht werden, weil privatwirtschaftliches Engagement kaum vorhanden war; spätere Untersuchungen belegen die grundsätzlich höhere Effizienz privatwirtschaftlicher Unternehmen nicht (vgl. vor allem Estache et al. 2005), und gleichzeitig blieben die erhofften Investitionstätigkeiten weit hinter den Erwartungen zurück (World Bank 2007a). Schließlich liegt auch der Beteiligung privater Akteure an der globalen Politikformulierung keine Fehleranalyse bestehender Institutionen zugrunde: Sie entspricht vor allem einem Trend zur Förderung partizipatorischer Ansätze, der mit einer Aura von Selbstverständlichkeit umgeben wird.

Der in Dublin eingeleitete Politikwechsel lässt sich folglich aufgrund wasserpolitischer Fakten und Analysen alleine nicht begreifen, ist aber aus zwei Gründen erklärungs- und kritikbedürftig: Zum einen hat sich das Effektivitätsversprechen, das für eine Verlagerung der Verantwortung an private Akteure ins Feld geführt wurde, nicht erfüllt, so dass die Reformvorschläge von fragwürdigem Nutzen sind. Zum anderen fällt damit auch jener Schutzwall, der die prekäre Legitimität einer Privatisierung von Gemeingütern, der öffentlichen Daseinsvorsorge und der politischen Verantwortung so lange verdeckte, wie mangels besseren Wissens unterstellt werden konnte, dass hieraus ein größerer Nutzen für alle resultieren würde.

Um diesen Politikwechsel zu erklären und kritisch zu beobachten, bedarf es daher einer theoretischen Betrachtung, die die genannten Veränderungen in einem Rahmen analysiert, der über das Feld der Wasserpolitik hinausweist. Dieser Aufgabe widme ich mich in den nachfolgenden Kapiteln. Dabei wird es zunächst um die Allmende gehen, die lange vor der Privatisierung von Wasser von der Kontroverse um die beste Bewirtschaftungsform kollektiver Güter gekennzeichnet ist (Kapitel 5). Im Anschluss daran stelle ich die Privatisierung der Wasserdienstleistungen in den Kontext der Diskussion über die öffentliche Gemeinwohlverantwortung, die in der neoliberalen Marktrhetorik ihren vehementesten Gegner findet (Kapitel 6). Schließlich rekapituliere ich anhand der politikwissenschaftlichen Steuerungsdebatte die Transformation von hierarchischer Steuerung zu (globalen) Politiknetzwerken (Kapitel 7). Im Lichte der gewonnenen theoretischen Erkenntnisse werde ich dann das nach Dublin entstandene Globale Public Policy Netzwerk der Wasserpolitik empirisch untersuchen und seinen Anspruch auf eine Gestaltung der globalen Wasserpolitik kritisch reflektieren.

# 5. Erinnerungen an die Allmende

> Der Himmel ist der Himmel des Herrn, die Erde aber gab er den Menschen. (Psalm 115, 15)

Wasser hat als eine der letzten Ressourcen einer weltweiten Vermarktung lange getrotzt. Umso erstaunlicher ist auf den ersten Blick, binnen welch kurzer Zeit und wie tiefgreifend der Sinneswandel stattfand, der Wasser von einem öffentlichen Gut, von dessen Gebrauch niemand ausgeschlossen werden kann, zu einem ökonomischen Gut umdefinierte, dessen gigantische Marktchancen zum Wohle aller zu nutzen seien und dessen Schutz wesentlich von einer Realisierung kostendeckender Preise abhänge.

Angesichts der prognostizierten Wachstumschancen einer Privatisierung der Wasserwirtschaft sind die hiermit verbundenen ökonomischen Erwartungen leicht nachzuvollziehen. Die nominellen Angaben über die prognostizierten Privatisierungsgewinne schwanken, wirtschaftliche Rückschläge haben die Hoffnungen auf profitable Investitionen im Wassersektor gedämpft, aber angesichts der Bedeutung der Ressource und der Größe der Krise sind diese immer noch groß.[1]

1 Ein internationaler Anlageberater erläutert die Zusammenhänge folgendermaßen: »Die Liberalisierungsdebatte wird auch durch die große Attraktivität des Weltmarkts Wasser animiert. Sauberes Wasser stellt ein Grundbedürfnis dar. Derzeit sterben jedes Jahr 1,5 Millionen Menschen an den Folgen ungereinigten Trinkwassers. Insbesondere das Bevölkerungswachstum führt zu hohen Zuwachsraten im Wasserverbrauch. Ein Zehntel der Weltbevölkerung leidet unter Wasserknappheit; in 50 Jahren werden es rund vier Milliarden Menschen sein. Selbst heute haben 1,3 Milliarden Menschen keinen Zugang zu unbedenklichem Trinkwasser. Der Investitionsbedarf in den Ländern des Südens steigt, nach den im letzten Jahr zum Weltwasserforum in Den Haag zusammengetragenen Projektionen, von derzeit € 60 Mrd. auf € 178 Mrd. pro Jahr. Weltweit ist die Entwicklungshilfe rückläufig. Nur private Investitionen können den riesigen Bedarf an Infrastrukturinvestitionen decken. So haben sich Mitte der neunziger Jahre die Gewinner der Konzessionen für die Stadt Manila zu einem Investitionsprogramm von € 11 Mrd. verpflichtet, was der Kommune selbst nie möglich wäre. Für private Unternehmen wird dementsprechend ein Wachstum des Marktes von derzeit ca. € 90 Mrd. auf € 450 Mrd. im Jahre 2010 erwartet. Gefordert sind Investitionen in schwierigem Umfeld also im besten Sinne des Wortes, unternehmerisches Handeln im weltweiten Wettbewerb.« (Fromme 2001)

Schwerer zu erklären ist die allmähliche Verfestigung des Glaubens an eine gemeinwohlfördernde Wirkung der Privatisierung bei politisch verantwortlichen Akteuren. Angesichts konträrer, oftmals negativer Erfahrungen mit der privatisierten Wasserwirtschaft mangelt es der Annahme einer per se überlegenen Performanz privater Akteure in der Wasserwirtschaft an Überzeugungskraft. Hierfür gibt es auch keinen Beweis:

Die vermutlich wichtigste Botschaft ist, dass die ökonometrische Untersuchung der Bedeutung der Eigentümerschaft in diesem Sektor (dem Wassersektor, P. D.) nahelegt, dass es keinen signifikanten statistischen Nachweis für eine unterschiedliche Effizienz privater und öffentlicher Betreiber gibt. (Estache et al. 2005: 12)

Auch eine politische Begründung, die eine finanzielle Entlastung der öffentlichen Haushalte durch Privatisierung geltend macht, trifft überall dort nicht zu, wo funktionierende und rentable Wasserwerke dem Markt übergeben werden – und auch dort nicht, wo eine Privatisierung der Wasserversorgung von garantierten Gewinnversprechen (so etwa in Berlin und Potsdam) und/oder öffentlichen Finanzhilfen (die die britische Wasserprivatisierung begleiteten) flankiert werden.

Die Leidenschaften, mit denen die Diskussion seitens der Befürworter und Gegner einer Privatisierung seit Jahren geführt wird, legen vielmehr nahe, dass die sachliche Frage nach der besten Form der Bewirtschaftung von Wasserressourcen begleitet, wenn nicht überlagert und dominiert wird von ideologischen Grundpositionen, die schon im Vorfeld des konkreten Politikfeldes gewonnen werden und sich verfestigt haben.[2]

Mit dieser Annahme wird die Aufmerksamkeit auf das Feld vorpolitischer Begründungen gelenkt, insbesondere auf die philosophischen und wissenschaftlichen Argumentationen für die Legitimität und den Nutzen eines Privatbesitzes an Naturressourcen. Im Vorfeld der konkreten Auseinandersetzung um die Privatisierung von Wasser, so lautet ein zentrales Argument der folgenden Ausführungen, wird das Politikfeld ideologisch vorstrukturiert und werden die gegnerischen Positionen in diesem Feld abgesteckt. Die

2 Neben ideologischen Gründen, die auch Estache et. al (Estache et al. 2005) als ersten Antrieb für die Transformation nennen, werden zudem technologische und fiskalische Gründe angeführt.

systematische Verengung der Perspektiven, an deren Ende die Forderung nach einer Privatisierung der Wasserversorgung steht, findet nicht bei dieser sachlichen Frage selbst ihren Anfang. Um den Blick für institutionelle Alternativen zu öffnen, sind die Diskussionen im Vorfeld daher einzubeziehen bzw., in einer etwas anderen Theorietradition formuliert, müssen die Glaubens- und Wissenssysteme – die Episteme – berücksichtigt werden, um zu begreifen, warum sich bestimmte inhaltliche und institutionelle Präferenzen gegen andere durchsetzen.[3] Schlaglichtartig werden daher im Folgenden die Begründungszusammenhänge einer Legitimierung von Privateigentum an Naturressourcen und die damit einhergehenden Delegitimierungen der Allmende dargestellt. Hierzu zählt zuvorderst die ursprüngliche Begründung der Rechtmäßigkeit von Privateigentum, deren es zu Beginn der sich ausweitenden Marktwirtschaft bedurfte und die mit John Lockes Säkularisierung des Eigentumsbegriffs erfolgte (Kapitel 5.1).

Die konkrete Auseinandersetzung über die Privatisierung von Gemeindeland führte Karl Marx gegen Adam Smith und löste damit eine anhaltende Diskussion über die Bedeutung der »sogenannten ursprünglichen Akkumulation« für den Kapitalprozess aus, die wertvolle Hinweise auf die Bedeutung von Privatisierungsvorgängen für die kapitalistische Produktionsweise bereithält (Kapitel 5.2).

Die jüngere Diskussion über die beste Eigentums- und Bewirtschaftungsform ökologischer Ressourcen ist wesentlich von Garret Hardins »Tragödie der Allmende« geprägt worden (Kapitel 5.3); seiner zwingend erscheinenden Darstellung einer unvermeidbaren Übernutzung gemeinsam bewirtschafteter Ressourcen wird erst viele Jahre nach ihrer praktisch-politischen Wirkmächtigkeit begründet entgegengetreten (Kapitel 5.4). Noch immer, das möchte ich ausdrücklich in Erinnerung rufen, ist Wasser eine klassische Allmende. Die Erfolge und die Vielfalt öffentlicher Institutionen der Wasserversorgung sollten in Bezug auf die Frage, ob es einen

3 »Institutionalisierung bezieht sich nicht nur auf das institutionelle Netz des Staates und die internationale politische Ordnung, in denen man sich bewegt, sondern auch auf die Episteme, durch die politische Beziehungen sichtbar gemacht werden. [...] Epistemische Gemeinschaften, so kann man sagen, bestehen aus zusammenhängenden Rollen, die sich um bestimmte Glaubensüberzeugen entwickeln; für ihre Mitglieder stecken sie einen Rahmen für die Konstruktion sozialer Wirklichkeit ab.« (Ruggie 1975: 569 f.)

universellen Weg aus der weltweiten Wasserkrise gibt, skeptisch stimmen (Kapitel 5.5).

## 5.1 Die Begründung des Besitzes an Privateigentum

Die Legitimationsnotwendigkeit für Privateigentum stellt sich insbesondere dann und dort, wenn der Wunsch nach privatem Besitz auf die Tradition kollektiver Eigentums- und Bewirtschaftungsformen trifft. Für die Verwandlung von Gemeineigentum an Land in Privatbesitz lieferte John Locke eine umfassende Begründung, deren Aktualität die Wiederkehr zentraler Argumente in der Rechtfertigung privater Eigentumsrechte an natürlichen Ressourcen bis heute beweist.

John Lockes philosophische Begründung des Rechts auf Privateigentum fand in Auseinandersetzung mit der bibelfundierten Argumentation seines theoretischen und politischen Gegners Sir Filmer statt. Locke folgt Filmer zu dessen Anfangsgrund, der Bibel, und zitiert Psalm 115, Vers 15: »Der Himmel ist der Himmel des Herrn, die Erde aber gab er den Menschen«. Dass die Erde den Menschen gehört, versteht Locke in einem kollektiven Sinn, sie gehört den »Menschen gemeinsam« (Locke 1689/2007: 29). Dennoch möchte er darlegen, »wie Menschen zu einem *Eigentum* an einzelnen Teilen dessen gelangen können, was Gott der Menschheit gemeinsam gegeben hat, und das ohne einen ausdrücklichen Vertrag mit allen anderen Menschen« (ebd.; Herv. i. Orig.).

Der erste Hebel ist, wie auch an anderen Stellen seiner *Abhandlung*, die Vernunft: Gott hat den Menschen nicht nur die Welt gemeinsam gegeben, er gab ihnen auch Vernunft, argumentiert Locke, und damit die Fähigkeit, vernünftige Schlüsse zu ziehen. Es ist vernünftig, folgert Locke, anzunehmen, dass der einzelne Mensch berechtigt sein muss, sich einen Teil des Gemeineigentums anzueignen. Denn auch wenn »niemand [...] ursprünglich ein persönliches Herrschaftsrecht mit Ausschluß aller übrigen Menschen über irgend etwas [hat]«, so hat Gott den Menschen die natürlichen Früchte doch »zu ihrem Gebrauch verliehen« und daher muss es »notwendigerweise Mittel und Wege geben, sie sich irgendwie *anzueignen,* bevor sie dem einzelnen Menschen von irgendwelchem Wert oder überhaupt nützlich sein können« (ebd.: 30; Herv. i. Orig.).

Als nächstes Argument führt Locke an, dass zwar niemand einen ursprünglichen Besitz an Dingen, aber doch jeder einen Besitz an seiner eigenen Person habe. Wenn jemand aber seine Person besitzt, dann gehört ihm auch das, was diese Person hervorbringt:

> Die *Arbeit* seines Körpers und das *Werk* seiner Hände sind, so können wir sagen, im eigentlichen Sinne sein Eigentum. Was immer er also dem Zustand entrückt, den die Natur vorgesehen und in dem sie es belassen hat, hat er mit seiner *Arbeit* gemischt und ihm etwas Eigenes hinzugefügt. Er hat es somit zu seinem *Eigentum* gemacht. (Ebd.; Herv. i. Orig.)

Die Grundargumente für die Berechtigung, sich die Gemeingüter der Menschheit privat anzueignen, liegen damit vollständig vor: Gott gab zwar den Menschen kollektiv die Erde, doch gab er den Menschen auch die Vernunft. Vernünftigerweise muss man behaupten, dass dem einzelnen Menschen etwas gehören muss, bevor er es an sich nehmen darf. Insofern muss es einen gottgewollten Weg der Aneignung geben. Aneignung ist möglich und berechtigt, weil es einen unzweifelhaften Besitz des Menschen an sich selbst gibt. Sich selbst besitzend, gehört ihm auch die Arbeit seiner Hände. Hat er also seine Arbeit in etwas gesteckt, springt der Besitz quasi über von dem sich selbst gehörenden Menschen auf seiner Hände Arbeit. Das ist sein rechtmäßiger Privatbesitz. Investiert der Mensch die Arbeit seiner Hände in Land, gehört ihm dieses Land und dessen Früchte. »Es war meine Arbeit, die sie dem gemeinsamen Zustand, in dem sie sich befanden, enthoben hat und die mein *Eigentum* an ihnen *bestimmt* hat.« (Locke 1689/2007: 31; Herv. i. Orig.)

Locke führt seine theoretische Begründung des Privateigentums zunächst für den Naturzustand ein, der sich in zwei Hinsichten von seiner Zeit und mehr noch von der Gegenwart unterscheidet. Prämissen seiner Begründung sind erstens der Überfluss an natürlichen Ressourcen und zweitens die Beschränkung der Aneignung. Im Naturzustand schadete die private Aneignung durch einzelne den anderen nicht, »da noch genügend und gleich gutes Land übrigblieb« und ein rein auf den Eigenbedarf gerichteter Konsum nur so viel beansprucht, »als nähme er überhaupt nichts« (ebd.: 34). Diese einschränkenden Prämissen legitimieren Besitz vorerst nur unter den Bedingungen des heuristischen Modells eines idealisierten Naturzustandes. Privateigentum ist hier eng an die eigene Nutzung gekoppelt, geht nicht zu Lasten anderer und ist daher letztlich unstrittig. Auf die Probe wird die Begründung aber gestellt, wenn Besitz unter antagonistischen Verhältnissen gegen die Interessen anderer verteidigt werden muss, wenn also bei Knappheit die Aneignung des einen dessen existenzielle Bedürfnisse überschreitet, obwohl andere ihre Bedürfnisse nicht decken können. Die der Praxis entsprechende Einführung von Knappheit in das theoretische Modell bezeichnet die eigentliche ideologische Grenze, jenseits der Privateigentum gegenüber Kollektiveigentum legitimationsnotwendig wird, denn sie zerteilt die Schicksalsgemeinschaft der Gleichen in die Gesellschaft der Ungleichen, in Gewinner und Verlierer. Mangel im Kollektiv ist geteilter Mangel – der gesellschaftliche Reichtum kann in Zeiten der Not sinken, doch wird dies die innergesellschaftliche Reichtumsverteilung nicht ändern. Unter privaten Besitzverhältnissen hingegen trennt Knappheit von Ressourcen Arme von Reichen. Stand der Mensch bislang mit seinen Mitmenschen gegen die Natur, bettet Privatbesitz den Konflikt in die gesellschaftlichen Verhältnisse ein. Die Rechtfertigung von Privatbesitz unter Bedingungen der Knappheit fordert demnach auch ein Gerechtigkeitskonzept auf der Basis von Ungleichheit.

Für die Rechtfertigung von Besitz unter antagonistischen Verhältnissen zieht Locke das Theorem der »stillschweigenden Übereinkunft«[4] heran (Locke 1689/2007: 37): Die Besitzregel, dass jeder nur so viel Land besitzen darf, wie er nutzen kann, gelte immer noch, so Locke, »wenn nicht die *Erfindung des Geldes* und die stillschweigende Übereinkunft der Menschen, ihm einen Wert beizumessen (durch Zustimmung), die Bildung größerer Besitztümer und das Recht darauf mit sich gebracht hätte« (ebd.). Die stille Vereinbarung, einem »kleinen Stück gelben Metalls« (ebd.) die Bedeutung eines unverrottbaren und transportablen Tauschmittels zu geben, vollendet die private Inbesitznahme der Natur, die mit der Arbeit begann. Gold/Geld als Tauschmittel sprengt die Grenzen des eigenen Gebrauchs und schafft den nachhaltigen Grund, sich mehr anzueignen, als man verbrauchen kann. Dort, wo Geld als Tauschmittel benutzt wird, so Locke, wird auch Land knapp, weil es nun sinnvoll wird, mehr Land zu besitzen, als man selbst bearbeiten und nutzen kann. Auf der Grundlage der stillen Vereinbarung, ein

4 Die »stillschweigende Übereinkunft« findet auch Verwendung in seiner Konstruktion des politischen Gesellschaftsvertrages; hier wird es für die Illusion eines »ökonomischen Gesellschaftsvertrags« benutzt.

gemeinsames Tauschmittel einzuführen, schlossen Gesellschaften Verträge über territoriale Grenzen hinweg und setzten so »durch *positive Abkommen* untereinander ein *Eigentum* an den verschiedenen Teilen und Stücken der Erde *fest*« (ebd. 44; Herv. i. Orig.).

Mehr noch, sie stimmen damit auch – stillschweigend – einer ungleichen Verteilung der Erde zu. Es sei

> einleuchtend, daß die Menschen mit einem ungleichen und unproportionierten Bodenbesitz einverstanden gewesen sind. Denn sie haben durch stillschweigende und freiwillige Zustimmung einen Weg gefunden, wie ein Mensch auf redliche Weise mehr Land besitzen darf, als er selbst nutzen kann, wenn er nämlich als Gegenwert für den Überschuß an Produkten Gold und Silber erhält, jene Metalle, die in der Hand des Besitzers weder verderben noch umkommen und die man, ohne jemandem Schaden zuzufügen, aufbewahren kann. Diese Verteilung der Dinge zu einem ungleichen Privatbesitz haben die Menschen, außerhalb der Grenzen der Gemeinschaft und ohne Vertrag, nur dadurch ermöglicht, daß sie dem Gold und Silber einen Wert beilegten und stillschweigend in den Gebrauch des Geldes einwilligten. (Ebd.: 47; Herv. i. Orig.)

Selbstsicher behauptet Locke später, dass Eigentum nirgendwo klarer erklärt worden sei als in seinem eigenen Buch.[5] Allerdings handelt es sich hierbei weniger um eine wissenschaftliche Erklärung als vielmehr um einen strategischen Eingriff in die kontroversen Diskurse seiner Zeit. Faktisch ist seine Argumentation eine mit den Interessen der nach Besitz strebenden Klasse verbundene ideologische Rechtfertigung. Locke arbeitet als »organischer Intellektueller« (Gramsci) der nach der Glorious Revolution entstandenen Klasse der neuen Besitzenden. In den unübersehbaren gesellschaftlichen Auseinandersetzungen seiner Zeit verschafft Locke der Seite der Privatisierungsgewinner einen ideologischen Vorteil, indem er das in der Praxis bitter umstrittene Recht auf Privatbesitz als gottgewollte, unvermeidliche und von allen Beteiligten »stillschweigend« akzeptierte Basis des gesellschaftlichen Miteinanders darzustellen sucht.

Vier Leistungen Lockes im Dienste einer Privatisierung der Allmende sind besonders beachtenswert: Erstens betrachtet seine Begründung auf der Grundlage der »stillschweigenden Übereinkunft«

5 »›Ich habe nirgendwo eine deutlichere Erklärung für Eigentum gefunden als in einem Buch, das *Die Zweite Abhandlung über die Regierung* heißt‹« (Locke zit. nach Laslett 1963: 15).

auch diejenigen als Zustimmende, denen Nachteile aus seiner Argumentation erwachsen. Die Ungleichheit privater Besitztümer wird nach seiner Darstellung auch für diejenigen als akzeptabel gesetzt, die selbst weniger, keinen ausreichenden oder gar keinen Besitz haben. Zweitens ist die Verortung der Zustimmung in der »stillschweigenden Übereinkunft«, die durch die unbestreitbare Tatsache einer existierenden Geldwirtschaft scheinbar ausreichend belegt ist, ein starkes Gegenargument gegen jede Form von Protest. Die tägliche Teilnahme am geldvermittelten Warenverkehr wird als generelle Zustimmung interpretiert, so dass jeglicher Protest der Inkonsequenz bezichtigt und damit delegitimiert werden kann. Drittens münzt Locke unabweisbare Gegebenheiten und Elemente des Common Sense in Bestätigungen seiner ideologischen Rechtfertigung einer spezifischen Besitzform um. Dabei wird unter der Hand aus dem unbestrittenen Nießbrauchrecht Privatbesitz generiert, aus Geldwirtschaft Zustimmung zu Ungleichheit und aus dem Besitz an der eigenen Person der Privatbesitz an Land abgeleitet. Viertens reformuliert er die spezifischen Klassenauseinandersetzungen seiner Zeit als entwicklungsgeschichtliche Erzählung: Zeitgenössischer Protest und konkrete Enteignungen werden im großen Strom einer erzählten Geschichte ertränkt.

Locke überschreitet mit seiner Argumentation die erste von zwei Grenzlinien, die eine Philosophie des Privateigentums auf dem Weg zu seiner Verallgemeinerung nehmen musste: das biblische Gebot, dass Gott der Menschheit – nicht Privateigentümern – die Erde zur Nutzung überlassen habe. John Locke bricht mit dieser Überlieferung durch die Behauptung, dass Privateigentum an Land Gottes Willen entspricht, und ist damit wesentlich an einer Säkularisierung des Verständnisses von Eigentum beteiligt. Die Neuinterpretation der engen Gesetze Gottes ist die Basis des Erfolgs, den die individualistische Gemeinwohlsemantik des (Neo-)Liberalismus bis heute feiert. Auf der Grundlage des von seinen biblischen Fesseln befreiten Eigentumsdiskurses gelangt erst Adam Smith' Effizienzbehauptung, nach der der größte individuelle Nutzen auch den maximalen kollektiven Nutzen mit sich bringt – die zweite große philosophiegeschichtliche Anstrengung zur Legitimation von Privateigentum –, zur vollen Blüte. Smith eröffnet damit eine völlig neue Perspektive auf die Definition des Gemeinwohls und liefert das unverändert gültige Grundtheorem zur Begründung von Privatisierungen. Dabei kann er auf Lockes solide Arbeit aufbauen: Smith steht nicht mehr vor dem Problem, Privatbesitz prinzipiell legitimieren zu müssen, sondern kann sich stattdessen ganz einer Frage widmen, die Locke nur am Rande thematisiert hatte: Wem nutzt es? Auf seine bekannte Antwort – allen! – werde ich im Rahmen meiner Diskussion von Gemeinwohl und Privatisierung in Kapitel 6 eingehen.

## 5.2 Einhegung der Allmende: Begründungen und Kritik der sogenannten »ursprünglichen Akkumulation«

Am Anfang des Kapitalismus steht die Privatisierung der Allmende. Adam Smith beschreibt den Zusammenhang eher wortkarg: »[N]atur- oder sachbedingt [muß] Kapital vor der Arbeitsteilung angehäuft sein« (Smith 1776/2005: 227). Erst eine ausreichende Kapitalbildung, worunter Smith sowohl Produktionsmittel als auch die Mittel zum Lebensunterhalt subsumiert, erlaubt die Konzentration auf eine spezialisierte Arbeit:

> So kann sich ein Weber erst dann seiner besonderen Beschäftigung vollständig widmen, wenn entweder er selbst oder ein anderer im voraus Kapital angesammelt hat, von dem er leben kann und aus dem er mit Rohmaterialien und Handwerkszeug solange versorgt wird, bis er sein Tuch gewebt und vor allem auch verkauft hat. Offensichtlich muß also bereits Kapital gebildet sein, ehe er für eine so lange Zeit seine ganze Kraft in einem solch speziellen Erwerb einsetzen kann. (Smith 1776/2005: 227)

Kapital ist daher, so Smith, eine Entstehungsvoraussetzung von Kapital, denn »[w]o Geld ist, sagt ein Sprichwort, kommt Geld hinzu. Hat man erst mal ein wenig beisammen, ist es oft leicht, mehr hinzuzubekommen« (Smith 1776/2005: 80). Aber, fügt er hinzu, die »große Schwierigkeit besteht eben darin, erst einmal zu diesem wenigen zu kommen« (ebd.). Dieses Problem muss nicht nur jeder individuelle Kapitalbildner meistern, es stellt im gesellschaftlichen Rahmen auch eine Herausforderung für die Theoriebildung dar. Woher stammt das »wenige Geld«, aus dem dann mehr werden kann? Smith bleibt hier vage. Die »sanfte politische Ökonomie«

(Marx 1867/1984: 742) geht der Konfrontation mit der Geschichte der ursprünglichen Kapitalbildung aus dem Weg, indem sie diese entweder auf ein theoretisches Vorspiel der Arbeitsteilung reduziert oder aber in die »unbewohnten« amerikanischen Kolonien verlegt, in der sich eine vom Überlebenswillen diktierte und durch eigene Nutzung beschränkte Landaneignung als sozial-idyllischer, existenznotwendiger und daher nicht weiter begründungsbedürftiger Akt ausnimmt (Smith 1776/2005: 79 f.).

Marx, der Smith' Begriff der *previous accumulation* kritisch als »*sogenannte* ursprüngliche Akkumulation« (Marx 1867/1984: 741, Herv. P.D.) aufgreift, hegt keinen Zweifel an dem von Smith als notwendig beschriebenen Zusammenhang zwischen vorgefundenem Kapital und der Bildung weiteren Kapitals.[6] Beide sind sich darin einig, dass vor dem Einsatz produktiven Kapitals eine Wertschöpfung durch Aneignung von Reichtumsquellen steht. Doch sind mit dieser Übereinstimmung die diesbezüglichen Gemeinsamkeiten aufgebraucht. Während Smith die ursprüngliche Kapitalbildung wortreich beschweigt, skizziert Marx den historischen Prozess am Beispiel des Mutterlandes des Kapitalismus. In England, so Marx, findet die ursprüngliche Akkumulation in Form einer Privatisierung der Allmende statt und bedeutet »Eroberung, Unterjochung, Raubmord, kurz Gewalt« (Marx 1867/1984: 742).[7]

Die am Beispiel Englands analysierte Verwandlung von Gemein-

6 Marx ist daher nicht der Erfinder der »ursprünglichen Akkumulation«, sondern Adam Smith. Etwas verwirrend ist die Geschichte der Hin- und Rückübersetzung aus dem bzw. ins Englische: Smith sprach von »previous« (vorangehender) Akkumulation, die Marx in den Begriff »ursprünglich« übersetzte. Ohne Kenntnis des originalen Zusammenhangs bei Smith hat sich für die englische Übersetzung nunmehr, nahe an Marx' Begriff »ursprünglich«, »primitive« Akkumulation eingebürgert, ein Begriff, den man so wiederum nicht bei Smith findet.

7 Zu einem ähnlichen Schluss kommt etwa 100 Jahre später E. P. Thompson: »Die Einhegungen zerstörten nach und nach in jedem Dorf die ›Zusammenkratz-Subsistenzwirtschaft‹ der Armen. Der Häusler, der seine Rechte nicht nachweisen konnte, wurde selten entschädigt. Der Häusler, der seine Ansprüche belegen konnte, wurde mit einer für den Lebensunterhalt unzureichenden Landparzelle und einem unverhältnismäßig großen Anteil an den sehr hohen Kosten der Einhegungen sich selbst überlassen. Die Einhegungen waren (auch unter Berücksichtigung aller Spitzfindigkeiten) ein ganz offensichtlicher Fall von Klassenraub, inszeniert nach den fairen Regeln von Eigentum und Gesetz, wie sie von einem Parlament der Eigentümer und Advokaten festgelegt wurden.« (Thompson 1987: 233)

eigentum in Privatbesitz und die dadurch bedingte Vertreibung von Landarbeitern und Bauern begleitet und forciert den Übergang von der feudalen zur kapitalistischen Produktionsweise. Unabhängig davon, woher genau die Motive der Transformation kommen – sei es aus dem Feudalsystem selbst, sei es durch äußere Einflüsse wie zuströmendes Geld oder neue Marktchancen –, hält Fernand Braudel fest: »Der neuralgische Punkt jedenfalls, den der Zauberstab berühren muß, ist stets der Schnittpunkt zwischen landwirtschaftlicher Erzeugung und allgemeiner Wirtschaft, das heißt die Ankopplung des einen an die andere.« (Braudel 1986: 285)

Was England betrifft, so geben verschiedene Faktoren den Ausschlag für die sich über mehrere Jahrhunderte erstreckende, vollständige Abschaffung des Gemeindeeigentums an Land: Kapitalistische Industrielle traten an die Stelle der Feudalherren als herrschende Klasse, zugleich vollzog sich ein Paradigmenwechsel im Begriff des Reichtums, der sich nun nicht mehr in einer möglichst großen Zahl von Untertanen, sondern im Geldbesitz ausdrückt,[8] und – der eigentliche Auslöser – die Wollpreise stiegen infolge des Aufblühens der flandrischen Wollmanufaktur im Ausgang des 15. Jahrhunderts an. Letzteres ist verantwortlich für die großflächige Verwandlung von gemeinsam genutztem Ackerland in Weiden für die kapitalträchtigen Schafe. Einhegungsanträge der Gentry passierten erfolgreich das House of Commons; vergeblich versuchten sowohl Heinrich VII. als auch Heinrich VIII. durch mehrfache Gesetzgebungsprozesse die massenweise Vertreibung und Verarmung der ansässigen Bauern zu stoppen.

Den nächsten großen Schub löste die Reformation »und, in ihrem Gefolge, der kolossale Diebstahl der Kirchengüter« (Marx 1867/1984: 749) aus. Grund und Boden der katholischen Klöster, die als Feudaleigentümer große Teile des englischen Bodens besaßen, wurden verschenkt oder verkauft, mit der doppelten Konsequenz, dass die alten Untersassen verjagt wurden und »das gesetzlich garantierte Eigentum verarmter Landleute an einem Teil des Kirchenzehnten […] stillschweigend konfisziert [ward]« (ebd.). In der letzten Welle der Privatisierung von Grund und Boden, die nach der Glorious Revolution einsetzte, zielte schließlich der Umwandlungsprozess auf die verbliebenen Reste von Gemeindeland,

8 Vgl. zur Transformation des Bedeutungsgehalts von Armut und Reichtum auch Geremek (1991: 28 ff.) und Sachße/Tennstedt (1980: 27).

vor allem aber auf den hiervon zu unterscheidenden Staatsbesitz: »Diese Länder wurden verschenkt, zu Spottpreisen verkauft oder auch durch direkte Usurpation an Privatgüter annexiert.« (Ebd.: 751) Die Verwandlung von Grund und Boden »in einen reinen Handelsartikel« (ebd.: 752) war am Ende des 18. Jahrhunderts abgeschlossen, die letzten Spuren der Allmende der Ackerbauern so gründlich getilgt, dass sich »im 19. Jahrhundert [...] selbst die Erinnerung des Zusammenhangs zwischen Ackerbauer und Gemeineigentum [verlor]« (ebd.: 756).

Unumstritten setzt kapitalistische Produktion eine »vorher« bereits vorhandene Reichtumsquelle voraus. Weit weniger Konsens besteht in Bezug auf eine wichtige Folgefrage: Ist die sogenannte ursprüngliche Akkumulation nur ein einmaliger Akt am Anfang des Kapitalismus oder sind Vorgänge ursprünglicher Akkumulation für die Erhaltung des Gesamtkapitals dauerhaft notwendig?

Sowohl für kapitalistische als auch für antikapitalistische Strategien ist eine Entscheidung über diese Frage sehr bedeutsam: Für die Erhaltung des Kapitalismus beinhaltet eine auf Dauer gestellte ursprüngliche Akkumulation die Aufforderung, permanent in Bereiche zu expandieren, die bislang nicht kapitalisiert waren, das heißt, Privatisierung und Kapitalisierung, die Eroberung nicht kommodifizierter Lebens- und Produktionsbereiche sind dann notwendig. Wenn sie hingegen keine Bedeutung für die Erweiterung der kapitalistischen Stufenleiter haben sollten, sind solche Expansionstriebe entweder lediglich Möglichkeiten oder gar gefährliche Hasardeurspiele. Für antikapitalistische Strategien stellt sich die Lage wie folgt dar: Wenn der Kapitalismus auf ursprüngliche Akkumulation dauerhaft angewiesen ist, beschleunigt das seinen Niedergang, verhindert also seine Expansion. Das aber hieße, den Kampf gegen den Kapitalismus nicht in seinem Zentrum, sondern an seiner Peripherie zu führen. Ist er es nicht, sind es die fortgeschrittenen Bereiche kapitalisierter Produktion, an denen der Zustand des Kapitalismus abgelesen werden kann und die im Mittelpunkt organisierter Gegenbewegungen stehen müssen.

Ebensolche strategischen Überlegungen haben innerhalb der historischen marxistischen Debatte eine theoretisch fundierte Auseinandersetzung über die Bedeutung der ursprünglichen Akkumulation weitgehend verhindert. Das westeuropäische Proletariat musste schon aus politischen Gründen davon ausgehen, dass der

Kapitalismus seine Kraft aus dem Zentrum bezieht – und deshalb auch (nur) dort zu Fall gebracht werden kann. Die hieraus folgende tendenzielle Ablehnung der Idee fortgesetzter ursprünglicher Akkumulation konnte sich insofern auf Marx stützen, als er in eigentlich anderer Angelegenheit – nämlich in seinen Antworten auf die Fragen russischer Marxisten bezüglich ihres Umgangs mit dem russischen Gemeindeland – Anlass zu solchen Interpretationen gab. Die theoretische Stellung ursprünglicher Akkumulation geriet in die Perspektive russischer Marxisten, als sie aus einer Verallgemeinerung Marx'scher Analysen und Beschreibungen den Weg Russlands in den Kapitalismus (und darüber hinaus) zu extrapolieren versuchten (Michailowski 1877). Ihre Lektüre des *Kapitals* legte ihnen eine gewaltsame Expropriation des russischen Gemeindelandes nahe, um auf diese Weise den vermeintlich unvermeidlichen Gang der Entwicklung, der den Feudalismus über Kapitalismus und Sozialismus hin zum Kommunismus führt, zu beschleunigen. Nach einem längeren Studium der russischen Gegebenheiten erklärte Marx, seine Ausführungen seien lediglich eine »historische Skizze« (Marx 1877/1982: 111) des Weges, den Westeuropa aus dem Feudalismus in den Kapitalismus genommen habe. Rückschlüsse auf oder gar Programmvorschläge für den Weg der russischen Gesellschaft könne man aus dieser Geschichte nicht ziehen. Marx' Relativierung richtete sich damit insbesondere gegen eine allgemeine Geschichtsphilosophie ohne Berücksichtigung spezifischer Umstände. Da jedoch die Frage an seiner Darstellung der sogenannten ursprünglichen Akkumulation entwickelt worden war, drängte sich im nächsten Schritt die Deutung auf, dass Vorgänge ursprünglicher Akkumulation nur am Anfang des Kapitalismus stattfinden, hingegen sich die eigentliche Fortentwicklung und Erweiterung des gesellschaftlichen Gesamtkapitals im Prozess der Mehrwertbildung durch Ausbeutung vollzieht.

An der Frage, wie sich die kapitalistische Produktionsweise ausweitet und auf immer höherem Niveau reproduziert, entzündet sich auch Rosa Luxemburgs Kritik an Marx: Er habe in seinem Schema der erweiterten Reproduktion des Gesamtkapitals weder die Frage der Ausweitung von Absatzmärkten, die wiederum Voraussetzung einer erweiterten Kapitalbildung sei (Luxemburg 1913/1981: 123 ff.), ausreichend dargelegt, noch (wie überhaupt die Ökonomen) die Frage geklärt, woher die »entsprechende[n] sachliche[n] Elemente der Produktionserweiterung« (ebd: 304) stammen. Als Antwort weist Luxemburg der ursprünglichen Akkumulation einen notwendigen Status für die Erweiterung und hierdurch Erhaltung der kapitalistischen Produktionsweise zu:

Die unaufhörliche Steigerung der Produktivität der Arbeit [...] als die wichtigste Methode zur Steigerung der Mehrwertrate schließt die schrankenlose Nutzbarmachung aller von der Natur und der Erde zur Verfügung gestellten Stoffe und Bedingungen ein und ist an eine solche gebunden. Das Kapital verträgt in dieser Hinsicht seinem Wesen und seiner Daseinsweise nach keine Einschränkung. [...] Plötzliche Inangriffnahme neuer Rohstoffgebiete in unumschränkten Maße, sowohl um allen eventuellen Wechselfällen und Unterbrechungen in der Zufuhr der Rohstoffe aus alten Quellen wie allen plötzlichen Erweiterungen des gesellschaftlichen Bedarfs gewachsen zu sein, ist eine der unumgänglichsten Vorbedingungen des Akkumulationsprozesses in seiner Elastizität und Sprunghaftigkeit. (Ebd.: 306f.)

Ergänzt um die Kritik, dass auch die Erweiterung des variablen Kapitals – der Arbeitskräfte – nicht ausreichend berücksichtigt worden sei, folgert Luxemburg schließlich, dass der Kapitalismus zu seinem Fortbestehen auf Expansionen angewiesen sei und daher in einem fortgeschrittenen Stadium Imperialismus und Militarismus notwendig aus dem Kapitalismus folgten. Am Ende des Bogens sieht Luxemburg genau hierin den Anfang vom Untergang des Kapitalismus:

Je gewalttätiger der Kapitalismus vermittelst des Militarismus draußen in der Welt wie bei sich daheim mit der Existenz nichtkapitalistischer Schichten aufräumt und die Existenzbedingungen aller arbeitenden Schichten herabdrückt, um so mehr verwandelt sich die Tagesgeschichte der Kapitalakkumulation auf der Weltbühne in eine fortlaufende Kette politischer und sozialer Katastrophen und Konvulsionen, die zusammen mit den fortschreitenden wirtschaftlichen Katastrophen in Gestalt der Krise die Fortsetzung der Akkumulation zur Unmöglichkeit, die Rebellion der internationalen Arbeiterklasse gegen die Kapitalherrschaft zur Notwendigkeit machen werden, selbst ehe sie noch ökonomisch und auf ihre natürliche selbstgeschaffene Schranke gestoßen ist. (Ebd.: 410f.)

Im Rückblick muss der Debattenverlauf über die Bedeutung der sogenannten ursprünglichen Akkumulation für die kapitalistische Produktionsweise als unglücklich eingeschätzt werden, weil die Möglichkeit, sie theoretisch zu fundieren, systematisch durch die Dominanz strategischer Überlegungen verspielt wurde. Rosa Luxemburg erschwert eine nüchterne Rezeption ihrer Ausführungen, indem sie sie in eine Zusammenbruchstheorie einbindet, die sich mit jedem Jahr der Fortexistenz des Kapitalismus selbst widerlegt. Eine Würdigung ihrer Hinweise auf das »Hinterland« (Luxemburg 1925/1981: 776) des Kapitalismus als Ausdehnungszonen der ihrer eigenen Natur nach unbeschränkten Produktionsweise muss erst mühselig vom Furor einer absoluten Untergangsvision befreit werden. Marx selbst ist in seiner Einschätzung weit offener, als man seinen auf den Fall des russischen Gemeindelandes gemünzten, eher defensiven Ausführungen entnehmen kann. Denn unabhängig vom russischen Kontext lässt er durchaus Raum für die Möglichkeit, dass Formen ursprünglicher Akkumulation einer Ausweitung der kapitalistischen Gesamtproduktion dienlich und innerhalb dieser wünschenswert sind, indem er davon ausgeht, dass »unter besondrem Sporn des Bereicherungstriebes, wie z. B. Öffnung neuer Märkte, neuer Sphären der Kapitalanlage infolge neu entwickelter gesellschaftlicher Bedürfnisse usw., die Stufenleiter der Akkumulation plötzlich ausdehnbar ist« (Marx 1867/1984: 641). Nach dieser Lesart sind Prozesse ursprünglicher Akkumulation keineswegs auf einen kurzen Abschnitt der westeuropäischen Geschichte beschränkt, sondern integraler Bestandteil kapitalistischer Produktion.

Liest man also weder Marx noch Luxemburg unter der Maßgabe, dort Kohärenzen herzustellen, wo Brüche sind, oder politische Handlungsanweisungen aus Beobachtungen zu destillieren bzw. Prognosen des künftigen Weltlaufes umzumünzen, eröffnen beide Quellen Deutungsmöglichkeiten auch gegenwärtiger Privatisierungsvorgänge. Weder Luxemburg noch Marx geben dann Anlass zu Illusionen über die Notwendigkeiten der kapitalistischen Produktionsweise oder die Möglichkeiten, sich diesen Notwendigkeiten zu entziehen. Kapitalistische Produktion ist Mehrwertproduktion. Ihr Ziel ist Profit. Es ist dieser Produktionsweise inhärent, durch die Steigerung des Mehrwerts den Profit zu verstetigen. Expansion auf neue Rohstoffmärkte und Erschließung neuer Absatzquellen verheißen mehr Profit, dessen Steigerung das Ziel des Kapitalismus sein muss. Es liegt nicht in der Hand einzelner Kapitalisten, sich diesen Handlungszwängen zu entziehen oder sie zu ändern. Die Expansion in ein geographisches oder soziales Hinterland, »nicht nur in noch nicht erfasste geographische Räume, sondern auch nach innen, in die Refugien des gesellschaftlichen Lebens« (Altvater/Mahnkopf 1996: 114), ist eine Bedingung fortgesetzter kapitalistischer Akkumulation.

Wegen ihrer bisherigen Öffentlichkeit sind die Bereiche der öffentlichen Daseinsvorsorge eine Form des »Hinterlandes«, dessen Kommodifizierung und Kapitalisierung Märkte erschafft, wo vorher keine waren. Die Liberalisierung und Privatisierung öffentlicher Bereiche der Daseinsvorsorge stellt somit einen Angriff auf dieses Hinterland des Kapitalismus dar.[9] Die Veräußerung von Infrastrukturen oder ausschließlichen Zugangsrechten zu geringen oder keinen Kosten, wie sie in großem Stil in allen Ländern stattgefunden haben, die ihre öffentlichen Infrastrukturen bereits privatisiert haben, produzieren eine moderne Form der fortgesetzten ursprünglichen Akkumulation.

Kapitalistische Unternehmer werden solche Expansionsmöglichkeiten suchen, doch ist es eine Aufgabe der Politik, die Grenzen des Marktes zu gestalten. Marx zeigt in seiner Darstellung der Geschichte der Privatisierung der Allmende in England, dass die Eroberung des Hinterlandes des Kapitalismus den Gesetzen politischer Kräfteverhältnisse unterliegt. Im Falle Englands war es das Parlament, das, wie auch die spätere englische Geschichtsschreibung festhält, Gesetze beschloss, nach denen die Enteignung der Bauern vonstatten ging. Der Vorgang war folglich nicht illegal, auch wenn er moralisch empörend bleibt. Eine Kritik dieser Vorgänge wird sich daher in einer aussichtslosen Anklage der Funktionsbedingungen kapitalistischer Produktion verfangen müssen, wenn sie nicht zu-

9 In seiner komplexeren Bedeutung umfasst der Begriff des Hinterlandes nicht nur die profitablen Bereiche, die einer Ökonomisierung unterzogen werden können, sondern auch das Feld der sozialen Strukturen, die von einer solchen Inangriffnahme betroffen sind und deren Existenzbedingungen sich durch die Kapitalisierung verändern: Ein Staudammbau ist beispielsweise nicht nur die ökonomische »Inwertsetzung« einer Landschaft, sondern führt zu Vertreibungen, zu einer Verschlechterung der Lebensbedingungen für die Dagebliebenen und zur Notwendigkeit, das nicht ökonomisierte Auffangnetz für die Folgen der kapitalistischen Expansion aus- oder umzubauen. In diesem sozialen Hinterland des Kapitalismus sind es insbesondere Frauen, für die sich die Lebensbedingungen verschlechtern: Versiegen Quellen, wird ihr Weg zum Wasser weiter, sinken Grundwasserspiegel und mit ihnen die Erträge der Landwirtschaft, ist es ihre Aufgabe, die Verluste zu kompensieren.

gleich nach den politischen Gründen, Verhältnissen und Folgen fragt, die diese Schranke des Marktes öffneten.

## 5.3 Die »Tragik der Allmende«

Neben Rachel Carsons *Silent Spring*[10] (1962) und Paul Ehrlichs *The population bomb*[11] (1968) ist der im Dezember 1968 von Garrett Hardin in *Science* veröffentlichte Aufsatz »The Tragedy of the Commons« (Hardin 1968) das einflussreichste Werk über ökologische

10 *Silent Spring* thematisiert die Gefahren durch DDT und andere Pestizide. Es beschreibt die Auswirkungen von DDT auf die Nahrungskette und, so erklärt sich der Titel, enthält ein literarisch-apokalyptisches Kapitel über eine namenlose Stadt, die einen »silent spring« erlebt – ohne Vogelgezwitscher, Kinderlachen und Frühlingserwachen. Rachel Carson, Biologin und Wissenschaftsjournalistin, wurde für dieses Werk von der Chemischen Industrie stark angefeindet, insbesondere wurden die Wissenschaftlichkeit ihrer Aussagen in Frage gestellt und an ihrem Verstand gezweifelt. Monsanto, eine der führenden Firmen für genetisch verändertes Saatgut und Produzent von DDT, antwortete mit einer Broschüre (*The desolate year*), in der der Untergang der Welt an Hunger, Insekten und Krankheiten infolge des Verbots von chemischen Pestiziden dargestellt wird. Das Buch wurde aber auch von zahlreichen Experten unterstützt, deren Engagement in der Sache schließlich den stärkeren Ausschlag hatte als die Gegenkampagnen. Erfolge zeitigte *Silent Spring* in den Beschlüssen zu einer schärferen Beobachtung bis hin zum Verbot des Einsatzes von DDT in den USA.

11 *The population bomb* ist ein neomalthusianisches Werk mit dem Szenario einer in Hunger und Umweltzerstörung mündenden Bevölkerungsexplosion. Ehrlich prognostizierte für die 1970er Jahre Millionen von Hungertoten, weil die Weltbevölkerung schneller wachse als die Versorgungsmöglichkeiten. Wenige Jahre später verlagerte er den Zeitpunkt der prognostizierten Katastrophe auf Mitte der 1980er Jahre, erhöhte aber auch seine Prognose auf »einige Millarden Tote«. Das populärwissenschaftliche Werk, das in seinem Schlusskapitel die Zivilgesellschaft zu Aktivität aufruft, ist so emotionsgeladen wie apokalyptisch. Für seine »Problembeschreibung« versetzt Ehrlich die Leser auf der Eingangsseite nach Neu Delhi: »Die Straßen schienen von Menschen zu wimmeln. Essende Menschen, waschende Menschen, schlafende Menschen. Menschen, die andere besuchen, argumentieren und schreien. Menschen, die ihre Hände durch das Taxifenster strecken, bettelnd. Menschen, die defäkieren und urinieren. Menschen, die sich an Busse hängen. Menschen, die Tiere hüten. Menschen, Menschen, Menschen, Menschen.« (Ehrlich 1968: 1) 2009 veröffentlichten Paul R. und Anne H. Ehrlich (die die allerdings ungenannte Koautorin des Werkes war) eine Rückschau auf das Buch, das sie in seinen grundsätzlichen Aussagen nach wie vor richtig finden (Ehrlich/Ehrlich 2009).

Probleme in den USA nach 1945. Hardins Grundthese lautet, dass eine Übernutzung öffentlich zugänglicher, natürlicher Ressourcen bei wachsender Bevölkerung unvermeidlich ist, weil die individuellen Interessen, einen möglichst großen Anteil an den Ressourcen zu nutzen, mit dem kollektiven Interesse, diese dauerhaft für alle nutzbar zu halten, zwangsläufig kollidieren müssen. Beispielhaft bezieht er sich auf Hirten, die ihre Schafe auf dem Gemeindeland weiden lassen. Selbstverständlich scheint es im Interesse eines jeden Hirten zu liegen, so viele Schafe wie möglich zu halten, doch führt diese individuelle Nutzenmaximierungsstrategie zur Vernichtung der kollektiven Existenzgrundlage. Aus dem Gegensatz zwischen individueller Logik der Nutzenmaximierung und kollektiver Logik der Ressourcenschonung konstruiert er die »Tragik der Allmende«.

Hardin argumentiert, dass individueller Nutzen und kollektiver Schaden vom Standpunkt des einzelnen Hirten aus sehr unterschiedlich seien, wenn alle Hirten ihre Herden auf gemeinsamem Weideland grasen lassen. Fügt ein Hirte seiner Herde ein Schaf hinzu, hat er einen Gewinn von +1. Die negative Folge eines weiteren Schafes für ihn selbst (wie für alle anderen Hirten) ist aber lediglich ein Bruchteil von –1, weil die Effekte der Übernutzung sich auf alle verteilen.

> [D]er rationale Hirte kommt zu der Überzeugung, dass der einzig vernünftige Weg für ihn darin besteht, seiner Herde ein weiteres Tier hinzuzufügen. Und noch eins, und noch eins... Das ist aber ein Schluss, den jeder vernünftige Hirte ziehen muss, der seine Tiere auf einem Gemeindeland weiden lässt. Darin liegt die Tragödie. Jeder einzelne ist in einem System gefangen, das ihn zwingt, seine Herde grenzenlos zu vermehren – in einer Welt, die begrenzt ist. In einer Gesellschaft, die an die Freiheit der Allmende glaubt, eilen daher alle Menschen auf das Verderben zu, indem jeder seinen wohlverstandenen Interessen folgt. (Ebd.: 1244)[12]

Übernutzung der Allmende und Umweltverschmutzung sind für Hardin zwei Seiten derselben Medaille; im einen Falle gehe es darum, etwas aus den Gemeingütern zu entfernen, im anderen, ihnen

12 Ähnlich hatte bereits Scott Gordon (1954) in Bezug auf das Fischereiwesen argumentiert, ohne allerdings dieselbe Breitenwirkung wie Hardin zu erzielen. Das Grundargument jedoch, dass individuelle Nutzenmaximierung das kollektive Optimum verfehle, wird in der Ressourcenökonomik bis weit in die 1980er Jahre hinein reproduziert (Dasgupta 1982; Clark 1976).

etwas Schädliches hinzuzufügen – Abfall, Chemikalien, Radioaktivität, Gifte usw. (ebd.: 1245). Wie Übernutzung ist auch Umweltverschmutzung nach Hardins Auffassung vor allem eine Folge unkontrollierten Bevölkerungswachstums: »Wie der einsame amerikanische Siedler seinen Abfall entsorgte, war egal. [...] Aber wenn sich die Bevölkerungszahl erhöht und die natürlichen chemischen und biologischen Recycling-Prozesse überlastet werden, muss man die Eigentumsrechte neu definieren.« (Ebd.)

Mit Blick auf die Überbevölkerung schließt Hardin implizit an die kurz zuvor von Paul Ehrlich so prominent in die Diskussion geworfene Schreckensvision einer sich selbst zerstörenden, unkontrolliert wachsenden Weltbevölkerung an. Hardin erklärt Geburtenkontrolle zu einer Frage der Gerechtigkeit, die im öffentlichen Interesse liegt. Letzteres lasse sich ableiten, wenn man den an seine Grenzen stoßenden Sozialstaat mit einem imaginierten Naturzustand kontrastiert, in dem atomisierte Individuen die Folgen ihres eigenen Tuns vollständig selbst zu tragen haben: Wären Menschen sich selbst überlassen, wäre Hunger ein individuelles Problem und eine mögliche Überbevölkerung würde sich von ganz alleine wieder reduzieren. In einem wohlfahrtsstaatlichen System hingegen hat »die Freiheit, sich zu vermehren« (*freedom to breed*) einen negativen Effekt für die ganze Gesellschaft und kann nicht den Individuen überlassen werden. Hardins Schlussfolgerungen liegen auf der Hand: »Wenn man das Konzept der Freiheit, sich zu vermehren, mit dem Glauben kombiniert, dass jeder ein gleiches Recht auf die Gemeingüter hat, dann zwingt man der Welt einen tragischen Lauf auf.« (Ebd.) Überbevölkerung als Verursacher für Übernutzung und Umweltverschmutzung muss daher durch ein soziales Arrangement wechselseitigen Zwangs verhindert werden: »Der einzige Weg, in dem wir andere und wichtigere Freiheiten bewahren und fördern können, liegt darin, die Freiheit zur Vermehrung einzuschränken, und das müssen wir sehr bald tun.« (Ebd.: 1248)

Eine Neudefinition von Eigentumsrechten, die Hardin gefordert hatte, muss durch eine zwar ungerechte, aber insgesamt weniger ruinöse Privatisierung der öffentlichen Ressourcen erfolgen:

Wir müssen zwar zugeben, dass unser Rechtssystem von Eigentum und Erbschaft ungerecht ist – aber es ist besser, wenn wir uns damit zufrieden geben, da wir im Moment nicht davon überzeugt sind, dass irgendjemand ein besseres System erfunden hat. Die Alternative ist zu schrecklich, als dass man daran denken wollte. Ungerechtigkeit ist dem Untergang jedenfalls vorzuziehen. (Ebd.: 1248)

Nach der Privatisierung von Land und dem Verbot, die Umwelt zu verschmutzen, sind nach Hardin auch die verbliebenen öffentlichen Güter nur zu schützen, indem sie eingehegt werden. In späteren Kommentaren (Hardin 1978; Hardin 1998) wird er etwas deutlicher: Es gehe im Grunde um die Wahl zwischen einem »privatwirtschaftlichen System« und dem »Sozialismus« (Hardin 1978: 314). »Sozialismus« wird von Hardin allerdings nicht im Sinne einer Systemalternative zum Kapitalismus verstanden und ist insofern irreführend; aus seiner Sicht bedürfe es vielmehr eines »Leviathans«, des »Zwang(s) einer äußeren Macht« (Hardin 1978: 314).

Hardin, der Biologieprofessor an der University of California war, wagte sich mit seiner Darstellung der verknüpften Problematiken von Überbevölkerung, Übernutzung und Umweltverschmutzung weit aus dem Feld der Biologie hinaus in das Gebiet regulativer Politik. Die Klarheit, mit der er die Problematik der Übernutzung von Allmenderessourcen formulierte, und die Geradlinigkeit seiner politischen Antwort auf diese Probleme führten in der Rezeptionsgeschichte zu einer weitgehend unkritischen Übernahme seiner Positionen. »Ein Großteil der Literatur über Allmenderessourcen hat […] die Annahme einer unausweichlichen Tragik akzeptiert.« (Ostrom 1999: 9) Darüber hinaus ist die Metapher der Tragik der Allmende auf zahlreiche andere Problembereiche übertragen worden,[13] wie auch die von Hardin vorgeschlagenen Lösungen – Privatisierung oder Leviathan – eine breite Zustimmung gefunden haben. Eine Rezeption und Transformation von Hardins »Tragedy of the Commons« innerhalb der Politikwissenschaft, der Politikberatung und der praktischen Politik erfolgte entsprechend auf beiden Wegen: als Plädoyer für »eiserne Regierungen« (Heilbroner 1976) ebenso wie für »die Etablierung vollständiger Eigentums-

13 Etwa auf »die Hungersnot der 70er Jahre in der Sahelzone (Picardi und Seifert 1977), die überall in der Dritten Welt durch Waldbrände ausgelösten Krisen (Norman 1984; Thomson 1977), den Sauren Regen (R. Wilson 1985), die Organisation der Mormonenkirche (Bullock u. Baden 1977), das Unvermögen des amerikanischen Kongresses, seiner Ausgabenfreudigkeit Zügel anzulegen (Shepsle u. Weingast 1984), die urbane Kriminalität (Neher 1978), die Beziehungen zwischen öffentlichem und privatem Sektor in modernen Wirtschaften (Scharpf 1985, 1987, 1988), die Probleme der internationalen Zusammenarbeit (Snidal 1985) und den ethnischen Konflikt auf Zypern (Lumsden 1973)« (Ostrom 1999: 4f.).

rechte« (Welch/Miewald 1983) statt tradierten Gemeineigentums. Beiden Positionen ist zweierlei gemeinsam: die tiefe Überzeugung, dass natürliche Ressourcen in den Händen einer Gemeinschaft der Ausbeutung, der Verschmutzung, schlicht dem Untergang geweiht sind, und die nicht minder tiefe Überzeugung, dass eine Überantwortung der Allmende an Staat oder Private im Interesse der sprachlosen, unterdrückten Natur steht. Genau dieses Argument wird einige Jahrzehnte später den entscheidenden Durchbruch für eine Privatisierung der Wasserversorgung ermöglichen und die Verfolgung privater Verwertungsinteressen als ökologische Notwendigkeit zu legitimieren versuchen.

## 5.4 Konzeptionelle Auswege aus der Tragik: *common pool resource, global public goods, global commons*

Kritik an Hardins Beschreibung und Lösung von Allmendeproblemen entstand seit dem Anfang der 1990er Jahre vor allem im Umfeld des »Neuen Institutionalismus« (vgl. u. a. Shepsle 1979; Shepsle 1989; Shepsle/Weingast 1987), zu dessen zentralen Verdiensten die Beharrlichkeit zählt, mit der er darauf verweist, dass institutionelle Details wichtig sind. Ein geschärfter Blick auf Institutionen hat zudem zu einer verstärkten Beachtung der Beziehung zwischen Institutionen und individuellem Verhalten, der Rolle, die Asymmetrien von Macht in der Entwicklung und Arbeitsweise von Institutionen spielen, der Pfadabhängigkeiten und unintendierten Nebenfolgen geführt sowie zu einer Berücksichtigung anderer Faktoren, die politische Ergebnisse beeinflussen (Hall/Taylor 1996: 954). Im Lichte dieser Überlegungen hat insbesondere Elinor Ostrom mit einem groß angelegten Forschungsprojekt über institutionelle Arrangements zur Verwaltung von Allmenderessourcen die Gewissheit in Frage gestellt, mit der Hardin den Ruin der Allmende prophezeite, wenn sie nicht staatlich zentralisiert oder privat besessen wird.

Die methodische Grundüberzeugung, die Ostroms Untersuchungen leitet, setzt auf eine enge Verbindung zwischen Empirie und Theorie. Die Beobachtung der Bewirtschaftung von Allmenderessourcen in der Praxis ist daher auch ihr Ansatzpunkt für die Kritik an Hardins Modell: Erstens zeige eine empirische Analyse der institutionellen Arrangements zur Bewirtschaftung von

Allmenderessourcen eine Vielfalt, die sich in der Alternative von »Markt oder Staat« nicht erschöpfe, welche somit das Spektrum vorfindbarer Institutionen unzulässig verkürze. Zweitens seien in Feldszenarien »öffentliche und private Institutionen häufig vernetzt und voneinander abhängig: Sie existieren nicht in getrennten Welten« (Ostrom 1999: 19). Drittens lehre die Empirie auch, dass die behauptete Überlegenheit staatlicher oder privater Bewirtschaftung gegenüber einer gemeinschaftlichen in Frage gestellt werden müsse. In einer Untersuchung über Weidelanddegradation in China, der Mongolei und Nordsibirien unter verschiedenen Bewirtschaftungsformen weist etwa Sneath (1998) nach, dass die ökologische Zerstörung unter privatwirtschaftlicher (Nordsibirien) bzw. sozialistischer (China) Bewirtschaftung weit höher war als in dem traditionell als Gruppeneigentum bewirtschafteten Teil in der Mongolei.[14] Hieraus kann nicht der Umkehrschluss gezogen werden, dass Gruppeneigentum immer ressourcenschonender ist als Privatwirtschaft oder eine staatliche Regulierung. Man kann aber sehr wohl folgern, dass die universale Behauptung einer einzigen Alternative – privates Unternehmen oder Leviathan – der Wirklichkeit nicht standhält. Wenn Empirie und Hardins Theorie derart auseinanderklaffen, muss daher die Theorie überdacht werden.

Ostrom kritisiert, dass Hardin mit seinem »Hirtenspiel« einen Modelltypus kollektiven Handelns bemüht, der – ähnlich wie das Gefangenendilemma[15] oder Olsons *Logik des kollektiven Handelns*

14 »Eine Satellitenaufnahme von Nordchina, der Mongolei und Südsibirien zeigt merkliche Schäden im russischen Teil, während die mongolische Bildhälfte weit weniger Degradation aufweist. Hier hat die Mongolei den Schäfern erlaubt, ihre traditionellen Institutionen des Gruppenbesitzes beizubehalten, die großflächige Wanderungen zwischen saisonalen Weidegebieten einschließen, während sowohl Russland als auch China staatseigene landwirtschaftliche Produktionsgenossenschaften und eine permanente Siedlungweise erzwungen haben. In jüngerer Zeit hat die chinesische Lösung auch Privatisierungen eingeschlossen, indem das ›Weideland in individuelle Weidegründe für jeden Hirtenhaushalt‹ aufgeteilt wurde. Ungefähr drei Viertel des russischen Weidelandes und mehr als ein Drittel des chinesischen Gebietes in dieser ökologischen Zone sind zerstört (*degraded*), aber nur ein Zehntel der mongolischen Fläche weist vergleichbare Schäden auf. In diesem Fall gehen sowohl Sozialismus als auch Privatisierung mit größeren Schäden einher als die traditionelle Gruppenbewirtschaftung.« (Ostrom u. a. 1999: 278)

15 Beide Theoreme modellieren einen Konflikt zwischen individuellen und kollektiven Interessen, bei dem eine individuelle Nutzenmaximierung zu einer Verschlechterung für das Kollektiv führen wird. Im Falle des Gefangenendilemmas

(Olson 1998)[16] – die modellhaft angenommenen, restriktiven Bedingungen umstandslos in die empirische Wirklichkeit überträgt und damit als einzige Quelle der Veränderung und Auflösung des Dilemmas eine externe Macht zitieren muss. So betrachtet entsteht die Tragik der Allmende erst, wenn die Hirten als egoistische Nutzenmaximierer konstruiert werden, die zudem nicht miteinander sprechen. Hardins Hirten sind »Gefangene«, die an den Bedingungen des Spiels nichts ändern können: Sie müssen ihre Herden vergrößern, bis sie an und mit ihnen untergehen, und dem eigenen und fremden Tun zuschauen, ohne einvernehmlich handeln zu können. In den engen Grenzen dieses Modells kommt Rettung nur von außen. Die Rationalität der Gefangenen, den eigenen Schaden zu minimieren, indem der der anderen maximiert wird – allerdings unter dem Risiko, dass der andere genauso handelt und daher für beide vergleichsweise schlechtere Ergebnisse herauskommen –, beruht systematisch auf ihrem Nichtsprechenkönnen.

Indem die restriktiven Bedingungen des Modells und seine umstandslose Übertragung in die Wirklichkeit wie in politische Lösungsrezepte in Frage gestellt werden, eröffnen sich Wege zu einer konzeptionellen Neuorientierung. Übernimmt man in die Theoriebildung die empirische Tatsache, dass Nutzer von Allmenderessourcen sehr wohl miteinander kommunizieren, können komplexere Modelle erdacht werden, die zum Beispiel zwischen den Beteiligten einen Vertrag vorsehen, der von einem gemeinschaftlich bevollmächtigten Vollstrecker überwacht wird:

Ein selbstfinanziertes, kontraktgestütztes Spiel ermöglicht den Beteiligten eine umfassendere Kontrolle über Entscheidungen, wessen Tiere und wie viele [...] maximal weiden dürfen. Falls die Parteien einen privaten Schiedsrichter einsetzen, bedeutet dies nicht, dass sie ihm erlauben, ihnen einen Kontrakt aufzuzwingen. Er hilft ihnen lediglich, Methoden zur Lösung

werden zwei Schuldverdächtige getrennt voneinander befragt: Wenn einer gesteht, geht er straffrei aus, und der andere erhält die Höchststrafe. Gestehen beide, erhalten beide ein hohes, aber nicht das volle Strafmaß. Schweigen beide, werden sie per Indizienbeweis verklagt und müssen für eine kürzere Zeit in Haft. Der modellhafte Konflikt entsteht, weil für beide die individuell beste Lösung wäre, die Tat zu gestehen, die kollektiv beste Lösung aber wäre, zu schweigen.

16 Die Theorie kollektiven Handelns geht davon aus, dass öffentliche Güter, von deren Nutzung niemand ausgeschlossen werden kann, einen individuellen Anreiz zum Trittbrettfahren bieten: Man zieht den Nutzen aus dem Gut, möchte sich aber an dessen Erhaltung nicht beteiligen.

von Konflikten zu finden, die im Rahmen der Gruppe von Arbeitsregeln entstehen, auf die sie sich selbst geeinigt haben. (Ostrom 1999: 22)

Generell kann die Forschung über Allmendeproblematiken von Ostroms Kritik in mehrfacher Hinsicht profitieren, indem sie das Verhältnis von Modellen, Theorie und Empirie überdenkt, institutionelle Details, geographische Besonderheiten und die Spezifika unterschiedlicher Ressourcensysteme berücksichtigt sowie die vermeintliche Antwort auf die »Tragik der Allmende« durch die Frage ersetzt, welche institutionellen Arrangements unter welchen Bedingungen erfolgreich sind und welche nicht. »Erfolg« kann dabei heißen, dem Hardinschen Dilemma zu entgehen, den eigenen Nutzen nur auf Kosten des Kollektivnutzens maximieren zu können sowie Trittbrettfahren zu verhindern, die Ressource dauerhaft zu erhalten und das hierzu erfundene Institutionensystem stabil, aber anpassungsfähig zu gestalten.

Voraussetzungen für eine ergebnisoffene Forschung über die Bewirtschaftung natürlicher Ressourcen sind aber Konzeptionen öffentlicher Güter, die das Feld, auf dem um Lösungen für die komplexen Probleme ihrer Bewirtschaftung gerungen werden muss, vor einer vorschnellen Schließung durch die Antworten »Staat« oder »Markt« schützen. Relevante Konzepte liegen mit dem von Elinor Ostrom vorgeschlagenen Begriff der »Allmenderessource« (*common pool resource*), dem insbesondere von Inge Kaul eingebrachten Begriff der »Globalen Öffentlichen Güter« und dem in der politischen Diskussion wider Privatisierungstendenzen gebrauchten Begriff des »gemeinsamen Menschheitserbes« (*common heritage*, *global commons*) vor.

Als Allmenderessource (AR) bezeichnet Ostrom ein natürliches oder von Menschen geschaffenes Ressourcensystem, das (a) sowohl das Ressourcensystem selbst (etwa eine Küstenregion) als auch subtrahierbare, das heißt individuell aneignungsfähige Ressourceneinheiten (zum Beispiel Fische) umfasst, (b) groß genug ist, um den Ausschluss potenzieller Aneigner sehr kostspielig zu machen, und (c) dessen Erhaltung von einer Vermeidung von Übernutzung abhängt. Mit der Unterscheidung zwischen Ressourcensystem und Ressourceneinheiten gelingt es, die Bedingungen für die Herstellung und Dauerhaftigkeit einer Allmenderessource insgesamt genauer zu bestimmen.

Die Entnahme von Ressourceneinheiten versteht Ostrom als Aneignung, die Nutzer heißen entsprechend »Aneigner« (Ostrom 1999: 39). Entnehmen die Aneigner dem Ressourcensystem nicht mehr Einheiten, als die Wiederauffüllungsrate ersetzen kann, »bleibt eine erneuerbare Ressource auf Dauer erhalten« (ebd.). Bezogen auf das Ressourcensystem unterscheidet sie zwischen »Bereitstellern« und »Produzenten«: »Mit dem Terminus ›Bereitsteller‹ (*provider*) bezeichne ich Personen oder Institutionen, die für die Bereitstellung einer AR sorgen. Als ›Produzenten‹ (*producer*) bezeichne ich jeden, der etwas konstruiert, repariert oder Maßnahmen ergreift, um den langfristigen Erhalt eines Ressourcensystems sicherzustellen. Häufig sind Betreiber und Produzenten identisch, müssen es aber nicht sein.« (Ebd.: 40)[17]

Probleme, die bei der Bewirtschaftung einer Allmenderessource gelöst werden müssen, lassen sich danach in zwei große Gruppen einteilen: Aneignungsprobleme und Bereitstellungsprobleme. Hierbei ist zu berücksichtigen, dass zwischen der kollektiven Nutzung des Ressourcensystems, und somit auch der kollektiven Verantwortung für seinen Erhalt, und der individuellen Aneignung der Ressourceneinheiten potenzielle Spannungen bestehen.[18] Aneigner und Bereitsteller von Allmenderessourcen stehen also vor einem Organisationsproblem: »Wie sollen sie eine Situation, in der jeder für sich – unabhängig – handelt, in eine Situation mit aufeinander abgestimmten Strategien verwandeln, um höhere Renditen zu erzielen oder ihren gemeinsamen Verlust zu reduzieren?« (Ebd.: 50)

Um zu erklären, dass Menschen tatsächlich in der Lage sind,

17 »Ein Staat kann ein Bewässerungssystem in dem Sinne bereitstellen, daß er für seine Finanzierung und seinen Bau sorgt. Er kann sodann mit den Bauern vor Ort aushandeln, daß sie das Bewässerungssystem betreiben und instand halten. Sind sie ermächtigt, es instand zu halten, werden sie sowohl zu Bereitstellern als auch zu Produzenten von Instandhaltungsarbeiten an der AR.« (Ostrom 1999: 40)

18 Anders als reine öffentliche Güter, die sich dadurch auszeichnen, dass ihre Nutzung die Nutzung anderer nicht einschränkt (Sonnenlicht, Wetterberichte), werden die Ressourceneinheiten den Allmenderessourcen durch die Aneigner entzogen, individuell verbraucht und sind somit durch das System zu ersetzen. Allmenderessourcen und öffentliche Güter stehen damit vor dem gleichen Problem, Trittbrettfahrerei zu verhindern, unterscheiden sich aber hinsichtlich der Form der Aneignung (konkurrent bei Allmenderessourcen, nichtkonkurrent bei öffentlichen Gütern) und damit bezüglich des Problems der Erneuerung der verbrauchten Güter.

solche Probleme zu lösen, und damit auch der Tragik der Allmende entgehen können, bedarf es einer Theorie kollektiven Handelns, die die restriktiven Bedingungen, die das Gefangenendilemma, das Hardinsche Beispiel der Hirten oder Olsons Modell kollektiven Handelns kennzeichnen, sprengen kann. Ostrom fügt zu diesem Zweck systematisch Beobachtungen des wirklichen Verhaltens in ihre Theoriebildung ein:

Voraussagen, nach denen Individuen nicht in der Lage sind, ihre eigenen Regeln zu entwerfen, sich im voraus auf sie zu verpflichten und zu überwachen, um die Struktur interdependenter Situationen so zu ändern, daß sie gemeinsam davon profitieren, widersprechen den vorliegenden empirischen Befunden, die zeigen, daß einige Individuen im Gegensatz zu anderen diese Probleme gemeistert haben. (Ebd.: 59)

Vor diesem allgemeinen Hintergrund nimmt Ostrom für ihre Beobachtungen an, dass die Aneignungs- und Bereitstellungsprobleme von Allmenderessourcen variabel sind, nicht einem Modus unterliegen und daher differenziert betrachtet werden müssen und dass Aneigner von Allmenderessourcen sich in verschiedenen Arenen und auf unterschiedlichen Analyseebenen bewegen.

Man kann auf dieser Grundlage erstens verschiedene Typen von Aneignungs- und Bereitstellungsproblemen unterscheiden:

»Zahlreiche Faktoren bestimmen die strategische Struktur eines Aneignungs- oder Bereitstellungsproblems: Dazu zählen die materielle Struktur der AR, die den Aneignern verfügbaren Techniken, das ökonomische Umfeld und das Regelsystem, das die Anreizstruktur der Aneigner beeinflußt. (Ebd.: 64)

In der Praxis wirkt sich die Vielfalt dieser Bedingungen in Form unterschiedlicher Koordinationssysteme kollektiven Handelns aus; das wiederum bedeutet, dass *eine* Theorie kollektiven Handelns nicht ausreicht, um die kollektiven Koordinationsmöglichkeiten adäquat zu erfassen.

Zweitens führen diese Annahmen zu dem Schluss, dass ein Regelsystem – und als solches versteht Ostrom auch Institutionen[19]

19 »›Institutionen‹ können definiert werden als eine Gruppe von Arbeits- oder Verfahrensregeln, die festlegen, wer berechtigt ist, Entscheidungen auf einer bestimmten Ebene zu treffen, welche Handlungen erlaubt oder verboten sind, welche Aggregationsregeln zu verwenden, welche Prozesse einzuhalten, welche

– aus mehreren Ebenen besteht, die unterschiedliche Handlungsoptionen und -notwendigkeiten beinhalten. Unterschieden wird zwischen »operativen Regeln«, die die Alltagsebene bestimmen – etwa wie viele Ressourcen entnommen werden dürfen oder wer die Handlungen der anderen überwachen soll –, und »Regeln für kollektive Entscheidungen« sowie »Regeln für konstitutionelle Entscheidungen«. Regeln für kollektive Entscheidungen sind Anweisungen,

> mit denen AR-Aneigner, ihre Funktionäre oder externe Behörden ihre Vorgehensweise – die operativen Regeln – zur Bewirtschaftung der Allmenderessourcen festlegen. Regeln für konstitutionelle Entscheidungen bestimmen operative Aktivitäten und Resultate, indem sie festlegen, wer teilnahmeberechtigt ist und welche spezifischen Regeln für die Schaffung eines Regelsystems für kollektive Entscheidungen gelten, die ihrerseits die operativen Regeln bestimmen. (Ostrom 1999: 68; vgl. auch Kiser/Ostrom 1982)

Die Institutionen zur Regulierung von Allmenderessourcen sind nach dieser Annahme hierarchisch ineinander gebettete Regelsysteme, die Veränderungen und strategisches Handeln auf mehreren Ebenen erlauben. Einzelne Aneigner haben demnach nicht nur die Möglichkeit, auf der operativen Ebene zwischen Regelkonformität und Regelbruch zu entscheiden, sondern sie können ebenso auf der Ebene der kollektiven Entscheidungen versuchen, auf dieses Regelsystem selbst Einfluss zu nehmen oder auch auf der konstitutionellen Ebene auf eine grundsätzliche Veränderung hinwirken (vgl. auch Schlager 1999: 250 f.).

Bestimmte Regelungsgegenstände finden sich demnach auf allen Ebenen wieder: Legt zum Beispiel die konstitutionelle Ebene grundsätzlich fest, dass ein Ressourcensystem überwacht werden soll, um Übernutzung oder Diebstahl zu verhindern, kann auf der kollektiven Ebene entschieden werden, ob dies durch externe Aufseher oder die Nutzer selbst geschehen soll. Auf der operativen Ebene würde ein entsprechendes Rotationssystem existieren, mit dem heute der eine und morgen ein anderer Teilnehmer mit der Überwachung betraut wird. Wenn einer der beiden mit dieser Aufgabe nicht einverstanden ist, stehen ihm verschiedene Möglichkeiten zur Verfügung: Er kann die Regel brechen und seinem Dienst nicht

Informationen bereitzustellen und welche Auszahlungen den Individuen entsprechend ihrer Handlungen zuzuteilen sind.« (Ostrom 1999: 66)

nachkommen. Er kann auf der kollektiven Ebene Gründe vorbringen, warum er von diesem Dienst befreit werden sollte, oder versuchen, das operative System in seinem Sinne zu ändern. Schließlich kann er auch die Überwachung als solche in Frage stellen und sich bemühen, eine konstitutionelle Änderung herbeizuführen.

Die Theorie der Allmenderessourcen öffnet somit das Spektrum der Problembestimmungen und der Problemlösungen bei der Bewirtschaftung der Allmende. Komplexe Institutionen sind danach nicht nur denkbar, sondern für die lokale und materiale Spezifik einer Allmende und ihrer Aneigner notwendig.

Der Ansatz der *globalen öffentlichen Güter* (Kaul/Kocks 2003) verfolgt ein ähnliches Ziel wie die Theorie der Allmenderessourcen, jedoch mit anderen Mitteln und Ergebnissen. Beiden Ansätzen ist gemeinsam, dass sie ein Gegenkonzept zur Behauptung über die Unvermeidlichkeit von Privatisierungsprozessen zum Schutz der natürlichen Umwelt beisteuern. Anders als der institutionenökonomische Ansatz von Ostrom handelt es sich bei dem Konzept der globalen öffentlichen Güter, das im Umfeld der UNDP entstanden ist, jedoch um ein vorwiegend normativ-politisches Konzept, bei dem eine globale Gemeinwohlorientierung mit der politischen Forderung nach institutionalisierten supranationalen Verantwortungsstrukturen unter Einschluss zivilgesellschaftlicher Akteure verbunden wird.

Angesichts wachsender globaler Externalitäten, das heißt positiver und negativer Folgen öffentlicher Güter für andere, der Relativierung des Nationalstaates als traditionellem Bereitsteller öffentlicher Güter und einer infolge von Markt- und Privatisierungslogiken sich verschiebenden Grenze zwischen öffentlichen und privaten Gütern, antwortet das Konzept der globalen öffentlichen Güter auf die Frage, wie Produkte und Zustände mit globalem öffentlichen Nutzen bzw. die Vermeidung globaler öffentlicher Schäden (»*global public bads*«) begriffen und gesichert werden können.

Definiert werden globale öffentliche Güter als solche, deren Nutzen sich über alle Länder, Menschen und Generationen erstreckt. Sie sind *reine* öffentliche Güter, wenn niemand von ihrem Gebrauch ausgeschlossen werden kann (nicht ausschließend) und dieser Gebrauch den der anderen nicht einschränkt (nicht rivalisierend im Konsum). Zu den nicht ausschließenden und nicht rivalisierenden globalen öffentlichen Gütern zählt beispielsweise das Sonnenlicht. Von *unreinen* öffentlichen Gütern wird gesprochen, wenn nur eines der beiden Kriterien zutrifft. So kann etwa niemand von der Nutzung öffentlicher Trinkwasserressourcen ausgeschlossen werden, jedoch kann dieses Gut knapp und daher der Verbrauch rivalisierend sein. Im Gegensatz zu reinen sind unreine globale öffentliche Güter häufig umstritten, weil hier der Ausschluss bzw. die Rivalität im Konsum politischen Regelungsbedarf erzeugt.

Ordnet man öffentliche Güter entlang der Matrix rivalisierend/nicht rivalisierend, ausschließend/nicht ausschließend und national/global, entsteht ein faktischer Mix öffentlicher Güter, der relevante Fragen nach der Organisation globaler Politikprozesse und der Gestaltung globaler Phänomene eröffnet.

Zudem wird in dem von Kaul und Kocks verfolgten Ansatz eine dreifache Form der Öffentlichkeit öffentlicher Güter postuliert, die in der Bewirtschaftung respektiert und ausbalanciert werden sollte:

> Öffentlichkeit im Konsum (in dem Sinne, dass jeder Zugang zu dem Gut haben muss), Öffentlichkeit in den Entscheidungsprozessen (das heißt, dass der politische Prozess, in dem ein solches Gut gewählt und finanziert wird, auf einem offenen Prozess von Konsultationen und Dialogen mit allen Stakeholdern beruhen muss) und Öffentlichkeit in der Verteilung des Nettonutzens (das heißt, dass jedermann ein Anrecht auf einen Nutzen dieses Gutes hat). Eine solche Konzeption bedeutet einen radikalen Wandel in den Strukturen internationaler Kooperation: Es geht nicht länger darum, Exklusionskriterien zu verankern, um den Marktwert eines globalen öffentlichen Gutes zu sichern, sondern darum, ein Gut im Namen des »globalen Allgemeininteresses« »inklusiv« zu machen. (Thoyer 2002: 4)

Für die Beschreibung politischer Wirklichkeiten ist der Ansatz der globalen öffentlichen Güter deutlich schwächer als der Ansatz der Allmenderessource. Letzterer argumentiert auf der Basis empirisch vorfindbarer Institutionen, die eine Alternative zum dominanten Paradigma »Staat oder Markt« darstellen. Gegen den Nachweis der institutionellen Vielfalt, die eine erfolgreiche Bewirtschaftung von Allmenderessourcen ermöglicht, lässt sich schwerlich mit der Behauptung angehen, dass es nur einen Weg gibt. Dies kann die normativ argumentierende Theorie globaler öffentlicher Güter nicht leisten. Sie kann aber den Fragehorizont der Allmenderessourcen insofern erweitern, als sie *globale* Ressourcen in den Blick nimmt, und daher zu dem Problem ihrer globalen Bewirtschaftung führen.[20] Allmenderessourcen und globale öffentliche Güter schließen im Übrigen einander nicht aus. Eine Anschlussfähigkeit des stark empirisch unterlegten und institutionalistisch argumentierenden Modells der Allmenderessourcen wird zum Beispiel in dem Versuch deutlich, deren regionale Begrenztheiten durch eine Ausdehnung auf globale Güter aufzuheben (Ostrom et al. 1999: 281f.).

Weit idealistischer als Allmenderessourcen und globale öffentliche Güter ist die Idee der *global commons* oder des Menschheitserbes (*common heritage*). Die Forderung nach einer Behandlung der globalen Ressourcen als *common heritage* datiert bereits aus dem Jahr 1967 und wurde in einer Rede vor den Vereinten Nationen vom maltesischen Botschafter Arvid Pardo vorgebracht. Pardo schlug vor, die Meeresbödenressourcen der Hochsee als »gemeinsames Erbe der Menschheit« zu betrachten und nicht als aneignungsfähige Ressource solcher Staaten, die hierfür die notwendigen technischen und unternehmerischen Fähigkeiten haben. Trotz einer sehr positiven Aufnahme kann das Konzept dem tatsächlichen Ansturm auf ökologische Ressourcen nicht genug Widerstand entgegensetzen. Falk kritisiert eine Entleerung des Begriffs unter Beibehaltung der Rhetorik. So habe man in der Konvention über das Recht der Weltmeere das Ziel der Sicherung der Menschheitsressourcen beibehalten, jedoch entsprechende substanzielle Sicherungen den Forderungen des privaten Sektors geopfert:

> Dies ist ein Prozess »normativer Kooption«, indem die fortschrittliche Idee mit großen Fanfaren eingeführt wird, aber dann in einer Weise angewandt wird, dass sie jeglichen substanziellen Gehaltes entbehrt. […] Ein solcher Prozess trägt zur Selbstzufriedenheit bei, in der die Illusion einer Verpflichtung auf das menschliche Gemeinwohl gepflegt wird, aber ohne greifbare

20 Eine Analyse der spezifischen Schwierigkeiten der Bewirtschaftung globaler öffentlicher Güter hat Thoyer (2002) unternommen: Sie weist unter anderem darauf hin, dass unterschiedliche globale öffentliche Güter unterschiedliche Strategien zur Vermeidung des Trittbrettfahrerproblems oder der Kooperation verlangen, was sich daher in einer Diversität globaler Regulierungsstrukturen und -institutionen niederschlagen müsse. Zudem argumentiert sie, dass aufgrund unterschiedlicher Verteilung der Nutzen globaler öffentlicher Güter deren Wertschätzung von Land zu Land auch verschieden sein kann, was wiederum eine gleichmäßige Verteilung der Bereitstellungskosten schwierig macht.

Resultate bleibt. So etwas lädt zum Zynismus ein und führt zur Verbreitung von Frustration. (Falk 2005: 112 f.)

Einen ähnlich idealistischen Anspruch enthält auch der Begriff der *global commons*, der vor allem an die individuelle Einsicht appelliert, die natürlichen Grundlagen unseres gemeinsamen Lebens nicht zu zerstören. So einleuchtend und unbestritten der Aufruf ist, der damit verbunden wird - »Wir müssen Verantwortung übernehmen für die Atmosphäre, die Hydrosphäre, die Lithosphäre und die Biosphäre – die ›global commons‹, die uns allen gehören!« (BASIN o. A.) –, ist seine Wirkung auf reine Überzeugung, auf geteilten Glauben und die Bereitschaft, diesen auch zur Handlungsmaxime zu machen, beschränkt. Der Charakter ist appellativ, beinhaltet keine direkten kollektiven Regulierungsvorstellungen und steht wie der Begriff des *common heritage* letztlich schutzlos dar. Gleichwohl sind die Ideen von *global commons* und *common heritage* Konzepte, die, wenn auch keine umfassenden Programme, so doch individuelle Denkprozesse auslösen können und hier auch ihre Berechtigung und Wirkung haben. Politische Lösungsansätze hingegen stellen sie nicht dar.

## 5.5 Plädoyer für die Vielfalt politischer Institutionen zur Regulierung ökologischer Ressourcen

Die globalen Trinkwasserressourcen sind nach der Definition öffentlicher Güter ein »unreines öffentliches Gut«, von dessen Konsum niemand ausgeschlossen werden kann, der aber rivalisierend ist. Sie sind ein »globales öffentliches Gut«, weil sich ihr Nutzen über alle Länder, Menschen und Generationen erstreckt. Aus dieser Einordnung ergibt sich ein spezifischer politischer Regulierungsbedarf, der eine einseitige Übernutzung des Gutes verhindern und sein dauerhaftes Vorhandensein schützen muss. An diese institutionelle Regelung sind nach dem Ansatz globaler öffentlicher Güter und nach den Ergebnissen der neueren Allmendeforschung drei Bedingungen geknüpft: Erstens muss für die Bewirtschaftung dieses Gutes eine dreifache Öffentlichkeit – der Nutzung, der Entscheidung und der Verteilung von Nutzen und Vorteilen – hergestellt werden. Zweitens kann die Bewirtschaftung dann besonders erfolgreich sein, wenn sie durch ein sinnvoll miteinander verzahntes

Set von Institutionen geleitet wird, das eine konstitutionelle Ebene mit einer kollektiven und einer operativen verbindet. Drittens ist der Institutionenforschung weiter zu entnehmen, dass Institutionen grundsätzlich von Bedeutung sind (*institutions matter*). Zudem sind sie endogen (Przeworski 2003): Nicht an jedem Ort, nicht für jedes Problem und nicht jederzeit sind die gleichen Institutionen robust und erfolgreich.

Weitere Bedingungen für die Suche nach einem erfolgversprechenden Set von Institutionen für die Bewirtschaftung der globalen Trinkwasserressourcen sind negativer Art: Die Geschichte der Allmende zeigt, dass Nachhaltigkeit und kollektive Nutzenmaximierung nicht die alleinigen Triebfedern einer institutionellen Regulierung sind. Als Hinterland des Kapitalismus sind ökologische Ressourcen von der Gefahr einseitiger ökonomischer Ausbeutung bedroht. So unterliegt die jeweils für bestmöglich gehaltene Bewirtschaftungsform auch den jeweiligen Kräfteverhältnissen und ideologischen Auffassungen. Die Theoriebildung erfolgt daher nicht allein wissenschaftlichen Kriterien, sondern auch Partikularinteressen, die gegebenenfalls als allgemeine ausgegeben werden.

Zudem gibt es zwar keinen wissenschaftlichen Beweis für die Überlegenheit einer bestimmten Bewirtschaftungsform. Dennoch hat das Theorem der »Tragik der Allmende« jahrzehntelang einer notwendig offenen Suche nach der je besten Regulierungsform entgegengewirkt, und dennoch wird eine private Bewirtschaftungsform der Trinkwasserressourcen heute als das überlegene Modell präsentiert.

Folgt man diesen Überlegungen, lassen sich hieraus mehrere Anforderungen an globale Institutionen zur Regulierung von Trinkwasserressourcen folgern:

– Globale Regulierungen müssen der *Öffentlichkeit* des Gutes Rechnung tragen, indem sie Zugang, Vorteile und Entscheidungsfindungen bezüglich des Gutes öffentlich halten.

– Die *Endogenität von Institutionen* muss berücksichtigt werden: Überträgt man das Institutionenset von Ostrom auf einen globalen Kontext, dann läge die Aufgabe einer globalen Regulierung insbesondere darin, »suprakonstitutionelle« Regeln zu entwerfen, Institutionen also, die eine Institutionenbildung ermöglichen und anleiten, auf deren Grundlage ein lokal angepasstes Institutionenset aus konstitutionellen, kollektiven und operativen Regelsystemen erarbeitet werden kann. Globale Eingriffe in die kollektive oder operative Ebene wären mit der Bedingung der Endogenität ebenso wenig verträglich wie die Festlegung einer für alle zur Nachfolge empfohlenen »best practice« oder einer Determination einer bestimmten Bewirtschaftungsform.

– Hieraus folgt zwingend, dass globale Regulationen eine *institutionelle Vielfalt* offenhalten müssen: Nach allen wissenschaftlich belastbaren Kriterien gibt es keinen »one best way«.

– Schließlich werden sich die auf lokaler Ebene umstrittene Nutzung von Allmenderessourcen und der Versuch einer einseitigen Aneignung auch im Rahmen globaler Institutionen niederschlagen. Globale Regulierungen müssen daher Resistenzen gegen egoistische Aneignungsstrategien entwickeln. Zwei ergänzende Strategien liegen hierfür auf der Hand: Die Entscheidungsebene muss der *Pluralität der vorhandenen Auffassungen* entsprechen und die postulierte globale Gemeinwohlwirkung einer *Regulierung mit klaren Erfolgskriterien* muss überprüfbar gestaltet werden.

Letzteres gilt insbesondere angesichts einer normativ noch ungeklärten Konkretisierung des globalen Gemeinwohls.

# 6. Gemeinwohl und Privatisierung

> Für wie selbstsüchtig man den Menschen auch halten mag, es gibt nachweislich einige Grundlagen seines Wesens, die dazu führen, dass er sich für das Schicksal anderer interessiert, deren Glück ihm notwendig erscheint, obwohl er nichts davon hat außer dem Vergnügen, es zu sehen.
>
> (Adam Smith)

> Die soziale Verantwortung von Unternehmen besteht darin, private Profite zu machen.
>
> (Milton Friedman)

Die Legitimität politischer Akteure und Institutionen beruht zu einem erheblichen Teil auf ihrer Fähigkeit, glaubhaft ihren Nutzen für das Gemeinwohl darstellen zu können. Das »Bekenntnis zum Gedeihen des eigenen Gemeinwesens« ist die »diskursive Eintrittsbedingung für den geregelten Streit um dessen richtige Gestaltung« (Ladwig 2002: 87), die zumindest implizite Berufung auf das Gemeinwohl ein genuines Kennzeichen einer politischen Kommunikation. Was aber »das Gemeinwohl« ist und wie es sich erzeugen lässt – darüber wird weidlich gestritten.

So kontrovers die Reklamation des Gemeinwohls im politischen Alltagsgeschäft auch verläuft, so unstrittig hat die politische Theorie bei ihrer neuesten Wiederentdeckung des Themas die notwendige Offenheit des Gemeinwohls im pluralistischen Verfassungsstaat herausgestellt. Nur wenig ist indessen über die Realisierung des Gemeinwohls außerhalb dieser Strukturen bekannt, so dass sich für das Regieren jenseits des Staates in besonderem Maße die Frage stellt, wer, wenn nicht der Staat, denn als legitimer Akteur an der Konkretisierung des Gemeinwohls teilnehmen darf (Kapitel 6.1).

Die Wirtschaftstheorie ist hier weniger zurückhaltend als die politische Theorie und die programmatischen Fronten scheinen insofern geklärt, als jeder zu wissen glaubt, was zu tun und auch zu unterlassen ist, um das gemeinsame Wohl hervorzubringen. In Konkurrenz zur staatlichen Intervention steht bis heute insbesondere der liberale Gemeinwohlmechanismus der »unsichtbaren

Hand des Marktes«, von dem das Versprechen ausgeht, dass die ungestörte Verfolgung des Privatwohls gleichsam hinterrücks auch das Gemeinwohl erzeugt (Kapitel 6.2).

Die unter dem Namen des Neoliberalismus firmierende Erneuerung des Liberalismus im 20. Jahrhundert hat nicht nur entscheidende Änderungen am klassischen Liberalismus vorgenommen, sondern sich spätestens seit dem Zusammenbruch des Sozialismus auch als beherrschende Ideologie und politische Gestaltungskraft etablieren können. Weitgehend fehlt aber ein positives öffentliches Bekenntnis der Neoliberalen zu ihrem vorläufigen Sieg:[1] Paradoxerweise sind es die Gegner, die eine neoliberale Hegemonie konstatieren (und bekämpfen), während die Vertreter des Neoliberalismus selbst ihren so lange gesuchten Erfolg so weit zerreden, dass sie sogar die Existenz des Neoliberalismus bestreiten und ihn als Mythenbildung der Kritiker abzutun versuchen.[2] Das ist politisch interessant, aber historisch falsch: Der 1938 auf dem Colloque Walter Lippmann[3] geprägte Begriff »Neoliberalismus« kennzeichnet diesen Anspruch auf eine zwar in der Tradition des Liberalismus stehende,

1 Dabei war die Liste der Feinde lang: »Die liberalen Ideen und Programme wurden durch Sozialismus, Nationalismus, Protektionismus, Imperialismus, Etatismus, Militarismus verdrängt«, schreibt Mises (1927: 24) unter Auslassung der an anderen Stellen erwähnten Bewegungen des Bolschewismus und Kollektivismus.

2 Der abwertende Gebrauch, mit dem die Kritiker sich auf den Neoliberalismus beziehen, hat bei einigen Neoliberalen inzwischen solche Abwehrreflexe ausgelöst, dass in Vergessenheit geraten konnte, dass es ursprünglich eine Selbstbezeichnung war. So lässt Pascal Salinas, der frühere Direktor der bekanntesten neoliberalen Denkfabrik, der Mont Pélerin Gesellschaft, den Besuchern des Weltsozialforums in Porto Allegre und den Kritikern des Weltwirtschaftsgipfels in Davos die falsche Ehre zuteil werden, den Neoliberalismus selbst erfunden zu haben: »Ce mythe, c›est le néolibéralisme, qui est à la fois une construction intellectuelle imaginaire et le bouc émissaire concret de tous les maux de la terre. Car le néolibéralisme, ça n'existe pas!« (Salin 2002)

3 Das Colloque Walter Lippmann fand anlässlich der französischen Veröffentlichung von Lippmanns Buch *The good society* im August 1938 in Paris statt. Zentrales Thema der Veranstaltung war eine Bestandsaufnahme und Neuformierung des Liberalismus. Neben Lippmann selbst nahmen auch Ludwig von Mises und Friedrich August von Hayek teil. Diskutiert und gestritten wurde auch über die künftige Bezeichnung des Projekts eines Liberalismus, den es nunmehr gegen »Faschismus, Nazismus, Kommunismus, Totalitarismus, Krieg und Unmenschlichkeit« (Walpen 2004: 60) zu behaupten galt. Der Begriff »néo-libéralisme« setzte sich schließlich knapp gegen die Alternativen (u. a. »néo-capitalisme«, »libéralisme positif« und »libéralisme de gauche«) durch (ebd.).

aber zugleich neue Theorie, in deren Zentrum die Behauptung steht, eine marktliche Steuerung bei gleichzeitiger Rückführung des staatlichen Aufgabenspektrums auf ein marktnotwendiges Minimum sei nahezu uneingeschränkt möglich. Die Privatisierung von Aufgaben, die bislang selbstverständlich in den Bereich der öffentlichen Gemeinwohlverantwortung fielen – darunter auch die Verantwortung für eine funktionierende Trinkwasserversorgung –, wird daher kritisch als »Neoliberalisierung« bezeichnet; für die Kritiker der globalen Wasserpolitik sind Wasserprivatisierung und Neoliberalisierung zwei Seiten derselben Medaille. Ohne eine Besichtigung des neoliberalen Programms lassen sich somit die zentralen Inhalte der globalen Wasserpolitik weder politisch einordnen noch bewerten (Kapitel 6.3).

## 6.1 Gemeinwohldiskurse und Gemeinwohlkonkretisierung

Gemeinwohldiskurse haben in den letzten Jahren eine erhebliche Renaissance erfahren. Das Ergebnis dieser neuerlichen Suche nach der »Substanz« (Neidhardt/Schuppert 2002) des amorphen Gemeinwohlbegriffs füllt inzwischen Bände (Münkler/Bluhm 2001b; Münkler/Bluhm 2002; Münkler/Fischer 2002b; Münkler/Fischer 2002c), die jedoch von einem knapp zusammenzufassenden Konsens getragen sind: In freiheitlich-pluralistischen Demokratien ist das Gemeinwohl notwendig offen.

Denn erstens kann das Gemeinwohl aufgrund nur relativ und nicht absolut bestimmbarer Werte, wegen der Unterschiedlichkeit menschlicher Interessen sowie infolge genereller Erkenntnisgrenzen nicht festgelegt werden (Engel 2001). Zweitens schließt »das Freiheitsprinzip der Verfassung [...] jede rechtliche Inanspruchnahme des Menschen für letzte Güter, Ziele, Zwecke oder Werte aus, die ihn übersteigen« (Hofmann 2002: 28 f.) – auch die Verpflichtung auf ein ewiges Gemeinwohl. Freiheitliche Demokratien beruhen geradezu auf der Absage an ein für alle Mal feststehende Gemeinwohldefinitionen. Das Gemeinwohl ist nicht substanzialistisch, sondern prozedural zu bestimmen – es existiert nicht *a priori*, sondern entsteht in einem demokratischen Prozess *a posteriori*, indem verschiedene gesellschaftliche Akteure ihre Gemeinwohlvorstellungen wie auch ihre legitimen Eigeninteressen zur Geltung [bringen] und es [...] dem rechtstaatlich verfassten demokratischen Verfahren überlassen [bleibt], diese Vorstellungen zu konkretisieren und unter dem steten Vorbehalt der Revisionsfähigkeit zu realisieren. (Münkler/Fischer 2002a: 9)

Der einem reinen Prozeduralismus innewohnenden Gefahr willkürlicher Gemeinwohlbehauptungen wirkt vor allem die Verfassung entgegen: So sorgen etwa in Grundrechten oder Staatszielen verankerte »öffentliche Interessen« oder auch »Gemeinwohlbelange« (Hofmann 2002) für einen Maßstab, anhand dessen private und öffentliche Interessen gegeneinander abgewogen werden können (Schuppert 2002; Münkler/Bluhm 2001a). Zudem bestimmt die Verfassung den institutionellen Rahmen der Aushandlungsprozesse und folgt hierbei normativ begründeten Prinzipien demokratischer Rechtstaatlichkeit. Nur folgerichtig ist es daher, zu behaupten, dass als »Gemeinwohl gilt, was im verfassungsrechtlich organisierten, kanalisierten und als freiheitlich gewährleisteten Willensbildungsprozeß als solches beschlossen wurde« (Schuppert 2002: 26f.). Es ist also die Verfassung, die mit der Formulierung inhaltlicher Leitlinien und institutionell-verbindlicher Zuständigkeiten für die Produktion von Recht und Politik die jeweilige Materialisierung im Rahmen der normativ geforderten Inhaltsoffenheit des Gemeinwohls ermöglicht (Grimm 2002). Die postulierte Offenheit des Gemeinwohls erfährt daher nicht nur eine »deutliche Verstärkung, gründet man sie auf das normative Konzept des freiheitlichen, pluralistisch organisierten Verfassungsstaates« (Schuppert 2002: 23), vielmehr ist eine gelingende Gemeinwohlkonkretisierung auf den demokratischen Verfassungsstaat zwingend angewiesen.[4]

Dieser Argumentation ist wenig entgegenzusetzen. Ihre Prämissen – eine verfassungsrechtliche Rahmung der Gemeinwohlpräzisierung und die legitime Institutionenordnung eines freiheitlich-demokratischen Staates – ziehen aber einer Übertragbarkeit auf einen transstaatlichen Verhandlungskontext enge Grenzen. Doch wird

4 Im Falle der Bundesrepublik ist eine Konkretisierung des Gemeinwohls im Bereich der Trinkwasserpolitik seitens des Bundesverfassungsgerichts lange vorgenommen worden, die wenig von ihrer Aktualität eingebüßt hat: In mehreren Urteilen hat das Bundesverfassungsgericht die Regelung der Wasserversorgung als »legitime öffentliche Aufgabe« (BVerfGE 8, 89 [103]) bezeichnet, die »sowohl für die Bevölkerung als auch für die Gesamtwirtschaft lebensnotwendig« (BVerfGE 93, 319 [339]) ist.

die Frage der transstaatlichen Gemeinwohlkonkretisierung und -verantwortung in dem Maße drängender, je mehr Politikfelder aus dem Staat auswandern und teilweise oder gänzlich Gegenstand von Verflechtungsprozessen von Mehrebenensystemen werden.

Ein normativ befriedigendes Pendant zur Konkretisierung des Gemeinwohls im freiheitlich-demokratischen Verfassungsstaat existiert für die postnationale Konstellation bislang nicht; auch die Suche hiernach ist bisher nur eine »randständige Frage« (Jachtenfuchs 2002b: 383). Das Völkerrecht und die Menschenrechte geben Ansatzpunkte, reichen aber an die komplexe innerstaatliche Begründungsfigur eines offenen, doch konkretisierbaren Gemeinwohls nicht heran. Besondere Probleme birgt zudem das Überschreiten der klassischen Strukturen internationaler Beziehungen, für die der Bezug auf ein Gemeinwohl durch die vorgelagerten innerstaatlichen Konkretisierungsprozesse zumindest plausibel abgeleitet werden kann und deren Akteure in der Regel demokratisch mandatiert sind, diese zu realisieren. Außerhalb verfassungsrechtlich gedeckter, formalisierter Prozesse stehen die Dinge anders: Globale Politiknetzwerke jenseits von Staat, Verfassung und auch der UNO erheben zwar den Anspruch, einer Gemeinwohlkonkretisierung den Weg zu weisen, können aber ihren legitimatorischen Bedarf bislang nicht einmal rudimentär decken. Die Frage der legitimen und effektiven Gemeinwohlbestimmung und Gemeinwohlverantwortung im transstaatlichen Raum kann sich angesichts grundsätzlich anderer Ausgangsbedingungen nicht in einer schlichten Übertragung innerstaatlicher Gemeinwohldebatten erschöpfen; sie ist vorläufig unbeantwortet.

Zwei gegensätzliche Beobachtungen können aber als Ausgangspunkte weiterer Überlegungen zur Gemeinwohlkonkretisierung jenseits des Nationalstaates dienen. Der logische Umkehrschluss aus der auf den demokratischen Verfassungsstaat bezogenen Debatte lautet, dass dort, wo demokratisch legitimierte Prozeduren und Institutionen ebenso fehlen wie verfassungsrechtlich vorgegebene Maßstäbe für die Abwägung öffentlicher und privater Interessen, Gemeinwohlbehauptungen einem unregulierten Prozess der Aushandlung von Interessen unterliegen. Die Berufung auf »das Gemeinwohl«, die weder prozeduralen Mindestanforderungen genügt noch substanzielle Gehalte als gesichert beanspruchen kann, fällt damit in den Bereich einer reinen Behauptung zurück.

Gleichzeitig gibt es aber eine augenfällige Gefährdung globaler Gemeinwohlbelange durch Umweltzerstörung, Hunger, Krieg, Armut und tödliche Epidemien, die es geradezu unsinnig erscheinen lassen, ihre Bekämpfung *nicht* als Förderung des globalen Gemeinwohls zu interpretieren. Während es als sicher gilt, dass die innerstaatliche Gemeinwohlkonkretisierung prozedural und nicht substanzialistisch erfolgen muss, tritt das globale Gemeinwohl in einer unfragwürdigen Konkretheit auf den Plan, als bestünde kein Zusammenhang zwischen beiden.

Diese Paradoxie lässt sich nur partiell auflösen. Hilfreich ist die von Münkler/Bluhm (2001a: 12) vorgeschlagene Differenz zwischen einem substanzialistischen Gemeinwohlverständnis und »materialen Gehalten von Gemeinwohlkonzepten«. Während substanzialistische Konzepte ein »objektives, gar transhistorisches Gemeinwohl unterstellen« (ebd.), können materiale Gehalte »substanzialistisch, aber auch Ausdruck eines zeitweiligen Konsenses der Akteure sein« (ebd.). Schuppert versteht diese kurze Andeutung als Hinweis darauf, nur die

> genuin substantialistischen Gemeinwohlkonzepte [...] in das demokratietheoretische Abseits stellen zu müssen, ohne im gleichen Atemzug unter Leugnung aller materialen Gehalte auf ein rein formales, prozeduralisiertes Gemeinwohlverständnis ausweichen zu müssen. Es wird also mit dieser Differenzierung gewissermaßen *eine Zwischendecke eingezogen*, die rein formale Gemeinwohlkonzepte von rein substantialistischen trennt und damit zugesteht, daß es auch unterhalb der substantialistischen Ebene materiale Gemeinwohlgehalte geben kann und gibt. (Schuppert 2002: 28, Herv. i. Orig.)

Schuppert weist aber zu Recht darauf hin, dass mit diesem Gemeinwohlkonzept typspezifische Probleme des »Auffindens, Herleitens und Gewichtens von Gemeinwohlbelangen« (ebd.) verbunden sind. Soweit sich diese Probleme innerhalb des konstitutionellen Gefüges des Staates stellen, ist ihre Lösung in den oben genannten verfassungsrechtlich festgelegten Gemeinwohlbelangen sowie einem institutionellen Rahmen zur Aushandlung dieser Abwägungsprozesse zu finden.

Auch die Bestimmung über den Weg materialer Gemeinwohlgehalte lässt sich nicht umstandslos in den transnationalen Bereich übertragen. Zwar ist es nicht unplausibel, solche materialen Gemeinwohlgehalte im Völkerrecht und in den Menschenrechten verankert zu finden und somit die Berufung auf ein globales Gemeinwohl durch deren konkrete Zielstellungen zu stützen. Die Versorgung der Weltbevölkerung mit Trinkwasser oder die Beseitigung von Hunger, Krankheit und Armut wären demnach keine substanzialistischen Gemeinwohlverständnisse, sondern berechtigte materiale Konkretisierungen universaler Gemeinwohlbedürfnisse. Unter Berufung auf das Völkerrecht und die Menschenrechte erweist sich daher das Problem des »Auffindens« als weniger schwerwiegend. Umso schärfer stellen sich aber die Fragen der *Gewichtung* von Gemeinwohlbelangen einerseits und der *Umsetzung* der anerkannten Zielstellungen andererseits. Für die Diskussion über das globale Gemeinwohl hat das Einziehen der »Zwischendecke« materialer Gemeinwohlkonzepte mithin eine andere Bedeutung als in der innerstaatlichen Konzeption: Innerstaatlich schließen materiale Gemeinwohlkonzepte die Kluft zwischen einem rein prozeduralistischen (und damit maßstabsarmen) und einem substanzialistischen (und damit totalitären und mit dem pluralistischen Verfassungsstaat nicht zu vereinbarenden) Gemeinwohlverständnis. Sie lösen hier das Problem der Gemeinwohlkonkretisierung durch die Bindung an das Verfassungsrecht und die legitimen, demokratischen Institutionen. Im transstaatlichen Kontext legitimieren materiale Gemeinwohlgehalte globale Eingriffe zugunsten unstrittiger Ziele, müssen aber die Fragen der institutionellen Zuständigkeit, der Gewichtung und Abwägung konkurrierender Ziele und konkurrierender Nutznießer gemeinwohlfördernder Maßnahmen sowie die Wege der konkreten Zielerreichung offenlassen. Im globalen Kontext ist die zentrale Frage mithin weniger, was das Gemeinwohl ist, sondern wer an der Abwägung und Entscheidung über konkurrierende Ziele beteiligt ist und wie dieses globale *common good* zu erreichen ist. Letztlich fällt also das Problem der globalen Gemeinwohlkonkretisierung mit einem Kernproblem der postnationalen Konstellation zusammen – der klärungsbedürftigen Legitimität und Effektivität transstaatlichen Regierens (vgl. Kapitel 7.4).[5]

5 Vgl. hierzu auch die Hinweise von Hans Lietzmann, die er anlässlich der Partizipation von Nichtregierungsorganisationen am sogenannten Weltwirtschaftsgipfel in Davos formuliert: »Freilich handelt es sich um ein Gemeinwohlregime, das auf privater, politischer Absprache beruht. Es haftet ihm keine oder fast keine institutionelle Sicherheit an. Das Protokoll ist nicht einklagbar. Den Ergebnissen fehlt die Verläßlichkeit nationaler Konstitutionen oder intergouvernementaler, von

## 6.2 Die gemeinwohlfördernde Wirkung des Marktes

In Konkurrenz zur staatlich-politischen Gemeinwohlkonkretisierung steht die liberale Auffassung über die gemeinwohlfördernde Wirkung des Marktes. Aus drei Gründen ist die Beschäftigung mit der Vorstellungswelt des Liberalismus hier unverzichtbar: Kern der von Adam Smith vertretenen Variante des Liberalismus ist die Idee, dass die Ausübung individueller Freiheit der kollektiven Wohlfahrtsgewinnung am dienlichsten ist. Angesichts der geschilderten Komplexität politischer Aushandlungsprozesse gewinnt daher, erstens, das bestechend schlichte Modell der Herstellung eines öffentlichen Gemeinwohls durch die Verfolgung privater Interessen an Attraktivität. Zweitens hat diese Idee der kollektiven Wohlfahrtsmaximierung, die sich auf einen als natürlich angesehenen Bereicherungstrieb des Einzelnen verlassen zu können glaubt, einen enormen Aufwind nach dem Zusammenbruch des Sozialismus erfahren. Trotz vielfacher Ernüchterungen über die tatsächliche Gemeinwohlwirkung des Marktes sind Marktmodelle und Marktmechanismen seither in wachsende Konkurrenz zu einer staatlichen Steuerung der Ökonomie, aber auch zu politischen Regulierungsmustern generell getreten. Gerade in der Konfrontation mit dem Staatssozialismus hat sich, drittens, das Eintreten des klassischen Liberalismus *für* die Freiheit des Marktes zunehmend zu einer Stoßrichtung *gegen* den Staat verstärkt. Dies gilt in doppelter Hinsicht: Nicht nur hält der Neoliberalismus den Markt auch in den Wirtschaftsbereichen für

Parlamenten ratifizierter Abkommen. Solche traditionellen Modi der Vertrauensproduktion bzw. der Sicherung des Gemeinwohlregimes laufen in diesen neuen Arenen in die Leere. Damit werden aber zugleich die Verbindungen derartiger Absprachen zum demokratisch legitimierten Diskurs in den Nationalstaaten endgültig gekappt. Auch für die Bürger entsteht so ein Gemeinwohlregime jenseits der gewohnten, der geschätzten und bislang erwünschten politischen Strukturen und Modi. […] Aber obwohl sie gerade als Nichtregierungsorganisationen an diesem Geschehen teilnehmen, leiden sie doch unter einem Paradox: Entstanden einerseits aus einem genuinen Interessen an Partizipation, führt ihr Handeln als Gemeinwohlakteure andererseits unmittelbar auch den Prozeß der Entdemokratisierung des Gemeinwohlregimes vor Augen. Die Tatsache, daß Politik ihren angestammten und zentralen Ort in den Gesellschaften der westlichen Moderne verloren hat, macht sie nicht nur für die Bürger unübersichtlich und schmälert deren Partizipationschancen, sondern nimmt auch den Akteuren die Möglichkeit der direkten Verknüpfung und kommunikativen Rückversicherung.« (Lietzmann 2002: 311) überlegen, in denen ein Marktversagen konstatiert und kompensatorisch eine staatliche Ausgleichstätigkeit gefordert und installiert wurde,[6] sondern staatliche Instanzen werden auch bei der Herstellung politisch verbindlicher Entscheidungen zunehmend auf die Plätze verwiesen.[7] Der ursprüngliche Antimerkantilismus von Adam Smith hat sich somit heute zu einem dezidierten Antietatismus ausgeweitet, der sich nicht länger auf die Freiheit der Ökonomie beschränkt, sondern einen umfassenden Wandel in der Form des Politischen selbst fordert.

Somit geht es in diesem Kapitel einerseits um die Darstellung der (neo)liberalen Präferenzen bezüglich der Aufgabenteilung zwischen Markt und Staat bei der Bestimmung und Realisierung des Gemeinwohls, andererseits aber auch um eine Kritik am Übergriff einer ökonomischen Theorie in die Sphäre des Politischen. Unter einer doppelten Fragestellung werde ich zunächst Adam Smith für den klassischen Liberalismus, sodann Ludwig von Mises, Friedrich August von Hayek und Milton Friedman für den Neoliberalismus[8]

6 Dies gilt insbesondere für den engeren und weiteren Bereich der Sozial- und Arbeitsmarktpolitik, aber auch für sogenannte »natürliche Monopole«, bei denen hohe Fixkosten vergleichsweise geringen variablen Kosten gegenüberstehen. Hier ist vor allem der Bereich netzbasierter Infrastrukturen (etwa Bahn, Telekommunikation, Strom, Gas, Wasser) zu nennen.

7 Vgl. neben den untenstehenden Ausführungen hierzu auch die pauschale Behauptung mangelnden Wissens von Staaten und internationalen Organisationen angesichts einer veränderten geographischen und zeitlichen Dimension von Regierungshandeln sowie gestiegener Komplexität (Benner et al. 2001: 360).

8 Die Auswahl ist folgendermaßen begründet: Adam Smith wird als klassische Bezugsgröße des Liberalismus geführt, jedoch oftmals verkürzt und nicht selten falsch als Kronzeuge für die generelle Überlegenheit des Marktes gegenüber staatlicher Regulierung zitiert. Ludwig von Mises ist einer der zentralen Neubegründer des Liberalismus nach dem Ersten Weltkrieg. Er und sein Schüler Friedrich August von Hayek sind seit den 1930er Jahren an einer Neuorganisation des Liberalismus führend beteiligt: Gemeinsam mit Milton Friedman sind sie Mitglieder – Hayek und Mises auch Gründungsmitglieder – der für die Organisation des Neoliberalismus immens wichtigen Mont Pèlerin Gesellschaft. Seit der Vergabe der Nobelpreise an Hayek und Friedman gelten diese auch international als zentrale Protagonisten eines neuen Liberalismus mit entsprechender Öffentlichkeitswirkung. Direkten politischen Einfluss hat Milton Friedman als Politikberater von Augusto Pinochet, Ronald Reagan und Margret Thatcher sowie bei der Einführung der umstrittenen Strukturanpassungsprogramme der Weltbank ausgeübt (Kröger 2006; Wagner 2004). Zudem deckt diese Auswahl ein gewisses zeitliches Spektrum von den 1920er Jahren bis in die jüngste Zeit sowie eine zumindest gewisse örtliche

diskutieren: Wo liegen nach Auffassung liberaler Autoren selbst die Grenzen des Marktes? Wie überzeugend sind die (vor allem neoliberalen) Argumente für eine Ausweitung des Marktmodells auf das Politische?

Adam Smith entwickelt seine Gedanken zur Überlegenheit des Marktmodells vor dem Hintergrund zweier zentraler Beobachtungen: der Ausdifferenzierung der innergesellschaftlichen Arbeitsteilung einerseits und den teilweise absurd anmutenden Beschränkungen des Warenverkehrs im Merkantilismus andererseits. Die innergesellschaftliche Arbeitsteilung, so Smith, erzeugt eine gesteigerte Geschicklichkeit bei der Ausübung einzelner Tätigkeiten, somit eine generelle Zeitersparnis bei der Produktion von Waren, die durch spezialisierte Maschinen noch gesteigert wird. Die Arbeitsteilung bringt die Notwendigkeit mit sich, die produzierten Güter effektiv zu tauschen, um das käuflich zu erwerben, was man aus Gründen ökonomischer Rationalität nicht länger selbst produziert. Eine erfolgreiche Distribution der Güter wird aber durch vielfältige Beschränkungen des Marktgeschehens verhindert oder eingeschränkt. Diese von Land zu Land, Zeit zu Zeit und Gut zu Gut verschiedenen Maßnahmen zur Beschränkung der Freiheit des Marktgeschehens, für die Smith den Begriff des Merkantilismus prägte, sind nicht nur der ökonomischen Tätigkeit des Einzelnen,

Bandbreite (Österreich, Deutschland und die USA) der weltweiten Bewegung ab. Die Tatsache, dass sich Mises und Hayek selbst als Liberale, nicht als Neoliberale verstehen, ist von untergeordneter Bedeutung: Beide waren an der Prägung des Begriffs »Neoliberalismus« beteiligt und haben sich zeitlebens der Erneuerung des Liberalismus gewidmet. Als Mitglieder der Mont Pèlerin Gesellschaft teilen alle drei erklärtermaßen die Vorstellung, dass die »Gefährdung der Zivilisation« nicht zuletzt auf einen »Abfall vom Glauben an den Privatbesitz und an den wettbewerbsorientierten Markt« zurückzuführen ist und »sie sehen eine Gefahr in der Ausweitung von *government*, nicht zuletzt dank staatlicher Wohlfahrt, in der Macht von Gewerkschaften und unternehmerischen Monopolen sowie in der anhaltenden Gefahr und Realität der Inflation« (Mont Pèlerin Society o.A.). Abgesehen davon kann es an dieser Stelle um keine umfassende Würdigung des Liberalismus oder des Neoliberalismus gehen: Das Interesse ist darauf beschränkt, die ursprünglichen Begründungsmuster für eine Ausdehnung des Marktmodells und damit auch einer Privatisierung weiter Bereiche des Öffentlichen bei den intellektuellen Führungsfiguren des Neoliberalismus selbst zu prüfen und damit auf einem hochgradig verminten Feld ideologischer Auseinandersetzungen auf eine überprüfbare Basis zu setzen.

sondern auch der gesellschaftlichen Wohlfahrt abträglich. Gesellschaftlicher Reichtum ist für Smith daher untrennbar mit der Ausdehnung des Marktes verbunden, welche die Freiheit des inneren und äußeren Handels, aber auch der Ortswahl, der Berufsausübung und der Löhne erfordert (Smith 1776/2005: 108, 118 und 124).

Basis aller ökonomischen Freiheit aber ist das Eigentum. Smith schließt in der Würdigung des Privateigentums nicht nur explizit, sondern auch fast wortgleich an Locke an, wenn er festhält: »Das Eigentum, das jeder Mensch an seiner Arbeit besitzt, ist in höchstem Maße heilig und unverletzlich, weil es im Ursprung alles andere Eigentum begründet.« (Smith 1776/2005: 106)[9] Anders als Locke, den noch die Begründung der Berechtigung zu Privateigentum beschäftigte, gilt dieses für Smith bereits als prinzipiell legitim. Eigentum zu besitzen ist nicht nur ein privates Recht, sondern auch die Voraussetzung des Wohlstands der Nation, der hinter dem Rücken der Produzenten entsteht, die nur ihr eigenes Bestes verfolgen.[10]

9 Der Zusammenhang ist hier der Arbeitsmarkt: »Das Erbe eines armen Mannes liegt in der Kraft und dem Geschick seiner Hände, und ihn daran zu hindern, beides so einzusetzen, wie er es für richtig hält, ohne dabei seinen Nachbarn zu schädigen, ist eine offene Verletzung dieses heiligsten Eigentums, offenkundig ein Übergriff in die wohlbegründete Freiheit des Arbeiters und aller anderen, die bereit sein mögen, ihn zu beschäftigen. So, wie der eine daran gehindert wird, an etwas zu arbeiten, was er für richtig hält, so werden die anderen daran gehindert, jemanden zu beschäftigen, der zu ihnen paßt.« (Smith 1776/2005: 106)

10 Im Kontext der zum stehenden Begriff gewordenen Formulierung der »unsichtbaren Hand« heißt es im *Wohlstand der Nationen*: »Nun ist aber das Volkseinkommen eines Landes immer genau so groß wie der Tauschwert des gesamten Jahresertrages oder, besser, es ist genau dasselbe, nur anders ausgedrückt. Wenn daher jeder einzelne so viel wie möglich danach trachtet, sein Kapital zur Unterstützung der einheimischen Erwerbstätigkeit einzusetzen und dadurch diese so lenkt, daß ihr Ertrag den höchsten Wertzuwachs erwarten läßt, dann bemüht sich auch jeder einzelne ganz zwangsläufig, daß das Volkseinkommen im Jahr so groß wie möglich werden wird. Tatsächlich fördert er in der Regel nicht bewußt das Allgemeinwohl, noch weiß er, wie hoch der eigene Beitrag ist. Wenn er es vorzieht, die nationale Wirtschaft anstatt die ausländische zu unterstützen, denkt er eigentlich nur an die eigene Sicherheit und wenn er dadurch die Erwerbstätigkeit so fördert, daß ihr Ertrag den höchsten Wert erzielen kann, strebt er lediglich nach eigenem Gewinn. Und er wird in diesem wie auch in vielen anderen Fällen von einer unsichtbaren Hand geleitet, um einen Zweck zu fördern, den zu erfüllen er in keiner Weise beabsichtigt hat.« (Smith 1776/2005: 370 f.) Vgl. auch die frühere Passage zur »unsichtbaren Hand« in der *Theorie der ethischen Gefühle* (Smith 1977: 316) sowie die Interpretationen bei Kittsteiner (1984) und Bluhm/Malowitz (2007).

Allerdings ist die gemeinwohlfördernde Wirkung der unsichtbaren Hand für Smith weder voraussetzungs- noch grenzenlos.

Auf der Seite der Voraussetzungen stehen sowohl die Verhinderung der Monopolbildung als auch eine ordnende Staatstätigkeit. Monopolbildung ist für Smith ein Übel, das

> alle Untertanen höchst unsinnig auf zweifache Weise besteuert: Einmal durch die hohen Preise für Waren, die sie im Falle eines freien Handels wesentlich billiger kaufen könnten, zum anderen durch ihren völligen Ausschluß von einem Geschäftszweig, in dem viele von ihnen gerne und mit Erfolg tätig sein könnten. (Smith 1776/2005: 641)

Bemerkenswerterweise sieht Smith in Monopolen nicht nur eine Gefahr für die Freiheit des Handels, sondern auch für die Demokratie. Stark gewordene Monopole sind »ähnlich einem übergroßen stehenden Heer, zu einer ständigen Gefahr für die Regierung geworden sind, zumal es auch nicht an Versuchen fehlt, die Legislative einzuschüchtern« (ebd.: 385). Ein Parlamentsmitglied, das Monopole unterstützt, kann daher

> damit rechnen, bei einer Bevölkerungsschicht zu großem Ansehen und Einfluß zu gelangen, der nach Zahl und Reichtum außerordentlich große Bedeutung zukommt. Widersetzt es sich ihnen aber und hat es Autorität genug, gar gegen sie vorgehen zu können, dann schützen es weder allgemein anerkannte Rechtschaffenheit, noch eine hohe Stellung, noch größte Verdienste um den Staat vor ehrenrühriger Erniedrigung, persönlicher Beleidigung und oftmals auch vor Gefahren für Leib und Leben. Hinter solch dreisten Angriffen stecken erbitterte, wütende und in ihrer Hoffnung enttäuschte Monopolisten. (Ebd.: 386)

Allen positiven Wirkungen zum Trotz, die dem freien Handel entspringen können, die Handelstreibenden sind deswegen selbst noch keine guten politischen Berater. Denn wenn auch die Verfolgung ihrer Interessen im Effekt dem öffentlichen Interesse dient, so sind sie doch keineswegs identisch mit diesem:

> Das Interesse der Kaufleute aller Branchen in Handel und Gewerbe weicht aber in mancher Hinsicht stets vom öffentlichen ab, gelegentlich steht es ihm auch entgegen. Kaufleute sind immer daran interessiert, den Markt zu erweitern und den Wettbewerb einzuschränken. Eine Erweiterung des Marktes mag häufig genug auch im öffentlichen Interesse liegen, doch muß

eine Beschränkung der Konkurrenz ihm stets schaden, da diese lediglich dazu dienen kann, daß die Geschäftsleute ihren Gewinn über die natürliche Spanne hinaus erhöhen und gleichsam den Mitbürgern eine absurde Steuer zum eigenen Vorteil aufzuerlegen. Jedem Vorschlag zu einem neuen Gesetz oder eine neuen Regelung über den Handel, der von ihnen kommt, sollte man immer mit größter Vorsicht begegnen […], denn er stammt von einer Gruppe von Menschen, deren Interesse niemals dem öffentlichen Wohl genau entspricht, und die in der Regel vielmehr daran interessiert sind, die Allgemeinheit zu täuschen, ja, sogar zu mißbrauchen. (Ebd.: 213)

Eine eigenständige und souverän handelnde politische Klasse, so kann man folgern, ist für Smith ebenso eine Voraussetzung eines freien Marktes wie die Übereignung der politischen Regulierung an die Handelstreibenden selbst das Ende von Freiheit und Demokratie bedeutet.

Die Freiheit des Marktes ist weiterhin auf Leistungen angewiesen, die der Staat zu erbringen hat. Deutlich klarer als seine Nachfolger sieht Smith, dass der Markt als Steuerungsprinzip für den Austausch von Gütern nur funktionieren kann, wenn der Staat nicht nur die rechtlichen, sondern auch die sozialen Rahmenbedingungen hierfür herstellt und garantiert. Die im Kapitel über die Staatsfinanzen in *Der Wohlstand der Nationen* angeführten Aufgaben des Staates umfassen die Herstellung innerer und äußerer Sicherheit, ein funktionierendes Justizwesen und solche Einrichtungen von allgemeinem Interesse, die,

obwohl sie für ein Gemeinwesen höchst nützlich sind, ihrer ganzen Natur nach niemals einen Ertrag abwerfen, der hoch genug für eine oder mehrere Privatpersonen sein könnte, um die anfallenden Kosten zu decken, weshalb man von ihnen auch nicht erwarten kann, daß sie diese Aufgaben übernehmen. (Ebd.: 612)[11]

In diesem letzteren Bereich sieht Smith den Staat in der Pflicht bei vier zentralen Aufgaben: Erstens obliegt es dem Staat, institutionelle und infrastrukturelle Vorkehrungen für einen funktionierenden Handel zu treffen, wozu der Bau von Straßen und Kanälen ebenso zählt wie Einrichtungen zur Erleichterung besonderer Zweige des Handels (ebd.: 620). Der zweite Aufgabenbereich umfasst Ausga-

11 Trennscharf ist die Unterscheidung nicht, weil der dritte Bereich, der bereits Elemente der modernen Daseinsvorsorge enthält, auch die Aufgaben von Sicherheit und Recht umschließt.

ben für Erziehungsanstalten der Jugend und für Personen jeden Alters (ebd.: 645 ff.). Drittens fallen hierunter Ausgaben für die Repräsentation des Staatoberhaupts (ebd.: 693 ff.), und schließlich führt Smith unter dem Aspekt der »Aktiengesellschaften« einen gesonderten Bereich öffentlicher Infrastrukturen auf, zu dem explizit auch die Trinkwasserversorgung großer Städte gehört.

Smith geht grundsätzlich davon aus, dass die Einrichtung und Erhaltung öffentlicher Werke wie Straßen oder Kanäle nicht notwendig aus dem Staatseinkommen finanziert werden müssen, sondern über die Nutzer selbst refinanziert werden können. Allerdings betont er zugleich die Gefahren eines Missbrauchs solcher Einnahmen: Zu leicht ließe sich über diese Schiene mehr Geld eintreiben als für den eigentlichen Zweck notwendig. Grundsätzlich verwerflich sei eine Verwendung, die »einem anderen Zweck dient oder den dringenden Staatsbedarf decken soll« (ebd.: 616), vor allem, weil »für diesen dringenden Aufwand [...] vorwiegend die ärmeren und nicht die wohlhabenden Leute aufkommen« (ebd.: 617) und weil es schwer werde, bei tatsächlich erhöhtem Finanzbedarf diese anderweitig genutzte Einkommensquelle wieder dem eigentlichen Zweck zuzuführen. Den Versuchungen eines solchen Missbrauchs unterliegen seiner Ansicht nach Privatpersonen, deren Habgier größer als ihre Verantwortung gegenüber dem Gemeinwohl sein kann, ebenso wie für Prunksucht anfällige, zentrale Regierungen; beide kommen daher für die Verwaltung öffentlicher Werke weit weniger in Frage als »orts- oder gebietsnahe Verwaltungen« (ebd.: 619). Alles in allem favorisiert Smith ein Modell öffentlicher Infrastrukturen, das eine Konsumentenfinanzierung mit einer lokalen oder regionalen öffentlichen Verwaltung kombiniert.

Die Betreiberform der Aktiengesellschaft erscheint demgegenüber nur als mögliche Ausnahme, deren Einsatz auf wenige Bereiche beschränkt bleibt und nur unter bestimmten Bedingungen vernünftig ist. Von Privathandelsgesellschaften unterscheiden sich Aktiengesellschaften durch die anonymisierte Teilnahme und eine beschränkte Haftung. Da die Verwalter einer Aktiengesellschaft »bei weitem eher das Geld anderer Leute als ihr eigenes verwalten, kann man daher nicht gut erwarten, daß sie es mit der gleichen Sorgfalt einsetzen und überwachen würden, wie es die Partner in einer privaten Handelsgesellschaft mit ihrem eigenen zu tun pflegen« (ebd: 629).

Diese Kritik an der wahrscheinlichen »Nachlässigkeit und Verschwendung« (ebd.: 630) wird noch verstärkt, wenn Aktiengesellschaften – wie im typischen Fall der Kolonialgesellschaften unter königlichem Privilegium – als Monopolisten in Aktion treten. Sinnvoll ist eine Aktiengesellschaft als Bewirtschaftungsform nur, wenn sie ohne Privilegien betrieben werden kann und sich auf Geschäfte beschränkt,

> in denen man alle Vorgänge so stark reduzieren kann, daß sie zur sogenannten Routine werden oder zu einem solchen uniformen Verfahren, bei dem nur eine geringe oder überhaupt keine Veränderung auftritt. Hierzu gehört erstens das Bankgewerbe, zweitens die Versicherungen gegen Feuerrisiken in der Schiffahrt und gegen Aufbringung in Kriegszeiten, drittens das Gewerbe zum Bau und zur Unterhaltung eines Durchstichs oder Kanals für Schiffe und schließlich viertens ein ihm ähnliches Gewerbe, nämlich die Wasserversorgung einer großen Stadt. (Ebd.: 642)

Weiterhin hält Smith einschränkend fest, dass Aktiengesellschaften nur dann in Frage kommen, wenn sie von »größerem und allgemeinerem Nutzen« (ebd.: 643) sind und mehr Kapital benötigen, als Private gemeinhin aufbringen können.

Eine Grundskepsis bleibt hierbei unüberhörbar. Die Aktiengesellschaft ist für Smith nicht mehr als eine mögliche Betreibervariante in einem eng umgrenzten Tätigkeitsbereich. In dem hier besonders interessanten Feld der Wasserversorgung werden zwei aktuelle Fragen von Smith nicht explizit thematisiert: Welche Rolle spielt die Größe der Stadt für die Einschätzung der Vernünftigkeit einer solchen Betriebsform? Und wie sollte die Wasserversorgung in kleineren Städten, gar auf dem Land organisiert sein? Der Gesamtzusammenhang legt allerdings nahe, dass Smith die Wasserversorgung als öffentliche Aufgabe begreift, die unter Umständen auch von Aktiengesellschaften übernommen werden kann. Keine Argumente findet man bei ihm für die generelle Übertragung der öffentlichen Daseinsvorsorge an private Unternehmen, im Gegenteil. Der den Markt beseelende Bereicherungstrieb würde in dem Bereich öffentlicher Infrastrukturen dann zu einer Verletzung der Gemeinwohlpflicht führen, wenn sich auch ohne Investition in die Erhaltung der Infrastruktur weiterhin Profit aus dem Geschäft schlagen ließe.[12] Zum Kronzeugen ökonomischer Überlegenheit

12 »Zölle zur Unterhaltung einer Landstraße können nicht mit irgendeinem Verlaß in Privathand bleiben. Denn im Gegensatz zu einem Kanal wird selbst eine gänz-

und größerer Effizienz privater Unternehmen im Bereich netzbasierter Infrastrukturen im Vergleich zum öffentlichen Betrieb taugt Smith alles in allem wenig.

Schließlich wäre Smith auch falsch verstanden, wenn man ihn zu einem Verfechter schrankenloser Markteuphorie machte. Sein Sinn für die Grenzen des Marktes und seiner gemeinwohlfördernden Wirkung lassen sich bereits aus seinem Plädoyer für ein Primat der Konsumtion ablesen: Sie ist zwar »Ziel und Zweck einer jeden Produktion« (ebd.: 558), aber keineswegs der einzige Daseinszweck überhaupt.[13] Vielmehr macht er sehr deutlich, dass ein Gemeinwesen nicht vom und für das Brot allein lebt. Seine vehemente Argumentation für eine staatliche Pflicht zu Bildung und Erziehung von Kindern und Erwachsenen entspringt daher nicht der Idee, die Produktivität der Gewerbe zu erhöhen, sondern es geht ihm vielmehr darum, die Ausbildung menschlicher Fähigkeiten der Vermarktung der Arbeitskraft zum Trotz zu gewährleisten. Denn insbesondere in einer arbeitsteiligen Gesellschaft verkümmert der Mensch geistig und körperlich in der Routine seiner wenigen Verrichtungen. Geistige Trägheit

> stumpft ihn auch gegenüber differenzierten Empfindungen, wie Selbstlosigkeit, Großmut oder Güte ab, so daß er auch vielen Dingen gegenüber, selbst jenen des täglichen Lebens, seine gesunde Urteilsfähigkeit verliert. Die wichtigen und weitreichenden Interessen seines Landes kann er überhaupt nicht beurteilen, und falls er nicht ausdrücklich darauf vorbereitet wird, ist er auch nicht in der Lage, sein Land in Krisenzeiten zu verteidigen. […] Seine spezifisch berufliche Tätigkeit, so scheint es, hat er sich auf Kosten seiner geistigen, sozialen und soldatischen Tätigkeiten erworben. Das aber ist die Lage, in welche die Schicht der Arbeiter, also die Masse des

lich vernachlässigte Landstraße nicht völlig unbefahrbar, so daß die Eigentümer eines Wegezolls die Unterhaltung der Landstraße völlig vernachlässigen und dennoch weiterhin die gleiche Abgabe erhalten dürften. Daher ist es zweckmäßig, daß Zölle für die Unterhaltung einer solchen Einrichtung unter die Verwaltung von Beamten oder Treuhändern gestellt werden.« (Smith 1776/2005: 615)

13 Dem merkantilistischen Primat der Produktion hält Smith den Primat der Konsumtion entgegen, sie »allein ist Ziel und Zweck einer jeden Produktion, daher sollte man die Interessen der Produzenten eigentlich nur soweit beachten, wie es erforderlich sein mag, um das Wohl der Konsumenten zu fördern. […] In der merkantilistischen Wirtschaftsordnung aber wird das Wohl des Verbrauchers beinahe ständig dem Interesse der Produzenten geopfert, und man betrachtet offenbar die Produktion und nicht den Konsum als letztes Ziel oder Objekt allen Wirtschaftens und Handelns.« (Ebd.: 558)

Volkes, in jeder entwickelten und zivilisierten Gesellschaft unweigerlich gerät, wenn der Staat nichts unternimmt, sie zu verhindern. (Ebd.: 662 f.)

Smith kommt daher zu dem Schluss, dass »in einer entwickelten und kommerzialisierten Gesellschaft [...] sich die Öffentlichkeit vielleicht mehr um die Erziehung des einfachen Volkes kümmern [sollte] als um die der Oberschicht« (ebd.: 664). Bildung ist Staatspflicht – Pflicht des Staates und Pflicht am Staat, denn sie ist das Mittel gegen Aberglauben und Schwärmerei, Voraussetzung von Anstand und Benimm und damit der Schlüssel zu einer zivilisierten Gesellschaft.[14]

Die Zuweisung von öffentlich notwendigen Aufgaben an den Staat im Bereich der öffentlichen Infrastruktur wie in der Erziehung ist ein klares Bekenntnis zu einer verantwortlichen, marktunabhängigen und korrektiven Regierungstätigkeit. Gemeinsam mit Smith' vehementer Argumentation gegen eine klandestine Indienstnahme des Staates für die Zwecke der Handelstreibenden wird *Der Wohlstand der Nationen* bemerkenswerterweise zu einer argumentativen Stütze gegen die Verherrlichung des Marktes und den expliziten Antietatismus seiner Nachfolger.

## 6.3 Vom Liberalismus zum Neoliberalismus: Die Privatisierung des Gemeinwohls

Bescheiden bezeichnet Ludwig von Mises seine 1927 erschienene Schrift *Liberalismus* als Zusammenfassung des liberalen Erbes (Mises 1927: 3). Doch handelt es sich hierbei um ein klassisches Understatement: Weder Mises noch seine Nachfolger begnügen sich mit einer einfachen Erinnerung an den Liberalismus, sondern richten ihn an neuen Frontstellungen aus und verändern dabei die Lehre selbst. Nicht Welterklärung, sondern Weltveränderung[15] ist

14 Darüber hinaus wird der Markt alleine auch nicht dafür sorgen, dass diejenigen Aufgaben erfüllt sind, die »zwar in einem Staat nützlich oder sogar notwendig sind, doch niemandem Vorteil oder Freude bereiten« (ebd.: 670). Der Markt wird es nicht alleine richten, und so schlägt Smith einen staatlichen Steuerungsmodus vor, der auf öffentliche Kosten monetäre wie meritokratische Anreize setzt, um die für den Staat notwendigen Dienste attraktiver zu machen.

15 Friedrich August von Hayek formuliert deutlich den Anspruch, dass liberale Werte »wieder Macht gewinnen sollen« (Hayek 1991: 5) und dass es seine Absicht ist, »Tore für zukünftige Entwicklung zu öffnen, nicht andere zu verschließen, oder,

das vom Neoliberalismus verfolgte Projekt und eine gewisse Spannbreite der vertretenen Positionen schon aus diesem Grund zwingend erforderlich. Mag man angesichts unterschiedlicher Akzentsetzungen und inhaltlicher Differenzen seiner Anhänger auch die Einheit des Neoliberalismus vermissen, so ist es doch politisch fahrlässig und wissenschaftlich unzureichend zu behaupten, man könne weder sagen, was der Begriff eigentlich beinhalte, noch was denn an einer liberalen oder neoliberalen Wirtschaftsordnung so falsch sein solle (Willke 2006: 11). Eine solche Behauptung verkennt den politischen Einsatz, der mit der Neuformierung des Liberalismus als Neoliberalismus verbunden war und ist und verstellt den Blick auf eine ideologische Formation, die ihr intellektuelles Schaffen frühzeitig in den Dienst eines »internationalen Kreuzzug[s] zugunsten eines konstruktiven Liberalismus« (Rougier Rappard zit. nach Walpen 2004: 56) stellte. Das Ziel dieses Kreuzzugs wird deutlich, wenn man ihn mit dem klassischen Smithschen Liberalismus kontrastiert; durchaus lassen sich dabei auch Ansatzpunkte für eine Klärung gewinnen, was denn daran falsch sein könnte.

### *6.3.1 Antietatismus und aggressiver Individualismus*

Adam Smith' Plädoyer für einen freien Handel war motiviert durch einen Staat, der dirigistisch in die Wirtschaftsverhältnisse interveniert, um vor allem seine eigenen Interessen zu sichern. Sein liberales Credo lautete daher: Befreiung der Ökonomie aus dem restriktiven, staatlichen Zugriff und Orientierung wirtschaftspolitischer Rahmensetzungen an der Konsumtion, nicht der Produktion. Smith richtete sich somit zwar gegen die Dominanz des Staates

vielleicht sollte ich sagen, ich möchte verhindern, daß solche Tore verschlossen werden, wie es immer geschieht, wenn der Staat gewisse Entwicklungen allein in die Hand nimmt« (ebd.). Frühzeitig richteten sich die Neoliberalen auf eine lange Dauer ein: Für die Durchsetzung des Projekts wurde mit einem sich über zwei bis drei Generationen erstreckenden Prozess gerechnet (Plehwe/Walpen 1999: 209; Yergin/Stanislaw 2001: 195), bei dem nach Ansicht führender Neoliberaler Ideen produziert werden müssen, die später in Taten umgesetzt werden können. Frühzeitig verstanden die Neoliberalen den Sinn eines »eingreifenden Denkens« (Brecht), so etwa Friedman: »Ich glaube, das ist unsere Hauptaufgabe: Alternativen zu existierenden Politiken (*policies*) zu entwickeln, sie solange am Leben und einsatzfähig zu halten, bis das politisch Unmögliche das politisch Unvermeidliche wird.« (Friedman 2002: xiv) auf dem Gebiet der Ökonomie, doch stellte er eine eigene Sphäre des Politischen nicht in Frage. Aufgabe der Politik ist vielmehr, die notwendigen sozialen Rahmenbedingungen herzustellen, innerhalb deren ein freier Markt der Befriedigung konsumtiver Bedürfnisse dienen kann, ohne die sozio-moralischen Grundlagen der Gesellschaft als Ganze zu gefährden.

Neoliberale Autoren gehen in der Beschränkung des Staates erheblich weiter: Für Ludwig von Mises hätte das Programm des Liberalismus »in ein einziges Wort zusammengefaßt, zu lauten: Eigentum, das heißt Sondereigentum an den Produktionsmitteln [...]. Alle anderen Forderungen des Liberalismus ergeben sich aus dieser Grundforderung« (Mises 1927: 17).[16] Insbesondere ergibt sich hieraus, die Aufgaben des Staates auf ein Minimum zu beschränken:

> Nach liberaler Auffassung besteht die Aufgabe des Staatsapparates einzig und allein darin, die Sicherheit des Lebens und der Gesundheit, der Freiheit und des Sondereigentums gegen gewaltsame Angriffe zu gewährleisten. Alles, was darüber hinausgeht, ist von Übel. (Ebd.: 46)

Dieser reduktionistischen Auffassung legitimer Staatsaufgaben entspricht eine minimalistische Konzeption von Staat, Recht und Regierung. Staat ist für Mises nicht mehr als eine »gesellschaftliche Einrichtung, die durch Anwendung von Zwang und Gewalt die gesellschaftsschädlichen Leute dazu bringt, sich an die Regeln des gesellschaftlichen Zusammenlebens zu halten« (ebd.: 32), Recht erschöpft sich in den Regeln, nach denen dabei vorgegangen wird, und unter Regierung versteht Mises lediglich »die Organe, die die Handhabung des Zwangsapparates besorgen« (ebd.). Abgesehen davon, dass hierin eine pointiert restriktive Vorstellung von den gesellschaftlichen Steuerungsmöglichkeiten des Rechts zum Tragen kommt, ist auch ein derart konzipierter Nachtwächterstaat ein um seine Aufgabe demokratisch legitimer Gestaltung des Öffentlichen beschnittener Zwerg, dessen einziger Daseinszweck in der Korrektur eines möglicherweise nicht einwandfreien Verhaltens Einzelner liegt.

16 Vgl. auch: »Seine (des Liberalismus, P.D.) Stellung zum Staatsproblem ist überhaupt nicht durch seine Abneigung gegen die ›Person‹ des Staates gegeben, sondern durch seine Stellung zum Eigentumsproblem. Weil er das Sondereigentum an den Produktionsmitteln will, muß er folgerichtig alles ablehnen, was ihm entgegensteht.« (Mises 1932: 31)

Diese bei Mises bereits angelegte antietatistische Stoßrichtung verfolgt auch Milton Friedman. Während Friedman für den Verteilungsmechanismus Markt nur sehr wenige Schranken sieht, wird der dem Markt gegenüberstehende Regierungsapparat (*government*) von vornherein als begrenzt und weiter begrenzbar dargestellt (Friedman 2002: 23). Government kann nur unter zwei Bedingungen zur Sicherung von Freiheit beitragen: »Erstens muss der Handlungsraum der Regierung begrenzt werden [...] Das zweite grundlegende Prinzip ist, dass die Macht der Regierung geteilt werden muss.« (Friedman 2002: 2f.) Ein potenziell expansiv gedachter Markt und ein grundsätzlich einzuschränkendes Government sind bereits in ihrer Grundidee von Freiheitssicherung ungleiche Kontrahenten. Doch sind Staat und Markt nicht nur ungleich, sie werden bei Friedman auch in eine hierarchische Ordnung gebracht, in der dem Staat vor allem eine dienende Funktion für die Erhaltung des Marktes zugewiesen wird:

> Die Organisation der Ökonomie auf der Basis von freiwilligem Austausch setzt voraus, dass die Regierung für die Erhaltung von Recht und Ordnung sorgt, um zu verhindern, dass ein Individuum unter den Zwang eines anderen Individuums gerät, dass sie dafür Sorge trägt, dass die freiwillig abgeschlossenen Verträge eingehalten werden, dass Eigentumsrechte definiert, interpretiert und durchgesetzt werden und eine Finanzordnung hergestellt wird. (Ebd.: 27)

Zudem weist Friedman beiden Steuerungsmodi gegensätzliche Funktionsweisen zu: Nicht der Staat, sondern der Markt ist für Friedman ein Mechanismus von »proportionaler Repräsentation« (ebd.), während er in politischer Regulierung die Tendenz zu einer Verstärkung von »substanzieller Konformität« (ebd.) angelegt sieht. Markt/Freiheit versus Regierung/Zwang sind Gegenüberstellungen, in denen eine Expansion des Marktes für die Erhaltung und Erweiterung von Freiheit steht und Staat/Government für Konformität und Unfreiheit:

> Je mehr Aktivitäten durch den Markt koordiniert werden, desto weniger Gegenstände erfordern eine explizite politische Entscheidung und damit auch die Notwendigkeit einer Übereinstimmung. Das wiederum heißt, je weniger Gegenstände Einigkeit erfordern, desto wahrscheinlicher ist es, diese zu erreichen und gleichzeitig eine freie Gesellschaft zu erhalten. (Ebd.: 24)

»Freiheit« ist eine Letztkategorie,[17] die für Friedman keiner weiteren Begründung bedarf; wenn mehr Markt mehr Freiheit bedeutet als *government*, dann gilt es jenen auszudehnen, diese zu beschränken. Doch steht der Staat nicht nur der Freiheit entgegen, er hemmt auch den Fortschritt: »Die großen Fortschritte der Zivilisation [...] sind niemals von einer zentralen Regierung (*centralized government*) hervorgebracht worden.« (Friedman 2002: 3) Offensiv vertritt Friedman diese Position in einer kleinen Schrift mit dem provokanten Titel *Warum die Regierung das Problem ist* (*Why Government is the problem*) (Friedman 1993). Grundthese des Textes ist, dass *alle* sozialen Probleme, von der Erziehung über Kriminalität und Gesetzlosigkeit bis zur Staubildung auf den Autobahnen, vor allem der Tatsache politischer Regulierungsversuche geschuldet sind. Friedman kritisiert nicht spezifische politische Regeln, sondern hält die politische Einmischung als solche für störend.

Als Erklärung für diese grundlegende Dysfunktionalität von *government* bietet Friedman ein zentrales Begründungsmuster an: In der Privatwirtschaft und im öffentlichen Sektor wirken Eigeninteressen (*self-interest*) in gegensätzlicher Weise. Wer auf dem Markt scheitert, geht unter, »wenn ein staatliches Unternehmen (*government enterprise*) scheitert, wird es ausgebaut« (ebd.: 9). Die Tatsache, dass sich die Regierung der Marktlogik entziehen kann, führt nach Friedman zu dem strukturellen Problem einer umgekehrten Wirkung der unsichtbaren Hand des Marktes im öffentlichen Bereich:

> Das Eigeninteresse der Mitglieder des Regierungsapparates führt dazu, dass sie sich in einer Weise verhalten, die gegen unser aller Eigeninteresse wirkt. [...] Ich behaupte, das ist eine umgekehrte unsichtbare Hand: Menschen, die eigentlich nur öffentlichen Interessen dienen wollen, werden von einer unsichtbaren Hand dazu geführt, privaten Interessen zu dienen, wenngleich dies nicht in ihrer Absicht lag. (Ebd.: 11)

Diese Wendung gegen den Staat beruht nicht nur bei Friedman auf der Prämisse eines geradezu aggressiven Individualismus. Mit einer biologistischen Analogie, die schon in ihrem ökologischen Herkunftskontext von zweifelhafter Richtigkeit ist, entwirft Mises

17 Vgl. hierzu auch Hayek: »Wir müssen zeigen, daß Freiheit nicht bloß ein besonderer Wert ist, sondern daß sie die Quelle und Vorbedingung für die meisten moralischen Werte ist.« (Hayek 1991: 7)

das Bild des auf sich selbst gestellten Individuums als Naturform menschlichen Lebens: »In der natürlichen Pflanze führt jede Zelle ihr eigenes Dasein für sich und in Wechselwirkung mit den anderen. Dieses Selbstsein und Sichselbsterhalten ist es, was wir Leben nennen.« (Mises 1932: 265) Inhalt des Lebens ist die Selbsterhaltung auf möglichst steigendem Wohlstandsniveau. Smith' Vorstellung, dass Geistes- und Herzensbildung ein Gegengewicht zur ökonomischen Tätigkeit bilden müssen, gilt von Mises ökonomistischer Anthropologie nichts: Dem »denkenden Menschen [wohnt] der Wunsch nach Verbesserung seiner materiellen Lage inne [...]. Diesen Drang kann man nicht ausrotten; er ist die Triebkraft alles menschlichen Handelns« (Mises 1927: 165). Mehr als ein halbes Jahrhundert später erläutert Margret Thatcher die gesellschaftliche Bedeutung dieses Selbstseins: »Who is society? There is no such thing! There are individual men and women and there are families.« (Thatcher 1987)[18] Politisch steht die Verneinung der Gesellschaft für eine Absage an einen sozialstaatlichen Solidarzusammenhang und eine Betonung der Eigenverantwortung. Die künstliche Alleinstellung des Menschen dient als Basis einer Verantwortungsethik, wenn man von einer solchen überhaupt noch sprechen kann, in der solidarische Bande auf den familiären Kontext, gegebenenfalls noch die Nachbarschaft, beschränkt sind. Sozialität ist nach dieser Wahrnehmung eine rein private Angelegenheit. Zusammen mit der Gesellschaft wird auf diesem Wege auch die Sphäre des Öffentlichen negiert: Die von Eigeninteressen beseelten, radikal privatisierten Individuen haben keine übergreifenden, gemeinsamen Interessen. Wenn auch Mises, anders als später Thatcher, noch von Gesellschaft spricht, so doch nur in der Schrumpfvariante einer durch die Arbeitsteilung miteinander verbundenen Marktgesellschaft:

Die höhere Produktivität der arbeitsteilig verrichteten Arbeit ist es, die die Menschen dazu bringt, einander nicht mehr als Konkurrenten im Kampfe

18 Vgl. auch Mises: »Indem Mann und Weib zusammenkommen, folgen sie dem Gesetz, das ihnen in der Natur die Stellung zuweist. Soweit stehen sie unter der Herrschaft des Triebes. Gesellschaft ist erst dort vorhanden, wo ein Wollen zum Mitwollen, ein Handeln zum Mithandeln wird. In Gemeinschaft Zielen zuzustreben, die man allein überhaupt nicht oder jedenfalls nicht in gleich wirksamer Weise erreichen könnte, kooperieren, das ist Gesellschaft. Darum ist Gesellschaft nicht Zweck, sondern Mittel, Mittel jedes einzelnen Genossen zur Erreichung seiner eigenen Ziele.« (Mises 1932: 267)

ums Dasein anzusehen, sondern als Genossen zur gemeinschaftlichen Förderung ihrer Wohlfahrt. Sie macht aus Feinden Freunde, aus Krieg Frieden, aus den Individuen die Gesellschaft. (Mises 1932: 264)

Weil nur der Markt Gesellschaft ist und der Markt als Antipode zur gesellschaftlichen Organisation auftritt, ist es auch »ein Wahn, die Gesellschaft organisieren zu wollen, nicht anders als ob jemand eine lebende Pflanze zerstückeln wollte, um aus den toten Teilen eine neue zu machen« (ebd.: 266). Nur insofern hierbei Probleme auftreten können, sind übergreifende Regulierungen vonnöten.

Als Aufgaben einer übergreifenden Regulierung verbleiben demnach allein die Bereitstellung der infrastrukturellen Notwendigkeiten, um den Austausch auf dem Markt zu ermöglichen, und von Verfahren zur Lösung von Konfliktpotenzialen, die zwischen Individuen entstehen können. Die vornehmste Aufgabe von Staat und Regierung ist daher, die Menschen allein zu lassen und bei der Verfolgung ihrer privaten Interessen so wenig wie möglich zu beeinträchtigen, denn

> [g]eistige Bewegungen sind Auflehnung des Denkens gegen die Trägheit, der Wenigen gegen die Vielen, derer, die allein am stärksten sind, weil sie im Geiste stark sind, gegen die, die sich nur im Haufen und in der Horde fühlen und nur zählen, weil sie zahlreich sind. Der Kollektivismus ist das Gegenteil von alle dem, er ist die Waffe derer, die den Geist und das Denken ertöten wollen. So gebiert er den ›neuen Götzen‹, ›das kälteste aller kalten Ungeheuer‹, den Staat. (Mises 1932: 39)

### *6.3.2 Politische Freiheit und Demokratie*

Politische Freiheit war für Smith weder identisch mit ökonomischer, noch wird sie durch diese gewährleistet. Während der Markt zweifelsfrei die Bedürfnisse des Menschen als Konsumenten effektiver befriedigen kann, bleiben doch Urteilsfähigkeit und Herzensbildung, Moral sowie die Herstellung der Fähigkeit zur politischen Partizipation wie auch zu einem guten Leben für ihn eine Bildungsaufgabe, für die der Staat Sorge zu tragen hat. Auch in dieser Hinsicht unterscheiden sich neoliberale Autoren von ihrem Ahnherrn, indem sie zunächst den bei Smith unaufhebbaren Zusammenhang von politischer Freiheit und staatlichem Bildungsauftrag entkoppeln und sodann die ökonomische Freiheit der politischen überordnen.

Mises betrachtet die Aufgabe der schulischen Erziehung im Kontext eines Kapitels über die politischen Grundlagen des Friedens. Er kommt zu dem erstaunlichen Schluss, »daß die Beibehaltung des Schul- und Unterrichtszwanges ganz und gar unverträglich ist mit den Bestrebungen zur Schaffung dauernden Friedens« (Mises 1927: 101). Erziehung und Unterricht sollten deswegen vollständig in privaten Händen liegen. Ausgangspunkt seiner Überlegung ist die Annahme einer multinationalen und multilingualen Einwohnerschaft, die die Frage aufwerfe, welcher Nation in der Schule insbesondere gedient werden solle, weil sie dem Nationalismus Vorschub leiste.[19] Die Schule – wie im Übrigen auch jede Einmischung der Regierung in wirtschaftliche Angelegenheiten – ist ein »Mittel der nationalen Vergewaltigung« (ebd.: 102), also ist es

> besser, eine Anzahl von Buben wachsen ohne Schulunterricht auf als daß sie wohl Schulunterricht genießen, dafür aber, wenn sie einmal herangewachsen sind, die Chance haben, totgeschlagen oder verstümmelt zu werden. Ein gesunder Analphabet ist doch immer besser dran als ein des Lesens und Schreibens kundiger Krüppel. (Ebd.).

Selbst wenn man Mises soweit folgen wollte, die Schule eher als Kampfplatz um Nationalitätenfragen denn als Bildungseinrichtung zu betrachten, bleibt doch unklar, warum eine privat finanzierte Schule diesem Problem entgehen könnte. Wichtiger noch ist der Einwand, dass ein regelmäßiger Schulbesuch dem Ziel einer friedfertigen Nation weit dienlicher ist als die Abschaffung der Schulpflicht. Zumindest nach aktuellen Umfragen ist der Grad der Schulbildung der einzige Faktor,[20] der in einen signifikanten Zusammenhang mit Toleranz gegenüber anderen gebracht werden kann, »wobei besser ausgebildete Personen eine deutlich positivere Einstellung zeigen« (Fertig 2004: 5).

19 »Die Schul- und Unterrichtsfrage hat aber eine ganz andere Bedeutung in jenen weiten Gebieten, in denen verschiedene Sprachen sprechende Völker durch- und nebeneinander wohnen. Hier gewinnt die Frage, welche Sprache zur Grundlage des Unterrichtes gemacht werden soll, eine entscheidende Bedeutung. Sie kann über die Zukunft der Nation entscheiden. Man kann die Kinder durch die Schule dem Volk, dem ihre Eltern angehören, entfremden, man kann die Schule in den Dienst der nationalen Vergewaltigung stellen. Wer über die Schule herrscht, hat die Macht, der fremden Nation zu schaden und seiner eigenen zu nützen.« (Mises 1927: 101)

20 Geprüft wurden auch Arbeitsplatzsicherheit, Wohnort und regionale Zugehörigkeit, Ausländerdichte im näheren Umkreis, Alter und Geschlecht.

Für Smith wäre eine Entwicklung ökonomischer Freiheit auf Kosten politischer Urteilsfähigkeit kein Gewinn. Friedmans Antwort auf das Problem des Verhältnisses von ökonomischer Entwicklung und politischer Selbstbestimmung fällt anders aus: In seinen Abwägungen über das Verhältnis zwischen politischer und ökonomischer Freiheit fällt Letzterer die bedeutendere Rolle zu. Ökonomische Freiheit ist erstens ein Teil der umfassenden Freiheit und daher »ein Ziel an sich« (Friedman 2002: 8). Zweitens ist ökonomische Freiheit ein unerlässliches Mittel zur Erreichung politischer Freiheit, womit ökonomische und politische Freiheit als Zweck-Mittel-Relation konzipiert werden, die eine klare Prioritätenbildung bezüglich der Gewährung dieser Freiheiten in einem Liberalisierungsprozess impliziert: erst die Freiheit des Marktes, dann die Freiheit zur Politik. Obwohl somit bereits in der Originalauflage von *Kapitalismus und Freiheit* ökonomische Freiheit einen höheren Stellenwert als politische besitzt, nimmt Friedman im Vorwort zu der 2002 erschienenen Neuausgabe eine noch stärker relativierende Korrektur seines früheren Verständnisses von politischer Freiheit vor: Den größten Mangel seines vierzig Jahre zuvor erschienenen Buches sieht er in einer Überbewertung politischer Freiheit. Das Beispiel Hongkongs vor der Rückgabe an China habe ihn aber nun davon überzeugt, dass »zwar ökonomische Freiheit eine notwendige Vorbedingung für gesellschaftliche und politische Freiheit ist, doch politische Freiheit, so wünschenswert sie auch sein möge, keine notwendige Voraussetzung für ökonomische und gesellschaftliche Freiheit ist« (Friedman 2002: ix). Seine bisherige Behandlung von politischer Freiheit sei inadäquat, da unter bestimmten Bedingungen politische Freiheit zwar auch die ökonomische und bürgerliche (*civic*) Freiheit fördern könne, diese unter anderen Umständen jedoch verhindere (ebd.: ix f.).[21]

21 An anderer Stelle fügt Friedman allerdings hinzu, dass er glaube, dass die politische Freiheit der ökonomischen doch folgen müsse oder andernfalls auch die ökonomische Freiheit gefährde: »In China wird das gleiche wie in Chile geschehen. Politische Freiheit wird sich am Ende ihrer Fesseln entledigen. Der Tiananmen-Aufstand war nur das erste Kapitel. China steuert eine Reihe von Eruptionen dieser Art an. Man kann sich nicht privatwirtschaftlich weiterentwickeln und zur gleichen Zeit seinen autoritären politischen Charakter beibehalten. Dann wird es zu einem Zusammenstoß kommen. Wenn China nicht seine politische Sphäre öffnet, dann wird sein wirtschaftliches Wachstum enden – und das Land ist durchaus noch auf einem niedrigen Level. Aber die Situation ist

Betrachtet man die Argumentationen im Zusammenhang, so ergibt sich eine in sich logische Folge: Als höchsten Wert setzen die neoliberalen Autoren die persönliche Freiheit, ohne Zwang zu leben. Diese nicht weiter begründungsfähige und -bedürftige Letztkategorie ist eine negative Freiheit, deren positiver Gehalt sich vor allem aus der Kopplung von Freiheit und Markt bzw. deren Gegensatz, Regierung und Zwang, erschließen lässt. Mit dem Ideal einer Freiheit ohne Zwang korrespondiert eine Anthropologie des Marktbürgers, der nur ruhig seinen Geschäften nachgehen möchte. Dem engen Band zwischen persönlicher und ökonomischer Freiheit, das damit geknüpft wird, steht eine nur lose Verbindung zwischen persönlicher und politischer Freiheit gegenüber. Letztere ist zwar nicht zwingend ausgeschlossen, aber auch kein unabdingbarer Bestandteil persönlicher Freiheit. Dem geringen Stellenwert, der der politischen Freiheit zugemessen wird, entspricht notwendig ein minimaler Staat: Nur, wenn der Staat selbst in seiner Gewalt beschränkt wird, kann auch die Ausübung politischer Freiheit als disponibel gedacht werden. Eine gering geschätzte politische Freiheit und eine beschränkte Staatsgewalt bedingen einander argumentativ wechselseitig.

So fasst auch Hayek politische Freiheit nicht als Bestandteil persönlicher Freiheit auf. Wie für Friedman steht für ihn Freiheit im Gegensatz zu Zwang.[22] Individuelle oder auch persönliche Freiheit ist die »Unabhängigkeit von der Willkür anderer« (Hayek 1991: 15) bzw. der »Zustand der Menschen, in dem Zwang auf einige von seiten anderer Menschen so weit herabgemindert ist, als dies im Gesellschaftsleben möglich ist« (ebd.: 13). Auch wenn es nun jedem offenstehe, Freiheit mit der Teilnahme an der öffentlichen Gewalt und der öffentlichen Gesetzgebung gleichzusetzen, liege hierin doch die Gefahr einer »Unklarheit«, dass nämlich »übersehen wird, daß jemand sich durch Stimmabgabe oder Vertrag in Sklaverei begeben

nicht aussichtslos. Die persönliche Freiheit ist stark gewachsen, was noch mehr Konfliktsituationen provozieren wird zwischen Individuum und dem Staat. In China lebt eine neue Generation, die gebildet ist und ins Ausland reist. Diese Leute kennen aus Anschauung die Alternativen da draußen in der weiten Welt.« (Friedman 2005: 15).

22 »Unter ›Zwang‹ wollen wir eine solche Veränderung der Umgebung oder der Umstände eines Menschen durch einen anderen verstehen, daß dieser, um größere Übel zu vermeiden, nicht nach seinem eigenen zusammenhängenden Plan, sondern im Dienste der Zwecke des anderen handeln muß.« (Hayek 1991: 27)

oder einem Tyrannen unterwerfen kann, und damit zustimmt, seine Freiheit im ursprünglichen Sinne aufzugeben« (ebd.: 19). Aus der Tatsache, dass jemand in Ausübung seiner politischen Freiheit seine persönliche Freiheit aufgeben könnte, schließt Hayek, »daß die Wahl der eigenen Regierung nicht notwendig die Sicherung der Freiheit bedeutet« (ebd.). Politische Freiheit ist demnach auch für Hayek kein konstitutiver Bestandteil persönlicher Freiheit, sondern schränkt diese gegebenenfalls sogar ein.

Dem Einwand, dass nicht zu viel, sondern eher zu wenig politische Freiheit zu einer Beschränkung der persönlichen Freiheit führen kann, begegnet Hayek implizit auf einer anderen Theorieebene. Ganz grundsätzlich kann der niedrige Stellenwert politischer Freiheit nur gerechtfertigt werden, wenn gleichzeitig die Macht der Regierung als extrem beschränkt gedacht wird.[23] Hayek bringt diese Position in der Gegenüberstellung von Liberalismus und Demokratie auf den Punkt:

> Der Liberalismus [...] sieht die Hauptaufgabe in der Beschränkung der Zwangsgewalt jeder Regierung, sei sie demokratisch oder nicht; der dogmatische Demokrat dagegen kennt nur eine Beschränkung der Staatsgewalt, und das ist die Meinung der jeweiligen Majorität. (Hayek 1991: 125)

Liberalismus sei daher eine Lehre über die Aufgaben und Ziele des Staates, über die dann demokratisch entschieden werden müsse, die Demokratie nur eine Lehre über Verfahren, nicht über die Ziele der Politik. Der »dogmatische Demokrat«, so Hayek, hätte daher nur ein Ziel, nämlich die Ausweitung demokratischer Verfahren auf entweder mehr Personen oder mehr Gegenstände, und unterstelle dabei, dass dies etwas Gutes an sich sei. Doch könne nicht »ernstlich behauptet werden, daß jede mögliche Ausdehnung ein Gewinn ist oder daß das Prinzip der Demokratie verlangt, daß sie unbegrenzt ausgedehnt wird« (ebd.: 127).

Wenn auch Liberale und Demokraten die Ansicht teilten, dass die Mehrheit überall dort entscheiden soll, »wo staatliche Aktion erforderlich ist, und insbesondere, wenn zu erzwingende Regeln

23 Auch wenn Hayek an anderer Stelle bestimmte Tätigkeitsbereiche des Staates für möglich hält und sich damit von der Marktradikalität Friedmans unterscheidet, so verfolgt auch er das Projekt eines auf Minimalfunktionen beschränkten Staates, dessen Gewalt auf jene Fälle zu beschränken ist, »in denen sie zur Vermeidung von Zwang durch private Personen erforderlich ist« (Ebd.: 28).

festgelegt werden müssen«, so nehmen sie doch in Bezug auf den Bereich der Staatstätigkeit verschiedene Standpunkte ein, der durch demokratische Entscheidung gelenkt werden soll:

> Der dogmatische Demokrat erachtet es als wünschenswert, daß möglichst viele Fragen durch Mehrheitsbeschluß entschieden werden, während der Liberale meint, *daß es für den Bereich der Fragen, die so entschieden werden sollen, bestimmte Grenzen gibt.* Der dogmatische Demokrat meint insbesondere, daß die jeweilige Mehrheit das Recht haben soll, zu bestimmen, welche Gewalt sie hat und wie diese auszuüben ist, während der Liberale findet, daß es wichtig ist, die Gewalt jeder zeitweiligen Mehrheit durch langfristige Grundsätze zu beschränken«. (Ebd.: 129, Herv. P.D.)

Mit der Auslagerung bestimmter Bereiche aus dem Verfahrensprinzip der Demokratie – die im Übrigen ohne normatives Fundament und ohne die in einer Demokratie üblichen Aushandlungsprozesse auf nackte Stimmenzählerei verkürzt wird – wirbt Hayek für eine vorpolitische Bestimmung über die Bereiche, die *nicht* Gegenstand demokratischer Verfahren werden sollen, mit anderen Worten für eine vorpolitische Bestimmung über die Grenzen des Staates.[24] Demokratie wird als ein Verfahren des reinen Mehrheitsentscheids verstanden, das auf die Bereiche beschränkt bleibt, die in einem vorgelagerten Prozess zu legitimen Gegenständen demokratischer Entscheidungsfindungen gemacht werden.

Diese vorpolitische Übereinstimmung soll es aber nicht nur darüber geben, was keine demokratischen Aufgaben sein sollen, sondern weitergehend ist für Hayek Demokratie auch »nur um den Preis zu haben, daß allein solche Gegenstände einer bewußten Lenkung unterworfen werden können, auf denen eine wirkliche Übereinstimmung über die Ziele besteht, während man andere Bereiche sich selber überlassen muß« (Hayek 2003: 98). Der Bereich der Demokratie wird damit sowohl inhaltlich als auch qualitativ durch vorpolitische Überzeugungen beschränkt. Als zentrale Frage steht damit im Raum, woher diese »Übereinstimmungen« stammen, die den demokratischen Bereich bestimmen und begrenzen.

24 »Wenn die Demokratie erhalten bleiben soll, muß sie einsehen, daß sie nicht der Urquell der Gerechtigkeit ist und daß sie einen Gerechtigkeitsbegriff anerkennen muß, der sich nicht unbedingt in der vorherrschenden Ansicht über jedes konkrete Problem ausdrückt. Die Gefahr ist, daß wir ein Mittel zur Sicherung der Gerechtigkeit für die Gerechtigkeit selbst halten.« (Ebd.: 142)

Hayek bleibt die Antwort nicht schuldig: Auf lange Zeit sind es »Ideen, und daher die Männer, die neue Ideen in die Welt setzen« (Hayek 1991: 137), die die Entwicklung bestimmen, es ist die »spekulative Philosophie«, die »in Wirklichkeit den größten Einfluß hat und auf Dauer alle anderen Einflüsse übertönt« (ebd.). Man sollte den Ernst dieser Auffassung nicht unterschätzen: Hayek macht deutlich, dass er an die Kraft der Ideen glaubt und damit an die Möglichkeit der Hegemoniegewinnung einer intellektuellen Elite, als deren Teil er sich selbst zweifelsfrei begreift. Dieser Elite kommt der langfristig entscheidende Platz in der Gestaltung der politischen Verhältnisse zu, weil sie in der Lage ist, die »langfristigen Überzeugungen« bereitzustellen und sukzessive durchzusetzen, die den demokratischen Entscheidungsbereich begrenzen und die »wirkliche Übereinstimmung über die Ziele« der Demokratie herbeizuführen: »Fortschritt besteht darin, daß die Wenigen die Vielen überzeugen.« (Ebd.: 134) Die Mehrheit in ihre Grenzen zu weisen, das ist für Hayek eigentlich demokratisch; sie zu lehren, »daß sie Grundsätze befolgen muß, die sie nicht selbst geschaffen hat« (ebd.: 142), ist die Aufgabe des liberalen Intellektuellen. Was dann noch übrig bleibt, darüber mag die Mehrheit entscheiden.

### *6.3.3 Monopole und öffentliche Unternehmen*

In den Bereich der Daseinsvorsorge fallen nach Ernst Forsthoff »diejenigen Veranstaltungen, welche zur Befriedigung des Appropriationsbedürfnisses getroffen werden müssen« (Forsthoff 1938: 6), um dem Einzelnen das Leben in einer Massengesellschaft zu ermöglichen. Hieraus entsteht den Trägern der politischen Gewalt eine Daseinsverantwortung, die sich unter anderem auf die Funktion bezieht, Leistungen darzubringen, »auf welche der in die modernen massentümlichen Lebensformen verwiesene Mensch lebensnotwendig angewiesen ist« (ebd.: 7).[25] In der Frage, welche Aufgaben in diesen Bereich einer modernen Leistungsverwaltung fallen und wie sie am besten gelöst werden können, treffen sich die Probleme

25 Explizit zählt Ernst Forsthoff eine öffentliche Wasserversorgung hierzu. Der Mensch, der sein Wasser nicht mehr selbst aus dem Brunnen schöpfen kann, ist »auf eine öffentliche ›Wasserversorgung‹ angewiesen, eine öffentliche Verwaltungseinrichtung, auf deren Funktionieren er sich verlassen können muß« (Forsthoff 1938: 7).

der Monopolbildung und öffentlicher Unternehmen. Denn insofern anerkannt wird, dass es lebensnotwendige Güter gibt, die der Markt nicht in ausreichender Zahl, Qualität, nicht an allen Orten oder nicht zu einem für alle bezahlbaren Preis bereitstellt, entsteht die Frage, ob die öffentliche Hand sich dieser Aufgaben annehmen soll und ob sie dies unter Ausschluss von Konkurrenten tun sollte. Spricht man sich aus technischen oder inhaltlichen Erwägungen für einen Ausschluss von Konkurrenz aus, wird ein öffentliches Monopol entstehen. Doch auch wenn die Aufgaben in private Hände übergeben werden, sind Monopolbildungen dann unvermeidlich, wenn dieser Aufgabenbereich nicht liberalisiert werden kann, dem Endkunden also keine Wahlfreiheit ermöglicht wird. Im Bereich der Trinkwasserversorgung ist dies, wie geschildert, der Fall, weil hier eine netzgebundene Infrastruktur vorliegt, die aus technischen und hygienischen Gründen nicht von verschiedenen Anbietern gleichzeitig genutzt werden kann bzw. sollte. Auch wenn also ein privater Betreiber für die Trinkwasserversorgung zuständig gemacht wird, wird dieser als lokaler Monopolist tätig. Bei solchen Dienstleistungen, die ihrer Natur nach nicht am selben Ort von verschiedenen Anbietern bereitgestellt werden können, ist daher zu erwägen, ob ein privates oder ein öffentliches Monopol vorzuziehen ist.

Weiterhin ist zu berücksichtigen, dass die Versorgung mit Trinkwasser einen Zugriff auf Wasser als natürliche Ressource voraussetzt, die entweder als frei zugängliches, öffentliches Gut vorliegen kann oder aber als privates Gut. Sind die Zugriffsrechte auf Wasser als Ressource privatwirtschaftlich organisiert, verschärfen sich die Probleme, die eine Monopolbildung für die Konsumenten birgt, weil Wasser existenziell und nicht substituierbar ist. Die Möglichkeiten der privaten Monopolisierung einer existenziellen Ressource werden, wie im Folgenden gezeigt wird, sowohl von Friedman als auch von Mises zwar implizit bzw. explizit reflektiert, aber bei aller Marktradikalität, die ihnen sonst zu eigen ist, für abwegig gehalten.

Smith' Abneigung gegen wirtschaftliche Monopole war kaum geringer als seine Abneigung gegen staatlichen Wirtschaftsdirigismus; dieser vehemente Antimonopolismus wird von keinem der jüngeren Autoren geteilt (Hayek 1991: 337). Gleichwohl erkennt Smith einen Bereich öffentlicher Aufgaben, der sich auf die Bereitstellung notwendiger Infrastrukturen für den Handel sowie auf Elemente der öffentlichen Daseinsverantwortung bezieht.

Hayek schließt explizit an die oben skizzierte Darlegung von Smith an, wenn er Gebiete identifiziert,

> in denen staatliche Betätigung zweifellos wünschenswert ist. Zu den letzteren gehören alle jene Dienstleistungen, die sicher wünschenswert sind, die aber von wettbewerblichen Unternehmungen nicht bereitgestellt werden, weil es entweder unmöglich oder auch nur schwierig ist, den einzelnen Nutznießer dafür bezahlen zu lassen. Dazu gehören die meisten sanitären Maßnahmen und der Gesundheitsdienst, oft der Bau und die Erhaltung von Straßen und viele Annehmlichkeiten, die die Gemeindeverwaltungen den Bewohnern von Städten bieten. Sie schließen auch diejenigen Betätigungen ein, die Adam Smith beschrieben hat als »diejenigen öffentlichen Anstalten und Unternehmungen [...] die, so vorteilhaft sie für ein ganzes Volk sein mögen, doch niemals einem einzelnen oder einer kleinen Zahl von Personen die Kosten ersetzen«. (Ebd.: 288 f.)

Seine Zustimmung zu einer staatlichen Aufgabenübernahme schränkt er allerdings ein: Wenn auch Staatsunternehmen für ihn denkbar sind, so wendet er sich doch explizit gegen Staatsmonopole (ebd.: 290). Außerdem könne man sich weder sicher sein, ob der Staat immer am besten für diese Aufgaben geeignet sei, noch müsse der Staat selbst die Durchführung solcher Betätigungen übernehmen:

> [D]ie in Frage stehenden Dienstleistungen können auch geboten, und wirksamer geboten werden, wenn der Staat einen Teil oder auch die ganze finanzielle Verantwortung übernimmt, aber die Durchführung der Geschäfte unabhängigen und in gewissem Ausmaß wettbewerblichen Unternehmungen überläßt. (Ebd.: 288 f.)

Hayek bleibt hier insgesamt unentschieden: Obwohl er einen Bereich wirtschaftlicher Güter identifiziert, die vom Markt in der gewünschten Form kaum angeboten werden können, kann er sich offenbar auch nicht entschließen, ein theoriefremdes Zugeständnis an eine rein staatliche Verantwortungsübernahme in solchen Fällen zu machen. Seine Argumentation bleibt damit letztlich befangen und unabgeschlossen. So lässt sein Vorschlag, dem Staat die finanzielle Verantwortung und wettbewerblichen Unternehmen die Bereitstellung zu übertragen, völlig offen, wo – neben dem fraglosen Vorteil der Risikoabsicherung für die Unternehmen – die Vorzüge einer solchen Überlassung an Unternehmen für die Nutznießer liegen würden. Für wen würde sich also die »Wirksamkeit« einer solchen Aufgabenteilung tatsächlich auszahlen? Undiskutiert bleibt auch, wie die Übernahme der finanziellen Risiken durch den Staat sich mit dem Element des Wettbewerbs von Unternehmen verträgt. Wenn der Staat die finanzielle Verantwortung übernimmt, so trägt er auch das Risiko; der Wettbewerb der Unternehmen würde sich an dieser Stelle darauf reduzieren, um diesen Vorteil eines gesicherten Profits zu konkurrieren. Möglich wäre unter solchen Bedingungen allein ein Wettbewerb um den Markt, nicht aber im Markt; entscheidend für solche Verfahren ist aber nicht der Preis (und damit der Konsument), sondern der Staat als monopolistische Vergabeinstitution, was kaum in Hayeks Sinne sein dürfte. Die Unschärfe seiner Argumentation setzt sich schließlich in der Feststellung fort, dass gegen ein staatliches Unternehmen nur dann nichts einzuwenden ist, wenn es wie ein privates geführt wird (ebd.: 289). Weder ein staatliches noch ein privates Unternehmen selbst funktionieren aber »wie ein privates Unternehmen«, wenn sie ohne Konkurrenz und mit einem öffentlich abgesicherten Betriebsrisiko geführt werden.

Im Ergebnis bleibt das Bild widersprüchlich: Faktisch, wenn auch widerwillig kommt Hayek zu dem Befund, dass es notwendige, kostenintensive Bedarfe gibt, für die der Markt allein keine Sorge tragen kann und sollte. Seine Bereitschaft jedoch, einen Bereich staatlicher Daseinsvorsorge zu identifizieren, der diese existenziellen Bedürfnisse befriedigt, auch wenn die Kosten hierfür nicht nach Marktkriterien zu realisieren sind, ist nicht sonderlich ausgeprägt.

Erstaunlicherweise vertritt der besonders im Ruf der Marktradikalität stehende Milton Friedman eine ähnliche Position. Wie Hayek nähert auch er sich dem Problem einer öffentlichen Daseinsverantwortung in der Betrachtung von Monopolen. Sollten die Marktkräfte ein Monopol bilden können, so gibt es nach Friedman nur drei Möglichkeiten: Das Monopol ist privat, es ist öffentlich, oder es wird einer öffentlichen Regulierung unterstellt. Keine Alternative wird von Friedman wirklich favorisiert, aber »ein privates Monopol könnte gegebenenfalls das kleinste Übel sein« (Friedman 2002: 28). Doch kann diese Grundregel außer Kraft treten, wenn es sich um ein technisches Monopol einer Dienstleistung oder einer Ware handelt, die als essenziell betrachtet wird und das Monopol von beträchtlicher Größe ist; dann kann eine öffentliche Regulierung oder öffentlicher Besitz das geringere Übel sein (ebd.: 29). Jedoch sollte auch in diesem Fall das Monopol nur ein *De-facto*-Monopol sein, also eines, das trotz erlaubten Wettbewerbs entstanden ist.

Am weitesten von Smith' Auffassung ist Mises entfernt. Zum einen hält er – jenseits der ohnehin unerwünschten staatlichen – Monopole grundsätzlich nur im Bereich der Bodenschätze für überhaupt möglich. Im verarbeitenden Gewerbe würde ein Monopol die Konkurrenz zur Nachahmung anregen und letztlich Preise und Gewinne wieder auf ein allgemeines Maß reduzieren (Mises 1927: 81). Mises kommt zu dem generellen Schluss: »Der Monopolist beherrscht weder den Markt, noch ist er in der Lage, die Preise zu diktieren.« (Ebd.: 83) Die einzig denkbare Ausnahme von dieser Regel scheint Mises praktisch irrelevant: Von Marktbeherrschung könne man nur sprechen,

> wenn der Artikel, um den es sich handelt, im wahrsten und strengsten Sinne des Wortes existenznotwendig und durch kein Surrogat ersetzbar wäre. Diese Voraussetzung trifft bekanntlich bei keinem Artikel zu. Es gibt kein wirtschaftliches Gut, von dessen Besitz Sein oder Nichtsein des Kauflustigen abhängig wäre. (Ebd.)

An anderer Stelle geht Mises hierbei explizit auf die Möglichkeit einer Monopolisierung von Wasser ein, allerdings nur, um seine Grundaussage bestätigt zu finden:

> Wer die atmosphärische Luft oder das genießbare Wasser monopolisieren würde, der könnte freilich damit alle anderen Menschen zu allem und zu jedem zwingen. Einem solchen Monopol gegenüber würde es überhaupt keinen Tauschverkehr und kein Wirtschaften geben. Sein Inhaber würde über das Leben und über allen Besitz seiner Mitmenschen frei verfügen können. Doch solche Monopole kommen für unsere Monopollehre nicht in Betracht. Wasser und Luft sind überhaupt freie Güter, und wo sie es nicht sind – wie das Wasser auf dem Gipfel eines Berges – könnte man sich der Monopolwirkung durch Ortswechsel entziehen. (Mises 1932: 354 f.)

Vor dem Hintergrund, dass eine Privatisierung der öffentlichen Daseinsvorsorge vehement gefordert wird, dass auch die private Aneignung von Trinkwasserressourcen kein Tabu mehr ist und dass diese Wandlungen um Umgang mit dem einst öffentlichen Gut Wasser sehr allgemein als Folge der Durchsetzung einer neoliberalen Hegemonie wahrgenommen werden, sind diese Befunde sehr beachtlich. Keiner der Autoren spricht sich zweifelsfrei für eine vollständige Überlassung öffentlicher Güter an Private aus, und alle außer Mises rechnen mit bestimmten Bereichen von allgemeinem Nutzen, in denen eine öffentliche Bewirtschaftung zumindest als kleineres Übel vorzuziehen wäre. Als sinnfälliges Beispiel solcher Überlegungen drängt sich die Versorgung mit Trinkwasser Smith ebenso auf wie Hayek, und selbst Mises erscheint eine Privatisierung der Wasserressourcen so unsinnig, dass er sie mit dem Gestus einer Selbstverständlichkeit als Gegenbeispiel für die Grenzen des Marktes und die Notwendigkeit der Beschränkung von Monopolen einführt. Gleichwohl: Auch wenn die Autoren das Problem wahrnehmen, dass es Bereiche staatlicher Tätigkeit geben könnte, die nicht einfach dem Markt überantwortet werden können, fehlt ein deutliches Bekenntnis zu einem klar abgegrenzten Bereich staatlicher Tätigkeit. Offenbar unverträglich mit einer grundsätzlichen Marktorientierung, bleibt dieser Bereich in einer seltsamen Schwebe, aus der sie ihn nicht erlösen können oder wollen. Wie ein Kontrapunkt gegen die eigene Kraftlosigkeit der Argumentation, die im Kontrast zu einer sonst wortstarken Gewissheit steht, sind sie aber in einer Hinsicht einig und sicher: in ihrer Abneigung gegen staatliche Monopolbetriebe.

### *6.3.4 Nationalstaat und Globalisierung*

Für Smith war der Nationalstaat das rahmende Dispositiv seiner Begründung des Freihandels. Angesichts der Tatsache, dass Smith in der Hochphase der Entstehung des Territorialstaates lebt, die von einem spezifischen Sinn für die Ausbildung staatlicher Souveränität wie für Grenzen (*frontiers*) gekennzeichnet ist (Mayer, C. 2006: 37), ist dies wenig verwunderlich. Der Hinweis auf zeitgenössische Lebenserfahrungen kann auch den Sinn für die Globalität (und seine ausführliche Auseinandersetzung mit dem Sozialismus [Mises 1932]) erklären, der Ludwig von Mises' Arbeiten kennzeichnet. Unter dem Eindruck der »ersten Welle der Globalisierung« (Torp 2004; Torp 2005), einer bis dato nicht bekannten transnationalen Ausweitung der Kapital-, Handels- und Finanznetzwerke sowie der Migrationsströme (Bade 2000), schreibend, richtet Mises seinen Liberalismus an den Möglichkeiten einer globalen Wirtschaft aus und erklärt:

Für den Liberalismus besteht das Problem der Staatsgrenzen nicht. Wenn man die staatlichen Aufgaben darauf beschränkt, Leben und Eigentum gegen Mörder und Diebe zu schützen, ist es weiter von keinem Belang, ob dieses oder jenes Land noch »zu uns« gehört oder nicht. (Mises 1932: 200)[26]

Statt Nationalismus und Kollektivismus fordert Mises mit einem durchaus missverständlichen Ausdruck vielmehr eine »Solidarität der wirtschaftlichen Interessen aller Völker« (ebd.: 46), womit allerdings keine volkswirtschaftlichen Unterstützungsleistungen im Sinne einer internationalen Entwicklungshilfe gemeint sind, sondern ein gemeinsames Bekenntnis zum »Weltfreihandel« auf der Basis des Privateigentums. Für einen liberalen Pazifisten gibt es keinen Begriff der »Ehre des Staates«, sondern für ihn sind Schutz des Eigentums und eine Absage an Angriffskriege »zwei verschiedene Äußerungen eines und desselben Grundsatzes« (ebd.). Neben sozialistischen Bestrebungen ist somit das »nationale Problem« für Mises das größte Hindernis, »das sich der Entwicklung des Weltfreihandels in den Weg« stellt (ebd.: 200 f., vgl. auch 204).

Dass für die Neoliberalen die vorgestellte Gemeinschaft der Nation (Anderson 1998) keine relevante Bezugsgröße darstellt, ist nicht nur eine Folge der privilegierten Stellung, die sie dem Eigentum beimessen, sondern auch eine konsequente Schlussfolgerung ihres normativen Individualismus. So tauglich die neoliberale Konzeption des Individuums als selbstbezogener, rein den eigenen Nutzen maximierender Besitzbürger ist, um die Enge der Nation zu transzendieren, so untauglich ist sie gleichzeitig als gedanklicher Ausgangspunkt eines Weltbürgertums. Anders als der Kosmopolitismus,[27] der in allen seinen Facetten die Relativierung von Staat und Nation auf eine weltbürgerliche Menschengleichheit gründet, in der die wechselseitige moralische Verpflichtung der Weltbürger höher bewertet wird als ihre nationale oder staatliche Zugehörigkeit, ist die neoliberale Überwindung des Nationalstaates instrumentell begründet: Der Mehrung des Besitzes sind Staat und Nation einfach hinderlich. Der Kosmopolitismus überschreitet die

26 Vgl. auch Mises' Schilderungen zu den Effekten der ersten Welle der Globalisierung, die viel von seiner tatsächlichen Begeisterung spüren lassen (Mises 1927: 24).

27 Vgl. zur aktuellen Auseinandersetzung mit dem Konzept u. a. Pogge (1994), Archibugi (1995, 1999), Barry (1999), Satz (1999), Beck (2004), Beck/Grande (2004) und Mouffe (2007).

Grenze der Nation durch die Beschwörung eines globalen *citoyen*, die neoliberale Freihandelstheorie weist den Staat in seine Schranken, um die Interessen des *bourgeois* zu sichern.

Weil die Freihandelstheorie nicht kosmopolitisch ist, bleibt sie für nationale Unterströmungen auch durchaus empfänglich. Gerade Milton Friedman bedient – bei aller Rhetorik für eine globale Wirtschaft – durchaus nationale Interessen, wenn er etwa für den Freihandel mit dem Argument wirbt, dass man sich fragen müsse, warum amerikanische Steuerzahler landwirtschaftliche Subventionen für eine Ernte zahlen sollten, die dann »weggegeben« wird (Friedman 1993: 6). Kosmopolitismus ist die Aufhebung von »wir« und »ihr«, er bricht mit dem Mechanismus der Inklusion in die durch Differenz und Partialität konstruierte Gemeinschaft der Nation, indem er ihr eine Universalität ohne Exklusion gegenüberstellt. Die Freihandelstheorie schwört dem »wir« und »ihr« nicht ab, sondern fordert die Aufhebung der Wirtschaftsgrenzen, weil es »uns« und »euch« nutzt.

### *6.3.5 Gemeinwohl im Neoliberalismus*

Als »Gemeinwohl im wahren Sinne« (Hayek 1991: 336) bezeichnet Hayek »die allgemeinen Vorteile, die alle Bürger genießen können« (ebd.), nicht das, was dem Interesse spezieller Empfänger dienen könnte. Ein solches Gemeinwohl ist unteilbar – eine Sphäre des Allgemeinen jenseits der Umverteilung. Ohne Frage sind »allgemeine Vorteile« ein Bestandteil des Gemeinwohls, aber dieses hierin vollständig aufgehen lassen zu wollen hieße, das Gemeinwohl aller solidarischen Bestandteile zu entkleiden und es auf eine rein instrumentelle Funktion zurückzuführen. Das, was wirklich *alle* Bürger brauchen, ist nicht mehr als der auf rudimentäre Minimalfunktionen reduzierte Staat. Der auf Grundfunktionen beschränkte, neoliberale Staat und sein Gemeinwohl sind daher eins, die Berufung auf das Gemeinwohl ist mithin nicht mehr als die blanke »Eintrittskarte« in die politische Kommunikation, auf der nichts steht. Das Gemeinwohl als Ergebnis eines Ringens um soziale Gerechtigkeit, das, was den Streit um seine materiale Ausgestaltung, seine Konkretisierung und die Prioritätensetzung der Zielerreichung schwierig gestaltet, letztlich das, was einen erheblichen Teil von Politik ausmacht – all dies ist dem Begriff genommen.

Hatte Smith noch einen tiefen Sinn für die Notwendigkeit einer Gemeinsamkeit jenseits des Marktes, einen gesellschaftlichen Anspruch an die Individuen als Bürger, ist für die neoliberalen Autoren Gesellschaft nicht mehr als die Begegnung auf dem Markt. So wird nicht nur die Marktfähigkeit der Individuen identisch mit ihrer Gesellschaftsfähigkeit, die gesellschaftliche Verpflichtung besteht auch nur noch im wechselseitigen Gewährenlassen auf dem Markt. Für Friedman wird das Gemeinwohl daher zur Schimäre, und der zentrale Fehler von *government* liegt darin, »die Menschen dazu zu zwingen, gegen ihre unmittelbaren Interessen zu handeln, um ein vermeintliches Allgemeininteresse zu befriedigen« (Friedman 2002: 200). Das Gemeinwohl ist für ihn nicht einmal mehr die Summe der Privatwohle, sondern deren Gegner. Wenn man, wie Friedman, das Gemeinwohl so umdefiniert, dass es zum Regierungswohl mutiert, dann ist Feindschaft unausweichlich: Die Regierung ist nicht länger der von allen beauftragte verantwortliche Akteur zur Realisierung dessen, was für alle gut ist, sondern nur noch das Hindernis, das sich jedem Einzelnen in den Weg legt, um das zu tun, was für ihn selbst das Beste ist. Aus der Smithschen Summierung der Privatwohle zum Gemeinwohl wird so eine Subtraktion, bei der jeder Anspruch auf die Realisierung des Gemeinwohls dem Einzelnen nimmt, was ihm zusteht. Begreift man Politik als die Kunst, die *polis* zu gestalten, dann wird der Entzug des Auftrags der Gemeinwohlrealisierung zum Inbegriff einer apolitischen Politik, die lediglich die notwendigsten Geschäfte für ein Gemeinwesen führt, das keines mehr ist.

Mit seiner Absage an den Staat als legitimem Gestalter der öffentlichen Dinge wird der Neoliberalismus zu einer geradezu idealen Theorie für eine Welt, die im Begriff steht, den Staat als vorherrschende Form der politischen Organisation hinter sich zu lassen: Der neoliberale Naturzustand, in dem Habgier zur einzigen Triebfeder menschlichen Handelns avanciert, erlaubt eine plausible Reduktion des staatlichen Aufgabenspektrums auf Verteidigung, Sicherung der Eigentumsordnung und Gelddrucken. In einem solcherart marktfunktionalen Minimalstaat können Mitbestimmung und Partizipation gelassen als sekundäre Elemente der persönlichen Freiheit aufgefasst werden; die komplexen Fragen der Ausübung politischer Freiheit *jenseits* des Staates stellen sich in dieser Theorie nicht, weil sie schon *innerhalb* des Staates für disponibel erklärt werden konnten. Was also für die Demokratietheorie eine der großen Zukunftsfragen darstellt – die Überwindung der Kleinräumigkeit der Demokratie (Greven 1997: 60) durch die Erfindung legitimer, effizienter und durchsetzbarer Formen legitimer Regierungstätigkeit jenseits des Nationalstaats –, ist im Neoliberalismus ein funktionaler blinder Fleck. Die Reflexion der demokratietheoretisch und -praktisch wichtigen Fragen einer Vergesellschaftung jenseits des Nationalstaates stellt sich als Problem nur, wenn man sich einer politischen Anthropologie auf der Basis eines umfassenden Bürgerbegriffs verpflichtet – ein solcher aber ist dem Neoliberalismus fremd. Wertet man den Markt zum einzigen Vergesellschaftungsmodus für alle Bereiche des Lebens auf, so reduziert sich der Verkehr der Individuen auf »zahlen oder nichtzahlen« (Luhmann), womit die komplexen normativen Ansprüche an eine globale Demokratie in die weitaus praktikablere Forderung nach einem Weltfreihandel überführt werden können. Die Verfolgung seines Glücks obliegt hier jedem allein. Die Absage an einen politischen Gestaltungsanspruch kommt einer Privatisierung des Gemeinwohls gleich.

# 7. Politik und Demokratie im 21. Jahrhundert

> The fundamental concept in social sciences is power, in the same sense in which energy is the fundamental concept in physics.
>
> (Bertrand Russell)

Neben der Bezeichnung von Wasser als ökonomisches Gut und der Forderung nach einer stärkeren Beteiligung Privater an Wasserdienstleistungen bestand die dritte Innovation, die von der Konferenz in Dublin ausging (siehe oben, Kapitel 4.1), in dem Vorschlag, die politische Verantwortlichkeit für das Weltwasser neu zu organisieren. Gefordert wurde die Bildung strategischer Netzwerke unter Einschluss privater Akteure, insbesondere aus dem Bereich der Wasserindustrie.

Diese Forderung fügt sich in einen Trend veränderter Steuerungsformen ein, der spätestens seit dem Ende der 1970er Jahre in doppelter Weise das klassische Regieren ergänzt und teilweise ersetzt: Sogenannte weiche Steuerungsformen sollen die Defizite einer auf Anordnung und Zwang beruhenden hierarchischen Steuerung beheben, und die Beteiligung privater Akteure an der politischen Gestaltung wird mit der Hoffnung auf höhere Problemlösungskompetenz und eine erfolgreichere Implementation politischer Programme in wachsendem Maße forciert. Diese Entwicklung, die sich in den Formen von Global Governance nunmehr in den transnationalen Politikraum fortsetzt, lässt sich als Wandel von Regieren über Steuern zu Governance und schließlich Global Governance rekonstruieren (Kapitel 7.1).

Teil dieser Entwicklung ist die Etablierung politischer Netzwerke, mit denen einerseits eine spezifische Akteurskonstellation, andererseits auch ein Steuerungsmodus bezeichnet wird, der sich als dritter Typus zwischen Markt und Staat etabliert hat. Die Netzwerkanalyse, die gleichermaßen an die Diskussion über den »kooperativen Staat« wie an die Policy-Analyse anschließt, hat inzwischen die anfänglich erhobene Forderung nach einem Kriterienkatalog zur vergleichenden Erforschung von Netzwerken weitgehend erfüllt, bleibt aber bereits auf nationalstaatlicher Ebene von einer mangelnden Reflexion demokratietheoretischer Erwägungen gekennzeichnet (Kapitel 7.2).

Während aber für innerstaatliche Netzwerke aufgrund ihres typischen Entstehungskontextes wenigstens eine erhöhte Problemlösungskapazität noch unterstellt werden konnte, kann die transnationale Netzwerkforschung nicht nur in dieser Hinsicht nicht voll an die nationalstaatliche Debatte anschließen: Wenn auch die Anzahl und Beteiligung transnationaler Netzwerke in den letzten Jahren sprunghaft zugenommen hat, so ist neben der Legitimität auch deren Effektivität mangels ausreichender empirischer Forschungen hierzu weitgehend offen (Kapitel 7.3).

Ein Augenmerk der Diskussion über transnationale Netzwerke und damit insgesamt über Formen von Global Governance muss daher in der Schließung einer Lücke liegen, die schon den innerstaatlichen Wandel der Steuerungsformen kennzeichnete: die mangelnde Verbindung von Macht- und Regierungstheorie (Kapitel 7.4). In dieser Perspektive lässt sich genauer bestimmen, welchen Punkten sich die Global-Governance-Forschung besonders zuwenden sollte (Kapitel 7.5), und eine Brücke schlagen zu der anschließenden Analyse des globalen Wassernetzwerks in Kapitel 8.

## 7.1 Politisches Handeln und Entscheiden im Wandel: Regieren, Steuerung, (Global) Governance

Gemessen an der Zentralität, die die Tätigkeit des Regierens für die Politikwissenschaft einnimmt, sind Versuche einer definitorischen Eingrenzung und Bestimmung der Regierungstätigkeit überraschend rar gesät. Nach Thomas Ellwein ist »Regierung nie definiert und theoretisch nie zureichend erfasst« (Ellwein 1983: 1134) worden, im Grundgesetz werde »das Regieren kaum angesprochen« (ebd.: 1094), auch eine »allgemein anerkannte Regierungslehre« (Hesse/Ellwein 1992: 259) existiere bis heute nicht.

Wenn auch keine vollständige Lehre vorliegt, so gibt es doch ein geteiltes Grundverständnis von Regieren als »spezifisch ›politische‹ Ausübung von Staatsgewalt« (Badura 1987: 2954), als »leitende, schöpferische, das Ganze und die Einheit von Staat und Gesellschaft betreffende, die Staatsziele setzende Staatstätigkeit« (ebd.), man sollte hinzufügen: als Tätigkeit, die Staatsziele nicht nur setzt, sondern diese auch zu erreichen bzw. durchzusetzen versucht. Im Vergleich zu Regierungsverständnissen am Ende des 19. und Anfang des 20. Jahrhunderts, die in Folge der Gewaltenteilungslehre Regieren teilweise nur als Residualkategorie nach der Teilung der Gewalten verstanden (Murswieck 2003: 533) oder innerhalb der deutlich juristisch gefärbten Staatsrechtslehre vor allem als Verwaltungstätigkeit begriffen (Mayer 1924), schließt der moderne Begriff wieder an das vollständigere Tätigkeitsfeld des Staates an: Regieren ist die umfassende Aufgabe des Staates als Akteur, Ziele zu setzen und mit allen öffentlichen Maßnahmen, die der Erreichung dieser Ziele dienen können, nach Kräften zu verwirklichen.

Neben diesem Grundverständnis liegt auch ein allgemein anerkannter Zugang zum Problem vor: die Konzentration auf funktionale Bestimmungen und nüchtern-systematische Betrachtungen. Vereinzelte Versuche, den Begriff des Regierens für »gute Politik« und »gutes Regieren« zu reservieren (Sternberger 1978) bzw. Regieren teleologisch auf die Erreichung guter Ziele zu verpflichten (Hennis 1977a) und somit einen normativen Begriff des Regierens zu etablieren, werden von empirischen Ansätzen bei weitem dominiert. Dieser pragmatischen Gegenstandsbeobachtung verdanken sich funktionale Annäherungen an den Begriff des Regierens, die das Aufgabenspektrum von der Planung, Entscheidung und Implementation politischer Programme bis hin zur Informations- und Mittelbeschaffung bestimmen (Ellwein 1976). Dem umfassenden Aufgabenkatalog von Ellwein hatte die Forschung letztlich wenig hinzuzufügen. Unterschiede bestehen eher in der Art der Beschreibung, die etwa Regieren als Erfüllung der Wohlfahrts-, Gestaltungs- und Ordnungsfunktion begreift (Mayntz 1987), oder in faktischen, kaum aber systematischen Ergänzungen der Ellweinschen Perspektive (vgl. z. B. Derlien 1991).

Über die kategorialen Bestimmungen der Regierungshandlungen hinaus prägen zwei Grundannahmen eine gemeinsame Perspektive der Regierungslehre: die aus der angelsächsischen Politologie übernommene Differenzierung von Politik in *polity*, *policy* und *politics* sowie die – zumindest terminologische – Übernahme systemtheoretischer Grundannahmen. Das Spektrum, innerhalb dessen systemtheoretische Annahmen im Anschluss an Talcott Parsons' und Edward Shils' *General Theory of Social Action* (Parsons/Shils 1951) auf das Verständnis von Politik übertragen wurden, ist groß. Auch wenn ansonsten eine schwer überbrückbare Distanz das Verhältnis zwischen System- und Handlungstheorien kennzeichnet, teilen sie doch generell die Überzeugung, dass Moderne funktionale Differenzierung bedeutet (Luhmann 1977; Schimank 1996; Schimank/Volkmann 1999) und innerhalb dieser Differenzierung sich ein politisches Teilsystem ausbildete, das für die Herstellung und Steuerung politischer Entscheidungen zuständig ist (Mayntz 2001; Holtmann 1991). Unabhängig davon, inwieweit Autoren sich ansonsten systemtheoretische Überlegungen zu eigen machen, ist die Rede vom »politischen System« ebenso gang und gäbe wie eine im Anschluss an kybernetische Gesellschaftsmodelle erfolgende Unterscheidung zwischen Input und Output dieses Systems bzw. genereller Fragen nach der Interdependenz zwischen dem politischen System und seiner Umwelt (Easton 1965).

Wie groß die Einflussmöglichkeiten des politischen Systems auf andere gesellschaftliche Teilsysteme tatsächlich sind, bleibt aber umstritten. In Deutschland wurde die zwischen Fritz Scharpf und Niklas Luhmann ausgetragene Kontroverse über die Steuerungs(un)fähigkeit des politischen Systems (Luhmann 1989; Scharpf 1989) so messerscharf geführt, dass eine weidliche Ausschlachtung der konträren Positionen die Lager anhaltend getrennt zu halten vermag und sich auch Jahre später wechselseitiger Respekt und Groll über die Uneinsichtigkeit der Gegner nachhaltig publizistisch niederschlagen (Mayntz 1997; Luhmann 1998). Die Dominanz akteurtheoretischer Ansätze innerhalb der Politikwissenschaft weist Scharpf als klaren Sieger der Kontroverse aus, vermutlich nicht zuletzt deshalb, weil die Steuerungstheorie in der zugespitzten Variante Niklas Luhmanns das Fach ihres eigentlichen Gegenstands beraubt: eines steuerungsfähigen Subjekts, das seine gesellschaftliche Umwelt zielgerichtet zu beeinflussen versucht.

Es ist für die Entwicklung der Regierungslehre in der Bundesrepublik – aber nicht nur für diese (Jachtenfuchs 2002a) – symptomatisch, dass das Lexikon der Politik keinen eigenständigen Artikel »Regieren« publiziert, sondern einen kombinierten Artikel unter dem Stichwort »Regierbarkeit/Unregierbarkeit« (Murswieck 2003) an diese Stelle setzt. Die große Stunde der Regierungslehre schlägt in der Stunde der Not. Unter dem Eindruck erster Krisenerfahrungen am Ende der 1960er Jahre wird in dem von politischen Erfolgen verwöhnten westlichen Nachkriegsdeutschland Regieren zum Problem, erfolgreiche Steuerungsleistungen zum Desiderat und eine beratungswillige Politikwissenschaft in die Lösungsfindung eng einbezogen. Wenn sich auch der Anfang der Debatte auf die Wohlfahrtsfunktion bezog, indem Zweifel an der Finanzierbarkeit des Sozialstaates sich mit Kritik an Bürokratisierung und Effizienzmängeln verbanden, ist es doch die von Hennis u.a. 1977 ausgerufene »Unregierbarkeit« (Hennis 1977b), die zu einer verstärkten, zunächst von Hoffnungen, sodann zunehmenden Desillusionierungen geprägten Steuerungsdebatte führte. Ihren wesentlichen Antrieb gewann diese aus der Erkenntnis der

> Probleme bei der Durchsetzung politischer Herrschaft, Konformitätsmängel[n] und erodierende[r] Folgebereitschaft. Die vor allem angesprochenen Erscheinungsformen von Unregierbarkeit sind politische Radikalisierung, Abkehr vom Parteiensystem, Entstehen neuer sozialer Bewegungen und unorthodoxer Formen politischen Protestes, wachsende Kriminalität und die Tendenz zur Re-Privatisierung der Gesellschaft. (Mayntz 1987: 89)

Die sich an diese Problemdiagnose anschließende Steuerungsdebatte hatte viele Facetten und trieb sich gleichsam mit ihren Erkenntnissen und ihrem Scheitern selbst weiter fort. Eng an praktische Politikprobleme und Politikberatung gelehnt stand im Zentrum der Diskussion die Suche nach einer Verbesserung des Regierungshandelns im Sinne größerer Effektivität und erfolgreicherer Implementierung geplanter Politiken. Die zentrale Themenstellung formulierte Dye mit dem zum Klassiker avancierten Problemhorizont: »Was Regierungen tun, warum sie es tun und welchen Unterschied dies macht« (Dye 1976). Die Suche nach den Erfolgsbedingungen einzelner Politiken richtete die Aufmerksamkeit der Diskussion quasi automatisch auf Institutionen und die Politikfeldanalyse und trug innerhalb dieser Forschungszweige zu einer substanziellen Ausweitung von Konzepten, Theoremen und Begrifflichkeiten bei. Indem die Steuerungsdebatte auf die Aspekte des Regierungshandelns konzentriert war, die – vor allem innenpolitisch – eine Verbesserung der politischen Zielerreichung versprechen konnte, verkürzte sie faktisch, wenn auch ohne explizite Absicht und weitgehend ohne explizite Reflexion, das Regierungsverständnis auf die Durchführung von Politik und die Erreichung gesetzter (und nicht hinterfragter) politischer Ziele (Mayntz 2001). Zugleich aber führte die Debatte über den klassischen Begriff des Regierens hinaus, indem sie auf der Suche nach politischer Effektivität erkennen musste, dass die klassischen Mittel staatlichen Handelns (vor allem traditionelles Recht und regulative Politik) und ein auf den Staat begrenzter Akteurskreis nicht ausreichen, um politische Ziele durchzusetzen. Steuern ist damit einerseits ein Ausschnitt aus dem umfassenderen Begriff des Regierens, andererseits wird damit zugleich ein Wechsel in der Wahl der Mittel politischer Steuerung sowie eine Verschiebung im Verhältnis von Staat und Gesellschaft durch die systematische Integration gesellschaftlicher Akteure in die Politik indiziert.

Es führt an dieser Stelle zu weit, die überaus gut dokumentierte Diskussion (vgl. exemplarisch Mayntz 1987; Mayntz 1997; Dose 2003; Schubert/Bandelow 2003) in ihren Einzelaspekten vorzuführen, zumal sich nach einer anfänglichen »Planungseuphorie« angesichts baldiger Frustrationen die Diskussion über die Möglichkeiten und Grenzen politischer Steuerung weit verzweigte. Einige zentrale Aspekte, die den mit dem Begriff des Steuerns verbundenen Wandel im Verständnis von Regieren kennzeichnen, müssen aber hervorgehoben werden, um die weitere Entwicklung zur Governance-Diskussion, die heute das Steuerungsparadigma weitgehend abgelöst hat, nachvollziehen, bewerten und vor allem hieran anschließen zu können.[1]

(1) Eine naheliegende und daher ausgiebig geprüfte Antwort auf Steuerungsprobleme ist eine verstärkte Berücksichtigung der regulativen Wirkung des Rechts als Steuerungsinstrument (Voigt 1986). Insbesondere im Zusammenhang mit Umweltproblemen trat jedoch deutlicher hervor, dass der Erfolg politischer Steuerung von Kooperationen mit Betroffenen abhängig ist, Ver- und Gebote hierfür aber keine positiven Anreize darstellen. Die »Krise der regulativen Politik« (Mayntz 1979)

mündete speziell in den USA schnell in eine heftige Auseinandersetzung über die relativen Vor- und Nachteile staatlicher versus marktlicher Regulierung, wobei der Markt, im amerikanischen Kontext wenig überraschend, oft als die leistungsfähigere Governanceform herausgestellt wurde. So führte dieser Strang der Theoriebildung, anstatt weiterhin systematisch die Einsatzbedingungen verschiedener Steuerungsinstrumente zu erkunden, zu einer generellen Kritik am Interventionsstaat (Mayntz 1997: 264).

1 Inhaltlich, nicht aber in den Einschätzungen, folgt meine Darstellung hier zunächst den Argumenten von Mayntz (1997).

Die in der Unregierbarkeitsthese – die im Übrigen ihre größere Überzeugungskraft eher aus einer politischen Zuspitzung denn aus einer tatsächlich drohenden Anomie bezog – begründete Entzauberung des Rechts, eines originär staatlichen Steuerungsinstruments, kann somit partiell einen Paradigmenwechsel erklären, in dem der Staat als Steuerungsmodus gegenüber dem Markt an Boden verlor.[2] Die Dominanz marktwirtschaftlicher Steuerungsvorstellungen führte zu der vor allem seitens marxistischer Staatstheoretiker erhobenen Forderung »to bring the state back in« (Evans u. a. 1985). Erfolgreich war diese Forderung insofern, als sie überkommene marxistische Staatsverständnisse im Sinne unterkomplexer Basis-Überbau-Projektionen oder schlichter Interessenidentifikation zwischen Bourgeoisie und Staat mit einem ebenfalls bei Marx zu findenden Verständnis von Staat als »politischer Form« und »soziales Verhältnis« (Dobner 2000) konfrontierte und in der Rezeption von Gramsci und Foucault ein differenzierteres Verständnis von staatlich-gesellschaftlichen Machtstrukturen etablierte (Jessop 2001). Politischer Erfolg im Sinne einer Erschütterung der Hegemonie des Marktes, der in den 1970er Jahren vor allem in Lateinamerika den Ausgang aus einer »staatsverschuldeten Mündigkeit« bewirken sollte, blieb der Debatte indessen versagt. Die konservativ-neoliberalen Regierungen in den USA und Europa, hier vor allem das thatcheristische England, propagierten eine Marktorientierung insofern erfolgreich, als sie mit ökonomischen Erfolgen aufwarteten, wenn auch bei hohen sozialen Kosten. Dass vor allem in Großbritannien die Privatisierungspolitik von Thatcher weder finanziell noch faktisch einen Rückbau des Staates bedeutete, sondern seinen Umbau, wurde zwar vielfach kritisch zur Kenntnis genommen (Offe 1996; Jessop 1996); dies nahm aber der wachsenden Marktorientierung nur wenig von ihrer Anziehungskraft für andere, zunehmend auch sozialdemokratische Regierungen. Der auch in der Sozialdemokratie unter dem Titel »Dritter Weg« propagierte »aktivierende Staat« setzt – wenn auch fraglos verhaltener – ebenfalls auf eine Verstärkung von Marktkräften und Eigeninitiative (Giddens 1998; Schröder/Blair 1999; zur Kritik: Gysi 1999). Neben ideologischen

2 Man berücksichtige an dieser Stelle auch Mayntz' Einschätzung, dass dies ohne eine systematische Erkundung der Einsatzbedingungen verschiedener Steuerungsinstrumente erfolgte; eine Tendenz, die sich auch, wie später zu zeigen ist, im Wandel der Steuerungsinstrumente der Wasserpolitik wiederfindet.

Überzeugungen spielt selbst dort, wo der politische Wille vorhanden ist, den Staat von seinen umfangreichen Aufgaben nicht zu entbinden, die zunehmend prekäre finanzielle Lage der ausgebauten Wohlfahrtsstaaten einer Stärkung der Marktkräfte in die Hand. Die mittel- und osteuropäischen Revolutionen taten ein Übriges, um in der Zeit nach 1990 die scheinbare historische Unterlegenheit des Staates in der Gemeinwohlsicherung gegenüber dem Markt drastisch zu demonstrieren. Ohne Zweifel hat der Markt seit seiner Durchsetzung in den ehemals kommunistischen Staaten viel von seiner Attraktivität eingebüßt – dass hierdurch die Dominanz des Marktes als effektiverer Steuerungsmodus gelitten hätte, ist aber angesichts fortgeführter Liberalisierungs- und Privatisierungsbestrebungen zu bezweifeln. Die Durchsetzungskraft der »Theologie des freien Marktes« (Hinkelammert 1986) verdankt sich mithin nicht nur der Schlagkraft seiner Nutznießer und Apologeten, sondern auch der Erschütterung des Glaubens an das hoheitliche Recht als effizientes Mittel staatlicher Steuerung.

(2) Einen weiteren Niederschlag fand die Steuerungsdebatte in einer verstärkten Beschäftigung mit der Bedeutung politischer Institutionen, die um die Frage kreiste: »Do institutions matter?« Vor allem der Neue Institutionalismus gibt hierauf eine doppelte Antwort. Erstens: Institutionen spielen eine Rolle. Zweitens: Institutionen sind endogen, das heißt, sie funktionieren nicht unter allen Bedingungen, sondern sind an Kulturen, geographische Bedingungen, Sitten, Religion etc. gebunden. Beide Einsichten sind eher Wiederentdeckungen als neue Erkenntnisse (Przeworski 2003: 3). Insofern konnte auch eine Betrachtung unter dem Aspekt des Steuerungsproblems kaum mit der Antwort überraschen, dass eine institutionalistische Perspektive »keinen institutionellen ›one best way‹ zur Bewältigung politischer Steuerungsprobleme« (Mayntz 1997: 264) aufzeigt. Überraschend ist aber, dass auch die neuerliche Bestätigung der Endogenität von Institutionen nicht zu einer systematischen Abkehr von der Suche nach universellen Institutionen zur Problemregulierung geführt hat. Insbesondere in der Entwicklung globaler Politiken und globaler politischer Programme ist die Kritik am Universalismus bzw. die Betrachtung von Universalismus und Partikularismus eine normativ-philosophische Debatte geblieben, die vor allem im Kontext der Existenz und Durchsetzbarkeit universaler Menschenrechte praktische Bedeutung erlangte. Wenn

Institutionen endogen sind – und vieles spricht für diese Annahme –, verstellt die thematische Begrenzung auf Menschenrechte den Blick auf die Größe des Problems: Auch über den Bereich der Menschenrechte hinaus sind dann universelle Institutionen entweder gar nicht möglich oder lokal und problembezogen stark adaptionsbedürftig. Die Produktion universaler Regelsysteme müsste sich entsprechend, wenn sie stabile Institutionen hervorbringen soll, vor allem auf globaler Ebene auf prozedurales Recht bzw. die Hervorbringung von Regeln zur Herstellung von Regelsystemen beschränken. Bezogen auf die Institutionalisierung globaler Wasserpolitik korreliert diese Überlegung mit der in Kapitel 5 dargelegten Erkenntnis einer empirisch orientierten Institutionentheorie, die in der Bewahrung der Institutionenvielfalt einen Schlüssel zum politischen Erfolg globaler Probleme sieht.

(3) Eine dritte Entwicklung, die mit der Steuerungsdebatte eng verbunden ist, ist die Konzentration auf *policies* und einzelne Phasen des Policy-Zyklus (Windhoff-Héritier 1987). Während einige Aspekte des Policy-Zyklus lediglich Erwähnung fanden, so etwa die Phase der Problemdefinition,[3] wurden andere, allen voran die Phase der Implementierung, in einer Vielzahl von Detailstudien und theoretischen Verarbeitungen ausgiebig analysiert. Misserfolge in der Implementation zeigen Steuerungsprobleme am drastischsten, so dass die Konzentration auf die Verbesserung der Durchsetzung und Umsetzung praktischer Reformvorhaben auf der Hand lag. Innerhalb der Implementationsforschung wiederum dominierte zunächst die Vorstellung, die Durchsetzung von Politikvorstellungen setze *kognitiv* besseres Rüstzeug voraus, woraus die Forderung, »den Apparat intelligenter zu machen«, erwuchs.

Doch kann auch ein intelligenter(er) Apparat seine Ziele verfehlen, was wie in einem *Trial-and-Error*-Verfahren die Aufmerksam-

3 »Obwohl die Problemdefinition immer selbstverständlich als integraler Bestandteil des Policyzyklus verstanden wird, gibt es […] kaum systematische Untersuchungen darüber. Ein Grund mag darin liegen, daß die Problemdefinition nur schwer faßbar ist, sie läßt sich keinen institutionellen Strukturen zuordnen, die für ›Problemformulierung‹ zuständig sind. Vielmehr beteiligen sich beliebig viele gesellschaftliche Gruppen, Individuen und Institutionen an diesem Prozeß, der sich auf subtile, fließende, informelle und schwer objektivierbare Weise im öffentlichen Bewußtsein vollzieht, ohne daß klar gesagt werden kann, wer daran in welcher Rolle mitwirkt.« (Windhoff-Héritier 1987: 67)

keit der Forschung auf Vollzugsdefizite umlenkte. Eine Erforschung der tatsächlichen Durchsetzung von Policies wiederum

> machte deutlich, daß der staatliche Steuerungsakteur ein komplexes mehrstufiges Akteurssystem ist, in dem die nachgeordneten Behörden nicht nur als gleichsam neutrale Instrumente bei der Durchsetzung von Steuerungsmaßnahmen fungieren, sondern sowohl innerhalb zugestandener Handlungsspielräume wie auch in Verletzung oder Umgehung von Verfahrensnormen selbst steuernd eingreifen. (Mayntz 1987: 97)

Die konsequente Fortentwicklung der Steuerungstheorie führt an dieser Stelle zu einem nachhaltigen Perspektivwechsel durch die Differenzierung des staatlichen Akteurs einerseits und die Einbeziehung nichtstaatlicher Akteure als Kooperationspartner in der Aushandlung politischer Programme wie als aktive Adressaten von Politik andererseits. Dieser mehrfachen Ausdehnung des Akteurskreises ist die Idee dezentraler Steuerung gewissermaßen schon inhärent (wie auch die über das Ziel hinausschießende, gleichwohl populäre Idee der Selbststeuerung).

In der am Ende der 1970er Jahre begonnenen Diskussion über den »kooperativen Staat« (Ritter 1979; Voigt 1995) schlägt sich diese Entwicklung der Steuerungsdiskussion nieder. Der kooperative Staat bildet zugleich die Schlüsselstelle zur Entdeckung von Netzwerken als neues Interaktionsmuster staatlich-gesellschaftlicher Akteursverbände wie auch als dritter Steuerungstypus neben Staat und Markt. Auf einer weiteren Ebene wurde zudem das »Motivationsproblem« verstärkt berücksichtigt, das bereits in der Krise der regulativen Politik eine Rolle spielte. Reflexives Recht, Prozeduralisierung und Kontextsteuerung (Schmalz-Bruns 1995; Habermas 1994; Teubner 1989; Teubner/Willke 1984) sind die zentralen Stichworte einer Debatte, die quasi parallel zu der Forderung nach einer besseren kognitiven Ausrüstung das Recht »intelligenter« zu machen suchte. Die in dieser Theorierichtung angenommene sinkende Fähigkeit traditionellen Rechts zur zentralen politischen Steuerung (Teubner/Willke 1984) muss eine größere Selbständigkeit der von der Politik zu steuernden Teilsysteme systematisch in Rechnung stellen. So greift auch die Diskussion um reflexives Recht wiederum dem großen Finale der Steuerungsdiskussion der späten 1980er Jahre vor: der Frage, ob das politische Teilsystem überhaupt steuern kann.

(4) In mehrfacher Hinsicht rückt die Steuerungsdebatte Akteure auf eine neue Weise in den Blickpunkt der Regierungstätigkeit (vgl. grundlegend Mayntz 1987; Scharpf 1988; Schimank 1992). Erstens ist Steuerung, wie die schon erwähnte Kontroverse zwischen Scharpf und Luhmann nahelegt, nur als *Handlung* denkbar, die wiederum einen *Akteur* voraussetzt. Ein System kann nicht steuern, hierzu bedarf es konkreter Akteure. Sehr deutlich setzen daher zum Beispiel auch Mayntz und Scharpf auf eine Akteurzentrierung, die sich in einem Steuerungsbegriff niederschlägt, der unter Steuerung lediglich die aktiven Versuche – nicht notwendig Erfolge – eines Steuerungssubjekts versteht, das ein Steuerungsobjekt in eine definierte Zielrichtung bewegen möchte. Eine klare Grenzziehung erfolgt mit diesem Verständnis zu der systemtheoretisch begründeten Annahme, dass Steuerung aufgrund mangelnder Kommunikationsfähigkeit der gesellschaftlichen Teilsysteme gar nicht möglich ist, zur Idee von »Selbststeuerung« wie auch zu einer Ausweitung der Steuerungstheorie zu einer umfassenden Gesellschaftstheorie (Mayntz 2004).

Eine zweite Bedeutung innerhalb der Steuerungsdebatte kommt Akteuren aber auch insofern zu, als die Erkenntnis von Steuerungsdefiziten des Staates systematisch zur Notwendigkeit der Kooperation gesellschaftlicher Akteure führt. Der Kreis der für politische Erfolge zu berücksichtigenden Handelnden muss systematisch ausgeweitet werden, um dieser Sicht der Realität angepasst zu bleiben. Die Steuerungstheorie benötigt für diese Betrachtungen ein Fenster zu Akteurstheorien, zu denen sie somit auch Elemente beisteuert (Scharpf 2000; Schneider 2003; Schubert 1995; Coleman 1990). Die Unterscheidung zwischen individuellen, kollektiven und kooperativen Akteuren hat hier ihren Platz wie auch die empirisch gesättigten Spezifizierungen unterschiedlicher Typen kollektiver und kooperativer Akteure. Grundsätzlich muss eine Steuerungstheorie, die in Staat und Gesellschaft nach Problemen mangelnder Durchsetzbarkeit politischer Ziele sucht, auf private Akteure nicht nur als Wähler politischer Parteien und Rezipienten politischer Ergebnisse stoßen, sondern ihnen auch eine aktive – kooperierende – Rolle für die faktische Durchsetzung politischer Programme beimessen. Dort, wo die Steuerungstheorie in Betrachtungen des kooperativen Staates und in Netzwerkansätzen mündet, wird zudem Privaten ein neuer, systematischer Stellenwert innerhalb der Politikproduktion zugewiesen. Alles in allem hat die Steuerungstheorie die Bedeutung privater und gesellschaftlicher Akteure in der Politik deutlich erhöht und die Aufmerksamkeit für partizipatorische Aspekte verstärkt. In der neueren Debatte über die Erfolgschancen von Global-Governance-Prozessen scheint diese Orientierung als Partizipationsforderung wieder auf (vgl. u. a. World Bank 1992a; World Bank 1994; World Bank 1996; IMF 1997; IMF 2000).

(5) Rückblickend wird deutlich, dass die Steuerungsdiskussion zwei blinde Flecken hat, die sich in ihrer Fortführung als Governance-Forschung problematisch niederschlagen: Weitgehend ausgeklammert blieben Fragen der demokratischen Legitimität und der Machtverhältnisse.

Die Steuerungsdebatte setzte quasi mitten im demokratischen Staat ein: Sie war in ihren Anfängen mit der Frage nach einer besseren Durchsetzbarkeit unumstrittener Ziele eng verknüpft. Das Recht des Staates auf Steuerung war ebenso wenig Gegenstand wie die Erkenntnis der besten Steuerungsrichtung – beides konnte innerhalb des demokratischen Staates, der den unsichtbaren und nicht weiter reflexionswürdigen Rahmen der Diskussion setzte, als gegeben vorausgesetzt werden. Wie die Policy-Analyse ist die mit ihr eng verbundene Steuerungstheorie ein »demokratie-endogener Ansatz« (Schubert 1991), innerhalb dessen eine Ausblendung normativer Fragen als unproblematisch gelten konnte, weil sie im demokratischen Staat angesiedelt und auf die Verbesserung seiner Effektivität im besten Glauben ausgerichtet war. Sofern jedoch Probleme politischer Steuerung von einem innerstaatlichen Rahmen auf transnationale Politiken übertragen werden, kann diese Annahme nicht länger gelten und lässt das Problem der Legitimität der Steuerungsabsichten und Steuerungsrichtung umso virulenter werden.

Ebenfalls konnte unter der Annahme einer grundsätzlichen Gestaltung der politischen Kräfteverhältnisse durch Wahlen die Frage der Machtverhältnisse aus der Diskussion ausgeblendet werden. Die empirisch orientierte, moderne Regierungslehre reflektiert als theoretischen Rahmen in aller Regel zwar selbstverständlich grundlegende demokratietheoretische Annahmen, hat sich aber von der theoretisch anspruchsvollen Berücksichtigung moderner Machttheorien weitgehend abgeschnitten. Mit dieser Orientierung verzichtet sie auf die Debatte einer zentralen Frage der Politikwissenschaft –

der nach der Gestaltung und Veränderung der gesellschaftlichen Kräfteverhältnisse. Seit mehreren Jahren kritisiert Renate Mayntz – durchaus auch an den eigenen Ansätzen – die Machtvergessenheit der politikwissenschaftlichen Steuerungstheorie, die einem Staatsverständnis entspringt,

> demzufolge Politik nicht als Herrschaft, als Nutzung von Macht im eigenen oder dem Interesse einer Klasse, sondern als Handeln im öffentlichen Interesse verstanden wird. Dem gegen Ende der 70er Jahre vollendeten steuerungstheoretischen Kernparadigma zufolge bedeutete politische Steuerung demnach die konzeptionell orientierte Gestaltung der Gesellschaft durch – dazu demokratisch legitimierte – politische Instanzen. Es war die damals unproblematisch erscheinende, stillschweigende Annahme demokratischer Legitimität, die es erlaubte, die Steuerungstheorie von demokratietheoretischen Fragen abzukoppeln, den Input-Ast des politischen Prozesses zu vernachlässigen und sich auf den Output-Ast zu konzentrieren, wobei unterstellt wurde, dass das Ziel politischen Handelns die Lösung gesellschaftlicher Probleme ist. (Mayntz 2004; vgl. auch Mayntz 2001)

Auch wenn Macht als zentrale Kategorie im Kanon der Politikwissenschaft einen sicheren Platz hat und die Frage nach der Konstituierung und Ausübung von Herrschaft getreulich als ein Sinnzentrum der Wissenschaft vom Politischen referiert wird, bleibt es doch bezeichnend, dass eine Vielzahl politikwissenschaftlicher Machtdefinitionen sich auf Max Webers klassische Definition[4] zurückziehen und die Angelegenheit dabei bewenden lassen, ohne die Strukturen und Wirkungsweisen von Subordinationsprozessen auch im demokratischen Regierungsprozess weiter zu berücksichtigen. Es scheint, als hätte die grundlegende Entscheidung für eine parlamentarisch-repräsentative Demokratie im Parteienstaat alle Fragen der Machtverhältnisse ausreichend beantwortet und sich die Regierungslehre von einer systematischen Reflexion machttheoretischer Überlegungen der politikwissenschaftlichen Ideengeschichte und Theorie so selbst entbunden. Neben ihr, nicht in der Regierungslehre, existiert eine Fülle produktiver Anregungen für eine politische Theorie der Macht, die einer Prüfung ihrer Verwendbarkeit in einer modernen Regierungstheorie noch weitgehend harren. Moderne Machttheorien – etwa die Gouvernementalitätskonzeption

4 »Macht bedeutet jede Chance, innerhalb einer sozialen Beziehung den eigenen Willen auch gegen Widerstreben durchzusetzen, gleichviel worauf diese Chance beruht.« (Weber 1922/1980: 28)

Michel Foucaults, Antonio Gramscis Konzept kultureller Hegemonie, feministische Machttheorien oder auch die theoriefernere, alltagsnahe Machtkritik eines Elias Canetti – mit einer empirisch kenntnisreichen Regierungslehre zu verbinden ist ein Desiderat der Forschung, das zu erfüllen sich für das Verständnis von Macht wie für das Verständnis von Regieren lohnen kann. Mehr noch: In der Fortsetzung der Debatte über Global Governance wird es dringend notwendig, diese Leerstelle zu füllen, weil jenseits des Staates der Rückgriff auf eine demokratisch legitimierte Berechtigung, politische Ziele zu setzen und an deren Erfüllung zu arbeiten, nicht länger möglich ist. Modernes Regieren zu verstehen bedarf daher einer Integration von Macht- und Demokratietheorie mit einer empiriegesättigten Regierungs- und Steuerungstheorie.

Es ist zu fragen, ob angesichts der Fülle von Aspekten, die unter dem Begriff »Steuerung« erforscht wurden, der begriffliche Wechsel zum englischen Governance irgendeine neue Qualität beinhaltet. »Governance« wird in der Literatur teilweise inhaltsgleich mit Steuerung verwandt (vgl. Treib u. a. 2004 zu Governance; Burth/Görlitz 2001 zu Steuerung), doch verdeckt dies das Potenzial eines terminologischen Wechsels von Steuerung zu Governance, was in jenen Verwendungen von Governance deutlicher wird, die den Begriff im Kontrast zu *government* benutzen. Zu Recht hält daher Mayntz (2004) fest, dass der Begriff der Governance einen eigenständigen Sinn hat, wenn er zwei in der Steuerungsdiskussion angelegte, aber nicht vollendete Entwicklungen einfasst, nämlich erstens die Erweiterung des Steuerungsparadigmas durch Einbeziehung anderer Akteure außerhalb von *government*, an deren Ende das »Modell des kooperativen Staats [stand], in dem die klare Unterscheidbarkeit von Steuerungsobjekt und Steuerungssubjekt verschwindet« (Mayntz 2004), und zweitens einen Steuerungsbedarf und eine Steuerungsperspektive, die über den Staat hinausweisen. Letzteres leitet in den Begriff der Global Governance über. Die Versuche einer genauen Bestimmung des Inhalts von Global Governance sind zahlreich (Brand/Scherrer 2003); für den Moment mag es genügen, Global Governance als eine Vielzahl von Organisationsformen staatlicher, nichtstaatlicher und genuin transstaatlicher Akteure zu definieren, die auf formellen und informellen Wegen versuchen, in der globalisierten Welt politische und gesellschaftliche Verhältnisse sowie Regelungsmodi für diese durchzusetzen, und sich hierbei aller Mittel bedienen, die ihnen legitim erscheinen.[5] Global Governance ist zurzeit der primäre Schauplatz, auf dem in Theorie und Praxis um eine politische Begrenzung ökonomischer Globalisierung gerungen wird. Global Governance ist die Chiffre für die neue Arena, in der die Veränderung gesellschaftlicher und politischer Zustände sowie deren Effekte auf Individuen lokal, staatlich und weltweit umkämpft sind und in deren Folge sich die Landschaft des Politischen nachhaltig wandelt.

Zusammenfassend lässt sich der begriffliche Wechsel von Regieren über Steuern und Governance zu Global Governance an folgenden Punkten festmachen:

*Regieren* ist die umfassende Tätigkeit demokratisch legitimierter staatlicher Akteure, um gesetzte Ziele zu erreichen, die sich hierzu vor allem hierarchischer Steuerungsmedien, insbesondere einer traditionellen Form hoheitlichen Rechts, bedienen. *Steuerung* ist in einer systemtheoretischen Perspektive jeglicher Versuch des Teilsystems Politik, auf andere Teilsysteme Einfluss zu nehmen. In einer akteurzentrierten Perspektive ist es ein spezifisches Mittel öffentlicher Politik zur Lösung gesellschaftlicher Probleme, »in der die Mechanismen des Steuerungs- und Regelungszusammenhangs aus einer durch Institutionen strukturierten Konstellation individueller und kollektiver Akteure besteht« (Schneider 2003: 107). *Governance* setzt systematisch auf eine Eingliederung des einst souveränen Staates in ein kooperierendes Umfeld gesellschaftlicher Akteure, derer er bedarf, um innerhalb wie außerhalb des Staates politische Ziele zu erreichen. Der Wandel von Governance und sein Wiederaufscheinen im Begriff der Global Governance reagiert auf die Notwendigkeit, ein »Regieren jenseits der Staatlichkeit« (Jachtenfuchs 2002a) zu begreifen. Als »Governance without Government« verweist der Begriff von Global Governance auf eine

5 Vgl. die Charakteristika von Global Governance bzw. transnationalem Regieren, die Klaus Dieter Wolf identifiziert: erstens nichthierarchische Formen der Willensbildung und politischen Problemlösung, in denen zweitens neben Staaten auch andere (zivilgesellschaftliche und private) Akteure eine tragende Rolle spielen, die sich drittens netzwerkartig organisieren und damit horizontale Interaktionsstrukturen ausbilden, die viertens die Interaktionsmodi des Verhandelns und vor allem des Argumentierens favorisieren und damit fünftens auf nichtmajoritäre Formen der Legitimation verwiesen sind (Wolf 2002).

Mischung verschiedener Formen der Regelung – durch internationale Regierungsorganisationen, durch internationale Regime, durch die Kooperation staatlicher und zivilgesellschaftlicher Akteure und schließlich in Form zivilgesellschaftlicher Selbstregelung etwa im Bereich der Wirtschaft. Wenn man mit Rosenau [...] unter Governance »a system of rule« versteht, dann steht jetzt nicht mehr das Machen, das – polyzentrische, keine erkennbare Einheit mehr bildende – Steuerungshandeln im Zentrum des Interesses, sondern die mehr oder weniger fragmentierte oder integrierte, nach unterschiedlichen Prinzipien gestaltete Regelungsstruktur. (Mayntz 2004)

Anders als der vor allem handlungsorientierte und akteurzentrierte Steuerungsbegriff umfasst Global Governance nicht nur die Aktivitäten zur Erreichung eines bestimmten Ziels, sondern auch die institutionellen Strukturen. Soweit Global Governance damit auf eine Ausweitung des Akteurkreises zur Herstellung und Durchsetzung politischer Entscheidungen setzt, greift der Begriff die innerstaatliche Diskussion über den kooperativen Staat auf bzw. schließt hieran an. Insofern Global Governance auf den Entscheidungsbedarf in einer territorial entgrenzten Welt verweist, führt diese Diskussion die Idee eines »Regierens jenseits der Staatlichkeit« systematisch aus dem Raum der EU in globale Politik fort. Die zentralen Kennzeichen, die Global Governance vom klassischen Regieren unterscheiden, sind mithin eine Ausweitung des Kreises der an der Formulierung und Durchsetzung von Politik beteiligten Akteure durch den Einbezug im weitesten Sinne individueller und korporativer, gesellschaftlicher Akteure, eine Einbettung des einst souveränen Staates in diesen sub-, inter- und transnationalen Akteurskreis, die Abkehr von hoheitlichen Steuerungsmitteln und die Zuwendung zu einer Mischung rechtlicher und politischer Steuerungsmedien sowie eine Transzendenz staatlicher Territorien sowohl bezüglich der Steuerungsmittel als auch bezüglich des Anspruchs auf Steuerung.

Regieren, Steuern, Governance und Global Governance können nicht trennscharf voneinander geschieden werden; gleichwohl können diese Begriffe, einen bewussten Sprachgebrauch vorausgesetzt, benutzt werden, um einen kontinuierlichen Wandel innerhalb der Modi, Reichweiten, Akteure und Adressaten von Versuchen der politischen Zielerreichung voneinander zu unterscheiden.

## 7.2 Der neue Korporatismus: Policy-Netzwerke

Die Abkehr vom hierarchischen Staat bedeutet auf der Handlungsebene einen Bedeutungszuwachs für gesellschaftliche Akteure. Diesem trug anfänglich das Konzept des kooperativen Staates Rechnung, das nahtlos in die politikwissenschaftliche Netzwerkforschung überging.

Netzwerke haben als metaphorische Beschreibungen politischer Akteurszusammenhänge seit Max Weber (1922/1980) und Georg Simmel (1908/1992) in den Sozialwissenschaften ihren Platz. Die politikwissenschaftliche Netzwerkforschung jedoch bezieht ihre besondere Attraktivität aus dem Vermögen, angesichts der in Frage gestellten »Möglichkeit der hierarchisch-souveränen Alleinentscheidung des Staates« (Scharpf 1991: 630) ein Konzept von Politikgestaltung als Prozess zu bieten, »an dem eine Vielzahl staatlicher und privater Akteure mit breiter Streuung über verschiedene Handlungsebenen und funktionale Bereiche beteiligt« (Knill 2000: 112) ist. Insbesondere in der Politikfeldforschung sind Netzwerkkonzepte in zwei Hinsichten genutzt worden: für die Beziehungsanalyse des Akteurspektrums einerseits und als Modus politischer Steuerung andererseits.

Das anfänglich vorwiegend in der Soziologie benutzte Netzwerkkonzept gewann mit Heclos Aufsatz über *issue networks* in der amerikanischen Politik (Heclo 1978) seine ursprüngliche, genuin politikwissenschaftliche Formulierung, schloss inhaltlich aber an die bereits kurz zuvor für die Bundesrepublik diagnostizierte »Politikverflechtung« (Hanf/Scharpf 1977; Scharpf 1979) an. Heclos Anliegen war nicht zuletzt, mit dem für die Analyse von staatlich-industriellen Beziehungen insbesondere in den USA vorherrschenden Verständnis des »eisernen Dreiecks« (*iron triangel*)[6] zu brechen. Im Gegensatz zu den geschlossenen und segmentierten *iron triangles* sind *issue networks* nach Heclo offen, fragmentiert, informell, einer großen Anzahl von Akteuren offen und ohne benennbares Entscheidungszentrum. Diese Struktur fordert eine komplexe Entscheidungsfindung, die, so Heclo, aber auch Hanf/Scharpf, nicht auf Hierarchien beruhen kann, sondern vom »bargaining« bzw. Verhandlungsprozessen dominiert wird. Genereller bietet der auf

6 Der Begriff fand in der Folge vor allem Anwendung zur Kennzeichnung der staatlich-industriell-bürokratischen Beziehungen in Japan.

Akteure bezogene Ansatz eine Möglichkeit, Interaktionsmuster zwischen – ursprünglich staatlichen und gesellschaftlichen – Akteuren zu bezeichnen. Insofern sich aber das Instrumentarium der Netzwerkanalyse grundsätzlich nicht dagegen sperrt, jedwede Art von Akteurszusammenhang zu erfassen, ist die Fixierung auf die Pole Staat und Gesellschaft nicht zwingend und sowohl innerstaatlich als auch für die Analyse transnationaler Netzwerke faktisch erweitert worden.

Da unter »Netzwerk« zudem ein Steuerungsmodus verstanden wird, der weder nach dem Muster des Marktes noch nach dem des Staates funktioniert, werden Netzwerke auch als dritte Kategorie neben Staat (bzw. Hierarchie oder Organisation) und Markt in der Diskussion behandelt (Powell 1990). Sie

> stellen Leistungen zur Verfügung, die sonst nur entweder per Markt oder per Hierarchie zu erhalten sind, nämlich die Flexibilität marktförmiger Interaktion und die Verlässlichkeit und Effizienz organisierter Strukturen zugleich. Sie ermöglichen es, Tauschakte durchzuführen, ohne sich auf Unsicherheiten und Risiken marktlicher Transaktionen einlassen zu müssen. Und sie ermöglichen koordiniertes Verhalten, ohne die Rigidität starrer, bürokratisch verkrusteter Organisationen in Kauf nehmen zu müssen. (Weyer 2000: 10)

Die Attraktivität der Netzwerkanalyse ist zum Teil der Tatsache geschuldet, dass Netzwerke »der Unordentlichkeit des politischen Alltages« (Windhoff-Héritier 1993: 9) Rechnung tragen und zunächst von der Bestimmung von Prioritäten und Hierarchien entlasten. Auf seiner grundlegendsten Ebene hält der Begriff nicht mehr fest, als dass eine nach Herkunft, Zahl und Stellung offene Gruppe von Akteuren auf eine nicht näher definierte Art und Weise miteinander verbunden ist. Die Leistungsfähigkeit der Kategorie Netzwerk liegt hier zunächst in der Offenheit. Um diese Dimension der Freiheit jedoch für ein Verständnis politischer Prozesse nutzen zu können und vor allem, um ein rein alltägliches Verständnis von Netzwerken in eine brauchbare analytische Perspektive zu verwandeln, müssen in einem Folgeschritt Differenzierungen und Spezifizierungen von Netzwerken erfolgen.

Eine grundlegende Forderung an die Netzwerkforschung stellte daher über einen längeren Zeitraum die nach einem »von der policy-Forschung weitgehend akzeptierten Katalog von Dimensionen und Kategorien« dar, »der zur Systematisierung und Strukturierung der jeweiligen Untersuchungsfelder und Forschungsgegenstände genutzt werden könnte« (Jansen/Schubert 1995: 14). Einen solchen Katalog, der vor allem in einer Systematisierung der in der Forschung bereits vorhandenen Untersuchungsaspekte besteht, hat Frans van Waarden (1992) im Anschluss an Arbeiten von Atkinson/Coleman (1989) und Jordan/Schubert (1992) vorgelegt. Van Waarden schlägt vor, Netzwerke in sieben Dimensionen zu untersuchen: Akteure, Funktion, Struktur, Institutionalisierung, Vorgehensweise, Machtbeziehungen, Akteurstrategien;[7] er hat damit den umfassendsten Vorschlag für netzwerkrelevante Analysekategorien unterbreitet, den ich in modifizierter Weise auch im nächsten Kapitel zur Analyse des Wassernetzwerks benutzen werde.

Auch wenn die Netzwerkanalyse sich inzwischen großer Popularität erfreut, muss man in Rechnung stellen, dass es sich hierbei zum einen nicht um eine ausgereifte Theorie, sondern eher um eine »*analytic toolbox*«[8] handelt. Zum anderen unterliegt deren Anwendung einigen Schwierigkeiten.

Erstens ist der Forschungsbedarf, wie auch der von van Waarden vorgelegte Kriterienkatalog andeutet, enorm hoch, erlaubt aber selbst bei genauer Kenntnis des untersuchten Netzwerks nur spekulative Rückschlüsse auf andere Netzwerke. Bei großem Aufwand können so zwar detaillierte Kenntnisse über Strukturen und Akteure eines Netzwerks in einem begrenzten Segment und einem begrenzten Zeitraum gewonnen werden, verallgemeinerbare Schlüsse können aber aus diesen Kenntnissen schwerlich gezogen werden –

7 Auf Grundlage dieser Differenzen unterscheidet van Waarden (1992: 39 ff.) elf verschiedene Typen von Netzwerken, konzediert jedoch abschließend freimütig, dass die Anzahl der Dimensionen zu groß sei, um einen guten Überblick über die verschiedenen Netzwerktypen zu leisten (ebd.: 49). Er empfiehlt vielmehr, sich zur Differenzierung zwischen Netzwerken auf drei Dimensionen der Analyse zu beschränken: Anzahl und Typus der beteiligten Akteure, die hauptsächliche Funktion des Netzwerks und das Kräftegleichgewicht (*balance of power*) im Netzwerk. Vgl. für eine Zusammenfassung der Kategorien der Netzwerkanalyse auch Börzel (1997: 2 f.)

8 »Der Policy-Netzwerkansatz ist daher primär als analytischer Werkzeugkasten (*analytical toolbox*) zu verstehen und weniger als Theorie. Vielmehr bedarf das Konzept der Ergänzung und Anreicherung mit anderen Theorien, um tatsächliche Effekte und Ergebnisse der politischen Steuerung durch Netzwerke zu erklären.« (Knill 2000: 124)

der theoretische Ertrag einer aufwändigen empirischen Forschung bleibt damit begrenzt.

Zweitens teilt der mit der Policy-Analyse eng verwandte Netzwerkansatz mit dieser den Mangel einer normativen Fundierung:

> Daß Netzwerk-Konzeptionen bislang explizite normative Elemente fehlen, mag für die empirisch-analytische Politikwissenschaft zunächst von geringerer Bedeutung sein. Für die politikwissenschaftliche Theoriebildung ist dieser Mangel nicht nur deshalb problematischer, weil das Konzept insofern funktionalistisch-unterkomplex ist, sondern auch, weil für instrumentell orientierte Politiker und Wissenschaftler normative Referenzen und Fragen der »Demokratieverträglichkeit« zentrale Elemente ihres – politischen – Handelns sind und sein müssen. (Jansen/Schubert 1995: 14)

An die bereits im Zuge der Steuerungsdiskussion erhobene Forderung nach einer normativen Fundierung netzwerkanalytischer Untersuchungen schließt sich auch Scharpf an, wenn er kritisch bemerkt, dass »nicht nur die politische Diskussion, sondern auch die politikwissenschaftliche Demokratietheorie [...] sich ja bisher auf die Realität der vielfach vernetzten und durch Verhandlungen handelnden Politik noch nicht [haben] einstellen können« (Scharpf 1991: 630). Hier wird die Netzwerkforschung wie die Steuerungstheorie aufgefordert, das Instrumentarium um normative Elemente zu erweitern, und dies gilt insbesondere in der Ausweitung der Netzwerkperspektive auf transnationale Prozesse.

Drittens ist die auf innerstaatliche Kooperationsmuster bezogene Netzwerkanalyse auf einen transnationalen Politikraum nicht vollständig übertragbar.[9] Insbesondere treffen zwei Bedingungen

9 »Das politische System ist intern nicht nur nach Sachgebieten, sondern zunehmend auch vertikal nach territorial definierten Ebenen differenziert – nach unten hin zu den Ländern, Regionen und Kommunen, nach oben hin zur Europäischen Union und teilweise zu noch umfassenderen internationalen Gremien. Kommunalisierung, Regionalisierung und Europäisierung transformieren den unitarischen Nationalstaat in ein verflochtenes Mehrebenensystem, in dem es keine durchlaufende Befehlshierarchie gibt: Wir haben es mit einer neuen Architektur von Staatlichkeit zu tun (Grande 1993), die man nicht mit Schwächung oder gar Auflösung verwechseln darf. Eine Folge davon ist, daß man Politiknetzwerke auch auf sub- und supranationalen Ebenen findet und daß die einzelnen Netzwerke selbst oft eine vertikale Dimension besitzen, d.h. sich über mehrere politische Ebenen erstrecken; die Besonderheiten derartiger multidimensionaler Netzwerke sind allerdings bislang noch wenig erforscht.« (Mayntz 1997: 276)

nicht notwendig zu, die innerhalb einer innerstaatlichen Perspektive wie selbstverständlich angenommen werden konnten: (1) die klare Identifizierbarkeit der Interessen, mit der die Akteure in den Politikprozess eintreten bzw. hinzugezogen werden, und (2) der innerstaatliche Netzwerke (und das gilt *cum grano salis* auch für europäische) umschließende Rahmen einer gemeinsamen *polity* und einer gemeinsamen *polis*.

(1) Wie die Forschungen zum kooperativen Staat konnte auch die Netzwerkanalyse davon ausgehen, dass Akteure an einem Politikprozess beteiligt sind, weil sie entweder (a) eine institutionell bedingte Position im Prozess innehaben (dies trifft insbesondere auf die staatlichen Akteure zu) oder weil sie (b) an der Herstellung eines bestimmten politischen Ergebnisses interessiert sind oder weil (c) ihre Beteiligung für eine erfolgreiche Implementierung notwendig ist. Aufgrund dieser Perspektiven kann man die Netzwerkbeteiligten in drei Gruppen einteilen: aus institutionellen Gründen *Verantwortliche*, aus außerpolitischen (oft: wirtschaftlichen) Gründen *Interessierte* und als vom Politikprozess *Betroffene*.[10] Die Festlegung auf diese rationalen Gründe einer Netzwerkbeteiligung ermöglicht eine gewisse Berechenbarkeit der von den beteiligten Akteuren eingenommenen Positionen und erlegt ihnen Grenzen bezüglich ihrer Forderungen im Verhandlungsprozess auf. Zudem entstehen innerstaatliche Netzwerke nicht ohne Grund: Sie formieren sich infolge eines aufgetretenen Problems, zur Verhandlung eines Politikvorschlags, der im Prozess der Netzwerkarbeit verändert werden kann, oder auch, um die Verteilung einer Ressource zu koordinieren. In all diesen Fällen besteht ein gemeinsames Interesse an der Zusam-

10 Die Einteilung in »Verantwortliche«, »Interessierte« und »Betroffene« entspringt damit eher der Logik der Beteiligung am Netzwerk, nicht der Position im Netzwerk, die der von Schneider vorgeschlagenen Typologie zugrunde liegt: Kombiniert man eine institutionelle Perspektive (Akteur hat eine institutionelle Position im Politikprozess) mit einer tauschtheoretischen Perspektive (Akteur leistet wichtigen funktionellen Beitrag bei der Politikproduktion), kann man nach Schneider drei Typen von Akteuren unterscheiden: »1. Akteure, die sowohl eine institutionelle als auch eine funktionelle Basis haben; 2. Akteure, die keine institutionell garantierte Position haben, jedoch wichtige funktionelle Beiträge leisten, und von den Institutionen basierten Akteuren auf Basis dieser Ressourcen in den Policy-Prozess inkorporiert werden; 3. Akteure, die zwar keinen substantiellen Beitrag leisten, aber trotzdem über eine institutionelle Einflussposition verfügen.« (Schneider 2003: 115)

menarbeit im Netzwerk, nämlich die Erwartung, durch Kooperation zu einem für alle besseren Gesamtergebnis zu kommen. In aller Regel bleibt somit auch erkennbar, warum ein Akteur Zugang zum Netzwerk sucht oder seine Beteiligung für eine erfolgreiche Politik wünschenswert sein könnte. Mit diesen Annahmen, die die Wirklichkeit innerstaatlicher Netzwerkstrukturen durchaus bestätigt, kann man wiederum mit großer Plausibilität folgern, dass Netzwerke Verhandlungsräume sind und in ihnen weder Markt noch Hierarchie, sondern ein neuer Steuerungsmodus etabliert wird, der Koordinationsmöglichkeiten ohne die Unsicherheit des Marktes und ohne die Rigidität staatlicher Bürokratie bietet. Die oben genannten beiden Richtungen der Forschung – Netzwerke als neuer Interaktionstypus und als neuer Steuerungsmodus – treffen sich an dieser Stelle: Für Akteure, die aufgrund identifizierbarer Interessen als institutionell Verantwortliche, wirtschaftlich Interessierte oder vom Politikprozess Betroffene an einem Netzwerk teilnehmen, ist diese Interaktionsform ein Modus der Steuerung, der ihnen größere Sicherheit als reine Marktkoordination und geringeren Zwang als formalisierte Strukturen bietet und daher die Möglichkeit beinhaltet, für alle einen größeren Gewinn zu erzielen. Ihre wechselseitige Angewiesenheit aufeinander verbietet zudem den Einsatz hoheitlicher Mittel ebenso wie Erpressung oder Zwang: Die dominanten Modi Operandi sind die Verhandlung und der Tausch, was freilich insgesamt ungleiche Positionen innerhalb des Netzwerks nicht ausschließt.

(2) Die innerstaatliche Netzwerkanalyse kann von einem gemeinsamen Umfeld des Netzwerks ausgehen: Systemtheoretisch betrachtet entstehen Netzwerke als Ausdifferenzierungen und hybride Neuaggregationen des politischen Systems und anderer gesellschaftlicher Teilsysteme. Als Teilsysteme wie als Netzwerk verfügen sie jedoch über eine gemeinsame Umwelt – ihr gesellschaftliches Gesamtsystem. Dieses bietet einen legalen und moralischen Rahmen, in dem das Netzwerk operiert und an den es mit seinen Ergebnissen wiederum Anschluss finden muss. Ein Netzwerk kann, vereinfacht gesagt, zu keinen Resultaten kommen, die nicht durch die Verfassung abgesichert sind, die das politische Teilsystem außerhalb des im Netzwerk agierenden Teils selbst umformen; es muss sich mit seinen Ergebnissen in seine gesellschaftliche Umwelt eingliedern. Diese faktischen Grenzziehungen schlagen sich

als Selbstbeschränkungen der Netzwerkakteure oder Einsichten in den vorhandenen Handlungsrahmen nieder.[11] Insofern Netzwerke Verhandlungsarenen sind, wird daher nicht nur explizit miteinander verhandelt, sondern implizit auch eine gesellschaftliche Umwelt in Rechnung gestellt, der nicht *jegliches* Ergebnis zumutbar ist.[12]

Beide Bedingungen nationaler (und auch europäischer) Netzwerke treffen für transnationale Netzwerke nicht zu: Weder gibt es eine gemeinsame *polity*, die die Netzwerke einrahmt und ihren Macht- und Aktionsradius eingrenzt, noch muss die Arbeit im Netzwerk auf Tausch beruhen. Transnationale Netzwerke entstehen unter anderen Bedingungen: Die Positionen können so asymmetrisch sein, dass es nichts zu tauschen gibt. Netzwerke müssen nicht aus Verantwortlichen, Interessierten und Betroffenen bestehen, sondern können sich nur aus Verantwortlichen, Interessierten oder Betroffenen zusammensetzen, sie können auch aus – im weitesten Sinne – Experten bestehen und damit eine weitere eigene Kategorie bilden oder irgendeinen Mix hiervon. Dieser eigenständige Charakter transnationaler Netzwerke – der Mangel an einer einhegenden *polity* und die Möglichkeit, aber keineswegs Gewissheit, dass ihre Arbeitsweise in Verhandlung und Tausch liegt – ist ihnen vor allen

11 Nur dieser Grenzziehung durch die gesellschaftliche Umwelt ist es vermutlich zu verdanken, dass die vorhandene Kritik an der Etablierung von Netzwerken wie schon die vorher geäußerte am kooperativen Staat, denen eine Entfernung von formalen politischen Entscheidungsprozessen und eine Dominanz organisierter und auch organisierbarer Interessen vorgeworfen wurde (vgl. die Zusammenfassung in Dobner 2000), letztlich nicht praxiswirksam wurde. Dieter Grimm hatte früh, aber erfolglos gefordert, den kooperativen Staat zu konstitutionalisieren – eine verfassungstheoretisch nicht nur logische, sondern auch verfassungspraktisch mögliche Perspektive (Grimm 1994; Grimm 2003). Ebenso ist die Forderung nach einer normativen Unterfütterung der Netzwerktheorie nicht eben neu, ohne sich jedoch als Problem so deutlich in der Wirklichkeit niederzuschlagen, dass Anstrengungen hierzu praktische Früchte getragen hätten. Die Tatsache, dass Netzwerke und Verhandlungssysteme in eine politische und gesellschaftliche Umwelt eingebettet sind, die ihnen Grenzen setzen, ist hierfür eine plausible Erklärung. Denn sie kann den Legitimitätsdruck, dem Netzwerke andernfalls ausgesetzt wären, nachhaltig mildern, ohne indessen die Frage der Legitimität ihres politischen Handelns tatsächlich zu lösen.

12 So kann ein nationales Netzwerk der Atompolitik beispielsweise nicht entscheiden, die staatliche Verantwortung für Umweltpolitik außer Kraft zu setzen, die Betroffenen eines Kernkraftwerks mit Häusern auf Sylt zu entschädigen und der Atomwirtschaft freie Fahrt bis ins vierte Jahrtausend zu gewähren (unter der Voraussetzung, dass wir das in dem Fall überhaupt noch erleben würden).

weiteren Spezifizierungen und bei allen existierenden Unterschieden gemeinsam und macht die Welt der transnationalen Netzwerke unübersichtlich, intransparent und damit demokratischer Kontrolle schwer zugänglich.

## 7. 3 Transnationale Netzwerke

Die Bedeutung transnationaler Netzwerke für die Willensbildung und politische Gestaltung wird heute allgemein hervorgehoben (Castells 2000; DeMars 2005; Kern 2004; Korzeniewicz/Smith 2001; Papadopoulos 2004: 233 ff.). Die diesbezügliche Forschung steckt jedoch noch in den Kinderschuhen: Als transnationales Netzwerk wird jeder mehr oder weniger dauerhafte Verbund von privaten und/oder öffentlichen Akteuren bezeichnet, der der Herkunft seiner Akteure und seinem Anspruch nach staatsübergreifend und nicht zentralistisch organisiert ist.

Unter diese eher intuitive als analytische Kategorisierung fallen daher Terrornetzwerke wie Al Qaida (Schneckener 2006) ebenso wie globale Frauennetzwerke (Moghadam 2005), europäische Städtenetzwerke (Kern 2001) oder auch die transnationale Organisation Kleiner und Mittlerer Unternehmen (Forschungsverbund Transnationale Netzwerke 2007). Eine klare definitorische Abgrenzung von genuinen Politiknetzwerken im Gegensatz zu transnationalen sozialen Bewegungen oder *pressure groups* fehlt bislang ebenso wie ein anerkannter Kriterienkatalog zur Analyse; disparat sind daher nicht nur die Untersuchungsgegenstände, sondern auch die angewandten Methoden und Fragestellungen. Nur wenige transnationale Politiknetzwerke sind empirisch gut erforscht (vgl. aber Beisheim u. a. 2005; Dingwerth 2002). Unter anderem deswegen herrschen in übergreifenden Bewertungen normative Prädispositionen vor: Während den einen die Etablierung globaler Netzwerke als wünschenswerter Einbezug der Zivilgesellschaft, als Pluralisierung des politischen Raums und als Vorbedingung effektiver Steuerung globaler Politik gilt (Wolfensohn 1999; Annan 2000; Benner et al. 2001; Benner u. a. 2002; Waddell 2005), sehen andere in dem Korporatismus jenseits des Staates eine neue Herrschaftsformation für die noch effektivere Durchsetzung hegemonialer Interessen einer globalen Elite (Brand u. a. 2000; Hummel 2001).

Auch die wenigen in der Diskussion befindlichen theoretischen Ansätze zur Erfassung transnationaler Netzwerke – *epistemic communities, transnational advocacy coalition networks* (TANs) und *global public policy networks* (GPPNs) – verdanken sich nur teilweise empirischer Beobachtung; zu einem guten anderen Teil stellen sie eine Projektionsfläche für unterschiedliche Hoffnungen und Überzeugungen dar. Analyse und Wunschdenken, Beschreibung und Modellbildung gehen in den Konzepten Hand in Hand. Eine Prüfung der spezifischen Leistungsfähigkeiten dieser Ansätze muss dies berücksichtigen, indem sie die tragfähigeren, empirischen Elemente von Idealisierungen trennt und insgesamt einen Zustand der Vorläufigkeit in Rechnung stellt. Meine nachfolgende Betrachtung dieser Konzepte erfolgt unter diesen Prämissen und hat eine doppelte Funktion: Zum einen stellt sie den gegenwärtigen Stand der einschlägigen Theorie dar, zum anderen dient sie der Identifikation relevanter Fragestellungen, die im folgenden Kapitel die Erforschung des globalen Wassernetzwerks anleiten.

Das Konzept der *epistemischen Gemeinschaften* (*epistemic communities*) nimmt seinen Ausgangspunkt in der Behauptung eines wachsenden Bedarfs an Expertenwissen angesichts der Wissensherausforderungen, die eine technisch komplexe Umwelt an die politischen Entscheider stellt. Bereits Heclo (1978) hatte in seinen Arbeiten den zentralen Stellenwert von Experten in Netzwerken betont; ihre Rolle wird jedoch in dem Ansatz der *epistemic communities* erstmals zum Zentrum eines transnationalen Netzwerkansatzes gemacht.

Eine epistemische Gemeinschaft ist nach der Definition von Haas ein »Netzwerk von Experten mit anerkannter Sachkenntnis und Kompetenz in einem bestimmten Gebiet und dem autoritativen Anspruch auf politik-relevantes Wissen in diesem Feld oder Sachgebiet« (Haas 1992: 2). Haas nimmt an, dass wachsende technische Unsicherheiten und die Komplexität von Problemen mit globaler Bedeutung eine international koordinierte Politik nicht nur notwendiger, sondern auch zunehmend schwieriger machen: »Wenn Entscheider mit den technischen Aspekten eines speziellen Problems nicht vertraut sind, wie sollen sie dann öffentliche Interessen formulieren und praktikable Lösungen erarbeiten?« (Haas 1992: 1)[13] Politiker

13 Mit dieser Frage weitet Haas ein Thema auf den internationalen Kontext aus, das zuvor als Problem der innerstaatlichen Risikovorsorge ausführlich behandelt

seien daher auf externe Ratgeber angewiesen, die die Ursachen und Effekte komplexer Probleme artikulieren und somit Staaten helfen, ihre Probleme und deren Lösungen zu identifizieren und relevante Verhandlungspunkte zu erkennen (ebd.: 2).

Epistemische Gemeinschaften sind besonders befähigt, diese Beratungstätigkeiten auszuüben, weil es sich hierbei um ein mit spezifischen Qualitäten ausgestattetes Expertennetzwerk handelt. Zur *Gemeinschaft* wird ein Netzwerk von Experten durch zwei Arten der inneren Verbindung seiner Mitglieder: Ihrer Arbeit als Fachleute entspringen geteilte Überzeugungen über sachliche Zusammenhänge und grundsätzliche Kriterien zur Erzeugung validen Wissens, und als moralische Personen teilen die Mitglieder normative Überzeugungen in Bezug auf die allgemeinen Ziele sozialen Handelns und auf den Nutzen technischen Wissens.[14] Mit dieser postulierten Kombination aus normativen Überzeugungen und Sachkunde kann der Einfluss von *epistemic communities* insofern erklärt werden, als diese Expertennetzwerke nicht nur Wissen hervorbringen und politischen Entscheidern zur Verfügung stellen, sondern es vor dem Hintergrund ihrer eigenen normativen Überzeugungen auch interpretieren und damit in einer politisch direkt verwendbaren Weise präsentieren können. Sie stellen daher nicht nur Informationen, sondern auch Rat bereit.

Ihre Ausbreitung wird von Haas als logische Folge dieser spezifischen Nützlichkeit erklärt. Die Nachfrage nach interpretiertem Wissen kann die Bildung neuer *epistemic communities* und ihre internationale Verbreitung stimulieren, weil, so die Annahme, sich die

wurde (Preuß 1996; Steinberg 1998; Beck 1986; Grande 1997) und sich u. a. in der Forderung nach einer Ausweitung der »wissensbasierten Infrastruktur« des Staates (Willke 1992) niederschlug. Deutlicher als innerstaatliche bergen aber globale Risiken nicht nur ein Wissensproblem, sondern auch ein Erkenntnis- und Entscheidungsproblem bezüglich der eigenen Interessen. Der Ansatz der *epistemic communities* zielt deswegen vor allem auf eine Erklärung, wie Staaten ihre Interessen definieren und sich innerhalb der Bandbreite möglicher Lösungen positionieren können.

14 Der Begriff der *epistemic communities* teilt damit Grundzüge des Paradigma-Begriffs von Thomas Kuhn, der, anders als es in seiner alltäglichen Verwendung im »Paradigmenwechsel« aufscheint, hierunter eine »ganze Konstellation von Überzeugungen, Werten, Techniken und so weiter, die von den Mitgliedern einer gegebenen Gemeinschaft geteilt werden« umfasst und sich dabei nicht nur eine einzelne Angelegenheit (*subject matter*) bezieht, sondern eine ganze Gruppe von Beteiligten erfasst und leitet (Kuhn 1970: 175).

sachlichen Überzeugungen einer epistemischen Gemeinschaft und ihre politischen Ratschläge und Präferenzen durch das Zusammenspiel und die Koordination der von ihnen beratenen politischen Institutionen fort- und durchsetzen (Haas 1992: 5).

Der Ansatz der *epistemic communities* zielt insgesamt auf eine Erklärung, wie Experten in einer Situation wachsender Unsicherheit Einfluss auf den politischen Prozess nehmen und durch die Diffusion ihrer Ideen unter politischen Entscheidern zu einem Lernprozess im internationalen *Policy-making*-Prozess sowie zu einer besseren Koordination internationaler Politik beitragen. Experten sind an der Durchsetzung von Politiken selbst nicht direkt beteiligt, sondern dem Kreis der Entscheider vorgelagert, wo sie nur indirekten Einfluss nehmen.

Ein Verdienst des Ansatzes ist, dass der Macht des Wissens ein zentraler Stellenwert für die Erklärung politischer Entscheidungen zugewiesen wird.[15] Allerdings impliziert diese Annahme auch, dass es bei komplexen wissenschaftlichen Problemen tatsächlich nur um fachliches Wissen geht, nicht aber – auch und besonders – um Haltungen, wie man mit dem trotz Sachwissen verbleibenden Unwissen umgeht. Gesellschaftliche Konflikte entfalten sich letztlich nicht einfach entlang der Grenze von Wissen und Nichtwissen, sondern oftmals an der Frage des Umgangs mit Restrisiken (etwa in der Kernkraft) oder moralischen Erwägungen (etwa bei der Frage der Embryonenforschung). Haas' Behauptung, die *epistemic community* greife neben dem Fachwissen hierzu auf außerprofessionelles Wissen zurück, kann nicht wirklich überzeugen. Denn unklar bleibt, woher die Experten diese außerprofessionellen Überzeugungen beziehen, ob sie sich entlang bereits vorhandener Einstellungen als *community* organisieren oder ob »geteilte Werte« durch die Mitwirkung an einem solchen Netzwerk erst erzeugt werden. Haas lässt hier nur Raum für Spekulationen.

Eine weitere fragwürdige Setzung ist, dass Experten ihr Fachwis-

15 Begreift man mit Haas also Wissen und Information als wichtige Dimensionen von Macht, so erscheint plausibel, dass die Diffusion von Ideen und Informationen neue Verhaltensweisen erzeugen kann und auf diesem Wege internationale Politikkoordination wesentlich mitdeterminiert. Der Ansatz der *epistemic communities* schließt mit diesen Überlegungen somit auch an die Frage an, wie »policy learning« vonstatten geht, und überschneidet sich in dieser Hinsicht mit dem unten dargestellten Ansatz der TANs.

sen einfach in politisch verwertbare Ratschläge ummünzen können. Insbesondere bei komplexen (Umwelt-)Problemen, die in der Regel verschiedene Ursachen haben und sich wechselseitig verstärken, ist die Transformation von Fachwissen in politische Steuerungsvorschläge eine eigenständige Herausforderung. Die Annahme, dass dies auf dem Wege einer schlichten Weitergabe des richtigen Steuerungsvorschlages von sachlich versierten Experten an die politischen Entscheidungsgremien geschieht, überschätzt den Sachverstand der Mitglieder einer epistemischen Gemeinschaft und unterschätzt zugleich die politische Expertise, die nötig ist, um zielorientiert und effektiv steuern zu können. Angesichts der Schwierigkeiten, für ein Problem, das aus interdependenten ökologischen Fehlentwicklungen resultiert und konfligierende Interessen in einer sozialen und wirtschaftlichen Umwelt berührt, geeignete politische Steuerungsinstrumente zu finden, scheint die Hoffnung, dass Fachexperten über diese Kompetenz verfügen, nicht realistisch.

Schließlich ist auch die Idee der internationalen Ausbreitung von *epistemic communities* und ihren Politikvorschlägen der Wirklichkeit nicht angemessen. Haas projektiert politisches Lernen nach dem Muster eines Dominospiels, bei dem nationalstaatliche Expertengemeinschaften erst »ihre« Politiker beraten, die dank dieser wissenschaftlichen Aufklärung besonders effektive Lösungen bereitstellen, was wiederum das Interesse und den Nachahmungswillen anderer nationalstaatlicher Akteure, also weiteren fachwissenschaftlichen Beratungsbedarf weckt und die Entstehung neuer epistemischer Gemeinschaften schürt. Diese Beschreibung muss nicht falsch sein, aber es scheint auch nicht wahrscheinlich, dass diese funktionalistische Sicht das Wechselspiel zwischen Fachleuten und Politik, zwischen inner- und transstaatlichen Arenen auch nur annähernd vollständig wiedergibt. Einen Grund, diese Sichtweise als nur eine Möglichkeit unter vielen zu relativieren, nennt Haas selbst: Angesichts der Komplexität politischer Entscheidungen war das Problem der Findung der eigenen Interessen als besondere Herausforderung internationaler Kooperation zum Ausgangspunkt gemacht worden. Dass starke Akteure, die ihre eigenen Interessen besonders effektiv durchsetzen können, schwächeren Akteuren als Vorbild und nicht als Gegner dienen, ist unplausibel, wenn man eine Interessendivergenz als wahrscheinliche Bedingung ernst nimmt.

Trotz dieser Einschränkungen bietet das Konzept der *epistemic communities* einige Ansatzpunkte für eine transnationale Netzwerkforschung, vor allem dann, wenn man Haas' Ansatz nicht als Antwort, sondern als Fragestellung reinterpretiert: In den Blickpunkt rückt dann ein letztlich empirisch zu klärender Forschungsbedarf über die Beschaffenheit von Expertennetzwerken und deren tatsächliche Rolle in der internationalen Politikkoordination. Eine besondere Rolle wird dabei das genannte Übersetzungsproblem zwischen unterschiedlichen Fachwissensbeständen in das *policy-making* spielen. Dies betrifft im engeren Sinne das Problem konkreter Regelfindung angesichts bestimmter wissenschaftlicher Tatbestände, im weiteren Sinne aber auch die institutionellen und persönlichen Anforderungen, die eine solche Übersetzung stellt. Schließlich verweist Haas mit der Unterstellung geteilter Werte der Expertengemeinschaft zugleich auf das Problem normativer Hintergrundüberzeugungen, von denen sowohl Experten als auch politische Entscheider geprägt sind. Während aber Haas diese Überzeugungen als nicht nur kompatibel mit dem Fachwissen, sondern als notwendige Bedingung für eine politische Ratgebertätigkeit betrachtet, ist es nicht weniger wahrscheinlich, dass diese nichtwissenschaftlichen Überzeugungen ebenso eine ideologische Geschlossenheit bei der Besichtigung möglicher Problemlösungen bewirken können, die eher kontraproduktiv wirken wird, wenn es darauf ankommt, einen Ausgleich zwischen kontroversen Interessen herzustellen.

*Transnational advocacy coalition networks*[16] (TANs) sind eine von Margret Keck und Kathrin Sikkink (1998) eingeführte Bezeichnung für transnationale Netzwerke von Nichtregierungsorganisationen. Keck und Sikkink verstehen TANs als Verbindungen zivilgesellschaftlicher Akteure, die keinen institutionell festgelegten Zugang zur politischen Programmgestaltung haben. Sie kooperieren als transnationale Assoziation, um für ein bestimmtes Interesse oder eine bestimmte soziale Gruppe Einfluss auf den politischen Entscheidungsprozess zu nehmen. Das entstehende Netzwerk wird dabei nicht nur als Verbindung einzelner Organisationen, sondern als

16 Ihr begrifflicher Anschluss an Paul Sabatiers Advocacy Coalition Networks (Sabatier/Jenkins-Smith 1999) ist teilweise irreführend, weil dieser sich auf präsidentielle Systeme und auf am politischen Prozess beteiligte Akteure (vor allem den US-Kongress) bezog. Näher liegt die begriffliche Anleihe bei Sabatier in der Hinsicht, dass beide Ansätze einen Modus von *policy learning* darstellen, der im Falle von Sabatier national, bei Keck/Sikkink transnational ist.

Akteur eigener Qualität begriffen; dieser ist gekennzeichnet durch geteilte Werte, einen gemeinsamen Diskurs und einen dichten Austausch von Informationen und Kooperationen.

Der Netzwerkanalyse folgend werden TANs als spezifische Organisationsform neben Staat und Markt begriffen, die generell von Freiwilligkeit, Reziprozität und Horizontalität gekennzeichnet sind. Sie nehmen Einfluss auf den politischen Prozess als hervorgehobene, strategische Akteure,

> die bestimmte Belange so formulieren, dass sie für die Öffentlichkeit verständlich sind, Aufmerksamkeit finden, Handlungen stimulieren und in die bevorzugten institutionellen Verhandlungsorte passen. Netzwerkakteure bringen neue Ideen, Normen und Diskurse in die politische Debatte und dienen als Informationsquelle und Zeugen des Geschehens. [...] Sie fördern auch die Implementierung von Normen, indem sie Zielakteure zur Übernahme neuer Politiken drängen und die Einhaltung internationaler Standards überwachen. [...] Sie versuchen, die theoretische Diskussion zu beeinflussen oder auch Einfluss auf das Ziel ihrer Handlungen zu gewinnen. Indem sie dies tun, tragen sie dazu bei, dass sowohl staatliche als auch gesellschaftliche Akteure ihre Wahrnehmung bezüglich ihrer Identität, Interessen und Präferenzen und ihre Positionen im Diskurs verändern und tragen so letztlich zu einer Änderung von Prozeduren, Politik und Verhalten bei. (Keck/Sikkink 1998: 2f.)

Mit dem Begriff der TANs fokussieren die Autorinnen eine transnationale Form der Partizipation an der Politikgestaltung aus einer *Bottom-up*-Perspektive. Der Einfluss dieser Netzwerke ist informell; anders als *epistemic communities*, deren Nutzen von politischen Entscheidern gesucht wird, mischen sich TANs selbsttätig in den Prozess ein. TANs wirken als Gegenmächte zu einem organisierten Politikprozess, als Teil der globalen Zivilgesellschaft, der sich von politischen Entscheidungsebenen formal abgeschnitten fühlt, sich daher selbsttätig und oftmals widerständig politisch zu Wort meldet und – wie die Beispiele von Seattle oder Genua zeigen – eine mächtige Gegenkraft zu etablierten Politikprozessen darstellen kann.

Mit ihrem Ansatz erfassen Keck und Sikkink eine relevante Form internationaler Netzwerkbildung, deren Entstehung einerseits in dem Interesse an einzelnen Politiken (*policies*) gründet, andererseits durch ein Selbstverständnis gekennzeichnet ist, als Gegenkraft zu etablierten Politikprozessen auch Einfluss auf die Entwicklung der globalen Verfassung (*polity*) zu nehmen. Die Autorinnen haben ins Bewusstsein gerückt, dass NGOs sich der Bündnisstrategie globaler Politiknetzwerke bedienen, und ihnen gebührt das Verdienst, die nationalstaatliche Forschung über soziale Bewegungen um die wichtige Perspektive der transnationalen Vernetzungen dieser Bewegungen erweitert zu haben.

So müsste auch die innere Struktur des Netzwerks, das aus den Beziehungen zwischen den NGOs gebildet wird, im Mittelpunkt ihres Interesses stehen. Den Zugang zu einem Analyseraster zur Erforschung der Strukturen dieser Beziehungen verschließen die Autorinnen jedoch mit einer normativen Setzung über den Charakter dieser Beziehungen: Sie definieren, dass TANS »verbunden sind über geteilte Werte und eine gemeinsame Sprache« (Keck/Sikkink 1998: 3), und bestimmen a priori, dass die Beziehungen innerhalb eines solchen Netzwerkes freiwillig, reziprok und horizontal (ebd.: 8) sind. Auch wenn sie an anderer Stelle darauf hinweisen, dass diese Setzungen nicht immer der Realität entsprechen, neigen die Autorinnen doch zu einer idealisierenden Sichtweise, die die tatsächliche und oftmals problematische Struktur transnationaler NGO-Netzwerke nicht ausreichend erfasst. Die empirische Beobachtung existierender TANs legt nahe, dass es weniger geteilte Werte sind, die zur Bildung von TANs führen, als vielmehr geteilte Ziele und Ressourcen, dass interne Machtasymmetrien und unterschiedliche formelle und informelle Positionen im Netzwerk existieren und ungleiche Ressourcenverteilungen sowie Differenzen über strategische Nahziele oder richtiges taktisches Verhalten Spannungen produzieren (Rohrschneider/Dalton 2002; Hogenboom 2003). Keck und Sikkink lassen sich in ihrer Argumentation von der Behauptung leiten, dass Nichtregierungsorganisationen als positives Gegengewicht zu staatlicher Macht, als uneigennützige Sprecher marginalisierter Gruppen und Interessen grundsätzlich einen Beitrag zu einer pluralistischen Interessensartikulation leisten. Diese Perspektive blendet aus, dass der gemeinsame Nenner von NGOs nicht in dem besteht, was sie sind oder wollen, sondern in dem, was sie nicht sind: Regierungsorganisationen. Als Organisationen, die keinen formalen Status in der Produktion politischer Entscheidungen haben, repräsentieren NGOs eine erhebliche Bandbreite möglicher Interessen, neben allgemeinen durchaus auch partikulare. Eine ideelle Überhöhung von NGOs ist daher eine zu einseitige Betrachtung, die den

NGOs selbst ebenso wenig dienlich ist wie einer wirklichkeitsnahen Forschung.

Wie schon die *epistemic communities* beinhaltet auch die Konzeption der TANs vor allem die Aufforderung, die thematisierten Fragestellungen einer empirischen Forschung zu unterwerfen: Keck und Sikkink heben zutreffend die gestiegene Bedeutung transnationaler Kooperationsbezüge von Nichtregierungsorganisationen hervor. Eine ergebnisoffene Evaluation von Beziehungsstrukturen, von Bindekräften und Zerreißproben solcher Netzwerke, Asymmetrien und Konfliktlösungsmuster und nicht zuletzt auch der von Keck und Sikkink nur beiläufig erwähnten potenziellen Spannungen in Nord-Süd-Kooperationen würde nicht nur den NGOs selbst helfen, ihre Strategien zu optimieren, sondern wäre zudem ein wesentlicher Beitrag zur Klärung, ob die neuere Strategie der Vereinten Nationen, NGOs und globale Politiknetzwerke verstärkt in die Arbeit einzubinden, den gewünschten Zielen effektiver und sozial ausgewogener Problemlösungen tatsächlich dient.

Ein dritter transnationaler Netzwerktypus wurde unter der Bezeichnung *global public policy networks* (GPPNs) von dem Berliner Global Public Policy Institute in die Diskussion eingeführt. GPPNs werden als Reaktion auf die Krise (inter)gouvernementalen Regierens begriffen. Sie sollen den Herausforderungen begegnen, die eine Änderung der geographischen Dimensionen des Regierens, ein vermehrter Wissensbedarf, eine kürzere Reaktionszeit politischen Handelns und die gestiegene Komplexität politischer Entscheidungen hervorbringen. Die Autoren schließen, dass »staatlichen und intergouvernementalen Institutionen allein [...] oft die Reichweite, die Geschwindigkeit und die nötige breite Wissensbasis [fehlt], um angemessene und effektive Entscheidungen zu treffen« (Benner et al. 2001: 4). Eine zentrale Antwort auf diese Herausforderung liege daher in einer Form des global vernetzten Regierens, das zivilgesellschaftliche Akteure einschließt und die lokale, nationale, regionale und globale Ebene verbindet (ebd.: 7).

Globale Politiknetzwerke haben vier Kernfunktionen: Sie verhandeln globale Standards, sammeln und verbreiten Wissen, tragen zu einer »Vertiefung von Märkten und der Korrektur von Marktversagen« (ebd.: 10) bei und stellen hilfreiche Implementationsmechanismen dar. In ihren Funktionen unterstützen sie internationale Organisationen und auch Staaten, die an Politiknetzwerken oft beteiligt sind. Zudem können GPPNs nach Ansicht der Autoren das »partizipatorische Dilemma klassisch intergouvernementaler Arrangements« (ebd.: 4) lösen, indem sie insbesondere Akteuren aus dem Süden Partizipationsmöglichkeiten eröffnen, die intergouvernementale Arrangements vermissen lassen. Kritisch merken die Autoren jedoch an, dass diese grundsätzlichen Teilnahmemöglichkeiten bisher nicht ausreichend realisiert werden: »Zu oft sind Netzwerke alleinige Sache großer multinationaler Konzerne sowie der großen, im Norden verankerten Nicht-Regierungsorganisationen.« (Ebd.: 11) Diese Fehlentwicklungen werden jedoch für korrigierbar gehalten; strukturell sollten multisektorale Netzwerke »als Chance begriffen werden, politische Gestaltungsfähigkeit für nationale Parlamente und Regierungen zurückzugewinnen und multilaterale Kooperationsmechanismen, allen voran die Vereinten Nationen als einzige universelle Weltorganisation, auf die veränderten Rahmenbedingungen des Regierens einzustimmen« (ebd.: 19).

GPPNs stellen nach Ansicht der Autoren die »ambitionierteste institutionelle Innovation« (ebd.) vernetzten Regierens dar, die »Bewegung in das Dreieck Öffentlicher Sektor (Staat/Internationale Organisationen), Zivilgesellschaft und Privatsektor« (ebd.) bringt. In ihnen finden sich Akteure aller Sektoren und aller Ebenen zusammen, weil sie zu der Überzeugung gelangt seien, dass keiner von ihnen alleine Lösungen produzieren könne. Diese Netzwerke »nutzen die zentralen Triebkräfte der Globalisierung – technologischer Wandel, politische Liberalisierung, wirtschaftliche Liberalisierung« (ebd.: 7 f.; vgl. auch Stone 2004: 559 f.).[17] Im Rahmen der von den

17 Man kann den Zusammenhang indessen auch umkehren: Die Existenz von GPPNs fordert und fördert die Auslagerung von politischer Arbeit in informelle Gremien. So waren etwa bei der Durchsetzung der Umweltnorm ISO 14 000 oder bei landwirtschaftlichen Fragen eine Vielzahl nichtstaatlicher Akteure zunehmend am Agenda-Setting und der Erarbeitung konkreter *policies* beteiligt, die sich in GPPNs koordinieren. Beispiele hierfür sind die Consultative Group on International Agriculture Research oder die Roll back Malaria Initiative. Auch in der globalen Wasserpolitik deutet die Einbindung von GPPNs, hier insbesondere der Global Water Partnership und des World Water Council, auf eine Verlagerung der Verantwortung von formalen globalen Institutionen wie der UN auf diese insgesamt an Zahl zunehmenden informellen, staatlich unterstützten und finanzierten Netzwerke hin (Deacon u. a. 2003). »1909 gab es 37 IGOs und 176 INGOs, während es Mitte der 1990er Jahre 260 IGOs und 5500 INGOs gab.« (Held/McGrew 2000: 11)

Autoren propagierten Global-Public-Policy-Agenda sollten daher GPPNs zu einem »zentralen Element einer politischen Gestaltung der Globalisierung« (ebd.: 20) werden.

Betrachtet man GPPNs im Rahmen der von Koenig-Archibugi vorgeschlagenen Differenzierungsebenen des »*Governance Arrangements*«[18] – Öffentlichkeit, Delegation und Aufgeschlossenheit (*inclusiveness*) (Koenig-Archibugi 2002: 50 ff.) –, so sind GPPNs hybride Netzwerke aus privaten und öffentlichen Akteuren (sowohl Staatenvertreter als auch Mitglieder internationaler Organisationen). An sie können die Aufgaben der Regelsetzung, des Politikmachens und auch der Streitschlichtung delegiert werden. GPPNs bilden damit Governance-Strukturen aus und deuten, weit stärker als *epistemic communities* und TANs, eine Verschiebung in der Regierungstätigkeit, der Entscheidungsfindung, des *policy-making* an.

Nicht anders als bei *epistemic communities* und TANs sind in dem Konzept der GPPNs empirische Beschreibung und normative Visionen miteinander verwoben, die analytisch zu trennen sind. Unbestreitbar ist eine Ausweitung transnationaler, sektor- und ebenenübergreifender Politiknetzwerke zu konstatieren. Die darüber hinausgehenden Theoretisierungen und normativen Zuschreibungen sind jedoch einer kritischen Prüfung zu unterziehen.

Erstens ist ein deutlicher Widerspruch zu konstatieren zwischen der Hoffnung, dass globale Politiknetzwerke den in den intergouvernementalen Beziehungen marginalisierten Akteuren aus dem Süden neue Partizipationschancen bieten, und der kritisch getroffenen Aussage, dass GPPNs zu oft alleinige Sache großer multinationaler Konzerne seien. Diese Kluft zwischen Theorie und Praxis kann nur eine empirische Untersuchung schließen, die den Zugang zu Netzwerken und deren organisatorische Binnenstruktur untersucht; erst nach einer solchen Klärung ließe sich begründet bejahen oder verneinen, ob globale Politiknetzwerke tatsächlich eine breitere Zugangsbasis bieten könnten als intergouvernementale Arrangements.

Zweitens werden die Netzwerke zumeist als potenzielle Verbrei-

18 »Der Begriff ›governance arrangement‹ wird hier benutzt, um zu beschreiben, wie die Interaktion zwischen verschiedenen Akteuren, die gemeinsame Ziele verfolgen, strukturiert ist. ›Governance arrangements‹ stellen daher die Verbindung zwischen der Nachfrage und dem Angebot von Global Governance dar.« (Koenig-Archibugi 2002: 50)

terung demokratischer Mitbestimmungsmöglichkeiten dargestellt. Sie werfen den Kritikern transnationaler korporatistischer Arrangements, die ein grundlegendes Demokratiedefizit globaler Politiknetzwerke konstatieren, vor, dass eine solche Kritik »sich durch ein eingeschränktes Demokratieverständnis aus[zeichnet] und [...] die Partizipationsmöglichkeiten [verkennt], welche sich durch globale Politiknetzwerke eröffnen« (Benner et al. 2001: 12). Damit wird einer inzwischen weit verbreiteten Gleichsetzung von Partizipation und Demokratie das Wort geredet bzw. der gesteigerten Behauptung, dass Partizipation die »bessere« Demokratie sei. Dies ist insofern falsch, als Demokratie eine institutionell geregelte Form der Selbstherrschaft ist, bei der zum einen alle, die einer Herrschaft unterworfen sind, auch das Recht besitzen, an der Herrschaftsausübung direkt oder indirekt teilzunehmen, und zum anderen alle derart Berechtigten einen gleichen Anteil an der Entscheidung haben. Partizipation hingegen bedeutet nicht mehr als eine nicht näher festgelegte Form der Teilnahme einer nicht näher festgelegten Menschengruppe im Vorfeld eines Entscheidungsprozesses oder an dieser Entscheidung selbst. Der Begriff lässt völlig offen, nach welchen Kriterien die Auswahl der Partizipierenden erfolgt, ob sie nur an der Beratung oder auch an der Entscheidung beteiligt sind und wie sie dies tun. Partizipation schließt asymmetrische Beteiligungsformen ebenso wenig aus wie Exklusionsprozesse und ist mithin weder ein demokratisches Verfahren noch ein Ersatz hierfür.

Drittens gelten globale Politiknetzwerke als Chance für nationale Parlamente und Regierungen, politische Gestaltungsfähigkeit zurückzugewinnen.[19] Dies ist offenbar in Zusammenhang mit der Annahme zu lesen, dass globale Politiknetzwerke nicht »das Ende der Politik« (ebd.: 5) bedeuten. Grundsätzlich harrt auch diese Aussage einer empirischen Fundierung. Zu bedenken ist dabei die grundsätzliche Differenz, die zwischen staatlichen Akteuren, Regierungen und Parlamenten liegt: Eine Arbeitshypothese wäre, dass die in die Netzwerke eingebundenen staatlichen Einzelakteure neue

19 »Da staatliche Akteure eine zentrale Rolle in den Netzwerken spielen, leiten globale Politiknetzwerke nicht den endgültigen Abgesang auf den Nationalstaat ein. Im Gegenteil: Durch Kooperation in globalen Politiknetzwerken können Staaten Handlungsfähigkeit zurückgewinnen, müssen jedoch gleichzeitig lernen, mit anderen Akteuren und ungewohntem Umfeld zusammenzuarbeiten und auch neue Rollen zu übernehmen.« (Benner et al. 2001: 8)

Freiheiten und Machtzuwächse genießen; dies muss durchaus nicht mit der Rückgewinnung von Handlungsfähigkeit der Regierung als Ganzer einhergehen und wird wahrscheinlich darauf beruhen, die Handlungsfähigkeit der Parlamente einzuschränken.

Eine weitere bedenkenswerte Annahme liegt in der Vermutung vor, dass Staaten und internationale Organisationen alleine nicht über die notwendige Kompetenz verfügen, den gestiegenen Wissensbedarf einer komplexer werdenden Welt zu decken. Angesichts der enormen Ressourcen, die in die Herstellung der Entscheidungsfähigkeit von öffentlichen politischen Institutionen – auf nationalstaatlicher wie auf internationaler Ebene – fließen, und eingedenk der Tatsache, dass ein wesentlicher Teil der Mitglieder der GPPNs ebendiesen Institutionen entstammt, ist allerdings fragwürdig, ob globale Politiknetzwerke auf einen Wissensbestand zurückgreifen können, der bisher nicht zur Verfügung stand.

Festzuhalten ist für den Ansatz der Globalen Politiknetzwerke, dass er die zutreffende Ausbreitung multisektoraler und ebenenübergreifender Akteurkonstellationen auf einen Begriff bringt. *Allein in diesem empirisch zutreffenden Sinne wird in dieser Arbeit der Begriff der Globalen Politiknetzwerke bzw. Global Public Policy Networks zur Kategorisierung des globalen Wassernetzwerkes übernommen.* Darüber hinaus sind aber auch dem Ansatz der GPPNs vor allem Fragen zu entnehmen: primär diejenige, ob die unbelegte Erwartung erhöhter Partizipations- und Problemlösungspotenziale empirisch zutreffend ist.

## 7.4 Zur Integration von Machtanalyse und Global-Governance-Forschung

Transnationale Netzwerke sind Akteursverbände, die innerhalb eines bestimmten Politikfeldes miteinander kommunizieren, verhandeln und so das Netzwerk als Arena nutzen, in der sie ihre Interessen artikulieren und abgleichen. Anders als in den Policy-Netzwerken auf nationalstaatlicher Ebene sind in den dargestellten Typen transnationaler Netzwerke nicht alle Stakeholder und Verantwortlichen beteiligt; sie mögen daher untereinander verhandeln, aber nicht notwendigerweise tauschen. Ihr Aktionsschwerpunkt liegt stattdessen in der Herstellung eigener Aktionsfähigkeit, um auf andere Akteure

Einfluss zu nehmen. Diese Einflussnahme findet - auch das unterscheidet sie von nationalen Netzwerken - nicht im Rahmen einer gegebenen Verfassung (*polity*) statt, die ihnen verbindliche Grenzen setzt. Daher müssen transnationale Netzwerke, vor allem in neu zu regelnden Politikfeldern, auch keine vorhandenen Grenzen ihres Gestaltungsanspruchs antizipieren. Ihre Versuche, Einfluss zu erlangen, können somit recht ungebrochen darauf abzielen, Macht zu erwerben, und faktisch zwei Zielen dienen: Einfluss auf ein bestimmtes Politikfeld und auf die noch nicht verfestigten Formen und Strukturen globaler Governance zu nehmen.

Wenn dieser Befund zutrifft, muss man sich unvermeidlich der mehrfach erhobenen Forderung zuwenden, die Analyse von Governance-Prozessen in eine Machttheorie zu integrieren. Dem stehen drei zentrale Probleme im Weg: (1) eine gut gehütete Grenze zwischen normativen und empirischen Forschungsansätzen, (2) die Vielfalt existierender Machttheorien und (3) die Schwierigkeiten ihrer empirischen Operationalisierbarkeit.

(1) Empirie und normative Theorien verhalten sich - nicht nur in der Politikwissenschaft - zueinander distanziert. Hierfür gibt es eine Reihe guter Gründe. Zunächst macht es schon die Ausdifferenzierung des Faches zunehmend unwahrscheinlich, sich als guter Empiriker wie auch als guter Theoretiker zu profilieren. Zudem hat normative Theorie, insbesondere mit der Kritischen Theorie, ein starkes Argument für ein Festhalten am Jenseits der tatsächlichen gesellschaftlichen Verhältnisse. Danach ist ein nicht positivistisches Verhältnis zur Realität Voraussetzung der Theoriebildung, und der Selbstzerstörung der Aufklärung ist nicht zu entkommen:

> Wären es nur die Hindernisse, die sich aus der selbstvergessenen Instrumentalisierung der Wissenschaft ergeben, so könnte das Denken über gesellschaftliche Fragen wenigstens an die Richtungen anknüpfen, die zur offiziellen Wissenschaft oppositionell sich verhalten. Aber auch diese sind von dem Gesamtprozeß der Produktion ergriffen. [...] Bei der Selbstbesinnung über seine eigene Schuld sieht sich Denken daher nicht bloß des zustimmenden Gebrauchs der wissenschaftlichen und alltäglichen, sondern ebensosehr jener oppositionellen Begriffssprache beraubt. Kein Ausdruck bietet sich mehr an, der nicht zum Einverständnis mit herrschenden Denkrichtungen hinstrebte, und was die abgegriffene Sprache nicht selbsttätig leistet, wird von den gesellschaftlichen Maschinen präzis nachgeholt. (Horkheimer/Adorno 1985: 1 f.)

Kritische Distanz ist unter diesen Annahmen die einzige Möglichkeit der Wirklichkeitsbeobachtung. Auch in der neueren Variante der Kritischen Theorie ist etwa Habermas' Postulat, gesellschaftliche Kommunikation beruhe auf kontrafaktischen Bedingungen (Habermas 1994: 19), ein Modell gesellschaftlicher Verständigung, das geradezu von einer rein theoretischen (und eben gerade nicht praktischen) Funktionsbedingung zehrt. Seitens empirischer Forschung wird zwar ein Bezug zu normativen Grundüberlegungen in aller Regel gesucht, jedoch muss der Bogen weit gespannt werden und erfüllt selten das Kriterium einer eigenständigen Fortbildung normativer Theorie. Die wechselseitigen Anschlüsse sind, kurz gesagt, nicht gut ausgebildet und für die sich je eigenständig entwickelnden Forschungsgebiete auch scheinbar überflüssig. Um diese Grenze zu überwinden, müssen folglich bessere Gründe gefunden werden.

Das beste Argument liefert die Annahme, dass es für eine Forschungsfrage produktiver ist, Empirie und Theorie zu verbinden, als sich auf eine der beiden Erkenntnisweisen festzulegen. Zu bedenken ist hierbei, dass eine kontrafaktische Theoriebildung vor allem unter *einer* Bedingung einen Vorzug hat: der Annahme, dass ein Eingriff in die Realität zum Scheitern verurteilt ist, weil selbst eine oppositionelle Annäherung an die Wirklichkeit der kritisierten Totalität anheimfällt. Genau diese Bedingung einer »totalen Integration« (Horkheimer/Adorno 1985: ix), die Horkheimer und Adorno im Faschismus vorfanden, trifft aber für den gegebenen Fall der Erweiterung des Politischen in den transnationalen Raum nicht zu. Neue Strukturen etablieren sich und werden etabliert. Politisch befinden wir uns in einer Phase globaler Transformation, die sich entweder in neuen verfestigten Machtstrukturen niederschlagen kann oder für eine unbestimmte Zeit in einer Phase der Metamorphose verharren wird. So oder so sind es (noch) keine geronnenen Machtstrukturen, die einen Eingriff nicht lohnen würden, sondern zumindest teilweise offene Verhältnisse, um deren Gestaltung kämpfen muss, wer ein politisches Projekt für die Zukunft hat.[20] Die gesuchte Verbindung von Empirie und Theorie sollte dabei nicht als Einbahnstraße einer Anpassung normativer Überzeugungen an eine sich verändernde Wirklichkeit verstanden werden

20 »Wenn unsere Politik und Theorie nicht empfänglich für die empirische Welt bleiben, haben sie keinen Einfluss auf diese Welt.« (Kearns 1998: 378)

– im Gegenteil. Gerade eine empirisch aufgeklärte Theorie ist in der Lage, die tatsächliche Divergenz zwischen nicht hintergehbaren normativen Beständen und einer sich davon entfernenden Praxis kritisch zu reflektieren.

Ein zweites gutes Argument liefern vorhandene Forschungsergebnisse, die aus einer Verbindung empirischer und theoretischer Ansätze erwachsen sind. Hierfür stehen die bereits dargestellten Arbeiten von Elinor Ostrom und ihren Mitarbeiterinnen und Mitarbeitern. Die Verbindung zwischen Theorie und Empirie wird von ihnen mit Emphase als Voraussetzung behauptet:

> Wenn man verstehen möchte, wie die Menschen bestimmte Probleme in Feldszenarien lösen, braucht man eine Strategie, die es erlaubt, sich zwischen der Welt der Theorie und der Welt des Handelns hin und her zu bewegen. Ohne Theorie kann man niemals die allgemeinen tieferliegenden Mechanismen verstehen, die in vielen Erscheinungsformen in den einzelnen Situationen wirksam sind. Gelingt es aber nicht, die theoretische Arbeit für die Lösung empirischer Probleme nutzbar zu machen, wird sie leicht von ihrem eigenen Impetus fortgetragen und spiegelt die empirische Welt nur unzureichend wider. Wenn theoretische Voraussagen und empirische Beobachtungen inkonsistent sind, muß die Theorie revidiert werden. (Ostrom 1999: 59)

Bei Ostrom liegt der Schwerpunkt auf erklärenden Theorien, wobei deren inhärente Normativität in den Beispielen der Allmendeforschung klar zum Ausdruck kam und sich in der Infragestellung von theoretischen Setzungen der Modellbildung als produktiv erwies.

(2) Zweifelsohne besteht eine zweite zentrale Schwierigkeit in der Fülle existierender Machttheorien. Während diese Vielfalt zumeist in der expliziten Anwendung *einer* Theorie bewältigt wird, wird hier vorgeschlagen, eine Synthese auf der Grundlage der bei allen Differenzen auch vorhandenen Konvergenzen unterschiedlicher Machttheorien zu schaffen.[21] Eine solche Synthese hat den Vorteil, sich kritisch zu einzelnen Theorieelementen verhalten zu können, indem die Theoriegebäude nicht geschlossen für gut befunden werden müssen. Der Sinn einer solchen Suche liegt ausdrücklich nicht

21 Voraussetzung hierzu ist allerdings, Hannah Arendts Handlungskonzeption von Macht nicht integrieren zu wollen. Mit ihrem Verständnis von Macht als Fähigkeit, »sich mit anderen zusammenzuschließen und im Einvernehmen mit ihnen zu handeln« (Arendt 1990: 45), prägte sie eine Machtdefinition, die antipodisch zu Webers klassischer Formulierung ist.

in einer Nivellierung der Unterschiede, sondern in der Annahme, dass die Überschneidungszonen verschiedener Machttheorien diejenigen Überzeugungen offenbaren, die für eine machttheoretisch informierte Empirie primär berücksichtigt werden sollten. Die Aufgabe liegt hier schließlich nicht darin, eine neue Machttheorie zu formulieren; vielmehr sollen die vorliegenden Überlegungen für eine Untersuchung praktischer politischer Verhältnisse genutzt werden. Ausgangspunkte für eine solche Synthese sind die folgenden Beobachtungen:

*Erstens* ist Webers klassische Definition von Macht als Durchsetzungsfähigkeit des eigenen Willens in einer sozialen Beziehung von keiner Machttheorie ernsthaft herausgefordert worden. Während zum Beispiel Machiavelli geradezu eine Handlungsanleitung formuliert, wie man seinen Willen am besten durchsetzt, sind Ansätze von Zweifeln an Weber allenfalls aus Foucaults diskursiver Machtkonzeption abzuleiten, weil fraglich ist, ob in einem Dispositiv der Macht[22] eine solch subjektive, auf Willen basierende Konzeption noch eine sinnvolle Annahme darstellt. Jedoch kennt auch Foucault in den diversen Entwicklungsstufen seiner Überlegungen eine von Subjekten angeeignete und in Subjekten sich manifestierende Macht: Die Gefängniswärter im Turm mögen ebenso Teil des Machtdispositivs sein wie die Gefangenen, aber die Beobachter sind dennoch in der eindeutig besseren Position, andere ihrem Willen zu unterwerfen, als die Gefangenen. In der Vorstellung, dass Macht ein Netzwerk sozialer Beziehungen knüpft, stellt Foucault zwar in Frage, dass Machtverhältnisse ausschließlich vertikale soziale Beziehungen hervorbringen, nicht aber die bei Weber formulierte Aussage, dass es sich hierbei um eine Strukturierung sozialer Beziehungen handelt.

*Zweitens* existiert ein großer Konsens, dass es verschiedene Quellen der Macht gibt. Allgemeiner formuliert: Es besteht weitgehende Einigkeit darüber, dass es bestimmte Gründe für die Fähigkeit gibt, seinen Willen gegen andere durchsetzen zu können, wenn

22 Ein Dispositiv ist ein »heterogenes Ensemble, das Diskurse, Institutionen, architekturale Einrichtungen, reglementierende Entscheidungen, Gesetze, administrative Maßnahmen, wissenschaftliche Aussagen, philosophische, moralische oder philanthropische Lehrsätze, kurz: Gesagtes ebensowohl wie Ungesagtes umfaßt. [...] Das Dispositiv selbst ist das Netz, das zwischen diesen Elementen geknüpft werden kann« (Foucault 1978: 119 f.).

nicht darüber, welche Gründe dies sind. Für Weber steht fest, dass Herrschaft nicht nur auf »materiellen oder nur affektuellen oder nur wertrationalen Motiven als Chancen ihres Fortbestandes« (Weber 1922/1980: 122) ruht. Vielmehr muss jede Herrschaft »den Glauben an ihre ›Legitimität‹ zu erwecken und zu pflegen« (ebd.) suchen und wird sich hierbei, so Weber, der Rationalität, Tradition oder des Charismas bedienen. Bertrand Russell nutzt eine psychologische Erklärung, indem er Menschen unterteilt in »die, die herrschen, und die die die gehorchen, aber es gibt einen dritten Typus, das ist der, der sich entzieht« (Russell 1996: 15). Die Aussage mag als solche nicht sehr belastbar sein, weil sie die Fähigkeit zu regieren, gehorchen oder sich zu entziehen in die Natur eines Menschen verlegt. Aber unabhängig davon, ob es eine schwache Erklärung ist, geht Russell wie Weber davon aus, dass es Gründe für die Fähigkeit gibt, seinen Willen durchzusetzen. Elias Canetti ist mit der Annahme, dass Macht ein anthropologisches Übel ist, nicht weit von Russells psychologischer Theorie eines Machttriebs entfernt, wenngleich er die Begründung stärker als dieser in eine überhistorische Natur des Menschen verlegt. Beide können zwar vom Ergebnis, nicht aber von ihrer Begründung her erklären, warum es Machthaber und Ohnmächtige gibt. Feministische Erklärungen, die – sehr allgemein gesprochen – die Entstehung, Erhaltung und Durchsetzung von Macht- und Ohnmachtsstrukturen in den Geschlechterverhältnissen fundieren, und marxistische Theorien, die hierzu auf Klassenstrukturen zurückgreifen, liegen inhaltlich in deutlicher Entfernung zu Russell oder Canetti. Aber auch sie bieten einen Erklärungsversuch für die Unterschiedlichkeiten, in denen Menschen in Machtpositionen befangen sind, indem sie auf komplexe Zusammenhänge verweisen, die diese Strukturen hervorbringen.

*Drittens* sind Machtverhältnisse nicht statisch zu denken. Alle bekannten Machttheorien haben eine Vorstellung der *Erringung* von Macht. Macht ist nicht einfach da, sie muss gewonnen werden, und allein diese Tatsache verbietet die Annahme, dass Machtverhältnisse zementiert sind. Besondere Aufmerksamkeit für diesen Aspekt ist bei Machiavelli zu finden, der gewonnene Macht immer unter dem Aspekt ihrer Bedrohung sieht und für die Erringung und Erhaltung von Macht unterschiedliche Strategien vorschlägt. Stärker als die meisten sucht er daher auch nach einer Rückendeckung für errungene Machtpositionen bzw. warnt davor, sich als Machthaber seiner Sache zu sicher zu sein.

Insofern Widerstandstheorien Teil von Machttheorien sind, gehen auch sie von einer Veränderung der Machtverhältnisse aus bzw. von der Möglichkeit, in Machtstrukturen einzugreifen. So ist Canettis Rat, auch dem kleinsten Befehl Widerstand zu leisten, den »Pfeil« eines Befehls nicht in sich eindringen zu lassen, wie auch sein Verständnis, dass Dichter den Ohnmächtigen eine Stimme zu verleihen haben, in seiner ansonsten wenig hoffnungsfrohen Menschheitsgeschichte brutaler Machthaberei ein Element von Hoffnung, ein Glaube an Veränderung. Foucault hat viel Energie darauf verwandt, seine Auffassung durchzusetzen, dass Macht fluide ist und die Positionen in diesem Netz beweglich sind. Wie vor ihm nur (der allerdings später rezipierte) Gramsci hat Foucault damit das Bild von Macht als Anordnung von Oben und Unten, von Mächtigen und Ohnmächtigen erschüttert und neue theoretische Beweglichkeit im Denken über Macht ermöglicht.

*Viertens* steht in engem Zusammenhang zu der Beweglichkeit von Machtbeziehungen auch die Aufforderung, als Gegenteil der Macht nicht völlige Ohnmacht anzunehmen. Macht bleibt immer gefährdet. Das feine Gespür, das Machiavelli dafür entwickelt hat, beruht auf der Einsicht in die Ermächtigungsmöglichkeiten der nur vorübergehend Machtloseren.

*Fünftens* folgt hieraus, dass die Mechanismen zur Erreichung von Macht ebenfalls vielfältig sind. Diese prominent von Gramsci vertretene Idee lenkt die Aufmerksamkeit auf das gesamte Feld psychologischer, kultureller, sozialer, ökonomischer und politischer Faktoren, die auf dem Weg zur Macht verändert werden müssen. Machtbastionen lassen sich nicht auf schlichte Gewalt und nicht auf die noch so brutal vertretenen Interessen einer Klasse stützen: Um mächtig zu sein, bedarf es einer umfassenden »kulturellen Hegemonie«, des Einflusses auf die Denk- und Lebensverhältnisse der Menschen.

(3) Um diese Gemeinsamkeiten für eine Analyse von Global Governance operationalisierbar zu machen, sind zwei weitere Überlegungen anzuschließen, die sich auf das Problem der Erkennbarkeit von Machtstrukturen und auf das Verhältnis von Staat und Macht beziehen.

Existierende Machtverhältnisse haben in der Regel etwas Selbstverständliches an sich. Sie organisieren Ordnungen; je überzeugender diese Ordnungen sind, desto weniger Fragen werfen sie auf. Umgekehrt lässt sich hieraus schließen, dass Machtverhältnisse umso fragwürdiger sind, je mehr sie sich in einer Phase der Etablierung befinden. Machtansprüche müssen durchgesetzt werden, indem sie als Selbstverständlichkeiten etabliert werden – dies aber ist ein Prozess, kein Zustand. Das wiederum legt nahe, dass Machtverhältnisse besonders dort beobachtet werden können, wo sie etabliert werden bzw. sich ändern, so dass diese Phasen für Forschungsbemühungen besonderen Ertrag versprechen.

Eine Anwendung dieser Überlegung auf das Verhältnis von Macht und Staat in Prozessen von Global Governance kann auf der Grundlage zweier widersprüchlicher Beobachtungen erfolgen, auf die Held und McGrew in ihrer kontrastierenden Darstellung der Positionen von »Antiglobalisten« und »Globalisten« aufmerksam machen: Für die Ersteren gelte die Arena des Nationalstaates noch immer als die entscheidende. Hier finden öffentliche Deliberation und politische Debatten statt, werden politische Verhandlungen geführt und regiert (Held/McGrew 2000: 11). Die »Globalisten« hingegen insistieren, dass der Prozess der Globalisierung die unabhängige Handlungsfähigkeit von Staaten erodiere, Macht und Funktion des Nationalstaates im Untergang begriffen sei und politische Macht rekonfiguriert werde (ebd.: 13).

Held und McGrew dokumentieren damit bemerkenswert inkonsistente Auffassungen über die Bedeutung von Nationalstaaten: In der einen Perspektive sind Staaten immer noch die Zentren öffentlicher Diskussion und haben eine fortgesetzte, wenn nicht stärkere Bedeutung bei der Gestaltung von Politik. Die andere Sichtweise macht darauf aufmerksam, dass die Rolle des territorialen Staates sich verändert und politische Macht rekonfiguriert wird. Es ist, als sähe man, wenn man nur den Staat in den Blick nimmt, die ungebrochene Bedeutung nationaler Wahlen, Debatten und politischer Entscheidungen und im Angesicht von Globalisierung die Relativierung genau dessen (vgl. auch Willke 2006: 22 ff.). Beides ist vom jeweiligen Standpunkt aus völlig plausibel. Beide Positionen sind folglich ernst zu nehmen.

Für eine Operationalisierung machttheoretischer Überlegungen lässt sich daher Folgendes schließen: Wenn der Staat bedeutungsvoll bleibt, jedoch im Angesicht globaler Prozesse zugleich an

Eigenständigkeit verliert, dann gebührt der Schaltstelle zwischen globaler und nationaler Politik besondere Aufmerksamkeit. Die Verbindung zwischen Staatlichkeit und Globalität tritt deutlich hervor, wenn man sich das Verhältnis von Lokalität, Staatlichkeit und Globalität weniger als eine Ausdehnung im Raum denn als seine Verdichtung vorstellt, nicht in konzentrischen Kreisen, sondern als eine vertikale Schichtung, bei der Lokalität von Staatlichkeit und Staatlichkeit von Globalität in unterschiedlichen Maßen durchdrungen werden. Das Globale ist nach dieser insbesondere von Saskia Sassen (1996; 2003a; 2003b) vorgeschlagenen Perspektive in subnationale und staatliche Praktiken eingebettet. Der transnationale Raum der Politik existiert nicht einfach jenseits des Staates, sondern er findet im staatlichen Raum seinen Ausgangs- und Endpunkt. Betont man derart die Konnektivität zwischen globaler, staatlicher und lokaler Politik, lassen sich die verschiedenen Sphären nicht länger als je vermeintlich »eigentliche« gegeneinander ausspielen. In den Mittelpunkt rückt dann vielmehr der Umschlagspunkt von globaler in staatliche Politik. Es muss also eine Relaisstelle geben, einen Ort der Verbindung, an dem die beiden Perspektiven aufeinandertreffen: Der transnationale Raum der Politik entsteht nicht einfach jenseits des Staates, sondern er muss in den staatlichen Raum vermittelt werden, hier transformiert werden. Die Konnektivität zwischen globaler und nationaler Politik, die sich nicht aufheben lässt, indem man beide Sphären gegeneinander ausspielt und die im Perspektivenwechsel zwischen globaler und nationaler Politik deutlich wird, markiert einen Umschlagspunkt von globaler in nationale Politik. Hier muss die »Rekonfiguration von Macht« besonders deutlich hervortreten. Innerhalb des Staates haben wir mithin die Wirkung einer pazifizierenden *polity*, die uns von der Unsicherheit des Hobbesschen Naturzustands befreit. Wenn es umgekehrt ein Kennzeichen globaler Politik ist, dass ihr dieser verbindliche Rahmen fehlt (bzw. nur ansatzweise vorhanden ist), werden in diesem Rahmen Machtverhältnisse weit archaischer ausgetragen als innerhalb des Staates. Folglich ist die zentrale Frage für eine Untersuchung von sich wandelnden Machtstrukturen,[23] wie diese Verbindung genau

23 Das deutlichere Bild liefert hier der englische Begriff: Es geht um *shifting power relations*.

hergestellt wird, an der die Machtansprüche globaler Politik auf staatliche Ordnung treffen.[24]

## 7.5 Anforderungen an eine theoretische und empirische Analyse von Global Governance

Von allen Ansätzen der Global-Governance-Forschung, den deskriptiven, analytischen und normativen, sind Erstere bislang am besten ausgebaut. Wenn auch Beschreibungen variantenreich dargeboten werden, ist der geteilte Ausgangspunkt, dass Global Governance einen Steuerungsmodus bezeichnet, bei dem ein weiter Kreis privater und öffentlicher Akteure Politik für einen grenzüberschreitenden, potenziell globalen Raum macht und hierzu einen Mix an Instrumenten nutzt.

Was aber treibt Global-Governance-Prozesse an? Wie funktionieren sie? Welche Auswirkungen haben sie auf nationale politische Prozesse? Sind sie legitim? Sind sie effektiv? Für wen? In Bezug worauf? Kann Partizipation an Global Governance Demokratie ersetzen? – Es gibt eine Reihe ungeklärter Fragen, deren Beantwortung vorangetrieben werden muss, um den politikwissenschaftlichen Anschluss an die politische Realität zu sichern, aber auch um Aufschluss darüber zu gewinnen, ob die von Politikern wie Wissenschaftlern gehegten Hoffnungen bezüglich Global Governance realistisch sein können. In welche Richtung ich einen Ausbau der Global-Governance-Forschung für sinnvoll halte, möchte ich in den folgenden zehn Punkten darlegen:

(1) In ihrer Fortentwicklung steht die Global-Governance-Forschung vor einer klaren Alternative: Sie kann

> entweder das selektive Interesse an Problemlösungsprozessen als Auswahlkriterium für Forschungsfragen explizit machen, oder [.,.] um einer vollständigeren Erfassung der politischen Wirklichkeit willen ihre Perspektive erweitern. Das allerdings könnte auf einen ziemlich radikalen Paradigmenwechsel hinauslaufen. [...] Würde die Governance-Theorie zur mo-

24 In dieser Hinsicht ist Willke zuzustimmen, dass die »komplexen Konstellationen des Zusammenspiels von Nationalstaaten und globalen Kontexten« (Willke 2006: 10) neben der Auseinandersetzung zwischen Gewinnern und Verlierern der Globalisierung die zweite zentrale Konfliktdimension des gegenwärtigen Globalisierungsprozesses ist.

dernen Herrschaftstheorie erweitert, könnte die für die Theoriebildung erforderliche Selektivität des Erkenntnisinteresses verloren gehen und die Governance-Theorie würde zu einer sehr viel allgemeineren Theorie soziopolitischer Dynamik auf der Basis eines ganz neuen Paradigmas mutieren. (Mayntz 2004)

Wenn es allerdings gelänge, auf diesem Wege einen modernen Begriff politischer Prozesse zu gewinnen und der veränderten Landschaft des Politischen zu Begriff und Analyse zu verhelfen, wären die potenziellen Verluste sicher akzeptabel. Insofern ist die hier favorisierte Option klar: Angesichts des Wandels des Politischen – ungeachtet kritischer Fragen, ob alle diese Prozesse »neu« sind –, der den Staat in neue Verhältnisse einbettet, (bislang) nicht demokratisch legitimierten Akteuren zu Einfluss und Macht verhilft und dabei Regulierungsweisen und Institutionen, soziale und politische Verhältnisse auf eine noch nicht vollständig durchdrungene, geschweige denn begründet bewertete Weise ändert, hat der Ausbau der Global-Governance-Forschung zu einer »modernen Herrschaftstheorie« Priorität vor einem Festhalten an »selektiven Problemlösungsprozessen«.

(2) Ein kritisches Moment stellt die vorschnelle normative Würdigung von Global Governance als neuer Modus der Problemlösung dar. Es sind die – oft nur impliziten – Annahmen zu prüfen, dass es hierbei zu wünschenswerten Ergebnissen kommt, die Partizipation eines breiteren Akteurkreises demokratischen Kriterien genügt und nationale Egoismen zugunsten eines globalen Gemeinwohls zurückgestellt werden. Das Projekt »Global Governance« mit solchen Hoffnungen zu versehen bleibt jenseits wissenschaftlicher Analyse jedem überlassen. Einer politikwissenschaftlichen Bestandsaufnahme obliegt es, diese auf ihren faktischen Gehalt hin zu befragen.

(3) Das *politische* Ziel einer kritischen Erforschung von Global Governance ist, Möglichkeiten einer politischen Gestaltung des vor allem ökonomischen Projekts der Globalisierung zu gewinnen. Die territoriale Ausweitung von Handlungsmöglichkeiten und -notwendigkeiten sowie die vertikale und horizontale Durchdringung dieser Ebenen führen zu einer Diffusion politischer Verantwortung (im Sinne von Verantwortlichkeit und Rechenschaftspflicht) und erschweren oder verhindern demokratische Kontrolle. Politik*wissenschaftliches* Ziel einer kritischen Forschung zu Global Governance ist es, Prozesse der Global Governance zu durchdringen, zu

würdigen und zu kritisieren und somit auch einen Zugriff auf des Faches ureigenen Gegenstand zurückzugewinnen: das Verständnis und die Bewertung der Prozesse, Bedingungen und Funktionsweisen einer gemeinsamen Gestaltung der öffentlichen Dinge.

(4) Eine Analyse von Global Governance kann nur im engen Schulterschluss von empirisch aufgeklärter Theorie und theoretisch fundierter Empirie gelingen. Die Herausbildung von Global Governance ist ein offener Prozess, bei dem gegenwärtig um hegemoniale Positionen gerungen wird. Akteure handeln, schaffen Fakten, schließen Bündnisse und setzen Trends. Um dies zu erfassen, bedarf es theoretischer Modelle zur Anleitung empirischer Forschung wie empirischer Forschung zur Verbesserung der theoretischen Annahmen, wofür ein »Hin- und Herpendeln« (Ostrom) zwischen Theorie und Empirie Sorge tragen kann.

(5) Die politikwissenschaftliche Grenzziehung zwischen Innen- und Außenpolitik ist einer Forschung hinderlich, die an der Grenze von Staat und Weltgemeinschaft ansetzen muss, um die Übersetzung von Staat in Globalität und Globalität in Staat zu verstehen. An dieser Schnittstelle entscheidet sich, welche Form von Global Governance im Staat ankommt und welche Aktivitäten des Staates als Potenzial in transstaatliche Regulierungen eingehen. An der Grenze von Globalität und Staat liegt eine zentrale Relaisstelle für Machtbeziehungen; genau diese Grenze aber wird zum blinden Fleck in einer Fixierung auf Innenpolitik einerseits und Außenpolitik andererseits.

(6) Die Kritik daran, dass normative Bewertungen der Prozessanalyse vorausgehen, ist nicht mit der Annahme zu verwechseln, diese seien verzichtbar. Global Governance zu einer »modernen Herrschaftstheorie« auszubauen kann ohne Normativität nicht gelingen. Hierfür sind sowohl demokratietheoretische als auch machttheoretische Überlegungen mit je unterschiedlichen Funktionen heranzuziehen: Global Governance vor dem Hintergrund von Demokratietheorien zu messen ist eine Voraussetzung für die Beurteilung der Legitimität von Input und Output von Global-Governance-Prozessen. Global Governance ist indessen auch eine »Rekonfiguration von Machtverhältnissen« und kann daher ohne substanziellen Begriff der Elemente von Macht und des Handelns mit Macht nicht untersucht werden.

(7) Angesichts der Komplexität der Materie wäre es verfehlt, sich

*einer* Schule und deren Erkenntnissen zu verpflichten. Theoretische Strenge und methodische Prinzipientreue sind keine Ziele an sich. Sie produzieren Ausschnitte aus der Wirklichkeit, färben sie auf ihre Weise – ebenso wie ein gut begründeter Eklektizismus (andere) Abbildungen der Wirklichkeit hervorzubringen vermag. Die Frage lautet daher nicht primär: Mit welchem Ansatz wollen wir forschen? Sondern: Was wollen wir wissen – und wie können wir zu dieser Erkenntnis gelangen?

(8) Die Netzwerkforschung gibt – neben der bereits getroffenen Aussage über die Vermittlung von Staat und Globalität – einen weiteren praktischen Anhaltspunkt für die Konkretisierung des Forschungsanliegens. Wenn Global Governance ein Handeln von Akteuren in Netzwerken ist, dann liegen drei Forschungsfelder klar vor Augen: Die Strukturen, Regulierungsformen und Entstehungsgründe für transnationale Netzwerke, die in ihnen handelnden Akteure und ihre Interessen sowie die Bündnisformen, die innerhalb und außerhalb von Netzwerken gepflegt werden.

(9) Eine kritische Global-Governance-Forschung muss auch das Verhältnis von Partizipation und Demokratie thematisieren. Die faktische Ausweitung der beteiligten Akteurkreise wie eine im Sinne effizienter Implementierung geforderte verstärkte Partizipation sind insgesamt positiv zu bewerten. Jedoch wäre es verfehlt, diese unbesehen als Bestandteil der Demokratisierung globaler Politik zu interpretieren. Partizipation zum Zwecke einer Effektivitätsverbesserung, wie sie in den Konzepten des Internationalen Währungsfonds und der Weltbank vor allem gefordert wird, und Partizipationsbegehren in Form von Unmutsäußerungen, mit denen zivilgesellschaftliche Akteure weltweit den Prozess der Globalisierung begleiten, sind keine Erfüllungen eines normativ anspruchsvollen Konzepts von Demokratie. Ein zentraler Fokus der Global-Governance-Forschung muss daher auch der Analyse der konkreten Partizipationsformen gelten: Wer nimmt mit welchen Interessen an der globalen Politik teil, wer nicht und wofür wird die Behauptung von »Partizipation« möglicherweise instrumentalisiert?

(10) Dass der Staat zu einem »container« von Machtverhältnissen werden konnte, war historisch unwahrscheinlich und scheint heute historisch überlebt.[25] Souveränität war hierfür das theoretische

25 James Rosenau antizipiert die Entwicklung eines dualen Systems mit souveränitätsgebundenen (*souvereignty-bound*) und souveränitätsfreien (*souvereignty-free*)

Modell, stärker als ein Faktum; in der staatlichen Wirklichkeit war Souveränität oft fragwürdig und umstritten – auch in der Hochzeit staatlichen Souveränitätsdenkens. Souveränität im Sinne einer im Staat zentrierten und für diesen Staat alleine geltenden, vollständigen Abdeckung aller relevanten politischen Inhalte ist als Modell ungeeignet, wenn man annimmt, dass

> der Staat eine fragmentierte Politikarena geworden ist, die sowohl von transnationalen Netzwerken (gouvernementalen und nichtgouvernementalen) als auch von heimischen Akteuren und Kräften durchzogen ist. Genauso hat die extensive Durchdringung der Zivilgesellschaft durch transnationale Kräfte ihre Form und Dynamik verändert. Die Verbindung zwischen Territorium und Macht ist auseinandergebrochen. (Held/McGrew 2000: 11)

Gleichwohl gibt es einen unverzichtbaren Aspekt staatlicher Souveränität: Das Modell der Volkssouveränität, so schlecht es oftmals in realen Demokratien umgesetzt sein mag, ist eine nicht aufgebbare Errungenschaft der Moderne, der Aufklärung und des wechselseitigen Respekts der Menschen als Gleiche. Der demokratische Verfassungsstaat als Modell legitimer politischer Herrschaft kann daher als Urteilsmaßstab für Politik nicht preisgegeben werden. Die Zentrierung unseres politischen Denkens im Staat, die Fortdauer staatlicher Bedeutung und die Einzigartigkeit des demokratischen Verfassungsstaats als plausibles, verallgemeinerungsfähiges und wirklichkeitstaugliches Modell für die »Quadratur des Kreises«, die Gleichzeitigkeit von Freiheit und Gebundenheit, stehen einem illusorischen und gefährlichen Abschied in die »postnationale Konstellation« entgegen.

Akteuren bzw. staatszentrierten und multizentrischen Welten, die nebeneinander existieren. Damit wird eine Staatszentrierung künftig weder ausgeschlossen, noch als ausschließliches Modell avisiert. Vielmehr kommt es dann darauf an, dass eine Koexistenz zwischen diesen beiden Welten ermöglicht wird, die aber in jedem Fall neuer Regelungsformen bedarf, in denen zum Beispiel nichtstaatlichen Akteuren eine Verhandlungsposition für die Aushandlung von möglichen Koexistenzformen ermöglicht wird (Rosenau 1997: 247).

# 8. Das globale Public-Policy-Netzwerk der Wasserpolitik

> Ich denke, es gibt ganz neue Möglichkeiten der Zusammenarbeit durch Policy-Partnerschaften. Regierungsinstitutionen (*governments*) müssen akzeptieren, dass sie hierbei nur in der zweiten Reihe Platz haben. Das ist sehr schwer, weil diese Institutionen immer in der ersten Reihe standen und alle anderen hinter ihnen rangierten. Das ist ein schwer zu änderndes Verhaltensmuster.
>
> (Margret Catley-Carlson)

## 8.1 Fragestellungen und Analysekategorien

Die vorangehenden Kapitel haben eine Fülle von Gesichtspunkten hervorgebracht, die bei der Analyse des globalen Policy-Netzwerks der Wasserpolitik Berücksichtigung finden sollten und nun gebündelt werden müssen. Diese beziehen sich (1) auf die Kategorien der Netzwerkanalyse und die offenen Fragen der transnationalen Netzwerkforschung, (2) die im letzten Kapitel erläuterten Anforderungen an die Global-Governance-Forschung sowie (3) auf die Herausforderungen, die die globale Trinkwasserkrise aufwirft.

(1) Als zentrale Analysekategorien der Netzwerkforschung sind sieben Aspekte vorgeschlagen worden: Akteure, Funktionen, Struktur, Institutionalisierung, Verfahrensweisen, Machtbeziehungen und Handlungsstrategien (van Waarden 1992), die sich drei übergreifenden Ebenen – Akteure, Institutionen und Handlungsweisen im bzw. des Netzwerks – zuordnen lassen.

Der transnationalen Netzwerkforschung ist zusätzlich eine Reihe von Annahmen zu entnehmen, die einer empirischen Prüfung harren: Dem Ansatz der *epistemic communities* können vor allem die Fragen nach der ideologischen Geschlossenheit der Netzwerkmitglieder sowie nach der Übersetzung von Fach- in Steuerungswissen entnommen werden. Das Konzept der *transnational advocacy coalitions networks* (TANs) hatte die Rolle von Nichtregierungsorganisationen ins Zentrum der Analyse gestellt, die als Frage nach der Breite von Partizipationschancen und nach der Diversität der

Netzwerkmitglieder reinterpretiert werden kann. Für *global public policy networks* (GPPNs) schließlich war postuliert worden, dass diese effektiver steuern, über Kompetenzen verfügen, die weder Staaten noch internationalen Organisationen in dieser Weise zugänglich sind, dass sie einen höheren Grad an Partizipation aufweisen und auch neue Handlungskompetenzen für Regierungen und Parlamente eröffnen. Unterstellt wurde eine generell größere Problemlösungsfähigkeit von GPPNs im Vergleich zu Staaten und internationalen Organisationen, die jedoch dank deren Einbindung in das Netzwerk nicht zu ihren Lasten gehen sollte.

(2) Globale Governance-Forschung, so war im letzen Kapitel zusammenfassend vorgeschlagen worden, muss die Legitimität des neuen Akteurkreises kritisch prüfen, die Ausbildung der neuen Steuerungsformen machtkritisch untersuchen und sich in enger Verbindung von Theorie und Empirie der Frage zuwenden, ob Global Governance normativen Grundansprüchen demokratischer Herrschaft und den politischen Hoffnungen auf eine erhöhte Effektivität tatsächlich entspricht.

(3) Das Kernproblem, das den Ausführungen über die globale Trinkwasserkrise zu entnehmen ist, bezieht sich auf die Bereitstellung effektiver Lösungen für ein ganzes Set von Herausforderungen: Zusammenfassend wurden einerseits Bereitstellungsprobleme im weiteren Sinne (Verfügbarkeits-, Verteilungs-, Infrastrukturprobleme) und andererseits Steuerungs- und Wissensprobleme identifiziert. Für die Lösung der Bereitstellungsprobleme, so legten die Ausführungen über die Bewirtschaftungsformen der Allmende (Kapitel 5) nahe, ist die Endogenität von Institutionen zu berücksichtigen, die sich auf globaler Ebene in einer Vielfalt von Institutionen bzw. in einer Beschränkung auf prozedurales Recht niederschlagen müsste. Außerdem wurde gezeigt, dass die einseitige Setzung auf private Akteure bei der Lösung von Bereitstellungsproblemen zu kurz greift: Weder ist deren erhöhte Effizienz wissenschaftlich erwiesen, noch haben sich die bisherigen Marktöffnungen tatsächlich in der gewünschten Weise in Form eines Ausbaus von Infrastrukturen in den besonders von der Krise betroffenen Gegenden niedergeschlagen.

Für die Analyse des globalen Netzwerks der Wasserpolitik lassen sich diese hier noch einmal kurz resümierten Problembereiche den folgenden vier zentralen Schwerpunkten zuordnen:

– *Institutionalisierung*: In welchen Institutionen ist das Netzwerk verankert, wie arbeitet es, wie wird es finanziert, organisiert und wer sind seine Mitglieder?

– *Zentrale Akteure und Interessen*: Welche Interessen werden im Netzwerk vertreten? Bietet das Netzwerk die Möglichkeit einer breiteren Partizipation, öffnet es sich für eine größere Bandbreite der vertretenen Stimmen und Meinungen und eine stärkere Mitbestimmung andernfalls marginalisierter *stakeholder* als bestehende Organisationen?

– *Netzwerkhandeln und Netzwerkmacht*: Welche Ergebnisse produziert das Netzwerk? Stellt es effektive Lösungen bereit? Wie werden die Netzwerkergebnisse erzielt? Und über welche Legitimitätsressourcen verfügt das Netzwerk?

– *Durchsetzung der Netzwerkziele*: Wie setzt das Netzwerk seine Ziele durch und wie verhält es sich zu den bestehenden staatlichen und internationalen Institutionen?

## 8.2 Institutionalisierung: Strategische Netzwerkbildung nach Dublin

### *8.2.1 World Water Council und Global Water Partnership*

Der Erdgipfel von Rio hatte 1992 vereinbart, fünf Jahre nach seinem Zusammentreffen eine Evaluation der Fortschritte durchzuführen (Earth Summit+5). Im Vorfeld dieses Ereignisses und vier Jahre nach den Konferenzen von Dublin und Rio nahmen zwei Organisationen ihre Arbeit auf, die schon bei ihrer Gründung den Anspruch auf eine führende Rolle in der Gestaltung der globalen Wasserpolitik erhoben: der World Water Council (WWC) und die Global Water Partnership (GWP).

Der in Marseille ansässige World Water Council wurde 1996 auf Initiative der International Water Resources Association (IWRA) gegründet. Rechtlich ist der WWC eine in Frankreich basierte NGO. Seine Aufgabe sieht er in der »Öffentlichkeitsarbeit, in der Förderung politischen Engagements und politischer Aktivitäten in Bezug auf Wasser auf allen Ebenen, einschließlich der höchsten

Entscheidungsebene, in der Förderung von Konservierung, Schutz, Entwicklung, Planung und Wassermanagement in allen Dimensionen auf einer ökologisch nachhaltigen Basis zum Nutzen des ganzen Lebens auf der Erde« (WWC 2005f.). Als Schwerpunkte der eigenen Arbeit hebt der WWC hervor, dass er sich erstens um den Zusammenhang von Wasser, Menschenrechten und Politik, zweitens um Institutionen und Finanzierungskapazitäten, drittens Wasserdienstleistungen und Infrastruktur sowie viertens um Wasser und Umwelt besonders bemühen wolle (WWC 2005d). Um diese Aufgaben zu erfüllen, konzentriert der Council »seinen Einfluss auf drei Hauptgebiete: Politik und Machtbeziehungen; Entwicklung und Verbesserung von Politiken (*policies*) und Institutionen; Implementation und Wirkung von Politiken« (ebd.).

Der Council versteht sich als »*den* internationalen Think Tank für Wasserpolitik« (WWC 2003: 2, Herv. P. D.) und rühmt sich selbst für seinen großen Einfluss auf zahlreiche Aktivitäten und Ereignisse im Wassersektor. In der Tat ist es dem WWC in besonderer Weise gelungen, das Feld der globalen Wasserpolitik zu strukturieren und zu bestellen, denn der Council ist auch der Organisator der dreijährig stattfindenden Weltwasserforen. Darüber hinaus hat der WWC das mit Finanzierungsfragen befasste Camdessus-Panel sowie dessen Nachfolgeorganisation, die Angel Gurria Task Force, mit ins Leben gerufen und war der zentrale Initiator der World Water Commission for the 21st Century (s. u.).

Der World Water Council begann in seinen Gründungsjahren 1996 bis 1999 mit einer bis maximal sechs zahlenden Mitgliedsorganisationen. Seit dem Zweiten Weltwasserforum, das auch zur Rekrutierung genutzt wurde, stieg die Zahl auf 321 Mitgliedsorganisationen, darunter Ministerien, internationale Organisationen, Unternehmen der Wasserbranche und professionelle Netzwerke (WWC 2009a).[1]

Im Jahr 2004 führte der Council eine neue Struktur der Mitgliedsbeiträge ein, die – anders als der bis 2003 geltende Satz von pauschal 1000 US $ – die finanziellen Verhältnisse des Herkunftslandes berücksichtigt; 2009 lag der Beitrag zwischen 250 und 930

1 Abweichend von dieser Zahl, die der Mitgliederliste von 2009 entnommen ist, zeigt der dreijährige Bericht in einer Grafik mehr als 500 Mitglieder an (WWC 2009b: 29).

Euro pro Jahr mit der Möglichkeit eines Rabatts bei einer Vorauszahlung für drei Jahre (ebd.).[2]

Im Jahr 2005 kamen die meisten Mitglieder (133) aus Ländern mit einem Bruttosozialprodukt (BSP) von mehr 20 000 US $ pro Kopf/pro Jahr, jedoch stieg in den letzten Jahren der Anteil aus Ländern mit einem BSP zwischen 2500 und 20 000 US $ auf 85 Mitglieder an; nur sieben Mitglieder entstammten Ländern mit einem geringeren Einkommen. Frankreich, die Türkei und Japan sind die einzigen Länder, die mehr als 30 Mitglieder stellen (WWC 2005c: 7 f.).

Der WWC ordnet seine Mitglieder in fünf Colleges ein, deren prozentualer Anteil am Gesamtverband sich 2009 folgendermaßen gestaltete (WWC 2009b: 30): College 1 – Intergouvernementale Organisationen (4 Prozent), College 2 – Regierungen und Regierungsorganisationen (20 Prozent), College 3 – Unternehmen und Dienstleister (36 Prozent), College 4 – Zivilgesellschaftliche Organisationen und Verbraucherorganisationen (17 Prozent), College 5 – Wissenschaftliche Assoziationen und akademische Institutionen (23 Prozent).

Der Dominanz privatwirtschaftlicher Unternehmen entspricht auch die Besetzung des Vorsitzes, der seit 2005 von Loïc Fauchon wahrgenommen wird, dem Generaldirektor der zur Suez-Gruppe gehörenden Société des Eaux Marseille.

In den Jahren 2000 bis 2002 hatte der World Water Council zwischen 1 und 1,7 Millionen Euro zur Verfügung. Im Jahr 2000 entstammte ein Drittel den Mitgliedsbeiträgen, die restlichen zwei Drittel waren Spenden, darunter ein Löwenanteil von der Stadt Marseille. 2002 war der Anteil der Mitgliedsbeiträge auf 12 Prozent gefallen; ein größerer Teil des Budgets wurde in diesem Jahr von der Japan Water Resources Association gespendet. In den Jahren 2003 und 2004 schloss die Organisation mit einem negativen Ergebnis ab, wurde jedoch 2005 von Frankreich, der Schweiz, Italien sowie – dies stand im Zusammenhang mit dem dort stattfindenden Vierten Weltwasserforum – von Mexiko unterstützt (WWC 2005e: 21). Seit 2006 stabilisierte sich die finanzielle Lage des Verbandes, der zurzeit ein jährliches Plus von 100 000 Euro erwirtschaftet.

2 Der WWC reagierte mit diesen Maßnahmen auch auf die schlechte Zahlungsmoral seiner Mitglieder, die im Jahr 2002 zu dem Zwangsausschluss von 49 Organisationen geführt hatte (WWC 2003: 22).

Diese Verbesserung geht nicht zuletzt auf »substanzielle Beiträge« (WWC 2009b: 39) im Zusammenhang mit dem Fünften Weltwasserforum in Istanbul zurück, was vermutlich teilweise auf Zahlungen der Stadt, teilweise auf erwirtschafteten Gewinnen aus dem Forum selbst beruht.[3]

Das Budget für 2009 betrug circa 2,6 Millionen Euro. Unter den Einnahmen nahmen die Mitgliedsbeiträge mit 181 000 Euro nur einen kleinen Anteil ein; weit größer sind die Beträge von jeweils knapp einer Million Euro, die durch Subventionen bzw. für »Projekte« an die Organisation gingen, sowie der Betrag von etwas mehr als einer halben Million Euro, der der Organisation im Zusammenhang mit dem Fünften Weltwasserforum zufloss (WWC 2009b: 38).

Mit der Stadt Marseille traf der Council Anfang 2006 eine Vereinbarung, in der die Stadt sich verpflichtete, der Organisation ein neues, 700 qm großes Hauptquartier zu stellen, eine jährliche Zahlung von 440 000 Euro zu leisten sowie die Kosten für den administrativen und den Finanzdirektor der Organisation zu übernehmen (zusammen: 645 680 Euro). Zusätzlich zahlte die Stadt einmalig 113 710 Euro für die technische Ausstattung (WWC 2005e: 22). Marseille wird auch der Veranstaltungsort des Sechsten Weltwasserforums im Jahr 2012 sein, womit das Forum erstmalig an dem Ort stattfindet, in dem auch sein Veranstalter ansässig ist.

Zeitgleich mit dem WWC wurde die in Stockholm ansässige Global Water Partnership gegründet. Gründungsorganisationen der GWP waren die Weltbank, die Entwicklungsorganisation der UN (United Nation Development Program, UNDP) und die Schwedische Entwicklungsagentur (SIDA); Großbritannien und die Niederlande traten als spätere Ko-Sponsoren hinzu. Erster Präsident der GWP wurde Ismail Serageldin, vormals Vizepräsident der Weltbank.

Unter der Überschrift »Small Planet. Big Job. Our Mission.« formuliert die GWP ihren Auftrag folgendermaßen:

Die Global Water Partnership ist eine Arbeitspartnerschaft (*working partnership*) all derer, die mit Wassermanagement zu tun haben: Regierungsinstitutionen, öffentliche Institutionen, private Firmen, Berufsorganisati-

3 Der entsprechende Finanzbericht ist angekündigt, war aber Ende 2009 noch nicht veröffentlicht.

onen, multilaterale Entwicklungsorganisationen und andere, die sich den Dublin-Rio-Prinzipien verpflichtet fühlen. (GWP o. A.)

Im Aufnahmeantrag der Organisation werden die Dublin-Rio-Prinzipien als GWP-Prinzipien vereinnahmt und die Mitglieder aufgefordert, sich mit ihrer Unterschrift zu verpflichten, diese Prinzipien zu unterstützen (GWP 2009b).

Das Statut der GWP sieht vor, dass die Organisation durch freiwillige Zuwendungen und Spenden von Regierungen und anderen finanziert wird (GWP 2002: 8). Die Regierungen von Dänemark, Deutschland, Frankreich, Großbritannien, Kanada, den Niederlanden, Norwegen, Spanien, der Schweiz und den Vereinigten Staaten sowie die Europäische Kommission und das International Office for Water (OIEAU) unterstützten die GWP 2008; die Beträge liegen seit mehreren Jahren stabil zwischen 9 und 10 Millionen US $ (GWP 2005a: 6; GWP 2009a: 3).[4] Insgesamt erhielten das Sekretariat sowie die regionalen Partnerschaften im Jahr 2008 circa 12 Millionen US $, programmgebunden wurden weitere 3,1 Millionen US $ an die Organisation gezahlt (GWP 2009a: 5). Diesen Einnahmen standen Ausgaben in Höhe von 5,0 Millionen US $ für die Gesamtorganisation (Sekretariat, Technisches Komitee, Steuerungsgruppe usw.) sowie knapp 9,3 Millionen US $ für die regionalen Aufgaben gegenüber (ebd.).

Stärker als der WWC setzt die Global Water Partnership neben ihrer politischen Funktion, die Dublin-Prinzipien als Grundlage globalen Wassermanagements zu verankern, auch auf feldbasierte Arbeit. Mit einer Vielzahl »regionaler Partnerschaften« fördert die GWP in insgesamt 14 Weltregionen[5] Kooperationen im Bereich des Integrierten Wasserressourcenmanagements (IWRM). Die zweigleisige Strategie, die sowohl die Beeinflussung von Wasserpolitik auf globaler Ebene, die in den Anfangsjahren bis 2002 dominierte, als auch die konkrete Arbeit vor Ort einschließt, die die GWP in den Folgejahren verstärkt betrieb, schlug sich 2002 in einer organisatorischen Zweiteilung nieder: Seither besteht die GWP aus dem

4 Der Beitrag Deutschlands wurde von 2004 auf 2005 von 216 082 US $ auf 688 337 US $ angehoben, also mehr als verdreifacht (GWP 2005a: 12). Im Jahr 2008 lag der Beitrag Deutschlands bei 634 557 US $.

5 Karibik, Zentralafrika, Zentralamerika, Mittel- und Osteuropa, Zentralasien und Kaukasus, China, Ostafrika, Mittelmeerregion, Pazifik, Südamerika, Südasien, Südostasien, Südliches Afrika, Westafrika (GWP o. A.).

Global Water Partnership Network und der Global Water Partnership Organization (Rana/Kelly 2004: ix).

Dem Netzwerk gehörten 2003 mehr als 600 Organisationen als »Partner« an; Mitglieder der Organisation hingegen sind nur die sogenannten *consulting partners*. Kritisch wurde bereits 2003 in einer externen Evaluation die mangelnde Klarheit der Unterscheidung zwischen Mitgliedern und Partnern vermerkt (Hoare u. a. 2003: 5), die bis heute nicht hergestellt wurde.[6] Auch die Aufgabenspreizung wurde kritisiert, weil sie als Grund für mangelnde Profilierung und unzureichende Wirksamkeit der GWP interpretiert wurde. Die Unzufriedenheit mit den Leistungen der GWP bewegte die Weltbank im Jahr 2003, sich aus der Finanzierung der Organisation zurückzuziehen (Rana/Kelly 2004: x ff.).

2006 stellte sich die GWP der Aufgabe einer strategischen Neuausrichtung. Auf einem Treffen zum zehnjährigen Bestehen des Netzwerkes befand die damalige Präsidentin, Margret Catley-Carlson: Die »GWP ist in einer Wandlungsperiode, in der wir darüber sprechen müssen, wie sich das Netzwerk in den nächsten zehn Jahren entwickeln soll.« (GWP 2006: 5) Es wurde eine Vielzahl von Vorschlägen unterbreitet, in welche Richtung die GWP sich entwickeln sollte. Ausgehend davon, dass die GWP erfolgreich darin war, das Bewusstsein für die Notwendigkeiten eines integrierten Wasserressourcenmanagements zu wecken, stand im Zentrum der Diskussion die Frage, wie denn auch praktische Erfolge erzielt werden könnten (ebd.: 9). Die Meinungen gingen jedoch weit auseinander; gefordert wurde eine Konzentration auf bestimmte Regionen und Felder wie auch umgekehrt argumentiert wurde, dass gerade die Breite der Aktivitäten der GWP der Ubiquität von Wasserproblemen entspräche. Auch wurde ein breites Spektrum an »Produkten« vorgeschlagen, die die GWP in Zukunft anbieten sollte, um praktische Erfolge zu erzielen: Die Vorschläge reichten von Aktionen, um Wasserkonflikte zu beheben, über den Ausbau

6 Auf ihrer Website bietet die GWP eine Liste von »Partnern« an, die in regionalen Netzwerken mitarbeiten; auf der Seite selbst werden diese Partner wiederum als »Mitglieder« tituliert. Gleichzeitig spricht die GWP davon, dass (nur) die *consulting partners* Mitglieder seien; für diese steht allerdings keine Liste bereit. Im Geschäftsbericht von 2008 wiederum wird von 13 regionalen Partnerschaften, 73 Länder-Wasserpartnerschaften und 2069 Partnern in 149 Ländern gesprochen (GWP 2009c: 2).

von Wissenstransfer bis hin zu dem Vorschlag, ein Handbuch über Wasserdiplomatie zu verfassen (ebd.: 10). Alles in allem zeigte die Debatte vor allem, wie umstritten die strategische Neuausrichtung der GWP war.

Im Geschäftsbericht 2008 legt die GWP nun als Ergebnis eines intensiven einjährigen Diskussions- und Konsultationsprozesses eine globale Strategie für 2009 bis 2013 vor, in der vier Ziele genannt werden: (1) Wasser als Schlüsselkategorie für eine nachhaltige nationale Entwicklung verstärkt ins Bewusstsein zu rücken, (2) dringende Entwicklungsherausforderungen zu adressieren, (3) den globalen Wissenstransfer zu verbessern und (4) effektivere Netzwerke zu schaffen (GWP 2009c: 21). Angesichts der Allgemeinheit dieser Aussagen kann man vermuten, dass die Konflikte über die strategische Neuausrichtung eher verlagert als gelöst wurden. Verhaltene Skepsis klingt auch in der Bemerkung der neuen Präsidentin des Netzwerks, Letitia A. Obeng, an: Die Strategiefindung habe in einer »schwierigen Periode« (ebd.: 20) stattgefunden.

Die geschilderten Enttäuschungen in Bezug auf die Hoffnung, dass der private Sektor einen wesentlichen Anteil an der Lösung der Versorgungsmängel haben könnte, sind nicht ohne Einfluss sowohl auf die Krise als auch die Suche nach einer strategischen Neuausrichtung der GWP geblieben: Als stark privatisierungsorientiertes Netzwerk hat die Partnerschaft über Jahre die Vorzüge privater Dienstleister und privater Finanzierungen im Wassersektor gepriesen. Angesichts der tatsächlich nur geringen Investitionen und einer insgesamt nicht ausgeprägten Bereitschaft privater Akteure, insbesondere in den ärmeren Ländern als Dienstleister auf den Plan zu treten, ist die Krise der GWP auch der Tatsache einer verfehlten Entwicklungsstrategie geschuldet. Ein Umdenken deutet sich in der Strategie für die kommenden Jahre insofern an, als hier Regierungen eine wieder stark aufgewertete Rolle zugewiesen bekommen (GWP 2009c: 21).

Die Global Water Partnership und der World Water Council haben 2004 ein »memorandum of understanding« (WWC 2005e: 21) unterschrieben und kooperieren bzw. kooperierten in der Weltwasserkommission sowie in den gemeinsam initiierten Arbeitsgruppen, die mit Finanzierungsfragen befasst sind, eng. Sie teilen auch die Grundrichtung ihres politischen Engagements:

Die Netzwerkakteure im WWC und der GWP betonen private Beteiligungen im Wassersektor [...]. Die politischen Ziele schließen eine starke Betonung von »Governance« ein und beziehen sich insbesondere auf zwei Schlüsselfragen: Kostendeckung und eine veränderte Rolle des Staates. Alles in allem sprechen sich die Netzwerke für eine marktorientierte Antwort auf die globalen Defizite beim Zugang zu Wasser aus, wobei die regulatorische Struktur dieser Lösung vor allem von den Firmen definiert werden soll, in deren Zentrum die volle Kostendeckung als Voraussetzung der Profitabilität (und damit auch Nachhaltigkeit der Marktorientierung) steht. (Morgan 2004: 3)

Eine wesentliche Grundlage für die Durchsetzung dieser politischen Ausrichtung schufen die Organisationen durch die Ausrichtung der Weltwasserforen sowie die Gründung der Weltwasserkommission und des Camdessus-Panels und seiner Nachfolgeorganisation (Finanzierungskommissionen).

### *8.2.2 Weltwasserforen*

Die Weltwasserforen, über deren grundsätzliche Struktur und Inhalte bereits im Kapitel über die Weltwasserkonferenzen berichtet wurde, sind das »partizipatorische« Standbein des WWC. Organisiert werden die Foren von einem eigenen Sekretariat, das beim World Water Council angesiedelt ist.

Die Wasserforen dienen dem Austausch von Ideen, der zivilgesellschaftlichen Beteiligung, aber auch der offiziellen Einflussnahme bzw. Verbreitung der politischen Ansichten der Kerninstitutionen. Sie wurden in der Vergangenheit von Ministerialkonferenzen begleitet, in denen die Konferenzergebnisse in einer *ministerial declaration* bestätigt werden.

Zudem haben die Weltwasserforen eine legitimatorische Funktion für die Arbeit der Netzwerkorganisationen: So wird das vom WWC veranstaltete, selbst nur kurzzeitig zusammenkommende Weltwasserforum als Mitinitiator für Kommissionen benannt, die selbst wesentlich vom World Water Council und der Global Water Partnership organisiert und beschickt werden. Die vermeintlich globale Akzeptanz der Kommissionsergebnisse wiederum wird dadurch suggeriert, dass das Weltwasserforum diese »akzeptiert«. In dieser schleifenförmigen Selbstlegitimation spielen Tausende von Konferenzbesuchern – die, wie gezeigt wurde, den Veranstaltern keineswegs durchgängig im Konsens verbunden sind – eine Legitimität vorspiegelnde Statistenrolle. Verkennen lässt die Größe des Ereignisses, dass die weltpolitisch bedeutsamen Aufgaben, mit denen die Weltwasserkommission und die Finanzierungskommissionen betraut werden, nicht dem Vertrauen und der Initiative der auf den Foren anwesenden globalen Zivilgesellschaft, sondern dem politischen Anspruch auf Meinungsführerschaft der Netzwerke entspringen.[7]

### *8.2.3 World Water Commission for the 21st Century (Weltwasserkommission)*

Auf Beschluss des Ersten Weltwasserforums und seines Veranstalters, des WWC – beide zusammen umfassten etwa 250 Mitglieder – wurde im Jahr 1997 die 21-köpfige Weltwasserkommission (World Water Commision for the 21st Century) gegründet. In der Begründung hieß es: Wir, das heißt die 250 Teilnehmer der ersten Weltwasserkonferenz,

> mandatieren [...] hiermit den World Water Council, eine dreijährige Initiative zu starten, die eine auf Studien, Konsultationen und Analysen beruhende globale Vision für Wasser, das Leben und die Umwelt im nächsten Jahrhundert entwickelt. [...] Wir sind uns der Schwierigkeiten dieses Unterfangens bewusst, doch am Ende dieses Prozesses wird diese Vision den Regierenden dieser Welt politikrelevante Erkenntnisse und Handlungsempfehlungen übermitteln, die zum Wohle künftiger Generationen umzusetzen sind. (WWC 1997)

Der World Water Council hatte zu diesem Zeitpunkt, als er mit der Initiierung der Weltwasserkommission seinen Anspruch auf Meinungsführerschaft in der globalen Wasserpolitik auszubauen versuchte, genau drei zahlende Mitglieder, zwei Jahre später nur noch eines (WWC 2003: 40) und war selbst der Veranstalter des mandatierenden und legitimierenden Weltwasserforums, bei dem

7 Vgl. hierzu die bereits zitierte Einschätzung des WWC, dass der Erfolg von Marrakesch den Anspruch auf »Führerschaft« (*leadership*) des WWC bestätigt habe. Vgl. auch die folgende Einschätzung von Margret Catley-Carlson: »Rund um den Globus werden in Workshops und Sitzungen mit Regierungen und Stakeholdern Möglichkeiten diskutiert, Verbindungen erkundet, finanzielle Möglichkeiten erwogen, landwirtschaftliche und ökologische Wasserbedarfe debattiert, da wird argumentiert und gestritten. Das ist die Kernaufgabe der GWP, die unentbehrliche Voraussetzung für einen Wandel in Politik und Praxis (*the essential precursor to change in policy and practice*).« (GWP 2005c: 4)

circa 250 geladene Gäste anwesend waren. Dieses Forum hatte nicht weniger im Sinn, als eine Kommission ins Leben zu rufen, die die politische Marschroute für das nächste Jahrhundert in Bezug auf die zweifellos wichtigste Menschheitsressource formulieren sollte.

Die Kommission wurde gegründet, und den Vorsitz erhielt der damalige Präsident der Global Water Partnership, Ismail Serageldin. Die GWP fungierte als Partner der Kommission. Sponsoren waren diverse internationale Organisationen.[8]

Drei zentrale Dokumente standen am Ende des Konsultationsprozesses: der Bericht der Kommission (WWC 2000b), die aus einem partizipatorischen Begleitprozess hervorgegangene World Water Vision (Cosgrove/Rijsberman 2000) sowie ein Framework of Action (GWP 2000b).

Die Kernaussagen des Kommissionsberichts, die im Konsens der Kommission entstanden sind, fasst der Vorsitzende Serageldin folgendermaßen zusammen:

> Ganzheitliche, systemische Ansätze, die auf Integriertem Wasserressourcenmanagement beruhen. Partizipatorische instititutionelle Mechanismen. Volle Kostendeckung bei Wasserdienstleistungen bei zielgerichteter Unterstützung der Armen. Institutionelle, technologische und finanzielle Innovation. Regierungen (*governments*) als Ermöglicher (*enablers*), die effektive und transparente Regeln für private Aktivitäten schaffen. (WWC 2000b: vi f.)

Auch die World Water Vision hebt fünf vergleichbare Punkte hervor; stärker als die Kommission betont dieser Bericht aber die Notwendigkeit, die Investitionen im Wasserbereich massiv zu erhöhen.[9] Die größte Herausforderung besteht nach Ansicht der Autoren im Wassermanagement:

8 UNESCO, OAS, FAO, WHO, UNICEF, WMO, UNDP, UNU und die Weltbank (WWC 2000b: 70). Darüber hinaus dankte der damalige Präsident des WWC auch der niederländischen Regierung für die finanzielle Unterstützung (Cosgrove/Rijsberman 2000: v). Auch das ist durchaus bemerkenswert: Als eines von wenigen Ländern haben die Niederlande ein Privatisierungsverbot für Wasserdienstleistungen erlassen; die Kommission und der Bericht sehen aber in der Förderung privatwirtschaftlichen Engagements einen Schlüssel für die Lösung der Wasserkrise.

9 »Alle Stakeholder am integrierten Management beteiligen. Sich in die Richtung einer vollen Kostendeckung für Wasserdienstleistungen bewegen. Die öffentliche Förderung für Forschung und Innovation im öffentlichen Interesse erhöhen. Kooperation in internationalen Wasservorkommen verstärken. Die Investitionen in Wasser massiv erhöhen.« (Cosgrove/Rijsberman 2000: xxvi)

Die gesellschaftliche Organisation, die Regierungspolitiken, die technischen Voraussetzungen und die Verbrauchsstrukturen haben alle einen Einfluss. Aber Korruption, fragmentierte Institutionen, gedoppelte Zuständigkeiten, falsch verteilte Ressourcen und autoritäre, zentralisierte Praktiken haben in der Regel die Kosten für dieses Geschäft erhöht (Cosgrove/Rijsberman 2000: 3).

Daher, so fordert der Bericht, müsste die private Wirtschaft eine stärkere Rolle in der Bereitstellung von Wasserdienstleistungen einnehmen:

Aufgrund sozialer Bedenken ist in vielen Ländern die Versorgung mit Trinkwasser an öffentliche Institutionen übergeben worden, die in den meisten Entwicklungsländern (und manchen entwickelten Ländern) ineffizient, unreguliert und verantwortungslos (*unaccountable*) geworden sind. Der private Sektor ändert das fundamental, weil ein privater Monopolist unter einem definierten Vertrag arbeitet (das heißt, er muss reguliert werden). (Ebd.)

Der Bericht der Kommission sowie die World Water Vision werden vom Zweiten Weltwasserforum in Den Haag bestätigt; jedoch muss diese »Bestätigung« vor dem Hintergrund der geschilderten Kontroverse über Privatisierungsfragen betrachtet werden, die das inzwischen um kritische Stimmen bereicherte Forum beherrschte. Die starke Betonung der Notwendigkeit einer vollen Kostendeckung, die Reduktion der Regierungsaufgaben auf die Herstellung guter Wirtschaftsbedingungen der privaten Wirtschaft und die geforderte Verstärkung eines privatwirtschaftlichen Engagements, die beide Berichte kennzeichnen, integrieren die massive Kritik, die in Den Haag an einer vereinseitigten Problemlösung erhoben wurde, nicht.

### *8.2.4 Camdessus-Panel und Gurria Task Force*

Die enge Kooperation von WWC, Weltwasserforum und GWP setzt sich in einer 2000 gegründeten Kommission unter Vorsitz des bis dahin geschäftsführenden Direktors des Internationalen Währungsfonds, Michel Camdessus, dem sogenannten Camdessus-Panel, fort. Mit einer Perspektive von 25 Jahren soll das Panel den finanziellen Bedarf im Wassersektor in seiner ganzen Breite eruieren; hierunter fallen daher nicht nur der Finanzbedarf zur Erreichung der Millenniumsziele, sondern unter anderem auch Kosten für Flutkontrollen, Bewässerung und Wasserenergieanlagen (GWP/WWF o. A.: 1).

In ihrem Schlussbericht *Financing Water for All* (Winpenny 2003) forderte die Kommission eine massive Erhöhung der Infrastrukturinvestitionen von derzeit 80 Milliarden US $ auf 180 Milliarden US $ (ebd.: 1) und unterbreitete eine Fülle von Vorschlägen zur Realisierung dieses Ziels:

| **Themengebiet der Vorschläge** | **Anzahl der Vorschläge** |
|---|---|
| Verbesserung des Zugangs zu Finanzmitteln für subnationale Akteure | 8 |
| Dezentralisierung von Wasserdienstleistungen und fiskalischen Beziehungen | 5 |
| Förderung lokaler Kapitalmärkte | 3 |
| Förderung der Beteilung des privaten Sektors | 11 |
| Anpassung finanzieller Politiken und Instrumente an den Bedarf des Wassersektors | 14 |
| *Capacity building* und technische Unterstützung | 10 |
| Erhöhung der Hilfsleistungen für den Wassersektor | 4 |
| Verbesserung der Effektivität von Hilfsleistungen | 13 |
| Verbesserung der Effizienz von Wasserdienstleistungen und Nachhaltigkeit | 5 |
| Wasserpolicies und Rahmenbedingungen für den Wassersektor | 10 |
| Monitoring und Berichtswesen | 5 |

*Tabelle 7*: Vorschläge des Camdessus-Panels (Quelle: WWC 2005b).

Im Zentrum der Vorschläge standen Überlegungen, wie zusätzliches Kapital gewonnen werden und effektiv genutzt werden könnte. Hierbei setzte die Kommission auf vier Hauptstrategien: durch Herstellung kontraktueller und finanzieller Sicherheiten die Attraktivität einer Kapitalanlage für private Investoren zu erhöhen (Winpenny 2003: 21 f., 32), die Zugriffsmöglichkeiten subnationaler Akteure auf Kapital zu verbessern (ebd.: 16 f.), eine volle Kostendeckung für Wasser herzustellen (ebd.: 18) und die generelle Managementqualität im Wassersektor zu verbessern (ebd.: 19 f.).

Institutioneller Nachfolger des Panels wurde Ende 2005 die sogenannte Gurria Task Force, benannt nach dem Generalsekretär der OECD und Leiter der Gruppe, Angel Gurria. Auch diese Kommission ist mit Finanzierungsfragen befasst und wird von der Global Water Partnership, dem World Water Council und dem Sekretariat des Vierten Weltwasserforums initiiert und getragen. Ihre Arbeitsschwerpunkte liegen auf dem Agrarsektor sowie in der Findung neuer Modelle zur Finanzierung lokaler Aktionen und Institutionen. Die Grundstruktur der Argumente folgt den Ergebnissen des Camdessus-Panels: Nationale und lokale Regierungen sollen nach den Vorschlägen der Kommission nationale Aktionspläne erstellen, um Investitionen zu erhöhen. Hierbei soll der Etablierung von sektorübergreifenden Partnerschaften und der Herstellung einer vollen Kostendeckung Priorität eingeräumt werden (Hovwegen 2006: 27).

### *8.2.5 United Nation Secretary General's Advisory Board on Water and Sanitation (UNSGAB)*

Das Camdessus-Panel hatte zudem in seinem Bericht eine globale Überwachungsorganisation (*global control tower*) (Winpenny 2003: 14) gefordert. Dieser sollte das »institutionelle Loch« einer fehlenden Oberaufsicht über die diversen Aktivitäten im Bereich der Wasserpolitik ausfüllen. Es sollte sich dabei um eine Gruppe von »klugen Personen« handeln, die das Format und damit das »*standing*« hätten, die Entwicklungen in diesem Bereich zu evaluieren und notwendige Vorschläge zur Erreichung der Millennium-Entwicklungsziele zu unterbreiten. Gewünscht wurde eine Gründung unter Einbeziehung bestehender Organisationen.

Im Januar 2004 konnte Michel Camdessus bei einem Besuch in der Asiatischen Entwicklungsbank berichten:

> Es ist mir eine Freude, Ihnen mitteilen zu können, dass als Ergebnis meiner Besprechungen mit dem Generalsekretär der Vereinten Nationen und seinen Mitarbeitern eine Umsetzung dieser Empfehlungen weit fortgeschritten ist und dass die Ernennung einer Gruppe »kluger Personen« wohl sehr bald passieren wird. (Camdessus 2004: 8)

Zwei Monate später verkündete der UN-Generalsekretär anlässlich des Weltwassertages die Gründung des UN Secretary General's Advisory Board on Water and Sanitation (UNSGAB). Neben Öffentlichkeitsarbeit und der Beratung des UN-Generalsekretärs ist es die Aufgabe des Gremiums, »auf globaler, regionaler und nationaler Ebene zu arbeiten und Einfluss zu nehmen« (UNSGAB 2004).

Der inzwischen verstorbene japanische Ex-Premier Hashimoto wurde Vorsitzender der Kommission, der neben Michel Camdessus auch vier weitere Mitglieder des ehemaligen Camdessus-Panels angehören. Die Besetzung des *advisory boards* hatte aufgrund der als einseitig »privatisierungsfreundlich« wahrgenommenen Ausrichtung der Mitglieder zu Protesten geführt; der UN-Generalsekretär reagierte mit der Nachnominierung weiterer Mitglieder, unter ihnen auch David Boys, ein Vertreter des privatisierungskritischen Netzwerkes Public Services International.

Innerhalb der Kommissionen nimmt das UNSGAB eine Sonderstellung ein: Zwar ist es auf eine Initiative des Policy-Netzwerks zurückzuführen, das auch bei der Besetzung seine Interessen geltend machen konnte. Mag aber das ursprüngliche Anliegen eine Vermittlung von Netzwerkergebnissen in die UN-Strukturen gewesen sein, so ist es doch aufgrund der inzwischen heterogenen Besetzung zugleich ein Vermittlungsorgan unterschiedlicher Interessen (Boys 2006). In der Betrachtung der weiteren Netzwerkaktivitäten ist diese Spezifik des UNSGAB daher in Erinnerung zu behalten.

### *8.2.6 Die Gesamtarchitektur des Globalen Wassernetzwerks*

Die dargestellte Institutionalisierung des Globalen Wassernetzwerks folgt einem dreistufigen Aufbau: Im Zentrum stehen als Initiatoren die beiden Kerninstitutionen, der World Water Council und die Global Water Partnership. Beide sind durch den Konsens über die Dublin-Prinzipien geeint und unterhalten enge Kooperationsbezüge.

Mit der Gründung thematisch fokussierter Kommissionen – der Weltwasserkommission, dem Camdessus-Panel und der Angel Gurria Task Force – besetzen die Dachorganisationen zwei der zentralen Themenbereiche der globalen Wasserpolitik: Wie sollte der politische Umgang mit Wasser künftig aussehen? Und welche Finanzierungsmöglichkeiten können geschaffen werden? Die Kommissionen, deren Besetzung und Ausrichtung im Folgenden näher zu betrachten sind, nehmen somit die zentralen Aufgaben politischen Agenda-Settings und der Politikformulierung wahr.

Die Funktion der Weltwasserforen ist eine dreifache: Erstens bieten sie die Gelegenheit der zivilgesellschaftlichen Partizipation am Netzwerk und ermöglichen an dieser Stelle auch die Beteiligung von Akteuren, die die Prinzipien von Dublin nicht zur Grundlage ihrer wasserpolitischen Aktivitäten machen wollen. Zweitens werden diese Massenveranstaltungen seitens der Organisatoren dazu genutzt, ihre Initiativen zu rechtfertigen, indem sie sich einerseits von den Foren ein »Mandat« hierzu erteilen lassen, andererseits die Kommissionsergebnisse hier »bestätigen« lassen. Drittens sind die zu Megakonferenzen angewachsenen Weltwasserforen, die im Wassersektor an die Stelle möglicher UN-Konferenzen getreten sind, auch eine Plattform für die Sanktionierung der Netzwerkergebnisse durch offizielle Regierungsdelegierte.

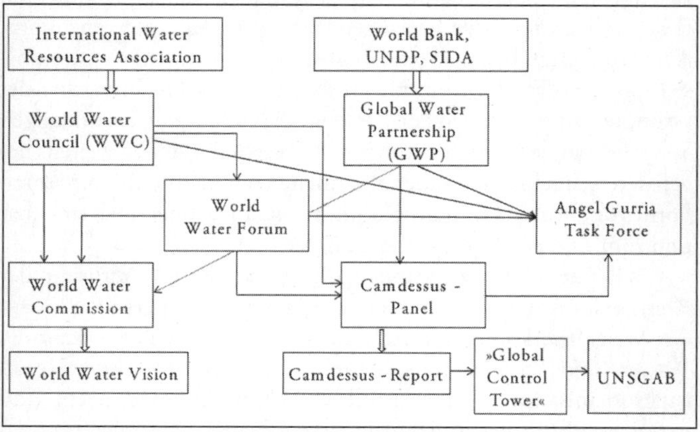


*Abbildung 6*: Institutionalisierung des Globalen Wassernetzwerks (Quelle: Eigene Darstellung).

## 8.3 Zentrale Akteure und Interessen

### *8.3.1 Zentrale Akteure*

Die optimistische Annahme der Theoretiker über globale Public-Policy-Netzwerke lautet, dass diese breitere Partizipationsmöglichkeiten als staatlich zentrierte Institutionen bieten. Mit dieser Hoffnung war auch in Dublin die Gründung einer *Multi-stakeholder*-Plattform außerhalb bestehender UN-Institutionen gefordert worden. Diese Annahmen sind im Folgenden empirisch zu prüfen.

Aus drei Gründen bieten sich die vom Netzwerk gegründeten Kommissionen in besonderer Weise an, die Akteursstrukturen und Interessen zu untersuchen: Erstens wurden sie mit dem zentralen Auftrag gegründet, politisch richtungsweisende Vorschläge zu unterbreiten. Dieser Anspruch tritt in der auf weltweite Bedeutung zielenden Bezeichnung der Arbeitsgruppen, ihrer prominenten Besetzung sowie in den jeweiligen Auftragsformulierungen zutage. Aufgrund ihrer herausragenden Bedeutung kann auch geschlossen werden, dass die Kommissionsbesetzungen den Interessen der Gründungsinstitutionen entsprechen, die zudem mit hochrangigen Vertretern in den Kommissionen selbst vertreten sind. Zweitens liegen deren Ergebnisse in einer öffentlichen und damit überprüfbaren Form vor. Drittens sind die Kommissionen personell überschaubar und somit netzwerkanalytisch erfassbar.

GWP und WWC begründen die Auswahl und Autorität der Kommissionsmitglieder mit deren besonderer Expertise: So wird die Weltwasserkommission als Reigen von »global anerkannten Wasser- und Entwicklungsexperten aus der Wissenschaft, Regierungsorganisationen, dem privaten Sektor, internationalen und nationalen Organisationen, philanthropischen Gesellschaften und der Zivilgesellschaft« (World Bank 1998) bezeichnet.

Über das Camdessus-Panel heißt es: »Seine Mitglieder sind zwanzig Persönlichkeiten, die Erfahrungen in der Politik haben, aus Finanzministerien, internationalen Entwicklungs- und Finanzorganisationen, Banken, Nichtregierungsorganisationen und privaten Wasserfirmen kommen oder herausgehobene unabhängige Experten sind.« (Winpenny 2003: 1) Der WWC fügt an anderer Stelle hinzu, dass diese Persönlichkeiten die Schlüsselparteien repräsentieren, die in die Finanzierung von Wasser involviert sind, darunter Bankfachleute, Wassermanager, NGO-Vertreter und Wissenschaftler (WWC 2003: 10).

Bei den Mitgliedern der Angel Gurria Task Force handele es sich um »prominente Persönlichkeiten aus Nichtregierungsorganisationen, lokalen und Finanzinstitutionen« (GWP/WWC 2006).

Das UNSGAB schließlich war schon unter der Maßgabe einer Besetzung mit »wise persons« gefordert worden.

Einige Experten sitzen in mehreren Kommissionen:

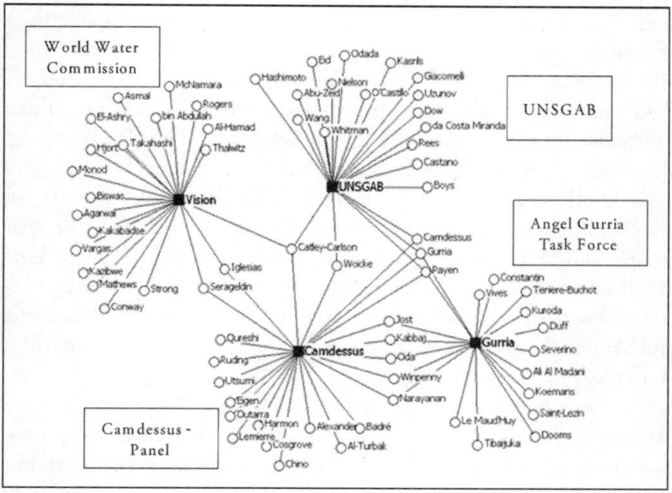


*Abbildung 7*: Personelle Überschneidungen der zentralen Wasserkommissionen (Quelle: Eigene Darstellung [UCI-Net]).

Dieser Umstand ist angesichts der Identität der Initiatoren nicht verwunderlich, wirft aber – ebenso wie die geschilderten geteilten Grundüberzeugungen der Kerninstitutionen – die Frage nach der Pluralität der in den Kommissionen vertretenen Positionen auf.

Die Vielfalt der vertretenen Anschauungen ist aus mehreren Gründen von eminenter Bedeutung: Nicht nur das netzwerktheoretische Argument einer Beteiligung aller *stakeholder*, sondern auch der Anspruch auf die Findung eines Konsenses, der die Kommissionen begleitet, sowie die von allen Seiten hervorgehobene Bedeutung einer zivilgesellschaftlichen Partizipation lassen die in den

Verhandlungen vertretene Meinungsvielfalt als zentrale Bedingung einer effektiven Problemlösung in den Vordergrund treten.

Der Prozess der World Water Vision und die Weltwasserforen waren bzw. sind von einem umfangreichen Partizipationsprozess begleitet. Das hat die Organisatoren in beiden Fällen nicht vor dem Vorwurf bewahrt, die Zukunft des Weltwassers in die Hände eines ideologisch engen Kreises von Entscheidern zu legen, in dem insbesondere die Wasserwirtschaft und die Weltbank einen überproportional wichtigen Platz einnehmen. Gelegentlich wird sogar von der »Wassermafia« (International Rivers Network 2003; Institute for Agriculture and Trade Policy 2002) bzw. einem »Politbüro der Privatisierung« (Public Services International 2000) gesprochen.

Diese Anschuldigungen finden eine erste Bestätigung in der Tatsache, dass ganz unabhängig von der personellen Besetzung der Kommissionen die Agenda des gesamten Netzwerks, wie schon in den Dublin-Prinzipien formuliert, eine Privatisierungsagenda ist. Dieser Punkt wird nicht bestritten, sondern ist Teil der Überzeugung, dass eine Beteiligung privatwirtschaftlicher Akteure eine zentrale Voraussetzung für die Lösung des Problems ist. Das würde indessen nicht unbedingt ausschließen, in den nach Konsens suchenden Kommissionen auch die gegnerischen Positionen zur Geltung kommen zu lassen.

Prüft man jedoch die gegen das Netzwerk erhobenen Vorwürfe am Beispiel der – thematisch am breitesten angelegten – Weltwasserkommission, ergibt sich, dass die Mitglieder der Weltwasserkommission in vielfacher Weise institutionell miteinander verbunden sind, und dies teilweise seit Jahrzehnten. In Abbildung 8 sind alle Mitglieder der Kommission sowie ihre jeweiligen Verbindungen dargestellt. Geprüft wurde, ob und welche Kontakte zwischen den einzelnen Mitgliedern außerhalb der Weltwasserkommission bestehen. Abgebildet sind flüchtige oder vorübergehende Kontakte außerhalb des Kontextes der Kommission als dünne Linien; die dickeren Linien deuten an, dass die jeweils verbundenen Mitglieder in wenigstens einer weiteren Institution kooperieren oder kooperiert haben.[10]

10 Die Analyse ist methodisch einfach, aber aufwändig: Alle Mitglieder wurden mit allen anderen Mitgliedern paarweise über Google gesucht. Alle Fundstellen wurden inhaltlich überprüft, in einer Kreuztabelle zusammengefasst und dann mit UCI-Net graphisch dargestellt.

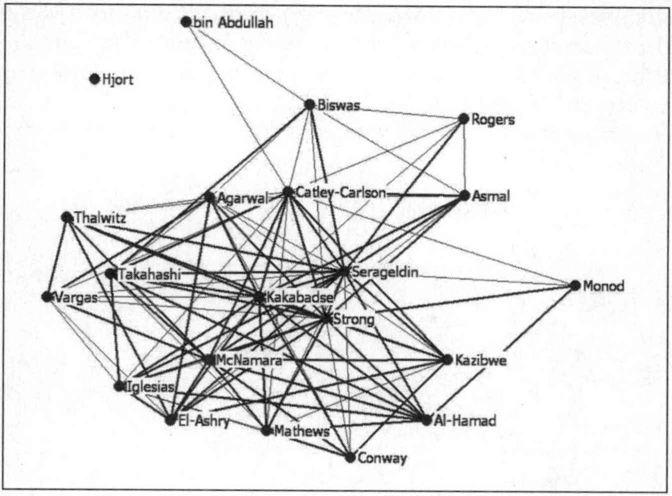


*Abbildung 8*: Persönliche Verbindungen der Mitglieder der Weltwasserkommission außerhalb des Kommissionskontextes (Quelle: Eigene Darstellung [UCI-Net]).

Diese Verbindungen können nicht mit der vorhandenen Expertise und sich hieraus ergebenden professionellen Kontakten allein erklärt werden. Der Ansatz von Haas, dass *epistemic communities* auch Hintergrundüberzeugungen teilen, gibt zumindest Anlass, die Fähigkeit zur Konsensfindung und Zusammenarbeit für politische Ratgeber nicht allein fachlich begründet zu sehen. Wenn auch Haas die Entstehung einer ideologischen Nähe innerhalb von *epistemic communities* nicht befriedigend erklären konnte, so ist doch seine Vermutung plausibel, dass geteilte normative Überzeugungen eine wesentliche Bedingung für die Übersetzung von Fachwissen in politische Vorschläge sind. Ebendieses ist eine zentrale Aufgabe der Kommission, die schließlich einen »Konsens« formulierte.

Der Eindruck, dass dies nicht das Abbild einer pluralistischen Konsensfindungsgruppe ist, die es sich zur Aufgabe macht, auseinanderliegende Standpunkte zusammenzuführen, erhöht sich noch, wenn man das fast gleich aussehende Egonetzwerk[11] des Kommis-

11 Das Egonetzwerk stellt nur diejenigen Verbindungen dar, die bestehen, wenn die zentrale Person (Ego) mit in die Darstellung aufgenommen wird. Hierbei ergibt

sionspräsidenten Ismail Serageldin danebenstellt: Ihm fehlt allein der direkte Bezug zu zwei Personen in der Kommission, dem ohnehin seltsam abgekoppelten Howard Hjort[12] und dem nur wenig vernetzten bin Abdullah.[13]

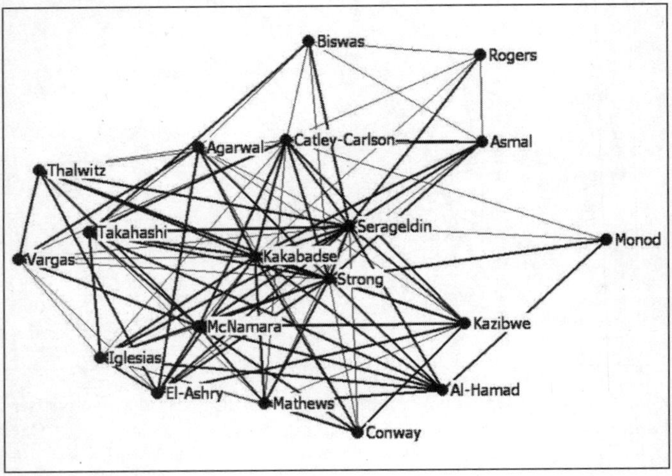


*Abbildung 9*: Egonetzwerk von Ismael Serageldin (Quelle: Eigene Darstellung [UCI-Net]).

sich im Übrigen der Befund, dass neben Serageldin auch Maurice Strong eine zentrale Rolle im Netzwerk spielt, dessen Egonetzwerk beinahe identisch ausgeprägt ist. Zudem zeigt sich, dass die Positionen von Margret Catley-Carlson und Yolanda Kakabadse ebenfalls zu gleichen Netzwerkstrukturen führen, die beinahe ein ebenso vollständiges Bild des Netzwerks ergeben wie die Darstellungen, die Serageldin bzw. Strong ins Zentrum stellen.

12 Howard Hjort war bis 1997 Deputy Director-General der Food and Agricultural Organization (FAO). Sollte er Verbindungen zu anderen Mitgliedern der Weltwasserkommission haben, können diese leicht in der Vergangenheit liegen und damit dem angewandten Verfahren einer rein internet-basierten Untersuchung entgangen sein.

13 Ein fast gleicher Befund ergibt sich, wenn man das Egonetzwerk von Maurice Strong prüft: Bezüglich der Netzwerkverbindungen ist er eine Art »Double« für Serageldin. Dies ist insofern nicht überraschend, als Maurice Strong bereits 1972 als Generalsekretär der ersten UN-Umweltkonferenz tätig war; diese Aufgabe fiel ihm weniger aufgrund seines tiefen ökologischen Bewusstseins zu, sondern dank weltweiter Netzwerkverbindungen. Strong war auch Generalsekretär des zwanzig Jahre nach Stockholm stattfindenden Erdgipfels in Rio.

Einen weiteren Hinweis auf eine mögliche weltanschauliche Geschlossenheit erhält man, indem man die Beziehungen der Kommissionsmitglieder zur Weltbankgruppe prüft. Dies liegt insofern nahe, als die Weltbank eine treibende Kraft bei der Gründung der GWP war; deren erster Präsident, Ismail Serageldin, war vormaliger Vizepräsident der Weltbank und auch Vorsitzender der Weltwasserkommission. Auch inhaltlich ist eine Nähe zur Weltbank zu vermuten, da diese mit der Strategie der Strukturanpassungskredite in den 1990er Jahren als zentraler Förderer von Privatisierungen und Liberalisierungen öffentlicher Dienstleistungsbereiche auftrat – eine Strategie, die wesentlich auf den Einfluss von Milton Friedman zurückzuführen ist (Wagner 2004; Bello 2006). An dieser Stelle schließt sich somit ein argumentativer Kreis dieses Buches.

Die folgende Abbildung zeigt die Mitglieder der Weltwasserkommission und ihre jeweilige Verbindung zur Weltbankgruppe.

Vier Mitglieder der Kommission, darunter der ehemalige Weltbankchef McNamara, haben bzw. hatten hohe Positionen in der Weltbank. Drei weitere Mitglieder der Kommission waren oder sind Weltbankberater. Die von McNamara mit gegründete Consultative Group on Agricultural Research (CGIAR) wird nicht nur von der Weltbank finanziert, die Weltbank stellt auch den Chairman, finanziert das Büro der CGIAR am Sitz der Weltbank sowie ein Drittel der Kosten für das Technical Advisory Committee. Ein Evaluationsbericht über die CGIAR folgert: »Die Bank ist zweifelslos ein Schlüsselakteur in dem System.« (Anderson/Dalrymple 1999: vii)

Der CGIAR selbst sind McNamara, Serageldin und Thalwitz verbunden. Zu den inzwischen 16 Unterorganisationen der CGIAR zählt das International Water Management Institute (IWMI), zu deren Führungsgremium Margret Catley-Carlson gehört.[14] Sie ist zudem *chairperson* der ICARDA (International Center for Research in the Dry Areas) und Mitglied des 2020 Vision-Prozesses des International Food Policy Research Institute (IFPRI). Hierzu gehören auch Gordon Conway, Speziosa Kazibwe, Robert McNamara und Ismail Serageldin. Dem Science Partnership Programme der CGIAR gehört an führender Stelle José Israel Vargas an; Maurice Strong, Wilfried Thalwitz und Yolanda Kakabadse sind Mitglieder der CGIAR System

14 Margret Catley-Carlson tritt auch in ihrer Funktion als Leitung des Steuerungskomitees der GWP mit einer CGIAR-Mail-Adresse auf.

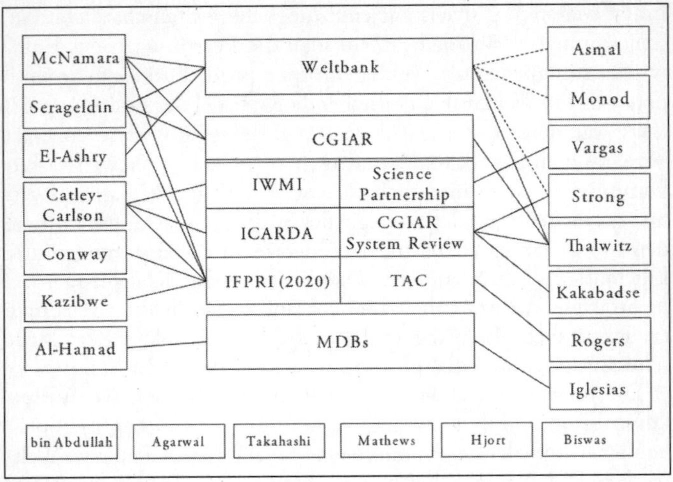


*Abbildung 10*: Verbindungen der Weltwasserkommission zur Weltbankgruppe (Quelle: Eigene Darstellung).

Review, und der Harvard Professor Rogers ist Mitglied des Technical Advisory Committees. Mit Al-Hamad und Iglesias sind zudem zwei Chefs multilateraler Entwicklungsbanken vertreten, des Arab Fund for Economic and Social Development in Kuwait und der Interamerikanischen Entwicklungsbank. Übrig bleiben sechs Mitglieder der Kommission, die nicht in das engere Weltbankumfeld einzuordnen sind.

Jenseits der Weltwasserkommission setzt sich die enge Beziehung zur Weltbank fort: Nach Ismael Serageldin und Margret Catley-Carlson hatte auch die dritte Präsidentin der Global Water Partnership, Letitia Obeng, bei der Weltbank wichtige Positionen inne. Nach einer »fünfundzwanzigjährigen Karriere bei der Weltbank« (WWC 2009c), in der sie 2005 zur Direktorin des Büros des Präsidenten der Weltbank aufstieg, ist sie die dritte Präsidentin der Global Water Partnership, die – auch nach dem finanziellen Rückzug der Weltbank – aus den engsten Reihen dieser Institution stammt.

### 8.3.2 *Konsens und Interessen*

Die Verbindungen der Mitglieder untereinander und zur Weltbankgruppe lassen vermuten, dass die Kommissionsmitglieder nicht das volle Spektrum der Positionen im Wassersektor repräsentieren. Es ist daher noch einmal zu fragen, worin der Konsens des Netzwerks besteht und inwiefern er die bestehenden Differenzen innerhalb des Wassersektors überbrücken kann.

Konsensbildung war der Auftrag der Kommissionen: »Water Vision wird gegründet um einen Konsens zwischen Experten (*professionals*) und *stakeholders* zu schafffen, um einen Managementplan zu entwerfen, der die Gefahr von Wasserkrisen abwendet.« (WWC 2005g) Das Camdessus-Panel bezeichnet seine Ergebnisse als Konsens über Finanzierungsfragen (Winpenny 2003: 1). Generell sieht sich auch der World Water Council insgesamt als Vertreter einer von allen geteilten Überzeugung; seine Vorschläge und Ideen entsprächen nur dem,

> was wir weltweit ohnehin wissen. Es ist erforderlich, den öffentlichen Sektor zu stärken, um eine adäquate Regulierung und öffentliche Kontrolle der gemeinsamen Ressourcen zu gewährleisten. Die Beteiligung des privaten Sektors an *private-public partnerships* bei Wasserdienstleistungen und bei der Finanzierung von Investitionen ist für die Zukunft eine absolute Notwendigkeit. Dafür sind zuverlässige und transparente Regeln unerlässlich, um die Interessen von Investoren und Konsumenten gleichermaßen zu schützen. (WWC 2003: 3)

Bedenkenswert ist aber, dass der von den Kommissionen jeweils zu suchende »Konsens« bereits im Vorfeld ihrer Aktivitäten als Arbeitsergebnis vorweggenommen wurde. Zudem sind sowohl der stark von privatwirtschaftlichen Unternehmen bestimmte WWC als auch die sich explizit zur Anerkennung von Wasser als ökonomisches Gut bekennende GWP keine *Multi-stakeholder*-Organisationen im Sinne eines Dachverbandes für die zutiefst zerstrittenen Interessenten des Wassersektors. Hierfür sprechen auch die jeweiligen Kommissionsergebnisse nicht, die die Ansichten teilen, dass eine verstärkte Beteiligung der Privatwirtschaft wünschenswert ist, dass Regierungen vor allem hierfür Sorge zu tragen haben und dass die Zukunft des Weltwassers sehr davon abhängt, ob die Konsumenten die vollen Kosten für dessen Bereitstellung zahlen.

Von einem übergreifenden Konsens kann daher keine Rede sein:

Vielmehr bezeichnen die Kommissionen etwas als Konsens, was den vorher bestehenden Überzeugungen der Kerninstitutionen entspricht, deren Förderung ihre Gründung veranlasst hat und nunmehr als Ergebnis einer als unabhängig dargestellten Expertenkommission wiederum bestätigt wird. Die Annahme einer pluralen Interessenvertretung, die Hoffnung auf eine Erweiterung der Perspektiven durch die Auslagerung in das Netzwerk bestätigen weder die Kommissionsbesetzungen, noch kommt dies in deren Ergebnissen zum Vorschein.

## 8.4 Netzwerkhandeln und Netzwerkmacht

### *8.4.1 Netzwerkziele*

Die deklarierten Netzwerkziele sind auf mehreren Ebenen angesiedelt: Die Kerninstitutionen teilen mit den Kommissionen das Ziel, die »höchsten Entscheidungsebenen« zu beeinflussen. Der World Water Council beschreibt in seinem Aufgabenspektrum einen fast vollständigen Policy-Zyklus: Er möchte seinen Einfluss auf Politik und Machtstrukturen, die Entwicklung von Institutionen und *policies* sowie deren Implementation konzentrieren (siehe oben, S. 299 ff.).

Die Global Water Partnership teilt dieses Ziel, hat sich aber seit 2002 zusätzlich der aktiven Förderung des Integrierten Wasserressourcenmanagements (IWRM) gewidmet. Unter IWRM wird ein holistisches Steuerungskonzept zur nachhaltigen Wassernutzung verstanden, das mehrere Integrationsvorstellungen verbindet: *Geographisch* sollen Flusseinzugsgebiete in ihrer Ganzheit betrachtet werden, die gegebenenfalls auch grenzüberschreitend bewirtschaftet werden sollen. In *politisch-planerischer* Hinsicht sollen nicht nur staatliche Akteure, sondern alle *stakeholder* an der Planung, Entwicklung und dem Management von Wasser beteiligt werden; insbesondere wird hier – gemäß dem dritten Prinzip von Dublin – der gleichberechtigten Beteiligung von Frauen eine große Bedeutung beigemessen. Alle *ökonomischen* Nutzungsformen von Wasser sollen integriert und gegeneinander abgewogen werden, in einer *zeitlichen* Dimension schließlich soll IWRM eine gegenwärtige und nachhaltige Ressourcennutzung ermöglichen (Conca 2006: 125 ff.;

GWP 2000a; Jønch-Clausen 2004; Neubert u.a. 2005; Partzsch 2007: 68ff.).

Nach Auffassung der Global Water Partnership handelt es sich bei dem Integrierten Wasserressourcenmanagement um einen Prozess, »der die koordinierte Entwicklung und das Management von Wasser, Land und verwandten Ressourcen fördert, um die ökonomische und soziale Wohlfahrt angemessen zu maximieren, ohne die Lebensfähigkeit vitaler Ökosysteme zu gefährden« (GWP 2000a: 22). Für die GWP, die 2000 einen »*corporate view*« (ebd.: 5) hinsichtlich des Konzeptes des IWRM formulierte, ist das IWRM letztlich eine Ausdeutung der Dublin-Prinzipien:

> Es gibt eine ganze Anzahl an generellen Prinzipien, Ansätzen und Leitlinien, die für das IWRM relevant sind und für alle gibt es einen angemessenen Anwendungsbereich. Die Dublin-Prinzipien sind ein besonders nützliches Set solcher Vorschläge. Sie sind in einem internationalen Konsultationsprozess, dessen Höhepunkt die Internationale Konferenz über Wasser und Entwicklung in Dublin 1992 darstellte, sorgfältig formuliert werden. [...] Diese Prinzipien (die als Dublin-Rio-Prinzipien bezeichnet werden) haben allgemeine Unterstützung in der internationalen Gemeinschaft als zentrale Leitlinien des IWRM gefunden. (Ebd.: 13)

Mit der Verankerung der Prinzipien des IWRM in der Agenda 21 (BMU 1993: 179ff.) und der Vereinbarung des Johannesburg Plan of Implementation, bis 2005 Pläne für die Umsetzung von IWRM zu entwickeln (United Nations 2002b: 15), entwickelte sich IWRM zur »dominanten Sprache, in der die Herausforderungen der globalen Governance von Wasser gerahmt werden« (Conca 2006: 125).

Die GWP hat zur Umsetzung von IWRM eine »Toolbox« erstellt, die drei Arten von Handreichungen bietet: Erstens hält sie Instrumente für die Gestaltung des institutionellen Rahmens, das heißt von Gesetzen, Investitionen und Policies, bereit. Zweitens sollen sie bei der Errichtung von Institutionen und der Erhöhung der Handlungsfähigkeit in diesen Institutionen helfen. Drittens gehören hierzu auch Managementtools, die für ein integriertes Wassermanagement hilfreich sind (GWP o.A.). Die GWP bietet zudem weltweit Hilfe bei der Erstellung von Plänen für IWRM an.

Agenda-Setting, Politikformulierung, Implementation, Öffentlichkeitsarbeit – das Netzwerk deckt relevante Teile des Steuerungsbedarfs des Wassersektors ab, und das mit einem globalen Radius und weitgehend unangefochten von konkurrierenden Institutionen. Zutreffend beschreibt daher die Präsidentin der Global Water Partnership die Ziele des Netzwerks: Es geht um »nicht weniger als um eine Veränderung der Weisen, in denen die Welt mit Wasser umgeht« (Catley-Carlson 2001).

### *8.4.2 Legitimität und Effektivität*

Es ist heute durchaus üblich, die Legitimität einer privaten Beteiligung an der Planung und Durchführung öffentlicher Aufgaben aus einem diagnostizierten Mangel an staatlicher Effektivität zu folgern. Dieser vereinfachende Kurzschluss, der in der theoretischen Diskussion von GPPNs vertreten wird und auch der Netzwerkbildung in Dublin zugrunde lag, leitet aus den Defiziten öffentlichen Managements Legitimitätsdefizite öffentlichen Handelns ab, und schließt umgekehrt, dass daher eine Beteiligung oder Übertragung dieser Aufgaben an private Akteure legitim, effizient und effektiv sei bzw. umgekehrt: Weil diese effektiv seien, seien sie auch legitim.

Diese Argumentationsfigur durchzieht den Prozess der Wasserpolitik seit Dublin und führt auf der Ebene der (öffentlichen) Ressource, der Bewirtschaftung von Wasser und in Bezug auf den Prozess der politischen Planung und Entscheidung zu dem gleichförmigen Ergebnis, dass die öffentliche Hand versagt hat und die private es nun richten wird. Pauschal heißt es etwa zur Begründung von IWRM:

> Außerdem wird Wassermanagement gewöhnlich Top-down-Institutionen überlassen, deren Legitimität und Effektivität zunehmend in Frage gestellt wird. Das generelle Problem [des Wassersektors, P.D.] wird daher sowohl durch ineffiziente Governancestrukturen als auch durch eine wachsende Konkurrenz um die endliche Ressource verursacht. (GWP 2000a: 9)

Eine wissenschaftlich haltbare Antwort auf die Frage, ob globale Public Policy Netzwerke legitim sind, fällt weder mit der ohnehin klärungsbedürftigen Effektivität ihres Handelns zusammen, noch kann diese aus den Dysfunktionalitäten öffentlicher und hierzu eingesetzter Akteure abgeleitet werden. Die Begründung der Legitimität von Politiknetzwerken bleibt eine separat und mittels einer Reflexion der Legitimitätspotenziale zu lösende Aufgabe.

Einschränkend ist dem vorauszuschicken, dass *demokratische Legitimität* von transnationalen Netzwerken nicht erreicht werden kann. Hierzu fehlt ihnen alles, was dazu nötig wäre: der Souverän, eine normative Begründung ihrer Verantwortung für andere, Mechanismen der Kontrolle, das Moment demokratischer Einsetzung und vor allem Absetzung – all das eben, was eine Demokratie von anderen Herrschaftsformen signifikant unterscheidet.

Was in Bezug auf transnationale Netzwerke allenfalls untersucht und von ihnen erwartet werden kann, ist eine Art »gefühlter« Legitimität – eine punktuell begründete Anerkennung. Um den kategorialen Unterschied zwischen einer normativ begründeten und einer lediglich gewährten Anerkennung nicht zu verwischen, werde ich daher im Folgenden zwischen einer demokratischen und einer »askriptiven«, einer zugeschriebenen Legitimität unterscheiden. Letztere kann entstehen, wenn eine oder mehrere der folgenden vier Bedingungen erfüllt werden:

Entweder wird eine solche Institution gewählt und verfügt dann über eine ansatzweise demokratische Input-Legitimität *und/oder* sie beteiligt alle relevanten *stakeholder* mit »voice« und »vote« *und/oder* sie kommt auf der Output-Seite zu einem Konsens *und/oder* sie trägt tatsächlich in relevanter Weise zu einer Problemlösung bei.

Diese Legitimitätspotenziale – Wahl, Partizipation, Konsens, Problemlösung – sind kumulativ nutzbar und partiell substitutiv: Das heißt, man wird zum Beispiel bei einer nachhaltigen Problemlösung über manches Defizit der Input-Legitimität hinwegsehen oder die Beteiligung aller *stakeholde*r für entbehrlich halten können, wenn sie sich im Konsens der Entscheider wiederfinden können.[15]

Welche askriptiven Legitimitätspotenziale also nutzt das Wassernetzwerk?

15 So erfolgreich Institutionen auch darin sein mögen, sich askriptive Legitimität zu verschaffen, das Demokratiedefizit ist auf diesem Weg nicht überwindbar. Wenn der konstitutionelle Staat verlassen wird, wird der Boden der Demokratie verlassen. Im auf den Staat bezogenen Konstitutionalismus und seinen demokratischen Formen der Willensbildung lebt das einzige normativ vollständig begründete Modell einer Transformation der unveräußerlichen Menschenrechte auf individuelle Freiheit und Selbstbestimmung in kollektive Handlungsfähigkeit. Auch wenn wir über *accountability* und *credibility* sprechen, und beide sind nicht gering zu schätzen, sehen wir nur noch auf Fragmente der in der Freiheit und Gleichheit der Einzelnen wurzelnden Legitimierung von Herrschaft. Der »Regierungsauftrag«, der einem solchen »askriptiven« Legitimitätsprozess entnommen werden kann, bleibt damit in jedem Fall normativ prekär.

*Wahl* findet im Netzwerk nur in einer Hinsicht statt, nämlich bei innerorganisatorischen Rekrutierungsprozessen, die durch jeweilige Statute geregelt sind. Die Besetzung der Kommissionen erfolgt hingegen durch Ernennung. Die Weltwasserkommission, insbesondere ihr Vorsitzender Serageldin, erhält ihr Mandat durch den damaligen Präsidenten des World Water Council, Serageldins Landsmann Abu-Zeid (WWC 2000b: vi). Über das Camdessus-Panel heißt es: »In ihrem Auftrag luden die Sponsoren den Vorsitzenden ein, eine Gruppe von Finanzexperten zusammenzurufen, um Wege und Möglichkeiten zu erkunden, neue finanzielle Ressourcen für Wasser zu erschließen.« (Winpenny 2003: vii) Auch die Gurria Task Force wird von den Organisationen bestellt (WWC 2006b).

Die *Partizipation* am Netzwerk muss unter verschiedenen Gesichtspunkten betrachtet werden: Zunächst steht es jeder interessierten Organisation frei, Mitglied der Kerninstitutionen zu werden, sofern sie die Beiträge hierfür zahlen will und kann. Partizipation ist auch auf den Weltwasserforen möglich, durchaus auch kritische. Die World Water Vision war als partizipativer Prozess angelegt, an dem nach Aussage der Organisatoren 15 000 Menschen und Organisationen teilgenommen haben.[16]

Drei Dinge stimmen aber nachdenklich: Erstens sind relevante Teile der Zivilgesellschaft im Wassersektor zutiefst skeptisch bezüglich der Privatisierung und der vollen Kostendeckung durch die einzelnen Konsumenten. Doch keiner der Kommissionsberichte oder der zahlreichen Publikationen der GWP führt eine ernsthafte Auseinandersetzung mit der Gegenseite oder bemüht sich aktiv

16 »Der partizipatorische Prozess, der zur World Water Vision geführt hat, macht diese sehr besonders. Seit 1998 haben 15 000 Frauen und Männer auf lokaler, bezirklicher, nationaler, regionaler und globaler Ebene ihre Hoffnungen ausgetauscht und Strategien für eine nachhaltige Nutzung und Entwicklung der Wasserressourcen entwickelt. Das Internet hat diese Konsultationen in einem kurzen Zeitrahmen ermöglicht. Während sich die Vision entwickelte, haben noch mehr Netzwerke zivilgesellschaftlicher Gruppen, Nichtregierungsorganisationen (NGOs), Frauen (sic!) und Umweltgruppen an den Beratungen teilgenommen und diesen Bericht beeinflusst. Die verschiedenen Hintergründe der Teilnehmer – Amtsträger und gewöhnliche Leute, Wasserexperten und Umweltbewegte, Regierungsverantwortliche und Akteure des privaten Sektors, Akademiker und NGOs – boten eine große Vielfalt an Ansichten. Das also ist keine akademische Übung – es ist der Beginn einer Bewegung.« (Cosgrove/Rijsberman 2000 xii)

darum, die Gräben zu schließen. Der Ausdruck der *Multi-stakeholder*-Partizipation beschränkt sich daher in den Publikationen auf eine sektorale Breite, bedeutet aber keine inhaltliche Vielfalt als Ausdruck pluraler Interessen.

Zweitens beklagen Teilnehmer die hohen Eintrittsgebühren von bis zu 1000 US $ für die Weltwasserforen, die zusätzlich zu den Reise- und Unterbringungskosten eine deutliche Hürde für eine Teilnahme darstellen. Die Organisatoren rechtfertigen die Gebühren zwar mit den hohen Kosten und bieten auf Antrag auch Unterstützung an; auf dem Weltwasserforum in Istanbul etwa gab es subventionierte Plätze für 1000 Teilnehmer (ungefähr 3 Prozent aller Forumsbesucher). Jedoch bleibt der Betrag gewaltig, wenn man bedenkt, dass 2007 die Bewohner von Ländern mit niedrigem Einkommen (LIC) für das ganze Jahr durchschnittlich weniger als 875 US $ zur Verfügung hatten und 54 Länder in diese Kategorie weltweit fallen (World Bank 2007b: 347).

Drittens haben weder die gefundenen »Konsense« noch die breite Beteiligung die Differenzen im Wassersektor beilegen können. Die Behauptung, einen Konsens gefunden zu haben, kann daher nur in Bezug auf die beteiligten Eliten als richtig gelten; diese jedoch, so legen ihre institutionellen Verbindungen wie ihr Rekrutierungsprozess nahe, hatten von Beginn an keine großen Differenzen.

Bleibt die Frage nach dem Erfolg: Dieser wird heute vorzugsweise an den Millennium Development Goals gemessen. Fortschritte auf dem Weg zu einer Problemlösung wurden auf dem Vierten Weltwasserforum in Mexiko in aller Kürze so evaluiert: Es gibt »keinen entscheidenden Durchbruch« und »wenig Fortschritt« in Bezug auf die Millennium Development Goals (Viertes Weltwasserforum 2006). Man wird dieses Ergebnis bei genauerer Prüfung sicherlich differenzieren müssen. So erkennt der *UN Millennium Goals Development Report* 2006 durchaus Fortschritte in Bezug auf die beiden Ziele der Trinkwasserversorgung und der Versorgung mit sanitären Einrichtungen, doch bringt er ebenfalls unmissverständlich zum Ausdruck, dass »es angesichts der Tatsache, dass die Hälfte der Bevölkerung in Entwicklungsländern noch immer nicht über sanitäre Anlagen verfügt, sehr unwahrscheinlich ist, dass die Welt dieses Entwicklungsziel erreicht« (United Nations 2006: 18). Auch bezüglich der Trinkwasserversorgung sind Erfolge zu vermelden, doch »das Bevölkerungswachstum stellt eine Herausforderung dar und die großen Unterschiede zwischen Ländern und zwischen ländlichen und städtischen Gebieten halten an« (United Nations 2006: 19). Auch der Fortschrittsbericht von 2008 markiert keinen wesentlichen Durchbruch:

Seit 1990 haben 1,6 Milliarden Menschen Zugang zu einwandfreiem Wasser erhalten. Hält dieser Trend an, wird die Welt die Zielvorgabe für Trinkwasser wohl erreichen, die besagt, dass bis 2015 89 Prozent der Bevölkerung der Entwicklungsregionen Zugang zu verbesserter Trinkwasserversorgung haben sollen. Dennoch verfügt heute beinahe eine Milliarde Menschen nicht über eine sichere Trinkwasserquelle. (United Nations 2008b: 44)

Unverändert ist auch die absolute Zahl derjenigen, die keinen Zugang zu besseren sanitären Einrichtungen haben: »Etwa 2,5 Milliarden Menschen, beinahe die Hälfte der Bevölkerung der Entwicklungsländer, haben keinen Zugang zu besseren sanitären Einrichtungen.« (Ebd.: 4)

Darüber hinaus wird die spezifische Effektivität des Netzwerks auch in anderer Hinsicht in Frage gestellt, jedenfalls in Bezug auf die Leistungen der GWP. In der Evaluation der Organisation durch Weltbankexperten heißt es, dass zwar die Ziele der GWP mit der Wasserressourcenstrategie der Bank übereinstimmten. Jedoch sei das von der GWP vertretene Konzept des IWRM »zu komplex [...], oft unzureichend fokussiert und stärker auf Prozesse [...] als auf Ergebnisse und Folgen konzentriert« (Rana/Kelly 2004: ix f.). Die GWP widerspricht dieser Diagnose letztlich nicht: Die Suche nach Wegen, nun auch *praktische* Erfolge zu erzielen, bestimmte das zehnjährige Jubiläum 2006 und die strategischen Ziele von 2009 bis 2013.

Insgesamt bleibt zu konstatieren, dass auch das globale Politiknetzwerk keine Lösung für das »persistente Problem« (Jänicke/Jörgens 2004: 298) der Weltwasserkrise bereitstellt: »Obwohl der Handlungsbedarf unumstritten ist, wurden in den vergangenen Jahrzehnten kaum Fortschritte erzielt.« (Partzsch 2007: 38)

## 8.5 Durchsetzung der Netzwerkziele

### *8.5.1 Die Strategie des »Legitimitätsphishing«*

Das Wassernetzwerk verfügt nicht nur über keine demokratische Legitimität, sondern auch die Potenziale einer askriptiven Legitimität bleiben ungenutzt. Besonders schwerwiegend ist, dass sich die für GPPNs behauptete größere Problemlösungsfähigkeit und die Beteiligung aller *stakeholder* nicht nachweisen lassen. – Warum ist das Netzwerk dennoch so erfolgreich darin, die Meinungsführerschaft und Organisationshoheit in diesem Sektor zu gewinnen?

Ein Teil der Antwort liegt in einer Strategie des Netzwerks, die man »Legitimitätsphishing« nennen kann. Das Kunstwort *»phishing«* bezeichnet im Online-Verkehr die mit Täuschung und Tricks verbundene Absicht, zum Zwecke des Missbrauchs an private Daten zu gelangen. Von Legitimitätsphishing kann in Anlehnung hieran in Bezug auf Strategien gesprochen werden, die den Eindruck legitimen Handelns erzeugen, ohne den ohnehin schon niedrighängenden Kriterien askriptiver Legitimität zu entsprechen. Hierunter fallen:

(1) Der Reputationserwerb qua »früherer Position«: Alle Kommissionen erzeugen in ihren Darstellungen den Eindruck von Legitimität, indem sie auf vergangene Positionen ihrer Mitglieder in Staaten und internationalen Organisationen verweisen. Hiermit wird der zumeist falsche Eindruck einer Delegation oder mehr noch Repräsentation erweckt. Die Mitführung früherer Legitimierungen als persönliches Erbgut der Mitglieder verdeckt zudem die faktische Loslösung von den Repräsentationskriterien nationalstaatlicher und internationaler Organisationen unter Beibehaltung der Möglichkeiten einer strategischen Nutzung persönlicher Kontakte.

(2) Damit einher geht der Anstrich eines offiziellen Auftrags von letztlich privaten Verbänden. Sowohl die Global Water Partnership als auch der World Water Council haben als Organisationen keinerlei Mandat – aber sie mandatieren selbst Kommissionen mit dem Auftrag, für die Welt tätig zu werden.

(3) Unter Verweis auf ungewöhnliche Expertise, weltweite Partizipation und eine Vertretung aller Positionen und Sektoren werden die Produkte des Netzwerks als »Konsense« bezeichnet und den entsprechenden Gremien als Erfolg zugerechnet. Faktisch besteht

der Konsens jedoch ex ante; er ist daher nicht das Ergebnis eines pluralistischen Diskussionsprozesses, sondern eine »Einstellungsvoraussetzung«, um an den ergebnisorientierten Debatten teilnehmen zu können.

(4) Die Durchsetzung der Netzwerkarbeit mit partizipativen Elementen erzeugt den Eindruck demokratischer Entscheidungsfindung, sollte aber damit aufgrund der früher dargelegten Differenzen zwischen Partizipation und Demokratie, zwischen Teilnehmen und Mitbestimmen nicht verwechselt werden. Die Weltwasserforen sind inzwischen auf über 30 000 Teilnehmer angewachsen, die sich in freier Meinungsäußerung üben konnten, aber mangelnden Einfluss auf das Konferenzergebnis bitter kritisierten. Der Diskussionsprozess einer solchen Menschenmenge kann nur ein vorübergehender Austausch sein, eine Begegnung, eine Art Kirchentag oder auch ein modernes Potemkinsches Dorf – aber zu Recht kritisierte Asit Biswas, dass Entscheidungen auf anderen Wegen zustande kommen (müssen) (Biswas 2003: 6).

(5) Ohne Zweifel verfolgt das Netzwerk hehre Ziele; es tritt ein für eine nachhaltige Lösung der Wasserkrise, einen Zugang zu sauberem Wasser für jedermann und besonders auch für Frauen. Alle Begriffe einer modernen politischen Korrektheit sind im Repertoire der Berichte enthalten. Wer will den Netzwerkmitgliedern absprechen, dass ihnen diese Dinge am Herzen liegen?

Gleichwohl bleibt angesichts der fehlenden Repräsentanz von Armen einerseits und Frauen andererseits in den entscheidenden Gremien der Verdacht bestehen, dass diese Gemeinwohlverantwortung zumindest paternalistisch, wenn nicht gar nur rhetorisch ist (Women's Caucus 2006). Fraglich bleibt auch, warum internationale Konzerne, darunter auch SUEZ, sich an einem Netzwerk beteiligen, das vehement für Investitionen in den ärmsten Ländern der Welt wirbt, während sie sich gleichzeitig aus diesen Zonen zurückziehen. Hier sind Glaubwürdigkeitslücken zu konstatieren, die vor allem privatisierungskritische Bewegungen und Aktivisten hervorheben.

### *8.5.2 Die Rolle von* (central) government

Die Übernahme der politischen Initiative durch die strategischen Netzwerke bedeutet eine faktische Relativierung von Staaten in der

Aushandlung internationaler Rahmenvorstellungen. Diese passiert nicht naturwüchsig, sondern wird seitens der Netzwerkakteure systematisch gefordert: »›Governance‹ wird vom WWC und der GWP so benutzt, dass die Rolle des Staates heruntergespielt wird« (Morgan 2004: 4). So formuliert etwa die vormalige Präsidentin der Global Water Partnership, Margarat Catley-Carlson:

Ich denke, es gibt ganz neue Möglichkeiten der Zusammenarbeit durch Policy-Partnerschaften. Regierungsinstitutionen (*governments*) müssen akzeptieren, dass sie hierbei nur in der zweiten Reihe Platz haben. Das ist sehr schwer, weil diese Institutionen immer in der ersten Reihe standen und alle anderen hinter ihnen rangierten. Das ist ein schwer zu änderndes Verhaltensmuster. (Catley-Carlson 2001: 13)

Die gewünschte Rangordnung könnte kaum klarer formuliert werden: Entscheidungen treffen die selbst gewählten »Partner«, Regierungen und Staaten haben einen Platz in der zweiten Reihe.

Noch deutlicher zeigt das Konzept der »geteilten Governance« (*distributed governance*) (GWP 2003: 6) das Politik- und Staatsverständnis des Netzwerks:

Geteilte Governance beschreibt ein System, in dem viele verschiedene Parteien Aufgaben und Verantwortlichkeiten haben – Regierungsinstitutionen, die Zivilgesellschaft, der private Sektor, Individuen –, ein System, in dem der Staat nicht länger alleine handelt, um gesellschaftliche Probleme zu lösen. [...] Geteilte Governance ist eine Erscheinungsform von Demokratie – viel mehr eine Arena von Mitspielern (*players*) und *stakeholders* als ein Forum von Wählern. (Ebd.)

Bemerkenswert an dem Konzept ist, dass es mit fundamentalen Grundlegungen der Demokratie bricht: Eine klare Kompetenz- und Institutionenordnung ist eine Basis für die Beschränkung von Herrschaft, für die Rückholbarkeit politischer Entscheidungen und für das Funktionieren gegenseitiger Kontrolle. Lässt man, wie hier gefordert, die verbindliche Regelung von Rollen und Verantwortlichkeiten offen, beginnt ein unkontrolliertes Machtspiel. Legitime Vertreter öffentlicher Interessen (das heißt diejenigen, die für das Gemeinwohl zuständig sind) auf dieselbe Ebene mit Individuen, dem privaten Sektor und der allgemeinen Zivilgesellschaft zu stellen heißt, jede Idee einer öffentlichen Verantwortung von sich zu weisen: Was bleibt vom Staat, wenn er nicht mehr zählt als jedes seiner Mitglieder? Wer vermittelt zwischen den privaten Interessen, wenn niemand mehr für das kollektive Interesse verantwortlich ist und keine Institution sich schützend vor diejenigen »Spieler und Interessenten« stellt, die nicht stark genug sind, um für sich selbst einzutreten? Buchstabiert man die Idee der geteilten Governance aus, so ergibt sich eine komplette Revision des Konzeptes von Demokratie, eine moderne Variante des Naturzustands, in demjenigen der siegt, der stark ist.

### *8.5.3 Das Netzwerk und die internationalen Organisationen*

Die Unabhängigkeit einer *Multi-stakeholder*-Plattform war in Dublin unter der Annahme gefordert worden, dass es notwendig sei, allen Interessierten Zugang zu verschaffen, dies aber im Rahmen der UN-Institutionen nicht zu leisten sei (ICWE 1992: 7f. und 38). Das Verhältnis zwischen internationalen Organisationen und Netzwerk ist allerdings weder ein unabhängiges noch ein rein partnerschaftliches. Internationale Organisationen unterstützen das Netzwerk finanziell und strukturell auf vielfältigen Wegen,[17] können ihre finanzielle Unterstützung aber – wie im Fall der Weltbank und der GWP – bei Unzufriedenheit mit den Organisationen auch in sanktionierender Absicht einstellen.

Obwohl also die Vereinten Nationen nicht als sinnvoller Ort für die multisektoralen Kooperationen angesehen wurden, sind hochrangige Vertreter internationaler Organisationen an zentraler Stelle im Netzwerk vertreten; sie besetzen die Vorsitze der Kommissionen, im Falle der GWP auch den Vorsitz der Organisation selbst. Sie finanzieren, unterstützen und legitimieren die Arbeit des Netzwerks, dessen Ergebnisse – trotz einer fehlenden Einbindung in den offiziellen Prozess der UN-eigenen Organisationen zur Umsetzung der Agenda 21 und des Implementierungsplans von Johannesburg – in den Kanon der offiziellen Dokumente und Fortschritte eingereiht werden (vgl. Kapitel 4.1).

Diese Personalrekrutierung aus den internationalen Organisationen führt zu einer Verquickung der Institutionen, die durchaus

17 Vgl. die finanzielle Unterstützung des Weltwasserforums durch die UNESCO, OAS, FAO, WHO, UNICEF, WMO, UNDP, UNU und die Weltbank (WWC 2000b: 70). Das Büro der Kommission war am Sitz der UNESCO in Paris angesiedelt. Die Gurria Task Force beispielsweise dankt der GWP und dem WWC, aber auch der World Bank, FAO, IFAD und IWMI sowie dem UNSGAB, der OECD u.a. (Hovwegen 2006: III).

im Sinne der Erfinder sein mag, aber zu einer Aufgabenhäufung und Personalverflechtung führt, die keine Unterscheidung mehr zulässt, ob etwa Ismail Serageldin gerade in seiner Funktion als ehemaliger Vizepräsident der Weltbank, als Vorsitzender des Kuratoriums der Bibliothek Alexandria (eine Aufgabe übrigens, die er mit vier weiteren Mitgliedern der Weltwasserkommission teilt), als Vorsitzender der unabhängigen Weltwasserkommission oder der Global Water Partnership auftritt, was – theoretisch – je unterschiedliche Kompetenzen und Grenzen seines Handelns mit sich führen müsste. Zurechenbarkeit und Verantwortlichkeit – in der Sprachregelung der Global-Governance-Forschung: *accountability* und *responsibility* – werden hierdurch nicht erzeugt.

Während also das Netzwerk seinerseits *central government* mit den Generalvorwürfen der Intransparenz, Korruption (Cosgrove/Rijsberman 2000: 3) und Machtanmaßung (Catley-Carlson 2001: 13) belegt, tragen die personalen Verflechtungen zwischen den als unabhängig dargestellten Gremien des Netzwerks und UN-Institutionen nicht dazu bei, selbst als positives Gegenbeispiel zu wirken.

Ein markantes Beispiel hierfür ist die Berufung von Margret Catley-Carlson als Beraterin des Unterkomitees zu Wasserressourcen (ACC Subcommittee on Water Resources) innerhalb der Commission on Sustainable Development. 1998 beschloss das Komitee, einen »unabhängigen Berater« zu beschäftigen, der die Arbeit des Subkomitees bewerten und »Vorschläge machen [sollte], wie das Subkomitee seine Kooperation mit Institutionen auf dem Gebiet der Wasserressourcen verbessern kann, die außerhalb des UN-Systems agieren, etwa die Global Water Partnership, das Water Supply and Sanitation Colloborative Council und der World Water Council.« (ECOSOC 2000: 1). In der Begründung, warum die Wahl auf Catley-Carlson fiel, hieß es:

Der Sekretär des Subkomitees hat nach Konsultationen mit dem Präsidenten Margret Catley-Carlson ausgewählt, eine anerkannte Autorität auf dem Gebiet der Frischwasserressourcen, die eine internationale Karriere mit mehr als dreißigjähriger Erfahrung auf den höchsten Entscheidungsebenen aufzuweisen hat, darunter Positionen als Präsidentin des Water Supply and Sanitation Collaborative Council und stellvertretende Direktorin von UNICEF. (Ebd.: 5)[18]

18 Und: »Die Beratung wurde finanziell durch das britische Ministerium für Internationale Entwicklung […] unterstützt.« (ECOSOC 2000: 5)

Margret Catley-Carlson war zu diesem Zeitpunkt bereits Mitglied eines der wichtigsten Gremien des Netzwerks, der World Water Commission, und wurde im Sommer 2000 Präsidentin der GWP. Als ehemalige Vorsitzende des Water Supply and Sanitation Collaborative Council war sie somit in vielfacher Weise prominent in diejenigen Institutionen eingebunden, zu denen sie »unabhängig« Stellung nehmen sollte.

Weitergehend wirft diese Verflechtung – insbesondere die Tatsache, dass 15 von 21 Mitgliedern der Weltwasserkommission Verbindungen zur Weltbankgruppe haben – die Frage auf, warum diese Arbeitsgruppe parallel zu existierenden Strukturen gegründet und als unabhängige Gruppe von Experten dargestellt wurde. Warum zeichnet nicht die Weltbank selbst verantwortlich?

Eine mögliche Antwort ist, dass das Ausweichen in die globalen Politiknetzwerke der Legitimitätskrise entgegenwirken soll, unter der insbesondere die internationalen Finanzinstitutionen leiden (Ecker-Ehrhardt/Zürn 2007: 28; Falke 2005). Ein Nebeneffekt dieser Strategie ist aber, dass sich internationale Eliten im Verbund mit Vertretern privater Konzerne selbständig machen, sich wechselseitig mit der Besetzung höchst prominenter Ämter betrauen, die institutionellen Möglichkeiten ihrer Herkunftsorganisationen zur Finanzierung und als Rückendeckung nutzen, sich aber der öffentlichen Kontrolle, denen auch diese Institutionen unterliegen, entziehen. Damit steht das Interesse an einer tatsächlichen Problemlösung der Beteiligten nicht in Frage und es wird auch kein Eigennutz unterstellt; es zeugt jedoch von einem Missverständnis über die Grundlagen demokratischen Regierens, die auch im transnationalen Raum nicht suspendiert werden dürfen.

### *8.5.4 Der Einfluss des Policy-Netzwerks auf die globale Weltwasserpolitik*

Mit dem World Water Council hat sich eine Organisation einen hervorragenden Zugang zur Gestaltung der politischen Agenda geschaffen, deren Mitglieder in der Mehrzahl eines oder mehrere von drei Kriterien erfüllen: Sie sind privatwirtschaftliche Unternehmen, sie kommen aus Frankreich, Japan oder der Türkei und haben ihren Sitz in Ländern mit der höchsten statistisch erfassten Einkommensklasse. Der World Water Council ist weltweit führend in der Organisation der Foren und Kommissionen, die über den künftigen Umgang mit einer der wichtigsten Ressourcen der Erde verhandeln.

Die Global Water Partnership handelte in den vergangenen Jahren als strategischer Partner des World Water Council. Sie propagiert und implementiert in einem globalen Maßstab das Konzept des Integrierten Wasserressourcenmanagements, das neben ökologisch begründeten Integrationsperspektiven auch auf den politisch umstrittenen Prinzipien einer vollen Kostendeckung, einer ökonomischen Bewertung von Wasser und einer Aufwertung privater Beteiligungen an der öffentlichen Daseinsvorsorge und der politischen Entscheidungshoheit beruht.

Beide Organisationen sind davon überzeugt, dass Wasser als ökonomisches Gut einer vollen Kostendeckung unterliegen sollte, dass eine privatwirtschaftliche Beteiligung an Wasserdienstleistungen essenziell ist und die Rolle von Regierungen in der neuen globalen Politik zurückzufahren ist. Die Kerninstitutionen des Netzwerks bekennen sich deutlich zu einer der beiden umstrittenen Seiten der Privatisierungsfrage, die die Kontroversen der Wasserpolitik seit Anfang der 1990er Jahre beherrscht.

Die Überlegenheit privater Bewirtschaftung öffentlicher Infrastrukturen war theoretisch immer zweifelhaft und wissenschaftlich unbewiesen (siehe oben, S. 178). Trotz inzwischen vorliegender Untersuchungen darüber, dass es keinen Nachweis einer höheren Effizienz der einen oder anderen Bewirtschaftungsform gibt, trotz der niemals hohen und in den letzten Jahren sogar gesunkenen Bereitschaft privater Unternehmen, in riskanten, das heißt armen Regionen der Welt ihre Finanzkraft in den Ausbau von Infrastrukturen zu stecken, propagiert das Netzwerk die Ausweitung der privatwirtschaftlichen Initiative als die Lösung der Weltwasserkrise.

Zudem verfolgt es ein Politikmodell, das mit antietatistischen Elementen des neoliberalen Diskurses durchsetzt ist, wobei das Gegenmodell einer *distributed governance* seinerseits einer normativen Prüfung nicht im Ansatz standhält. Bemerkenswert ist in diesem Zusammenhang, dass sowohl die US-amerikanische Regierung als auch einige europäische Regierungen sowie die Europäische Kommission mit insgesamt neun Millionen Euro im Jahr eine Organisation unterstützen, der *central government* als eines der Hauptprobleme gilt und das abgelöst werden soll von *distributed governance*

– wohlgemerkt einer normativ unhaltbaren Vorstellung von Demokratie und Legitimität bei empirisch fragwürdiger Effektivität. Die politische Bedeutung von *central government* soll auf diesem Weg dem politischen Teilhabeanspruch eines privaten Unternehmens und eines einzelnen Bürgers angeglichen werden.

Die mit der Etablierung des Netzwerks verbundenen Hoffnungen auf eine effektivere Problemlösung und eine Beteiligung aller *stakeholder* als Bedingung hierfür haben sich weitgehend nicht erfüllt. Insbesondere ist die Bereitschaft des privaten Sektors, in Wasser zu investieren, mit der Zeit eher gesunken als gestiegen.

Während das Netzwerk eine multisektorale Kooperation als Funktionsbedingung für eine effektive Problemlösung ansieht, für die eine institutionelle Selbständigkeit der Organisation als Voraussetzung betrachtet wird, sind staatliche und internationale Eliten zentral an dem Netzwerk beteiligt: Die gut begründeten Restriktionen, die sich öffentliche Institutionen aus Gründen repräsentativer Interessenvertretung, demokratischer Kontrolle und der Begrenzung von Machtansprüchen Einzelner auferlegen, können dank der Unabhängigkeit des globalen Politiknetzwerks überwunden werden. Die Reputation der Herkunftsorganisationen, die persönlichen Kontakte, Einflussmöglichkeiten und gegebenenfalls auch die direkten und indirekten Zugriffe auf Ressourcen bleiben der transnationalen Elite als persönliche Freiheitsgrade erhalten.

Die 1996 mit großen Hoffnungen und viel Einfluss ausgestatteten Politiknetzwerke der globalen Wasserpolitik haben in der vergangenen Dekade die Globale Governance von Wasser weitgehend bestimmt. Als eherne Prinzipien sind private Beteiligungen, Kostendeckung für Wasserdienstleistungen, private Investitionen und vor allem der ökonomische Wert von Wasser propagiert worden. Massiver Widerstand wurde beiseitegewischt und ein »Konsens« behauptet, der nie über den Kreis der Protagonisten hinausreichte. Mit der Gründung der Weltwasserforen sind Megakonferenzen ins Leben gerufen worden, deren Aufwand und Wert für die Problemlösung an den Fortschritten in Bezug auf eine nachhaltige Lösung der Wasserkrise gemessen werden muss. Diese sind insgesamt immer noch zu gering und haben sich insbesondere in Gebieten, in denen die Versorgung mit Wasser und sanitären Anlagen für Investoren nicht attraktiv ist, nicht verbessert. Alles in allem ist die Zahl der Unversorgten mit einer knappen Milliarde Menschen ohne sauberes Trinkwasser und 2,5 Milliarden Menschen ohne sanitäre Anlagen in den Jahren nahezu konstant geblieben.

Besonders erstaunlich ist die Tatsache, dass die vom Netzwerk angenommenen Begründungszusammenhänge von Beginn an zweifelhaft waren: Die Investitionsbereitschaft privater Anleger in kapitalintensive, aber renditearme Geschäftsideen muss aus gut begründetem Eigeninteresse gering sein. Dass der private Sektor eine fundamentale Stütze für notwendige Investitionen in die Infrastruktur ländlicher und armer – das heißt wenig lukrativer – Gebiete sein könnte, widerspricht jeder ökonomischen Rationalität. Die Annahme, dass der private Sektor per se der bessere Dienstleister im Wassersektor wäre, wurde über mehr als ein Jahrzehnt lang nicht einmal wissenschaftlich geprüft, sondern als Glaubenssatz an den Anfang aller politischen Strategien gestellt, obwohl dieser einen fundamentalen Bruch mit der Praxis im allergrößten Teil der Welt darstellt. Ungeachtet volkswirtschaftlicher Experten, die jenseits sonstiger Differenzen nicht müde werden, die kostentreibende Wirkung von Monopolen zu betonen, und in Ignoranz der Tatsache, dass ein Wasserdienstleister aufgrund der Leitungsbindung ein natürliches Monopol besitzt, wurde kontraintuitiv wie kontrafaktisch behauptet, dass eine Privatisierung von Wasserdienstleistungen die Kosten für den Konsumenten senken würde. Demokratietheoretisch verblüffend ist die nicht allein vom Netzwerk vertretene, sondern bis weit in die akademische und politische Öffentlichkeit hinein reichende Annahme, dass *Multi-stakeholder*-Dialoge ein gleichermaßen guter Ersatz für eine demokratisch legitimierte Regierung wie für eine basisdemokratische (Mit-)Entscheidung sein könnten. Partizipation und Entscheidung haben so viel miteinander gemein wie Hund und Herr, sie koexistieren solange friedlich, bis sich die Machtfrage stellt. Auch in dieser Hinsicht überrascht die Naivität. Wasser ist die wichtigste Ressource, von der alles, aber auch wirklich alles abhängt: Nicht nur das individuelle Überleben, sondern auch jegliche wirtschaftliche Produktion, von der Industrie bis zur Agrarwirtschaft. Der völlig richtige Ausspruch »Wasser ist Leben« ist begleitet von dem nicht weniger richtigen Schweigen, dass Wasser auch Macht ist. Mag das Netzwerk auch beseelt sein von dem humanitären Interesse, das Wasser, das Leben ist, unter die Menschen zu bringen – politisch verwerflich ist es, dieses humanitäre Interesse nicht auch im Lichte existierender und sich verschärfender Machtverhältnisse zu betrachten.

# 9. Theoretische Bilanz: Sorge(n) um das Gemeinwohl

## 9.1 Zur Lösungsfähigkeit und Problematik von Global Governance

Global Governance ist eingangs als ein Projekt dargestellt worden, das wissenschaftlich noch unzureichend erforscht, aber politisch gleichermaßen von großen Hoffnungen wie von starken Befürchtungen begleitet ist. Auf der einen Seite steht die Annahme, dass es sich hierbei um eine Form direkter Demokratie qua Partizipation auf globaler Ebene handeln könnte, ein Projekt, das »potenziell für alle Menschen Nutzen bringen« kann (Deutscher Bundestag 2002: 418) und das die ökonomische Globalisierung politisch nach- und vor allem einholt. Auf der anderen Seite waltet die Sorge, dass die Auslagerung politischer Entscheidungsgewalt aus den normativ begründeten Formen repräsentativ-demokratischer Herrschaft eine neue, wenig kontrollierte Anmaßung unlegitimierter oder illegitimer Machthaber bedeutet.

Entsprechend sind die Alternativen der Global-Governance-Forschung als Fortführung einer selektiv an Problemlösungsprozessen orientierten Perspektive oder als Ausbau zu einer modernen Herrschaftstheorie beschrieben worden (Mayntz 2004). Letzerem gab Renate Mayntz zwar nicht den Vorzug, hielt es aber doch für den Weg zu einer »vollständigeren Erfassung der politischen Wirklichkeit« (ebd.).

Beide Möglichkeiten sind in der Wirklichkeit angelegt: Als Problemlösung präsentiert sich Global Governance, wenn man vor allem hervorhebt, dass sie gleichzeitig die Defizite einer hierarchischen Steuerung, die begrenzten Handlungsmöglichkeiten von *government* sowie den territorial beschränkten Geltungsraum staatlicher Souveränität überwinden kann. Als problematische neue Herrschaftsformation tritt Global Governance auf, weil erstens die klare Grenze zwischen demokratisch legitimierten öffentlichen Akteuren und Vertretern partikularer Interessen absichtlich durchbrochen wird, zweitens die Herrschaftsbegründung und -begrenzung derart transnational handelnder Akteure prekär ist und drittens die

Zurechenbarkeit politischer Entscheidungen in der Komplexität von Steuerungsformen, -absichten, -subjekten und -objekten abhanden kommt.

Ob Global Governance eher Probleme löst oder neue schafft, liegt daher beim gegenwärtigen Forschungsstand zu einem guten Teil im Auge des Betrachters – und der jeweiligen Form der Ausübung von Global Governance.

In der Suche nach einer Antwort auf diese Frage habe ich in diesem Buch einen dezidiert normativen Standpunkt eingenommen: Der demokratische Verfassungsstaat, so die Leitüberlegung, ist das einzig schlüssig begründete Modell einer Vermittlung von individueller Freiheit und kollektiver Handlungsfähigkeit unter der Prämisse der Einheit von Rechtsautoren und Rechtsadressaten, die aufgrund des unhintergehbaren Erbes der Aufklärung – der Gleichheit aller Menschen – nicht preisgegeben werden darf. Dieser Anspruch auf eine umfassende verfassungsrechtliche Einhegung politischer Machtausübung jedoch wird im Kontext der Globalisierung, im Angesicht einer behaupteten Überforderung des Staates und der Tatsache zerfallen(d)er Staaten immer mehr als ein Relikt wahrgenommen, als konservatives Verharren in normativen Überzeugungen, deren Realisierungschancen systematisch abhanden kommen. Für die Preisgabe der Ideale des demokratischen Verfassungsstaates scheint zu sprechen, dass dessen Existenzbedingungen selbst – vor allem eine klare Trennung zwischen innen und außen sowie zwischen demokratisch legitimierten öffentlichen Akteuren und privaten – im Schwinden begriffen sind. Beides, die Transnationalisierung von Politik und deren Privatisierung, deuten daher darauf hin, dass die Forderung nach demokratischer Inputlegitimität relativiert werden muss und, nicht zuletzt angesichts drängender Probleme, verstärkt auf nachhaltige Problemlösungsfähigkeiten, das heißt auf Outputlegitimität, zu setzen ist.

Als Alternative zu einer normativen Bewertung scheint so eine stärker an Effektivität als an Legitimität orientierte Wirklichkeitswahrnehmung und eine entsprechende Anpassung der Erwartungshaltungen an diese auf. Erfolgreiches politisches Handeln, so lautet das Kernargument einer an praktischen Gegebenheiten orientierten Perspektive, muss sich auf die Veränderungen der postnationalen Konstellation einstellen und nach effektiven Steuerungsformen jenseits des Staates suchen (Risse 2005; Risse/Lehmkuhl 2007). In einem solchen Verständnis des Projekts transnationalen Regierens sind Legitimitätsfragen keineswegs preisgegeben, müssen jedoch in den Kontext des Möglichen, nicht des absolut Wünschenswerten gestellt werden: »Es wäre unrealistisch, sehr hohe demokratische Standards an Global Governance oder an Situationen begrenzter Staatlichkeit zu stellen.« (Keohane 2007: 5) Dieser Einsicht verpflichtete Legitimitätskriterien sind folglich weicher. Legitim kann eine Institution danach bereits dann sein, wenn sie über eine »minimale moralische Akzeptabilität« verfügt, »komparative Vorteile« verspricht, und eine »institutionelle Integrität« mit einer »epistischen Qualität« (ebd.: 6 ff.)[1] verbindet. Keohane argumentiert daher für eine Neubewertung der Bedeutung legitimen Regierens: Der Krieg aller gegen alle, so Keohane, »kontextualisiert die Frage der Legitimität« (ebd.: 4). Die Kontextualisierung – was letztlich heißt: die Relativierung – von Legitimität scheint dort besonders angezeigt, wo es um »Menschheitsfragen« geht. Im Falle der Wasserpolitik ist dies unzweifelhaft der Fall. Ich habe ausführlich geschildert, dass die Krise dramatisch und der Handlungsbedarf groß ist. Das Argument komparativer Vorteile wäre also leicht anzuwenden: Besser ist es, die Ressourcen werden (nur) effektiv als gar nicht bewirtschaftet.

Dieses Argument trägt jedoch nicht besonders weit, wie sich bei näherer Betrachtung zeigt. Demokratietheoretisch sind Effektivität und Legitimität zentral aufeinander bezogen: Der Prozess der Herrschaftsformierung und -begründung selbst muss demokratischen Anforderungen standhalten, wenn die Ergebnisse der Entscheidungsfindung ebenfalls demokratischen Kriterien genügen sollen. Nur auf den ersten Blick löst die Forderung nach einer Aussetzung harter Legitimitätskriterien zugunsten größerer Effektivität diesen Zusammenhang auf, wenn, wie im Wassersektor, Global-Governance-Formen vor allem als Garanten einer höheren Effektivität gefordert und durchgesetzt werden. Faktisch aber bleiben Effektivität und Legitimität in der theoretischen Diskussion und in der politischen Auseinandersetzung wechselseitig aufeinander bezogen,

1 »Die Minimalforderung ist, dass Institutionen nicht auf Überzeugungen gegründet sind, die offensichtlich falsch sind, und dass sie einigermaßen exakt über ihre Aktivitäten berichten. Institutionen, die beispielsweise auf Rassismus gegründet sind, sind ipso facto illegitim, weil der Glauben an eine Rassenüberlegenheit nachweislich falsch ist.« (Keohane 2007: 8)

selbst dort, wo sie vermeintlich getrennt wurden. Denn sowohl in der theoretischen als auch in der politischen Diskussion wird mit der Behauptung besserer Ergebnisse für alle für eine bestimmte – legitime – Form gekämpft, diese gewünschten Resultate herbeizuführen.

So stand zum Beispiel im Zentrum von Hardins Argument gegen die kollektive Bewirtschaftung der Allmende die Behauptung unvermeidlicher Übernutzung. Er warb für eine effektivere, nämlich private Form der Bewirtschaftung mit der Behauptung, dass diese allein nachhaltig und damit auch im Menschheitsinteresse, das heißt auch legitim sei. Vergleichbar hatte Adam Smith einen Rückzug des Staates aus der Sphäre der Ökonomie mit der vielfach variierten Betonung eines allgemeinen Nutzens gefordert. Insbesondere die neoliberalen Autoren stellen *government* in einen Gegensatz zur Freiheit und zum ökonomischen wie menschlichen Fortschritt. In allen Fällen sind generelle Gewinnversprechen die Grundlage, um eine bestimmte Form von Regierung (nämlich *central government*) zu delegitimieren und eine private Form der Steuerung zur besseren zu erklären.

Dies spiegelt sich auch in der direkten politischen Auseinandersetzung im Wassersektor wider. Den Befürwortern der Privatisierungspolitik gelten die mangelnde Effizienz und Effektivität des öffentlichen Sektors als ausreichende Gründe für die berechtigte, ja notwendige Beteiligung privater Akteure. Eine Regulierung durch Global Governance und eine Bewirtschaftung der Ressourcen durch private Akteure erscheinen deswegen als nicht nur effektivere, sondern auch legitime Alternativen. Spiegelbildlich betonen die Kritiker das Gegenteil, wenn sie die Privatisierung als nicht zielführend ablehnen und die Beteiligung ökonomischer Akteure an der politischen Regulierung als »mafiös« verurteilen.

Insgesamt wird die Suche nach einer effektiven Problemlösung im politischen Diskurs daher faktisch keineswegs von der Legitimitätsfrage abgekoppelt, sondern beide Dimensionen werden vielmehr auf eine neue Art verschränkt: Klassisches demokratisches Regieren sieht in der verfassungsrechtskonformen Bestellung des politischen Personals und der Institutionalisierung von legitimen Entscheidungsgremien eine notwendige wie hinreichende Voraussetzung für die Herstellung gemeinwohlnützlicher – und in dem Sinne auch effektiver – Entscheidungen. Die gewünschte

Effektivität ist in dieser Hinsicht eine begründete Folge legitimer Institutionenbildung. Im Falle von Global Governance wird der Begründungszusammenhang umgekehrt: Aufgrund (bestreitbarer) Effektivitätsversprechen wird Legitimität behauptet, auch wenn die betrauten Institutionen den Anforderungen einer demokratisch begründeten Zusammensetzung nicht genügen. Durch die Hintertür kehrt somit die Frage der Legitimität zurück, die man glaubte, mit der Betonung von Effektivität zurückstellen zu können.

Diese Umkehrung wäre möglicherweise ein Ausweg aus den Schwierigkeiten, vor denen die Begründung legitimen transnationalen Regierens steht. Dies würde aber voraussetzen, dass die Effektivität tatsächlich höher wäre. Doch zeigt die empirische Forschung, dass die Bereitschaft, in der Diskussion über Global Governance nur noch eingeschränkte Ansprüche an eine gehaltvolle demokratische Legitimität qua legitimer Institutionenbildung zu stellen, aus einem weiteren Grund in Frage gestellt werden muss: Die tatsächliche Problemlösungsfähigkeit ist in dem hier diskutierten Beispiel keineswegs erwiesen. Die Beteiligung des privaten Sektors an der Politikformulierung und dem Agenda-Setting hat vielmehr, eine Warnung von Smith in den Wind schlagend, die Möglichkeit geschaffen, dass die »Handelstreibenden« ihre Interessen, die »stets vom öffentlichen ab[weichen]« (Smith 1776/2005: 213), an prominenter Stelle zur Geltung bringen können. Anstelle der erhofften Fortschritte und einer Hilfe für die Ärmsten hat die mit diesem Ziel begründete Privatisierung lukrative Anlagemöglichkeiten im Schatten des ursprünglichen Begründungszusammenhangs geschaffen – dort nämlich, wo funktionierende öffentliche Systeme in private Hände gelegt wurden.

Eine weitere Hoffnung, die mit Global Governance verbunden wird, bestätigt das Beispiel der Wasserpolitik daher schließlich auch nicht: dass es mit dieser Form politischer Steuerung gelingen könnte, die ökonomische Globalisierung politisch anspruchsvoll zu rahmen. Im konkreten Fall ermöglicht sie eher das Gegenteil: den Ausgriff der Ökonomie auf den Bereich des Politischen.

Zusammenfassend muss man konstatieren, dass sich die Hoffnung, das Legitimitätsproblem qua Effektivität lösen zu können, nicht erfüllt. Ob also die prekäre Rechtfertigungsbasis von Global Governance eine »Kinderkrankheit« ist oder ihr konstitutiver Bestandteil bleiben wird, wird vor allem davon abhängen, ob es gelingt, normativ gehaltvolle Ansprüche an die Legitimität dieser Steuerungsform zu entwickeln und um deren Realisierung auch zu streiten – auch wenn, vielmehr gerade weil die zu lösenden Probleme eine nachhaltige Lösung erfordern.

## 9.2 Gemeinwohl, Menschenrechte und Demokratie

Die politische Theorie ist sich sicher, dass das Gemeinwohl notwendig offen ist und seine Konkretisierung im Rahmen der institutionellen Verfahren und Richtlinien des demokratischen Verfassungsstaates fortlaufend geschehen und damit auch prinzipiell revidierbar sein muss. Weitgehend unbeantwortet ist jedoch die Frage, wie die Konkretisierung des Gemeinwohls gelingen kann, wenn die Bedingungen seiner Realisierung sich in den transnationalen Raum verschieben. Einerseits geben zwar die Menschenrechte und das Völkerrecht hier eine Leitidee an die Hand: So können beispielsweise die Millennium-Entwicklungsziele, die allgemeine Menschenrechte mit messbaren Fortschrittsverpflichtungen versehen und so zu verwirklichen suchen, auch als Konkretisierungen des globalen Gemeinwohls verstanden werden. Andererseits aber steht es dahin, wie eine transnationale Gemeinwohlkonkretisierung jenseits unzweifelhafter Ziele stattfinden kann und wie, selbst wenn dies gelingt, Vereinbarungen über deren praktische Realisierung getroffen werden sollen. Offen ist auch, wer an der Entscheidung über konkurrierende Ziele berechtigt beteiligt wird und von welchen Institutionen diese auf welche Weise verfolgt werden.

Diese Schwierigkeiten sind nicht allein theoretischer Natur. Auch die dargelegte empirische Forschung zeigt, dass zwar das Ziel einer Lösung der Trinkwasserkrise unstrittig, doch der Weg dorthin heftig umkämpft ist. Zugleich sind mögliche Lösungswege auch mit partikularen Interessen verknüpft. Die Vision etwa, dass eine kostendeckende Wasserversorgung und Regulierungen zur Absicherung von Investitionsrisiken Voraussetzungen sind, um Leitungsnetze in bislang unversorgten Städten und Regionen zu installieren, setzt auf das Profitinteresse privater Investoren und fördert es, um das öffentliche Ziel einer besseren Versorgung zu erreichen. Die Hoffnung, dass sich auf diese Weise massive Fortschritte erzielen lassen könnten, hat andere Optionen – etwa den Ausbau und die

Stärkung des öffentlichen Sektors – in der Vergangenheit blockiert, die möglicherweise zielführender gewesen wären. Zudem hat die Unklarheit, unter welchen Prämissen die Gemeinwohlkonkretisierung stattfindet, einen Metakonflikt geschaffen. Während die Kritiker in der Förderung privater Profitinteressen im Wassersektor das treibende Motiv für die Forderung nach kostendeckenden Preisen und einer Beteiligung des privaten Sektors sehen und unterstellen, dass es keineswegs um öffentliche Ziele gehe, lautet die Gegenbehauptung, dass eine Verstärkung privater Akteure an Bereitstellung und Regulierung nicht nur für alle vorteilhaft wäre, sondern letztlich den einzigen Weg darstelle, um überhaupt das Ziel einer besseren Versorgung zu erreichen. Im Ergebnis war beiden Seiten eine sachliche Prüfung der vorgeschlagenen Lösungsmöglichkeiten über einen langen Zeitraum ideologisch verstellt. Überschätzt wurden von allen Beteiligten die Möglichkeiten, in diesem Sektor tatsächlich profitabel zu wirtschaften, jedenfalls dort, wo Investitionsbedingungen und Renditen gleichermaßen ungewiss sind.

Alles in allem zeigt das Beispiel der Wasserpolitik, dass sich der Mangel an überzeugenden Verfahren der Gemeinwohlkonkretisierung in transnationalen Politikfeldern in mehrfacher Hinsicht problematisch auswirkt. Zum einen wurde auf dem Wege eines reinen Kräftemessens zwischen ungleich starken Kontrahenten über lange Jahre eine Option durchgesetzt, die weder ökonomisch begründet noch wirtschaftlich gangbar war. Zum anderen hat die Verfolgung dieses Weges nicht die gewünschten Ergebnisse gezeitigt. Und schließlich hat sich die »Wasserfamilie« in einen tiefgreifenden Konflikt verstrickt, der beträchtliche argumentative Ressourcen gebunden hat.

Zieht man eine Bilanz, so wird deutlich, dass die Realisierung des Gemeinwohls in zunehmendem Maße von Bedingungen abhängt, die innerhalb eines Staates alleine nicht realisiert werden können. Ein »gutes Leben«, eine saubere Umwelt, Freiheit und Sicherheit etwa sind Wünsche, deren Erfüllung nicht länger in der Kraft einzelner Staaten alleine steht. Des Weiteren wird diesem Problemdruck in vielen Politikbereichen, im Wassersektor allemal, mit einer diffusen Praxis transnationaler Gemeinwohlverfolgung begegnet. Die Institutionalisierung transnationaler Akteure wird bislang durch keine gut begründete politische Theorie legitimer Entscheidungsfindung angeleitet, sondern geschieht oftmals ad hoc. Dies beeinflusst nicht nur die Frage, wer an solchen Entscheidungen und Beratungsgremien beteiligt ist, sondern führt auch dazu, dass die Beteiligten semantisch eine Verfolgung von »Menschheitsinteressen« für sich beanspruchen, was von denen vehement bestritten wird, die sich in diesen Gremien nicht repräsentiert sehen.

Diese Beobachtungen der Praxis geben Anlass, die theoretische Auseinandersetzung mit den Formen der Gemeinwohlkonkretisierung und -realisierung in transnationalen Politikfeldern zu verstärken. In der Theorie des demokratischen Staates ist es unabdingbar, dass er substanzielle Festlegungen von Gemeinwohlorientierungen unterlässt, weil diese aufgrund nur relativ bestimmbarer Werte in einer pluralen Gesellschaft einem fortdauernden Aushandlungsprozess unterliegen müssen. Diese Annahme kann auch unter den Bedingungen der Weltgesellschaft nicht außer Kraft gesetzt werden.

Doch fehlen die bindenden Kräfte des Verfassungsstaates im transnationalen Raum in doppeltem Sinne: Es existieren keine verfassten Organe der Letztentscheidung, die den Rahmen der Auseinandersetzung von vorneherein und auch schlussendlich rational begrenzen würden. Und es mangelt an substanziellen Leitlinien, die eine Konkretisierung von Optionen in Bahnen lenken könnte, die für alle akzeptabel sein können. Wenn zudem, wie im Falle der Wasserpolitik, die Organisation des Prozesses nicht bei den Vereinten Nationen, sondern bei letztlich privaten Akteuren – mögen sie auch ihren öffentlichen Auftrag noch so sehr betonen – liegt, findet die Aushandlung in begrenzten Arenen selbstbestellter Akteure statt, die sich, ohne dass dies relevante Auswirkungen auf das Gesamtergebnis hätte, mit einer Aura partizipativer Strukturen zu rechtfertigen suchen.

Schließlich ist die Universalität eines Problems nicht identisch mit der Möglichkeit, auch eine universale Lösung zu finden. Institutionen sind endogen. Regelungssysteme, die in bestimmten Kontexten gut funktionieren, können für andere ganz ungeeignet sein. Selbst dort also, wo Problemdimensionen auf globaler Ebene aggregiert werden können, und in den Fällen, in denen es globale Ursachen für unerwünschte Wirkungszusammenhänge gibt, muss die jeweilige Lösung auch lokal angepasst sein. Globale Probleme haben lokale Wurzeln; um sie zu lösen, reicht es daher nicht, sie globalen Institutionen alleine zu unterwerfen, diese müssen auch lokal, und das heißt unterschiedlich, verankert sein.

Ohne Zweifel ist das Dilemma, in dem sich legitimes transnationales Regieren verfängt, nicht einfach zu lösen. Die erste Schwierigkeit liegt in der Frage nach einer angemessenen theoretischen Haltung. Ein unbeeinträchtigtes Festhalten an einem vollständigen normativen Begründungshorizont politischer Herrschaft beinhaltet zunächst ein größeres Potenzial, realpolitische Entfernungen von diesem Ideal zu kritisieren, wird aber von praktischen Entwicklungen zusehends überholt. Bei wachsender Differenz zwischen normativen Vorstellungen und realpolitischen Gegebenheiten büßt der normative Maßstab jedoch an Praxisrelevanz und damit auch an seiner Leitfunktion für die Anpassung der Wirklichkeit an das Ideal ein. Umgekehrt setzt eine Anpassung der normativen Maßstäbe an die empirische Wirklichkeit von vorneherein nur auf eine eng begrenzte Leitwirkung des Ideals und verliert damit einen wesentlichen Bezugspunkt kritischer Reflexion tatsächlicher Politik- und Machtverhältnisse. Wenn diese Haltung auch zunächst für sich in Anspruch nehmen kann, einen belastbaren Bezugspunkt zur politischen Wirklichkeit herzustellen, so läuft doch eine zu geringe Distanz normativer Haltungen zur Realität Gefahr, nicht länger ihr Maßstab, sondern nur noch ihr Abbild zu sein. In beiden Fällen ist die Distanz zwischen normativen Erwartungshaltungen und realen Entwicklungen unzureichend – zu groß im ersten Fall, zu klein im zweiten. Man muss nüchtern festhalten, dass für dieses Problem zurzeit keine Lösung existiert. Das ist kein befriedigendes Resultat. Doch im Gegensatz zu der in der Öffentlichkeit wie auch in der Politik- und Rechtswissenschaft inzwischen verbreiteten Haltung, demokratische Grundprinzipien wie das Recht auf das eigene Recht und eine gleichberechtigte Mitbestimmungsfähigkeit eines jeden an den öffentlichen Dingen für minder wichtig zu erklären,[2] fordert ein solcher Befund wenigstens dazu auf, den schleichenden Verfall demokratischer Werte als fundamentales Problem des 21. Jahrhunderts zu begreifen.

Die zweite Schwierigkeit liegt darin, funktionale Äquivalente für die innerstaatliche Demokratie auf transnationaler Ebene zu finden. Wenn der demokratische Staat nicht länger alleine alle die Ergeb-

2 Vgl. exemplarisch die Rede von der »Mythologisierung nationalstaatlich-demokratischer Governance« bei de Wet (2006: 71), kritisch hierzu u. a. Dobner (2010) und zusammenfassend eine kritische Auseinandersetzung mit der »Ausdünnung des Demokratiebegriffs« bei Buchstein/Jörke (2003: 478).

nisse produzieren kann, die von einer Mehrheit als wünschenswert betrachtet werden, so ist die »Auswanderung« von Politikfeldern zu supranationalen und transnationalen Verhandlungsorten aus sachlichen Gründen geboten. Dort angekommen fallen sie jedoch in das institutionelle und legitimatorische Loch nicht ausgereifter Institutionen globaler Demokratie. Diese Lücke wird allenthalben mit der Initialisierung von »*Multi-stakeholder*-Dialogen« und Beteiligungsformen kaschiert, die den Eindruck vermitteln, dass schon die Anwesenheit eines Ausschnitts der Weltgesellschaft dafür sorgen könnte, demokratische Zustimmung zu organisieren. Dies ist aber keineswegs der Fall und kann es auch nicht sein, weil Demokratie durch Partizipation nicht ersetzt werden kann. Die paritätische Idee von »one man – one vote«, die für die gleichberechtigte Beteiligung an der Entscheidungsfindung und damit auch das verantwortliche Mittragen notwendiger Kompromisse steht – selbst solcher, denen man nicht zustimmen würde –, wird durch die Möglichkeit der Beteiligung an Konferenzdebatten nicht eingeholt, sondern verdeckt vor allem den Mangel an Formen, Institutionen und Ideen, die in begründeter Weise die Auslagerung von Entscheidungen aus dem staatlichen Raum in transnationale Foren demokratisch legitimieren könnten.

Man kann es auch kurz und hart formulieren: Global Governance mag aus sachlichen Gründen überall dort geboten sein, wo das Entscheidungsvermögen des Staates territorial begrenzt ist, der Problemdruck aber über den Staat hinausweist; demokratischen Standards legitimer Entscheidungsfindung aber hält sie bislang nicht stand.

## 9.3 Relokation der Macht und die neue Rolle des Staates

Die gleichzeitige Ausweitung des Kreises politischer Akteure, des territorialen Bereichs politischer Gestaltungsansprüche und die Vermengung von Steuerungssubjekt und -objekt lassen den Staat als »Container« der Machtverhältnisse zu eng werden. Mit der Entwicklung von Global Governance entsteht somit eine neue Arena des Ringens um Macht, in der der Staat nur *eine* Position im Wechselspiel der Kräfte einnimmt. Die eigentliche Frage ist, wer in dieser entfachten Konkurrenz um die Gestaltung der politischen Verhältnisse Machtzuwächse erfährt und wem Gestaltungsansprüche verloren gehen. Diese politisch entscheidende Frage wird indessen solange verstellt bleiben, wie für Global Governance als Möglichkeit einer »für alle« offenen Form der Beteiligung an den globalen Menschheitsfragen in geradezu naiver Weise geworben wird – ungeachtet weitgehend ungeklärter und ungleich verteilter Durchsetzungsmöglichkeiten.

Die Wasserpolitik ist in mehrfacher Hinsicht paradigmatisch für diese Dynamik in den politischen (Mit-)Bestimmungsmöglichkeiten als Folge einer Verlagerung der politischen Auseinandersetzung aus dem Staat, weil sie diesen – und mit ihm auch die demokratischen Partizipationsmöglichkeiten im Rahmen verfassungsrechtlicher Regelungen – in verschiedenen Hinsichten gleichzeitig herausfordert, nämlich (1) in der Verantwortung für die öffentliche Daseinsvorsorge, (2) in der Einschränkung des staatlichen Monopols für die Regelung der öffentlichen Angelegenheiten und (3) als Teil des Verbundes souveräner Staaten. Gerade weil auf dem Feld der Wasserpolitik mehrere Dimensionen der Relativierung des Staates aufeinandertreffen, lässt sich hier auch kritisch prüfen, ob Überforderung und Dysfunktionalität ausreichende Gründe sind, anderen Steuerungsformen den Vorzug zu geben.

(1) Zunächst gibt zu denken, dass die Infragestellung der öffentlichen Verantwortung für die Bewirtschaftung natürlicher Monopole keineswegs neu ist. Die Auseinandersetzung mit der Vorstellungswelt des Neoliberalismus (siehe oben, Kapitel 6) zeigt, dass die Suche nach einer Alternative eine lange Tradition hat und dass sie *auch* Teil einer Gedankenwelt ist, die *grundsätzlich* dem Markt als Steuerungsmechanismus eine größere Effektivität zutraut als dem Staat und seiner Regierung.

In diesem Kontext wird aber auch deutlich, dass »mehr Markt« mehr bedeutet als nur einen vermeintlich besseren Steuerungsmechanismus. In der Tradition des Neoliberalismus ist diese Forderung gepaart mit der nach einer Begrenzung von Solidarität, mit der Relativierung sozialer Zusammenhänge zugunsten individueller Alleinverantwortung und mit einer Freiheitsvorstellung, die lieber auf die Demokratie verzichtet als auf das Recht, seinen ökonomischen Vorteil zu nutzen (vgl. weiterführend Dobner 2009: 32 ff.). »Staat oder Markt« ist daher nicht alleine eine nüchtern zu prüfende Alternative zwischen zwei Steuerungsmodi gleicher Dignität; sie steht in der historisch vehement geführten Kontroverse hierüber auch für die umfassendere moralische Frage, was wir füreinander leisten wollen oder uns wechselseitig schuldig zu sein glauben, als Mitglieder einer Gemeinde, einer Nation und der Weltgesellschaft. Die Alternative »Staat oder Markt« rührt damit im weiteren Sinne an den prekären Bereich von Gerechtigkeitsfragen und führt systematisch über das nur ökonomisch Sinnvolle hinaus, indem sie zur Debatte stellt, wofür wir wie leben und eintreten wollen.

Aber selbst jenseits der Frage, ob man die vom Neoliberalismus in Frage gestellten Werte gesellschaftlicher Solidaritätsverpflichtungen teilt oder nicht, zeigt diese Denktradition im konkreten Fall noch etwas Gegenteiliges und Erstaunliches. Entgegen ihrer sonstigen Grundüberzeugung, aber durchaus im Einklang mit der weltweiten Praxis und der (bis vor kurzem unhinterfragten) Grundüberzeugung, konnten sich Mises, Milton und Hayek nicht dazu durchringen, auch die Verantwortung für Wasser dem Markt zu überantworten. Wasser der Macht privater Monopolisten auszusetzen war für Mises gerade unvorstellbar. Wenn sich auch Gründe nennen lassen, warum dieses starke Credo Anfang der 1990er Jahre preisgegeben wurde, so lässt sich doch festhalten, dass diese Begründungen sich vor allem historischer Koinzidenz und einer hieraus resultierenden allgemeinen Überbewertung von Marktmechanismen verdanken, nicht aber aus einer haltbaren Analyse der Zustände im Wassersektor selbst oder einer sachgerechten Verarbeitung der grundsätzlichen Eigenheiten dieser Ressource gespeist waren.

Schließlich gibt es zusätzlich zu Wertfragen und der Skepsis selbst der Neoliberalen einen empirischen Anlass, an der öffentlichen Daseinsverantwortung für Wasser grundsätzlich festzuhalten: Der vermeintliche Drang privater Investoren, sich dem riskanten Wassergeschäft zu widmen, ist von Befürwortern wie Kritikern in den letzten fünfzehn Jahren völlig überschätzt worden. Dieser hängt naturgemäß von einer bestimmten Kosten-Gewinn-Relation ab: Sind die Kosten hoch und die Gewinne unsicher, ist die Investitionsbereitschaft gering. Umgekehrt steigern niedrige Kosten und hohe Gewinnerwartungen die private Beteiligungsfreude. Geradezu kontraintuitiv zu diesem nachvollziehbaren Zusammenhang wurde eine Lanze für eine private Beteiligung in der Hoffnung gebrochen, dass die ungedeckten hohen Infrastrukturinvestitionen in zahlreichen

Regionen der Welt künftig mit privatwirtschaftlicher Hilfe getätigt werden würden, und nicht zufällig handelt es sich bei diesen Regionen um Gebiete, in denen auch die Renditen nicht gesichert sind. Betriebswirtschaftlich ist es völlig widersinnig, ausgerechnet hier zu investieren, was die private Industrie allen Beschwörungen, praktischen Hilfestellungen und finanziellen Zusagen zum Trotz denn auch weitgehend unterlassen hat. Hingegen ist es ökonomisch durchaus sinnvoll, sichere Anlage- und Erwerbsmöglichkeiten zu nutzen, das heißt eine Beteiligung an den Wasserdienstleistungen dort zu suchen, wo geringen Kosten gesicherte Gewinne gegenüberstehen, nämlich bei den Wasserversorgern der industrialisierten Länder – erwartungsgemäß ist auch dies tatsächlich eingetreten. In beiden Fällen, der geringen Investitionsbereitschaft in wirtschaftlich prekären Gebieten und der hohen Beteiligung an sicheren Renditen, deckt sich das private Interesse nicht mit dem öffentlichen.

(2) Mit der geringen Bereitschaft der Unternehmen, sich an den Kosten für prekäre Infrastrukturinvestitionen zu beteiligen, entfällt auch der wesentliche Grund, sie an der politischen Regulierungsverantwortung partizipieren zu lassen. Gerade in dem Versprechen, mit ihrer Kraft Fortschritte zu erzielen, lag ein zentrales Argument für die multisektorale Zusammenarbeit. Doch hat im Bereich der Wasserpolitik diese Verantwortungsteilung vor allem den Effekt, im Glauben an eine höhere Effektivität einen Vorschuss an politischer Glaubwürdigkeit zu zollen, der sich in mehrfacher Hinsicht nicht ausgezahlt hat: Weder ist dem wasserpolitischen Netzwerk die Überbrückung der inhaltlichen Differenzen gelungen, noch hat es bislang einen entscheidenden Fortschritt in der Sache selbst vorzuweisen.

Jenseits dieser Feststellung ist zu konstatieren, dass der Kampf um die Gestaltung der politischen Verhältnisse nicht nur mit einem antietatistischen Ressentiment versetzt ist, sondern auch mit einem antidemokratischen: Die mehrfach kritisierte Ersetzung – nicht die Ergänzung – von Demokratie durch Partizipation endlich als unzureichend zurückzuweisen ist für meine Begriffe nicht nur Sache des Staates, sondern ebenso eine Aufgabe der Bürger, der medialen Öffentlichkeit und nicht zuletzt auch der Politikwissenschaft. Demokratische Mitgestaltung und demokratische Legitimität kann sich nicht darin erschöpfen, mit 30 000 anderen Interessierten an Megakonferenzen teilzunehmen, aber vom Entscheidungsprozess ausgeschlossen zu bleiben. Sie kann nicht darauf reduziert werden, als partizipatorisches Beiwerk einen Elitenkonsens zu rechtfertigen, der gefunden war, bevor die öffentliche Debatte überhaupt (offiziell) begonnen wurde. Wenn transnationale Partizipation einen ernsthaften Beitrag zur Legitimität politischer Entscheidungen innerhalb wie jenseits des Staates leisten soll, müssen begründete Kriterien der Beteiligung nicht nur an der Vorfelddiskussion, sondern auch am Entscheidungsprozess selbst, Zugangskriterien zu Netzwerken anhand begründeter Repräsentationszusammenhänge und Rückbindungen an demokratische Öffentlichkeiten gesichert sein – die bunte Vielfalt der »Wasserfamilie« ist hiervon weit entfernt und es liegt nahe anzunehmen, dass sie (auch) in dieser Hinsicht keine Ausnahme zu anderen Politikfeldern darstellt.

(3) Das Wassernetzwerk fordert nicht nur eine Relativierung des einzelnen Staates, sondern auch der Vereinten Nationen. Trotz der seit Jahren vorangetriebenen Öffnung zur Zivilgesellschaft scheinen die UN-Institutionen für einen *Multi-stakeholder*-Dialog im Wassersektor nicht der geeignete Veranstalter zu sein. Hier liegt ohne Zweifel ein Fehler der Vereinten Nationen selbst, die es versäumt haben, die zersplitterten Zuständigkeiten für Wasserfragen rechtzeitig institutionell zu bündeln. Darüber hinaus hat aber das Policy-Netzwerk – trotz seiner prominenten Vertreter aus den Reihen der internationalen Organisationen – sich vorrangig für eine institutionelle Selbständigkeit, nicht für eine Bündelung der Kompetenzen innerhalb der UNO eingesetzt. Der Gewinn für die beteiligten Individuen ist deutlich herausgestellt worden: Sie haben an Gestaltungsmacht gewonnen, was ihren Herkunftsorganisationen versagt blieb. Ob hierin aber eine langfristige Lösung im kollektiven Interesse liegt, das bleibt berechtigt zu bezweifeln.

Das alles kann nicht auf das Argument hinauslaufen, das Rad der Geschichte zurückzudrehen und den Staat als Container der Machtverhältnisse wieder in seinen alten Stand zurückversetzen zu wollen. Es muss aber bedeuten, aktuelle Trends kritisch zu hinterfragen und sich vor allem daran zu erinnern, dass »es in der politischen Wirklichkeit [nicht] immer um die Lösung kollektiver Probleme, [sondern] – auch oder primär – um Machtgewinn und Machterhalt geht« (Mayntz 2004: 7 f.).

Der erste Schritt hierzu ist, den Vertrauensvorschuss für Global Governance grundsätzlich zu revidieren und kritisch zu analysieren, wie es um die konkreten Formen globaler Governance-Formen tatsächlich bestellt ist.

Ein zweiter Schritt besteht darin, den »Netzwerkcharakter« transnationalen Regierens nicht mit der Abwesenheit von Machtstrukturen zu verwechseln. In dieser Hinsicht gilt es, sich der Geschichte der Steuerungstheorie erneut zu stellen und kritisch deren Defizite aufzuarbeiten: das unglückliche Vermächtnis der Annahme der Demokratieendogenität ebenso wie die pauschale Annahme, dass der Staat hierarchisch und der Markt und politische Netzwerke horizontale Steuerungsformen per se seien. Keine der Annahmen hält näherer Prüfung stand. Auch eine demokratisch legitimierte Regierung kann, wenn sie ihre formalen Bahnen der Entscheidungsfindung verlässt, nicht darauf bauen, dass deren Ergebnisse dem Konsens oder Willen der Mehrheit entsprechen. Weder ist »der Staat« nur hierarchisch, noch sind der Markt und politische Netzwerke frei von Machtstrukturen. Die aus der Gegenüberstellung zum »hierarchischen« Staat gewonnene Annahme einer grundsätzlichen Andersartigkeit – Offenheit, Horizontalität, Beteiligungs- und Demokratieorientierung – (transnationaler) Netzwerke muss dringend empirisch weiter geprüft werden; vermutlich wird sich der Befund begründeter Skepsis, der hier am Beispiel der Wasserpolitik gefunden wurde, auch in anderen Politikfeldern erhärten lassen.

Drittens bleibt die Rolle der staatlichen Beteiligung an transnationaler Politik genauer zu prüfen. Die Sektoralisierung transnationaler Politik mag »den Staat« in seiner Gesamtheit relativieren, doch einzelne Bereiche und Akteure des Staates wie auch der internationalen Organisationen werden gleichzeitig mit neuen Kompetenzen ausgestattet. Die frühe Erkenntnis der Steuerungstheorie, dass es »den« Staat nicht gibt, dass er kein unitarischer Akteur ist, sondern in sich selbst widersprüchliche Interessen, und keineswegs nur öffentliche, vereint, ist in diesem Lichte auch für die Global-Governance-Forschung zu aktualisieren. Gleichzeitig ist auch zu berücksichtigen, dass der Staat immer noch eine tragende Rolle für die Durchsetzung politischer Ziele hat: Er muss schlussendlich die Ergebnisse jedweder Konsultation in Recht gießen, muss Entscheidungen treffen, welche international ausgehandelten Resultate national umgesetzt werden und bleibt daher das zentrale Scharnier für die Vermittlung globaler Prozesse in geltendes nationales Recht.

## 9.4 Ausblick: Die neue Landschaft des Politischen

Die Verfügbarkeit der Trinkwasserressourcen ist eines der kritischsten Probleme der menschlichen Zukunft, von dessen Lösung das menschliche und ökologische Überleben anhängig sind. Angesichts der global bedrohlichen Existenzialität dieses Problems muss es beunruhigen, dass dessen Erkenntnis zwar eine weltweite Betriebsamkeit ausgelöst hat, aber bislang von keinem entscheidenden Durchbruch in der Problemlösung gekennzeichnet ist. Die Suche nach geeigneten Institutionen, die zu dieser Problemlösung beitragen können, dauert an: Die gegenwärtige Architektur der Global Governance of Water jedenfalls reicht nicht aus, um dieses Menschheitsproblem zu lösen. In dieser Krise, die eine Krise der Politik ist, lag und liegt der eigentliche Grund, die Architektur der globalen Wasserpolitik auf seine Effektivität und Legitimität zu prüfen und von hier aus Schlüsse über den eingeschlagenen Weg der politischen Globalisierung insgesamt zu ziehen.

Festzuhalten ist, dass Global Governance keine einfache Verlängerung des kooperativen Staates in den transnationalen Raum darstellt. Wenn auch hier wie dort private Akteure eine stark aufgewertete Rolle in der politischen Gestaltung einnehmen, so hat doch die verfassungsrechtliche Einhegung politischen Handelns in demokratischen Staaten eine bändigende Wirkung, die in der transnationalen Arena entfällt. Dies hat auch Effekte auf den Netzwerkcharakter: Während für nationalstaatliche Netzwerke angenommen werden kann, dass die Beteiligten mit Interessen ausgestattet sind, die sie in Tauschverhältnissen mit anderen Beteiligten des Netzwerkes durchzusetzen suchen, sind transnationale Politiknetzwerke heterogener. Eigene Interessen können, müssen aber nicht im Spiel sein. Die Angewiesenheit aufeinander ist folglich reduziert und ändert die Struktur der Netzwerke wie das Handeln in ihnen. Die Partner können, müssen aber nicht gleich stark sein. Das Netzwerk kann, muss aber nicht horizontal sein. Während für nationalstaatliche Netzwerke die öffentliche Vermittlung der Netzwerkergebnisse eine Zielgröße sein muss, um ihre Netzwerkziele durchsetzen zu können, sind transnationale Netzwerke weit ungebundener. Sie vermitteln ihre Ergebnisse in einen politischen Raum, der noch im Entstehen begriffen ist, und gestalten diesen dadurch erst mit.

Die Annahme, dass es bei Global Governance um eine Form politischer Steuerung geht, die effektive Problemlösungen herbeiführen soll, kann auf Dauer nicht verstellen, dass es auch dazu beiträgt, eine neue Landschaft des Politischen zu schaffen. Neu hieran ist, dass die im demokratischen Staat gelungene Bändigung von Macht, die Ausübung öffentlicher Herrschaft in legitimen Institutionen und die Beauftragung eines politischen Personals, das abrufbar ist und sich glaubhaft dem Gemeinwohl verpflichten muss, um politisch überleben zu können, nur noch einen Ausschnitt politischen Regierens darstellt. Dieses wird gleichsam überwölbt von einer globalen Arena, in der die wichtigsten, die global dringendsten Probleme verhandelt werden, in der aber alle Bedingungen außer Kraft gesetzt sind, die innerstaatliche Entscheidungen rechtfertigen: Die Institutionen ringen um ihre Legitimität, das Personal ist weder gewählt noch absetzbar, das Handeln im Sinne des Gemeinwohls ist nur hinsichtlich unstrittiger großer Ziele öffentlich gedeckt, in der Konkretisierung aber öffentlich heftig umstritten. Globale Governance steht daher insgesamt in der Tat für eine »neue Herrschaftsformation«, in der eine Konkurrenz um die politische Gestaltung der Weltgesellschaft weitgehend frei von begründeten Kriterien der Bestellung, Entscheidung und Durchsetzung stattfindet.

Teil dieser Bewegung ist eine Relativierung des Staates. Unter dem oftmals nur pauschal formulierten Verdacht, dass dieser nicht länger in der Lage sei, die drängenden Probleme zu lösen, ist in den vergangenen Jahren die Eigenständigkeit staatlich-politischer Handlungsfähigkeit wieder und wieder angezweifelt worden. Das mag in einigen Fällen stimmen, doch reicht insgesamt die Begründung hierfür nicht aus. Zum einen ist der Staat nicht nur *central government*, sondern dies ist nur ein Teil des Gefüges aus Normen, Institutionen und Bürgern, der Ort und die Institution, an die die Verwaltung dessen, was von öffentlichem Interesse ist, für eine Zeit und auf Widerruf übergeben wird. Zum anderen aber ist der demokratische Staat der Ort, an dem erstmals und bislang einmalig Institutionen geschaffen wurden, die es nicht nur ideell, sondern tatsächlich ermöglichen, den Erfordernissen der Aufklärung Rechnung zu tragen: dass jede und jeder die gleichen Möglichkeiten hat, ihren und seinen Beitrag zu den Dingen von öffentlichem Interesse zu artikulieren, einzubringen und zu gleichen Anteilen mit allen anderen auch zu verwirklichen (Dobner 2009).

Mit der Relativierung des Staates, die im Lichte drängender globaler Probleme gefordert und vorangetrieben wurde, wird folglich nicht einfach ein Problem gelöst, sondern zugleich ein neues geschaffen – durch die Übergabe fundamentaler globaler Probleme an Akteure, die zurzeit strukturell *unaccountable* und *irresponsible* sind gegenüber der Weltgesellschaft, in deren Namen sie zu handeln glauben.

Die im demokratischen Verfassungsstaat enge Verknüpfung der Effektivität und Legitimität des Regierens ist ein Hinweis darauf, dass es in normativer Hinsicht keine Alternative ist, Global Governance als Problemlösung oder als Herrschaftsformation zu betrachten: Der Schlüssel wird darin liegen, auch für ein Regieren jenseits des Staates, legitimes und effektives politisches Handeln in Einklang zu bringen und die hier entstehende Herrschaft zu begründen und zu begrenzen.

# Literatur


Abromovitz, Janet N., *Imperiled Waters, Impoverished Future: The Decline of Freshwater Ecosystems. World Watch Paper Nr. 128*, Washington, D.C. 2006.

ADB, *Water in Asian Cities – Utilities Performance and Civil Society Views. Regional Profiles,* ⟨http://www.adb.org/Documents/Books/Water_for_All_Series/Water_Asian_Cities/regional_profiles.pdf⟩, 2004 (Zugang: 29.05.2007).

Algalita Marine Research Foundation, *Pelagic Plastics,* ⟨www.algalita.org/research.html⟩, 2006 (Zugang: 10.11.2006).

Allan, Tony, *›Virtual water‹: a long term solution for water short Middle Eastern economies?*, Leeds 1997.

Allan, Tony, *The Middle East Water Question: Hydropolitics and the Global Economy*, London 2001.

Altvater, Elmar, Mahnkopf, Birgit, *Grenzen der Globalisierung. Ökonomie, Ökologie und Politik in der Weltgesellschaft*, Münster 1996.

Anderson, Benedict, *Die Erfindung der Nation. Zur Karriere eines folgenreichen Konzepts*, Berlin 1998.

Anderson, Jock R., Dalrymple, Dana G., *The World Bank, the Grant Program, and the CGIAR: A Retrospective Review,* Washington, D.C. 1999.

Annan, Kofi, *We the People. The United Nations in the 21st Century*, New York 2000.

Annan, Kofi, »Foreword«, in: UNESCO (Hg.), *Water for People. Water for Life. The United Nations World Water Development Report,* Barcelona 2003, S. XI.

Archibugi, Daniele, Held, David (Hg.), *Cosmopolitan democracy. An agenda for the new world order*, Cambrigde 1995.

Archibugi, Daniele u.a. (Hg.), *Re-Imagining Political Community: Studies in Cosmopolitan Democracy*, Stanford 1999.

Arendt, Hannah, *Macht und Gewalt*, München 1990.

Arnold, Emily, Larsen, Janet, *Bottled water: Pouring Resources Down the Drain,* ⟨http://www.earth-policy.org/Updates/2006/Update51.htm⟩, Washington, D.C. 2006 (Zugang: 31.05.2007).

attac, *AK Wasser Coca-Cola,* ⟨http://www.attac-muenchen.org/AK+Wasser-CocaCola⟩, München 2004 (Zugang: 31.05.2007).

Bade, Klaus. J., *Europa in Bewegung. Migration vom späten 18. Jahrhundert bis zur Gegenwart*, München 2000.

Badura, Peter, »Regierung«, in: Roman Herzog (Hg.), *Evangelisches Staatslexikon, Bd. II,* Stuttgart 1987, S. 1093-1147.

Barlow, Maude, Clarke, Tony, *Blue Gold. The Fight to Stop the Corporate Theft of the World's Water*, New York 2002.

Barney, Gerald O. (Hg.), *Global 2000. Der Bericht an den Präsidenten*, Frankfurt am Main 1980.

Barry, Brian, »Statism and Nationalism: A Cosmopolitan Critique«, in: Ian Shapiro, Lea Brilmayer (Hg.), *Global Justice*, London/New York 1999, S. 12-66.

BASIN, *Toward a stewardship of the Global Commons: engaging »my neighbor« in the issue of sustainability*, ⟨http://bcn.boulder.co.us/basin/local/sustain1.htm⟩, Boulder, Colorado o. A. (Zugang: 07.03.2007).

Bechtel, *Cochabamba and the Aguas del Tunari Consortium*, ⟨http://www.bechtel.com/pdf/cochabambafacts0305.pdf⟩, 2005 (Zugang: 15.05.2007).

Bechtel, *Cochabamba Water Dispute Settled*, ⟨http://www.bechtel.com/newsarticles/487.asp⟩, 2006 (Zugang: 17.05.2007).

Beck, Ulrich, *Die Risikogesellschaft. Auf dem Weg in eine andere Moderne*, Frankfurt am Main 1986.

Beck, Ulrich, *Der kosmopolitische Blick oder: Krieg ist Frieden*, Frankfurt am Main 2004.

Beck, Ulrich, »Europäisierung – Soziologie für das 21. Jahrhundert«, in: *Aus Politik und Zeitgeschichte* B 34-35 (2005), S. 3-11.

Beck, Ulrich, Grande, Edgar, *Das kosmopolitische Europa*, Frankfurt am Main 2004.

Beisheim, Marianne u. a., *Erfolgsbedingungen transnationaler Public Private Partnerships in den Bereichen Umwelt, Gesundheit und Soziales: Antrag zum Projekt D1 im Sonderforschungsbereich 700 »Governance in Räumen begrenzter Staatlichkeit«*, ⟨http://www.sfbgovernance.de/teilprojekte/projektbereich_d/d1/SFB700_d1.pdf⟩, Berlin 2005 (Zugang: 25.06.2007).

Bello, Walden, *Eye of the Hurricane: Milton Friedman and the Global South*, ⟨http://www.zmag.org/content/showarticle.cfm?ItemID=11491⟩, 2006 (Zugang: 30.06.2007).

Benner, Thorsten u. a., »Global Public Policy: Chancen und Herausforderungen des vernetzten Regierens«, in: *Zeitschrift für Politik* (48/2001), S. 359-374.

Benner, Thorsten u. a., »Wandel gestalten im Zeitalter der Globalisierung: Die Rolle globaler Politiknetzwerke«, in: Bertelsmann Stiftung (Hg.), *Transparenz – Grundlage für Verantwortung und Mitwirkung*, Gütersloh 2002, S. 23-51.

Bennett, Elizabeth u. a., *Public-Private Partnerships for the Urban Environment. Options and Issues. PPPUE Working Paper Series Volume I*, New York 1999.

Benz, Arthur, »Einleitung: Governance – Modebegriff oder nützliches sozialwissenschaftliches Konzept?«, in: Ders. (Hg.), *Governance – Regieren in komplexen Regelsystemen,* Wiesbaden 2004a, S. 11-44.

Benz, Arthur (Hg.), *Governance – Regieren in komplexen Regelsystemen,* Wiesbaden 2004b.

Berber, Friedrich, *Die Rechtsquellen des internationalen Wassernutzungsrechts.*, München 1955.

Beverage Marketing Corporation, *Focus Report – The Flavored Water Market: Boom or Bust?*, New York 2005.

Beverage Marketing Corporation, *2006: The Global Bottled Water Market,* ⟨http://www.beveragemarketing.com/⟩, New York 2006 (Zugang: 31. 05. 2007).

BGS/DPHE, *Arsenic contamination of groundwaters in Bangladesh. British Geological Survey Report WC/00/19*, Keyworth 2001.

Bhatia, Ramesh, Falkenmark, Malin, *Water Resource Policies and the Urban Poor: Innovative Approaches and Policy Imperatives*, Washington, D.C. 1993.

Biswas, Asit K. (Hg.), *United Nations Water Conference: Summary and Main Documents*, Oxford 1978.

Biswas, Asit K., *From Mar del Plata to Kyoto: An Analysis of Global Water Policy Dialogues,* ⟨www.thirdworldcentre.org/public.html⟩, 2003 (Zugang: 05. 05. 2005).

Bluhm, Harald, Malowitz, Karsten, »Märkte denken – Ideengeschichtliche und ideenpolitische Koordinaten«, in: *Berliner Debatte INITIAL* 7 (2007), S. 4-25.

BMU, *Konferenz der Vereinten Nationen für Umwelt und Entwicklung im Juni 1992 in Rio de Janeiro – Dokumente – Agenda 21*, Bonn 1993.

BMWI, *Optionen, Chancen und Rahmenbedingungen einer Marktöffnung für eine nachhaltige Wasserversorgung – Endbericht, BMWI-Forschungsvorhaben (11/00)*, Berlin 2001.

Bogumil, Jörg, Holtkamp, Lars, »Liberalisierung und Privatisierung kommunaler Aufgaben – Auswirkungen auf das kommunale Entscheidungssystem«, in: Jens Libbe u. a. (Hg.), *Liberalisierung und Privatisierung öffentlicher Aufgabenerfüllung – soziale und umweltpolitische Perspektiven im Zeichen des Wettbewerbs,* Berlin 2002, S. 71-91.

Bond, Patrick, *The World Bank in the Time of Cholera. Znet Daily Commentaries, 13. 4. 2001*, Johannesburg 2001.

Borderlines, *Water Quality in the U.S.-Mexico Border Region,* ⟨www.usmex.org/borderlines/bkissues.html⟩, 1998 (Zugang: 01. 05. 2006).

Börzel, Tanja, *What's So Special About Policy Networks? – An Exploration of the Concept and Its Usefulness in Studying European Governance. European Integration online Papers (EIoP) Vol. 1 (1997) N° 16,* ⟨http://eiop.or.at/eiop/texte/1997-016a.htm⟩, 1997 (Zugang: 25. 06. 2007).

Bovis, Christopher, *Public private partnerships in the European Union*, London 2007.

Boys, David, *Kann die Weltbank sie noch schließen? Offene Tür für öffentliches Wasser*, ⟨http://www.world-psi.org/Template.cfm?Section=Home&CONTENTID=16864&TEMPLATE=/ContentManagement/ContentDisplay.cfm⟩, 2006 (Zugang: 30.06.2007).

Brand, Ulrich, Scherrer, Christoph, »Contested Global Governance: Konkurrierende Formen und Inhalte globaler Regulierung«, in: *Kurswechsel, Zeitschrift für gesellschafts-, wirtschafts- und umweltpolitische Alternativen* 1 (2003), S. 90-103.

Brand, Ulrich u. a., *Global Governance. Alternative zur neoliberalen Globalisierung?*, Münster 2000.

Braudel, Fernand, *Sozialgeschichte des 15.-18. Jahrhunderts. Der Handel*, Frankfurt am Main 1986.

Brenes, Diego, *Private Sector Participation in the Water Industry – Who benefits and who loses?*, Lund 2002.

Brenner, Neil, »Beyond State-Centrism? Space, Territoriality, and Geographical Scale in Globalization Studies«, in: *Theory and Society* 28 (1/1999), S. 39-78.

Briscoe, John, *The German Water and Sewerage Sector: How well it works and what this means for Developing Countries*, Washington, D.C. 1995.

Brugger, Fritz, »Sprudelnde Gewinne. Wachstumsmarkt Flaschenwasser«, in: *Politische Ökologie* 80 (2003), S. 24-27.

Buchstein, Hubertus, Jörke, Dirk, »Das Unbehagen an der Demokratietheorie«, in: *Leviathan* 31 (4/2003), S. 470-495.

Budds, Jessica, Mc Granahan, Gordon, »Are the debates on water privatization missing the point? Experiences from Africa, Asia and Latin America«, in: *Environment & Urbanization* 15 (2/2003), S. 87-113.

Bundesregierung, *International Conference on Freshwater: Conference Report*, Bonn 2002.

Bureau of Reclamation, *Current Reservoir and River Data Center*, ⟨www.usbr.gov/gp/water/rlow.cfm⟩, 2006 (Zugang: 22.03.2006).

Burth, Hans-Peter, Görlitz, Axel, »Politische Steuerung in Theorie und Praxis. Eine Integrationsperspektive.«, in: Dies. (Hg.), *Politische Steuerung in Theorie und Praxis.*, Baden-Baden 2001, S. 7-15.

Castells, Manuel, *The Rise of the Network Society*, Oxford 2000.

Catley-Carlson, Margaret, *The Foundations of Partnership. A practitioner's Perspective. 4th World Bank Conference on Evaluation and Development: The Partnership Dimension*, ⟨http://www.worldbank.org/html/oed/partnershipconference/images/margaret-catley-carlson.pdf⟩, 2001 (Zugang: 01.09.2006).

City of Greeley, *Greeley History: The early years*, Greeley 2006.
Clark, Colin W., *Mathematical Bioeconomics*, New York 1976.
Clarke, George R.G. u.a., *Has private participation in water and sewerage improved coverage? Empirical evidence from Latin America. Working paper 04-02 AEI-Brookings Joint Centre for Regulatory Studies,* ⟨http://www.aei-brookings.com/admin/authorpdfs/page.php?id=325⟩, 2004 (Zugang: 29.05.2007).
Coca-Cola Company, *Annual Report 2006 (Form 10-K)*, Atlanta 2007.
Coca-Cola India, *Key locations,* ⟨http://www.coca-colaindia.com/about_us/key-locations.asp⟩, 2007a (Zugang: 08.01.2007).
Coca-Cola India, *Our Approach to water,* ⟨http://www.coca-colaindia.com/water_management/approach-to-water.asp⟩, 2007b (Zugang: 08.01.2007).
Coleman, James, *Grundlagen der Sozialtheorie, Bd. 1: Handlungen und Handlungssysteme*, Cambridge, Mass. 1990.
Commerzbank, *ideas – Filialausgabe. Ihr Magazin für innovative Anlageprodukte, Januar/Februar 2007*, Frankfurt am Main 2007.
Commission on Global Governance, *Our Global Neighbourhood*, Oxford 1995.
Conca, Ken, *Governing Water. Contentious Transnational Politcs and Global Institution Building*, Cambridge 2006.
Cooley, Heather u.a., *Desalination, with a Grain of Salt. A California Perspective*, Oakland 2006.
Cosgrove, William J., Rijsberman, Frank R., *World Water Vision: Work Plan 1998-2000. An Overview of Progress through November 1998*, Paris 1998.
Cosgrove, William J., Rijsberman, Frank R., *World Water Vision: Making Water Everybody's Business*, London 2000.
CPI, *The Water Barons,* ⟨http://www.publici.net/water/default.aspx?act=ch&nsid=Introduction⟩, 2003 (Zugang: 29.05.2007).

Danone, *The Year in Review. Annual Report 2005*, Paris 2005.
Dasgupta, Partha, *The Control of Resources*, Oxford 1982.
de Wet, Erika, »The International Constitutional Order«, in: *International and Comparative Law Quarterly* 55 (2006), S. 51-76.
Deacon, Bob u.a. (Hg.), *Global Social Governance: Themes and Prospects*, Helsinki 2003.
Dellapenna, Joseph W., »The customary international law of transboundary fresh waters«, in: *Int. J. Global Environmental Issues* 1 (3/4/2001), S. 264-305.
DeMars, William, *NGOs and Transnational Networks. Wild Cards in World Politics*, London 2005.
Dennehy, Kevin F., *High Plains regional ground-water study: U.S. Geologi-*

*cal Survey Fact Sheet FS-091-00,* ⟨http://co.water.usgs.gov/nawqa/hpgw/factsheets/DENNEHYFS1.html⟩, 2000 (Zugang: 18.05.2007).
Derlien, Hans-Ulrich, »›Regieren‹ – Notizen zum Schlüsselbegriff der Regierungslehre«, in: Hans Hartwich, Göttrik Wewer (Hg.), *Regieren in der Bundesrepublik 1. Konzeptionelle Grundlagen und Perspektiven der Forschung,* Opladen 1991, S. 77-88.
Desai, Ashwin, *We are the poor. Community struggles in Post-Apartheid South-Africa*, New York 2002.
Deutsche Gesellschaft für die Vereinten Nationen (Hg.), *Bericht über die menschliche Entwicklung 2006. Nicht nur eine Frage der Knappheit: Macht, Armut und die globale Wasserkrise*, Bonn 2006.
Deutscher Bundestag (Hg.), *Schlussbericht der Enquete-Kommission Globalisierung der Weltwirtschaft*, Opladen 2002.
DFAIT, *Bulk Water Removal and International Trade Considerations*, Ottawa 2001.
DFID, *Better water services in developing countries, safeguarding the interests of the poor: Public-private partnership – the way ahead*, London 1999.
Dingwerth, Klaus, *Globale Politiknetzwerke und ihre demokratische Legitimation. Analyse der World Commission on Dams, Global Governance Working Paper No 6. Potsdam, Berlin, Oldenburg: The Global Governance Project, 2003. Abrufbar unter www.glogov.org*, 2002.
Dobner, Petra, »›Soziales Verhältnis‹ und ›Politische Form‹: Kommentare zur aktuellen Staatsdebatte«, in: *Berliner Debatte INITIAL* 11 (3/2000), S. 19-29.
Dobner, Petra, *Bald Phoenix, bald Asche. Ambivalenzen des Staates*, Berlin 2009.
Dobner, Petra, »More law, less democracy? Democracy and Transnational Constitutionalism«, in: Petra Dobner, Martin Loughlin (Hg.), *The Twilight of Constitutionalism?,* Oxford 2010, S. 141-161.
Dose, Nicolai, »Trends und Herausforderungen der politischen Steuerungstheorie«, in: Rainer Prätorius, Edgar Grande (Hg.), *Politische Steuerung und neue Staatlichkeit,* Baden-Baden 2003, S. 19-55.
Durner, Wolfgang, »Hochwasserschutz im Völkerrecht«, in: *Humboldt Forum Recht* 7 (2008), S. 71-91.
DVGW, »Grundsätze einer gemeinsamen Netznutzung in der Trinkwasserversorgung«, in: *Energie Wasser Praxis* 9 (2001), S. 12-16.
Dye, Thomas R., *Policy-Analysis: What Governments do, why they do it and what difference it makes*, Alabama 1976.

Easton, David, *A Framework for Political Analysis*, New York 1965.
Ecker-Ehrhardt, Matthias, Zürn, Michael, »Die Politisierung internationaler Institutionen«, in: *Aus Politik und Zeitgeschichte* APuZ 20-21 (2007), S. 24-30.

ECOSOC, *Comprehensive Assessment of the Freshwater Resources of the World (E/CN.17/1997/9)*, 1997a.
ECOSOC, *Overall Progress achieved since the United Nations Conference on Evironment and Development. Report of the Secretary General (E/CN.17/1997/2/Add. 17)*, 1997b.
ECOSOC, *Activities of the organizations of the United Nations system in the field of freshwater resources. Report of the Secretary-General (E/CN.17/1998/3)*, 1998a.
ECOSOC, *Commission on Sustainable Development. Report on the Sixth Session (22 December 1997 and 20 April – 1 May 1998) (E/1998/29-E/CN.17/1998/20)*, 1998b.
ECOSOC, *Letter dated 11 Februrary from the Permanent Representative of Zimbabwe to the United Nations addressed the Secretary General (E/CN.17/1998/11)*, 1998c.
ECOSOC, *Strategic approaches to freshwater management. Report of the Secretary-General. Addendum: Report of the Expert Group Meeting on Strategic Approaches to Freshwater Management (Harare, 27-30 January 1998) (E/CN.17/1998/2/Add.1)*, 1998d.
ECOSOC, *Review of the ACC Subcommittee on Water Resources. Note by the Secretary-General (E/CN.17/2000/18)*, 2000.
Ehrlich, Paul R., *The Population Bomb*, Cutchogue, NY 1968.
Ehrlich, Paul R., Ehrlich, Anne H., »The Population Bomb Revisited«, in: *The Electronic Journal of Sustainable Development* 1 (3/2009), S. 63-71.
Eisermann, Daniel, *Die Politik der nachhaltigen Entwicklung. Der Rio-Johannesburg-Prozess.*, Bonn 2003a.
Eisermann, Daniel, *Die Politik der nachhaltigen Entwicklung. Der Rio-Johannesburg-Prozess. – Anhang*, Bonn 2003b.
Ekenna, Geoffrey, »Water Revolution«, in: *Newswatch Nigeria* 36 (14/2002).
Ellwein, Thomas, »Regieren«, in: Ders. (Hg.), *Regieren und Verwalten. Eine kritische Einführung*, Opladen 1976, S. 173-204.
Ellwein, Thomas, »Gesetzgebung, Regierung, Verwaltung«, in: Ernst Benda u. a. (Hg.), *Handbuch des Verfassungsrechts der Bundesrepublik Deutschland*, Berlin 1983, S. 1093-1147.
Engel, Christoph, »Offene Gemeinwohldefinitionen«, in: *Rechtstheorie* 32 (1/2001), S. 23-52.
Environment Agency, *Living on the Edge*, ⟨http://www.environment-agency.gov.uk/subjects/flood/362926/?version=1&lang=_e⟩, 2007 (Zugang: 18. 05. 2007).
Environment News Service, *Bechtel Drops $50 Million Claim to Settle Bolivian Water Dispute*, ⟨http://www.ens-newswire.com/ens/jan2006/2006-01-19-04.asp⟩, 2006 (Zugang: 16. 05. 2007).

Esping-Andersen, Gøsta, *The three worlds of Welfare Capitalism*, Cambridge 1991.
Esping-Andersen, Gøsta, »Die drei Welten des Wohlfahrtskapitalismus: zur politischen Ökonomie des Wohlfahrtsstaates«, in: Stephan Lessenich, Ilona Ostner (Hg.), *Welten des Wohlfahrtskapitalismus. Der Sozialstaat in vergleichender Perspektive,* Frankfurt am Main 1998, S. 19-56.
Esping-Andersen, Gøsta, *Why we need a new welfare state*, Oxford 2002.
Esping-Andersen, Gøsta u. a., *Decommodification and work absence in the welfare state. EUI working papers 367*, San Domenico (FI) 1988.
Estache, Antonio, Goicoechea, Ana, *How widespread were private investment and regulatory reform in infrastructure utilities during the 1990s? World Bank Policy Research Working Paper (3595)*, Washington, D.C. 2004.
Estache, Antonio u. a., *Infrastructure Performance and Reform in Developing and Transition Economies: Evidence from a Survey of Productivity Measures (Policy Research Working Paper 3514)*, Washington, D.C. 2005.
Europäische Kommission, *Mitteilung der Kommission an den Rat und das Europäische Parlament. Wasserbewirtschaftung in der Politik von Entwicklungsländern und Prioritäten für die Entwicklungszusammenarbeit der EU (KOM 2002, 132)*, Brüssel 2002.
Evans, Peter B. u. a. (Hg.), *Bringing the state back in*, Cambridge 1985.
Extoxnet, *Pesticide Information Profiles: Cyanazine,* ⟨http://extoxnet.orst.edu/pips/cyanazin.htm⟩, 1996 (Zugang: 18. 05. 2007).

Falk, Richard, »Humane Governance for the World: Reviving the Quest«, in: Rorden Wilkinson (Hg.), *The Global Governance Reader,* London/New York 2005, S. 105-119.
Falke, Andreas, »Globalisierungskritik, NGOs und politische Legitimität internationaler Organisationen«, in: Harald Herrmann, Kai-Ingo Voigt (Hg.), *Globalisierung und Ethik,* Heidelberg 2005, S. 179-194.
Falkenmark, Malin, »Mar del Plata Anniversary Seminar. Analytical summary«, in: Asit K. Biswas u. a. (Hg.), *Mar del Plata: 20 Year Anniversary Seminar, Stockholm, August 16, 1997. Water for the next 30 years. Averting the looming water crisis,* Stockholm 1997, S. 6-13.
Falkenmark, Malin, Widstrand, Carl, *Population and Water Resources*, Washington, D.C. 1992.
FAO, *Crops and Drops – Making the best use of water for agriculture,* ⟨www.fao.org/ag/agl/aglw/⟩, Rom 2002a (Zugang: 20. 12. 2005).
FAO, *World agriculture: Towards 2015/2030*, Rom 2002b.
FAO, *Review of Water Resources by Country*, Rom 2003a.
FAO, *Unlocking the water potential of agriculture.,* ⟨ftp://ftp.fao.org/agl/aglw/docs/unlocking_e.pdf⟩, Rom 2003b (Zugang: 24. 03. 2006).
FAO, *Proportion of renewable water resources withdrawn (MDG Water In-*

*dicator). Surface water and groundwater withdrawal as percentage of total actual renewable water resources (around 2001),* ⟨http://www.fao.org/nr/water/aquastat/globalmaps/02_PCT_RWR.pdf⟩, 2008 (Zugang: 05. 11. 2009).

Fertig, Michael, *Die gesellschaftliche Akzeptanz von Zuwanderern in Deutschland,* ⟨http://www.bamf.de/cln_042/SharedDocs/Anlagen/DE/Migration/Downloads/ZuwanderungsratExpertisen/exp-fertig-zuwanderungsrat, templateId=raw, property=publicationFile.pdf/exp-fertig-zuwanderungsrat.pdf⟩, Essen 2004 (Zugang: 01. 05. 2007).

FES, *Funktionale Privatisierung,* ⟨http://www.fes-kommunales.de/_data/P_Funktionale_Privatisierung.pdf⟩, Bonn 2004 (Zugang: 08. 01. 2007).

Fewtrell, Lorna, »Drinking-Water Nitrate, Methemoglobinemia, and Global Burden of Disease: A Discussion«, in: *Environmental Health Perspectives* 112 (14/2004), S. 1371-1374.

Forschungsverbund Transnationale Netzwerke, *Forschung,* ⟨http://www.forost.lmu.de/fthope/index_ft2.html⟩, München 2007 (Zugang: 25. 06. 2007).

Forsthoff, Ernst, *Die Verwaltung als Leistungsträger*, Berlin/Stuttgart 1938.

Foucault, Michel, *Dispositive der Macht. Über Sexualität, Wissen und Wahrheit*, Berlin 1978.

Frederick, Franklin, »Wasser-Privatisierung in Brasilien und der ›Fall‹ Nestlé«, in: *Sand im Getriebe* (25/2003), S. 37-38.

Friedman, Milton, *Why Government is the Problem*, Stanford 1993.

Friedman, Milton, *Capitalism and Freedom*, Chicago/London 2002.

Friedman, Milton, »Alle sollten Margaret Thatcher und Ronald Reagan nacheifern«, in: *Die Welt Online vom 02. 12. 2005* (2005).

Fritz, Thomas, »Der Zwang zur Privatisierung. Das GATS und die weltweite Liberalisierung des Wassermarktes«, in: *Politische Ökologie* 80 (2003), S. 16-19.

Fromme, Jörg-W., *Deutsche Wasserwirtschaft. Liberalisierung quo vadis?,* ⟨http://www.dfic.de/wissen/privatisierung_deutsche_wasserwirtschaft.htm⟩, 2001 (Zugang: 14. 11. 2009).

Fues, Thomas, »Klima und Energie«, in: Ingomar Hauchler u. a. (Hg.), *Globale Trends 2004/2005. Fakten, Analysen, Prognosen,* Bonn 2003, S. 195-214.

Gardner-Outlaw, Tom, Engelman, Robert, *Sustaining Water, Easing Scarcity: A Second Update*, Washington, D.C. 1997.

Gasparini, Leonardo, Tornarolli, Leopoldo, *Disparities in Water Pricing in Latin America and the Caribbean. Human Development Report Office Occasional Paper 2006/22*, La Plata 2006.

Geiler, Nikolaus, »Privat den Bach runter. Trends im deutschen Wassermarkt«, in: *Politische Ökologie* 80 (2003), S. 20-23.

Gelsenwasser, *Gelsenwasser-Konzern Geschäftsbericht 2006*, Gelsenkirchen 2006.
Geremek, Bronislaw, *Geschichte der Armut. Elend und Barmherzigkeit in Europa*, München 1991.
Giddens, Anthony, *The Third Way. The Renewal of Social Democracy*, Cambridge 1998.
Gleick, Peter H., *Water in Crisis. A Guide to the World's Fresh Water Resources*, New York/Oxford 1993.
Gleick, Peter H., »Environment & Security: Water Conflict Chronology Version 2004-2005«, in: Ders. (Hg.), *The World's Water 2004-2005. The Biennial Report on Freshwater Resources*, Washington, D.C. 2004a, S. 234-255.
Gleick, Peter H., »The Myth and Reality of Bottled Water«, in: Ders. (Hg.), *The World's Water 2004-2005. The Biennial Report on Freshwater Resources*, Washington, D.C. 2004b, S. 17-43.
Gleick, Peter H. u. a., *The New Economy of Water. The Risks and Benefits of Globalization and Privatization of Fresh Water*, Oakland 2002.
Global Environment Facility, *The Challenge of Sustainability. An Action Agenda for the Global Environment*, Washington, D.C. 2002.
Gordon, Scott, »The Economic Theory of a Common-Property Research: The Fishery«, in: *Journal of Political Economy* 62 (1954), S. 124-142.
Grande, Edgar, »Regieren in verflochtenen Verhandlungssystemen«, in: Renate Mayntz, Fritz W. Scharpf (Hg.), *Gesellschaftliche Selbstregelung und politische Steuerung*, Frankfurt am Main/New York 1995, S. 327-368.
Grande, Edgar, »Auflösung, Modernisierung oder Transformation? Zum Wandel des modernen Staates in Europa«, in: Ders., Rainer Prätorius (Hg.), Baden-Baden 1997, S. 45-63.
Great Lakes Directory, *The Fate of the Great Lakes: Sustaining or Draining the Sweetwater Seas? Diversions*, ⟨http://www.greatlakesdirectory.org/zarticles/102802_great_lakes2.htm⟩, 1997 (Zugang: 09. 11. 2009).
Gregory, James N., *American Exodus. The Dust Bowl Migration and the Okie Culture in California*, Oxford 1989a.
Gregory, James N., »Dust Bowl Legacies: The Okie Impact on California, 1939-1989«, in: *California History*, Fall 1989 (1989b), S. 74-147.
Greven, Michael T., »Der politische Raum als Maß des Politischen: Europa als Beispiel«, in: Thomas König u. a. (Hg.), *Europäische Institutionenpolitik. Mannheimer Jahrbuch für europäische Sozialforschung. Bd. 2*, Frankfurt am Main/New York 1997, S. 45-65.
Grimm, Dieter, *Die Zukunft der Verfassung*, Frankfurt am Main 1994.
Grimm, Dieter, »Gemeinwohl in der Rechtsprechung des Bundesverfassungsgerichts«, in: Herfried Münkler, Harald Bluhm (Hg.), *Gemeinwohl und Gemeinsinn im Recht. Konkretisierung und Realisierung öffentlicher Interessen*, Berlin 2002, S. 125-139.

Grimm, Dieter, »Lässt sich die Verhandlungsdemokratie konstitutionalisieren?«, in: Claus Offe (Hg.), *Demokratisierung der Demokratie. Diagnosen und Reformvorschläge,* Frankfurt am Main 2003, S. 193-210.
GWP, *Integrated Water Resources Management. GWP Technical Committee Background Paper 4*, Stockholm 2000a.
GWP, *Towards Water Security: A Framework for Action*, Stockholm/London 2000b.
GWP, *Comprehensive work programme and follow up to the Framework for Action January 2001 to December 2003,* ⟨www.gwp.org⟩, Stockholm 2001 (Zugang: 06. 06. 2007).
GWP, *Statutes for the Global Water Partnership Network and the Global Water Partnership Organisation*, Stockholm 2002.
GWP, *Effective Water Governance. Learning from the Dialogues*, Stockholm 2003.
GWP, *Annual Report for the Financal Year 2005*, Stockholm 2005a.
GWP, *Application to become a Partner of the Global Water Partnership,* ⟨http://www.gwpforum.org/gwp/library/GWP_partn_appl_en.pdf⟩, 2005b (Zugang: 30. 10. 2006).
GWP, *GWP in Action 2004*, Stockholm 2005c.
GWP, *GWP's First Ten Years: Reflecting Back and Looking Forwards*, Stockholm 2006.
GWP, *Annual Financial Report 2008*, Stockholm 2009a.
GWP, *Application to become a Partner of the Global Water Partnership,* ⟨http://www.gwpforum.org/gwp/library/GWP_partn_appl.pdf⟩, 2009b (Zugang: 14. 11. 2009).
GWP, *GWP in Action. 2008 Annual Report*, Stockholm 2009c.
GWP, *About us,* ⟨http://www.gwpforum.org/servlet/PSP?chStartupName=_about⟩, o. A. (Zugang: 29. 06. 2007).
GWP, *ToolBox Integrated Water Resources Management* ⟨http://www.gwptoolbox.org/index.cfm/site/Toolbox%20-%20en/pageid/4663B313-A25C-8A9B-5C1C99D060C92B62/index.cfm⟩, o.A. (Zugang: 02. 07. 2007).
GWP/WWC, *The Task Force on Financing Water for All: Gurria Task Force,* ⟨http://www.financingwaterforall.org/index.php?id=1097⟩, 2006 (Zugang: 01. 07. 2007).
GWP/WWF, *Financing Water for All. Report of the World Panel on Financing Global Water Infrastructure. Executive Summary,* ⟨http://www.riob.org/wwf/FinancingWaterForAll_summary.pdf⟩, Stockholm o. A. (Zugang: 30. 06. 2007).
Gysi, Gregor, *Gerechtigkeit ist modern. Eine notwendige Antwort auf Gerhard Schröder und Tony Blair,* ⟨http://www.labournet.de/diskussion/arbeit/realpolitik/gysi.html⟩, 1999 (Zugang: 09. 07. 2009).

Haas, Peter M., »Introduction: Epistemic Communities and International Policy Coordination«, in: *International Organization* 46 (1/1992), S. 1-35.
Habermas, Jürgen, *Faktizität und Geltung. Beiträge zur Diskurstheorie des Rechts und des demokratischen Rechtsstaates*, Frankfurt am Main 1994.
Haftendorn, Helga, *Water and International Conflict: Paper presented at the Environment and National Security Panel, International Studies Association Convention, Washington, Februar 1999*, 1999.
Hall, David, Lobina, Emanuele, *Water as a public service*, Greenwich 2006.
Hall, David, Lobina, Emanuele, *The relative efficiency of public and private sector water*, Greenwich 2005.
Hall, David u. a., *Public solutions for private problems? Responding to the shortfall in water infrastructure investment*, Greenwich 2003.
Hall, Peter A., Taylor, Rosemary C.R., »Political Science and the Three New Institutionalisms«, in: *Political Studies* XLIV (1996), S. 952-973.
Hanf, Kenneth, Scharpf, Fritz W. (Hg.), *Interorganizational Policy Making. Limits to Coordination and Central Control*, London 1977.
Hardin, Garrett, »The Tragedy of the Commons«, in: *Science* 162 (3859/1968), S. 1243-1248.
Hardin, Garrett, »Political Requirements for Preserving our Common Heritage«, in: Howard P. Brokaw (Hg.), *Wildlife and America*, Washington, D.C. 1978, S. 310-317.
Hardin, Garrett, »Essays on Science and Society: Extensions of ›The Tragedy of the Commons‹«, in: *Science* 280 (5364/1998), S. 682-683.
Hasskamp, Dorothee, *Wer steckt hinter dem World Water Forum? Ein kurzer Leitfaden zur weltweiten Wasserlobby (International Rivers Network, März 2003. Aktualisiert Januar 2005, Aktualisierung und Übersetzung: Dorothee Hasskamp für »Brot für die Welt«*, ⟨http://www.menschenrechtwasser.de/downloads/Hintergrund_Weltwasserforum.pdf⟩, 2005 (Zugang: 06. 06. 2007).
Hauff, Volker (Hg.), *Unsere gemeinsame Zukunft. Der Brundtland-Bericht der Weltkommission für Umwelt und Entwicklung*, Greven 1987.
Haug, Wolfgang Fritz, *Vorlesungen zur Einführung ins »Kapital«*, Hamburg 2005.
Haupert, Frédéric, *Public Private Partnerships der Vereinten Nationen. Die Dynamik einer neuen Idee*, Saarbrücken 2007.
Hayek, Friedrich August von, *Der Weg zur Knechtschaft*, München 2003.
Hayek, Friedrich August von, *Die Verfassung der Freiheit*, Tübingen 1991.
Heclo, Hugh, »Issue Networks and the Executive Establishment«, in: Anthony King (Hg.), *The New American Political System*, Washington, D.C. 1978, S. 87-124.

Heilbroner, Robert L., *Die Zukunft der Menschheit*, Frankfurt am Main 1976.
Held, David, McGrew, Anthony, »The Great Globalization Debate: An Introduction«, in: Dies. (Hg.), *The Global Transformations Reader. An Introduction to the Globalization Debate,* Cambridge 2000, S. 1-45.
Helvetas, *Helvetas-Wasser-Factsheets: Wasserkonferenzen*, Zürich 2005.
Henne, Gudrun, *Genetische Vielfalt als Ressource. Die Regelung ihrer Nutzung*, Baden-Baden 1998.
Hennis, Wilhelm, »Politik und praktische Philosophie«, in: Ders. (Hg.), *Politik und praktische Philosophie. Schriften zur politischen Theorie,* Stuttgart 1977a, S. 1-130.
Hennis, Wilhelm (Hg.), *Regierbarkeit. Studien zu ihrer Problematisierung, 2 Bände*, Stuttgart 1977b.
Herzog, Roman, *Staaten der Frühzeit – Ursprünge und Herrschaftsformen*, München 1988.
Hesse, Jens Joachim, Ellwein, Thomas, *Das Regierungssystem der Bundesrepublik Deutschland*, Opladen 1992.
Hilge, Andreas, *Privatisierung – Anmerkungen eines verwaltungserfahrenen Beraters,* ⟨http://www.hilge-schwaiger.de/aktuelles1.html⟩, 2004 (Zugang: 25. 05. 2007).
Hinkelammert, Franz J., »Vom totalen Markt zum totalitären Imperium«, in: *Das Argument* 158 (1986), S. 477-501.
Hoare, Richard u. a., *External Review of Global Water Partnership. Final Report*, Birmingham 2003.
Hoekstra, Arijen Y., Hung, P., *Virtual Water Trade: A Quantification of Virtual Water Flows between Nations in Relation to International Crop Trade. Value of Water Research Report Series No. 11*, Delft 2002.
Hoering, Uwe, »Recht auf Wasser? Wasser als Thema internationaler Politik«, in: *Politische Ökologie* 80 (2003), S. 32-36.
Hofmann, Hasso, »Verfassungsrechtliche Annäherungen an den Begriff des Gemeinwohls«, in: Herfried Münkler, Karsten Fischer (Hg.), *Gemeinwohlkonkretisierungen und Gemeinsinnserwartungen. Zur Relevanz unbestimmter Rechtsbegriffe,* Berlin 2002, S. 25-41.
Hogenboom, Barbara, *Cross-border activism and its limits: Mexican environmental organizations and the United States (mit Miriam Alfie Cohen und Edit Antal), Cuadernos del CEDLA No. 13*, Amsterdam 2003.
Holtmann, Everhard, »Politisches System«, in: Ders. (Hg.), *Politik-Lexikon,* München/Wien 1991, S. 507-509.
Horkheimer, Max, Adorno, Theodor, *Dialektik der Aufklärung. Philosophische Fragmente*, Frankfurt am Main 1985.
Horlemann, Lena, Neubert, Susanne, »Virtueller Wasserhandel zur Überwindung der Wasserkrise?«, in: *Aus Politik und Zeitgeschichte* APuZ 25 (2006), S. 26-31.

Hovwegen, Paul van, *Task Force on Financing Water For All: Enhancing access to finance for local governments Financing water for agriculture. Chaired by Angel Gurria*, Marseille 2006.
Hummel, Diana u. a., *Virtual Water Trade. Documentation of an International Expert Workshop. ISOE-Materialien Soziale Ökologie, Nr. 24*, Frankfurt am Main 2006.
Hummel, Hartwig, »Die Privatisierung der Weltpolitik«, in: Tanja Brühl u. a. (Hg.), *Die Privatisierung der Weltpolitik,* Bonn 2001, S. 22-56.

IBWA, *International Bottled Water Association challenges Peter Gleick's Statements about Bottled Water Industrie*, Alexandria, VA 2004.
IBWA, *Beverage Marketing's 2006 Market Report Findings*, Alexandria, VA 2006.
ICWE, *The Dublin Statement and Report of the Conference*, Dublin 1992.
ICWE Secretariat (Hg.), *International Conference on Water and the Environment. Development issues for the 21st Century. Keynote Papers*, Genf 1992.
IMF, *Good Governance: The IMF's Role*, Washington, D.C. 1997.
IMF, *A Guide to Progress in Strengthening the Architecture of the International Financial System*, Washington, D.C. 2000.
Indigenous Peoples Parallel Forum, *Tlatokan Atlahuak Declaration: Declaration of the Indigenous Peoples Parallel Forum of the 4th World Water Forum, March 17-18, 2006,* ⟨http://www.worldwaterforum4.org.mx/files/Declaraciones/Indigenous.pdf⟩, Mexico 2006 (Zugang: 30. 10. 2006).
Institute for Agriculture and Trade Policy, *IATP Water Note 3: A Fact Sheet on Water Sector Privatisation,* ⟨www.waterobservatory.org/library/up loadedfiles/FACT_SHEET_ON_WATER_SECTOR_PRIVATISATION_A.doc⟩, 2002 (Zugang: 30. 10. 2006).
Institute of International Law, *Madrid Declaration on International Regulations Regarding the Use of International Watercourses for Purposes other than Navigation*, Madrid 1911.
International Law Association, *The Helsinki Rules on the Uses of the Waters of International Rivers. Adopted by the International Law Association at the fifty-second conference, held at Helsinki in August 1966. Report of the Committee on the Uses of the Waters of International Rivers*, London 1967.
International Rivers Network, *Who's behind the World Water Forums? A brief guide to the World Water Mafia,* ⟨http://www.irn.org/basics/ard/pdf/wwf3pdfs/watermafia.pdf⟩, Berkeley 2003 (Zugang: 30. 10. 2006).
Izaguirre, Aza Karina, Hunt, Catherine, *Private Water Projects. Public Policy for the private Sector, Note Number 297*, Washington, D.C. 2005.

Jachtenfuchs, Markus, »Regieren jenseits der Staatlichkeit«, in: Gunther

Hellmann u. a. (Hg.), *Forschungsstand und Perspektiven der Internationalen Beziehungen in Deutschland,* Baden-Baden 2002a, S. 459-518.
Jachtenfuchs, Markus, »Versuch über das Gemeinwohl in der postnationalen Konstellation«, in: Friedhelm Neidhardt, Gunnar Folke Schuppert (Hg.), *Gemeinwohl – Auf der Suche nach Substanz,* Berlin 2002b, S. 367-385.
Jackson, Robert B. u. a., »Water in a changing World«, in: *Ecological Applications* 11 (4/2001), S. 1027-1045.
Jänicke, Martin, Jörgens, Helge, »Neue Steuerungskonzepte in der Umweltpolitik«, in: *Zeitschrift für Umweltpolitik und Umweltrecht* 3 (2004), S. 297-348.
Jann, Werner u. a., *Status-Report Verwaltungsreform – Eine Zwischenbilanz nach 10 Jahren. Modernisierung des öffentlichen Sektors, Band 24,* Berlin 2004.
Jansen, Dorothea, Schubert, Klaus, »Netzwerkanalyse, Netzwerkforschung und Politikproduktion: Ansätze zur ›cross-fertilization‹«, in: Dies. (Hg.), *Netzwerke und Politikproduktion: Konzepte, Methoden, Perspektiven,* Marburg 1995, S. 9-23.
Jessop, Bob, »Veränderte Staatlichkeit«, in: Dieter Grimm (Hg.), Frankfurt am Main 1996, S. 43-74.
Jessop, Bob, *Bringing the State Back in (Yet again): Reviews, Revisions, and Redirections. Paper presented at IPSA, Quebec 2000,* ⟨http://www.lancs.ac.uk/fass/sociology/papers/jessop-bringing-the-state-back-in.pdf⟩, Lancaster 2001 (Zugang: 01. 11. 2009).
Johansen, David, *Bulk Water Removals, Water Exports and the NAFTA, PRB 00-41E* ⟨http://dsp-psd.pwgsc.gc.ca/Collection-R/LoPBdP/BP/prb0041-e.htm⟩, Ottawa 2002 (Zugang: 01. 06. 2007).
Jønch-Clausen, Torkil, *Integrated Water Resources Management (IWRM) and Water Efficiency Plans by 2005. Why, What and How?,* Stockholm 2004.

Kaiser, Karl, »Die Umweltkrise und die Zukunft der internationalen Politik«, in: *Europa-Archiv* 25 (1970), S. 877-890.
Kämmerer, Jörn Axel, *Privatisierung: Typologie – Determination – Rechtspraxis – Folgen,* Tübingen 2001.
Kaul, Inge, Kocks, Alexander, »Globale öffentliche Güter. Zur Relevanz des Begriffs«, in: Achim Brunngässer (Hg.), *Globale öffentliche Güter unter Privatisierungsdruck,* Münster 2003, S. 39-56.
Kearns, Gerry, »The Virtuous Circle of Facts and Values in the New Western History«, in: *Annals of the Association of American Geographers* 88 (3/1998), S. 377-409.
Keck, Margret, Sikkink, Kathryn, *Activists beyond Borders. Advocacy Networks in international Politics,* Ithaca 1998.

Keohane, Robert O., »Global Governance and democratic accountability«, in: Rorden Wilkinson (Hg.), *The Global Governance Reader,* London / New York 2005, S. 120-137.
Keohane, Robert O., *Governance and Legitimacy. Keynote Speech Held at the Opening Conference of the Research Center (SFB) 700. SFB-Governance Lecture Series No. 1, February 2007*, Berlin 2007.
Kern, Kristine, »Transnationale Städtenetzwerke in Europa«, in: Eckhard Schröter (Hg.), *Empirische Policy- und Verwaltungsforschung. Lokale, nationale und internationale Perspektiven,* Opladen 2001, S. 95-116.
Kern, Kristine, *Global Governance Through Transnational Network Organizations. The Scope and Limitations of Civil Society Self-Organization. WZB-Discussion Paper SP IV 2004-102*, Berlin 2004.
Kerr Center, *The Ogallala-Aquifer,* ⟨www.kerrcenter.com/publications/ogallala_aquifer.pdf⟩, Poteau, OK 2000 (Zugang: 23. 06. 2006).
Kiser, Larry, Ostrom, Elinor, »The Three Worlds of Action. A Metatheoretical Synthesis of Institutional Analysis«, in: Elinor Ostrom (Hg.), *Strategies of Political Inquiry,* Beverly Hills 1982, S. 179-222.
Kittsteiner, Heinz-Dieter, »Ethik und Teleologie: Das Problem der ›unsichtbaren Hand‹ bei Adam Smith«, in: Franz-Xaver Kaufmann, Hans-Günter Krüsselberg (Hg.), *Markt, Staat und Solidarität bei Adam Smith,* Frankfurt am Main 1984, S. 41-73.
Kjellén, Marianne, Mc Granahan, Gordon, *Urban water – Towards Health and Sustainability*, Stockholm 1997.
Kluge, Thomas, Lux, Alexandra, *Privatisierung der Wasserwirtschaft – sozial-ökologische Folgen. ISOE Diskussionspapiere 17*, Frankfurt am Main 2001.
Knill, Christoph, »Policy-Netzwerke. Analytisches Konzept und Erscheinungsform moderner Politiksteuerung«, in: Johannes Weyer (Hg.), *Soziale Netzwerke. Konzepte und Methoden der sozialwissenschaftlichen Netzwerkforschung,* München 2000, S. 111-133.
Koenig-Archibugi, Mathias, »Mapping Global Governance«, in: David Held, Anthony McGrew (Hg.), *Governing Globalization. Power, Authority and Global Governance,* Cambridge 2002, S. 46-69.
Korzeniewicz, Roberto Patricio, Smith, William C., *Protest and Collaboration: Transnational Civil Society Networks and the Politics of Summitry and Free Trade in the Americas. North-South Agenda Papers No. 51*, Miami 2001.
Kröger, Michael, »Der Freiheitskämpfer«, in: *Spiegel Online (www.spiegel.de)* vom 16. 11. 2006.
Kuhn, Thomas, *The structure of scientific revolutions*, Chicago 1970.
Kunig, Philip, »Konflikte um das Wasser. Was sagt das Völkerrecht?«, in: *fundiert. Das Wissenschaftsmagazin der Freien Universität Berlin* 2 (2004).

Kürschner-Pelkmann, Frank, *Das Recht auf Wasser in den Religionen der Welt*, Stuttgart 2003a.
Kürschner-Pelkmann, Frank, *Internationale Wasserunternehmen. Hintergrundmaterialien 4*, Stuttgart 2003b.
Kürschner-Pelkmann, Frank, *Argentiniens Wasserversorgung bald ohne Suez*, ⟨http://www.wasser-und-mehr.de/doc/aktuelles/056-argentinien.html⟩, 2006 (Zugang: 29.05.2007).

Ladwig, Bernd, »Liberales Gemeinwohl. Von den Schwierigkeiten einer Idee und ihrem Verhältnis zur Gerechtigkeit«, in: Harald Bluhm, Herfried Münkler (Hg.), *Gemeinwohl und Gemeinsinn. Zwischen Normativität und Faktizität,* Berlin 2002, S. 85-112.
Laimé, Marc, »Rückschläge für das französische Modell«, in: *Le Monde diplomatique* vom 11.3.2005.
Laslett, Peter, »Introduction«, in: John Locke (Hg.), *Two Treatises of Government. A critical edition with an introduction and apparatus criticus by Peter Laslett,* New York 1963, S. 15-167.
LBD Beratungsgesellschaft, *Trend zur Rekommunalisierung,* ⟨http://www.lbd.de/cms/4.0-expansion/trend-zur-rekommunalisierung-lv1499.htm⟩, Berlin 2008 (Zugang: 01.11.2009).
Lee, Leo-Felix, *Die effiziente Nutzung grenzüberschreitender Wasserressourcen*, Berlin 2003.
Libecap, Gary D., *Rescuing Water Markets: Lessons from Owens Valley. PERC Policy Series, Issue Number PS-33*, Bozeman, Montana 2005.
Lietzmann, Hans, »Nichtregierungsorganisationen als Gemeinwohlakteure«, in: Friedhelm Neidhardt, Gunnar Folke Schuppert (Hg.), *Gemeinwohl – Auf der Suche nach Substanz,* Berlin 2002, S. 297-326.
Link, Thomas, »US-Cross Border Lease Transaktionen. Eine Einführung«, in: SPD-Bundestagsfraktion (Hg.), *Cross Border Leasing. Werkstattgespräch der SPD-Fraktion. Cross Border Leasing – Risiken und Chancen einer transnationalen Finanzierungsform für Kommunen,* Berlin 2004, S. 9-18.
Litke, David W., *Historical Water-Quality Data for the High Plains Regional Ground-Water Study Area in Colorado, Kansas, Nebraska, New Mexico, Oklahoma, South Dakota, Texas, and Wyoming, 1930-98. Water-Resources Investigations Report 00-4254*, Denver, Colorado 2001.
Locke, John, *Zweite Abhandlung über die Regierung*, Frankfurt am Main 1689/2007.
Luhmann, Niklas, »Differentiation of Society«, in: *Canadian Sociological Review* 2 (1977), S. 29-53.
Luhmann, Niklas, »Politische Steuerung: Ein Diskussionsbeitrag«, in: *Politische Vierteljahresschrift* 30 (1/1989), S. 4-9.

Luhmann, Niklas, »Der Staat des politischen Systems«, in: Ulrich Beck (Hg.), *Perspektiven der Weltgesellschaft,* Frankfurt am Main 1998, S. 345-380.

Luxemburg, Rosa, »Die Akkumulation des Kapitals. Ein Beitrag zur ökonomischen Erklärung des Imperialismus«, in: Institut für Marxismus-Leninismus beim ZK der SED (Hg.), *Rosa Luxemburg – Gesammelte Werke Band 5,* Berlin 1913/1981, S. 5-411.

Luxemburg, Rosa, »Einführung in die Nationalökonomie«, in: Institut für Marxismus-Leninismus beim ZK der SED (Hg.), *Rosa Luxemburg – Gesammelte Werke Bd. 5,* Berlin 1925/1981, S. 524-778.

Marrero Ruiz, Carmelo, *La Privatización del Agua en América Latina,* ⟨http://agua.ecoportal.net/content/view/full/51593⟩, 2005 (Zugang: 01. 06. 2007).

Marx, Karl, »Das Kapital, Kritik der politischen Ökonomie, Erster Band«, in: Institut für Marxismus-Leninismus beim ZK der SED (Hg.), *MEW Band 23,* Berlin 1867/1984, S. 12-955.

Marx, Karl, »Brief an die Redaktion der Otetschestwennyje Sapiski (1877)«, in: Institut für Marxismus-Leninismus beim ZK der SED (Hg.), *MEW Band 19,* Berlin 1877/1982, S. 107-112.

Mayer, Charles »Transformations of Territoriality«, in: Gunilla Budde u. a. (Hg.), *Transnationale Geschichte. Themen, Tendenzen und Theorien,* Göttingen 2006, S. 32-55.

Mayer, Johann, *Entschließungsantrag betreffend Liegenschaftsverkäufe durch die Bundesforste – Veto durch Aufsichtsräte, 805/A(E) XXII. GP*, Wien 2006.

Mayer, Otto, *Deutsches Verwaltungsrecht. Zwei Bände*, Leipzig 1924.

Mayntz, Renate, »Regulative Politik in der Krise?«, in: Joachim Matthes (Hg.), *Sozialer Wandel in Westeuropa: Verhandlungen des 19. deutschen Soziologentages,* Frankfurt am Main / New York 1979, S. 55-81.

Mayntz, Renate, »Politische Steuerung und gesellschaftliche Steuerungsprobleme – Anmerkungen zu einem politischen Paradigma«, in: *Jahrbuch zur Staats- und Verwaltungswissenschaft* 1 (1987), S. 89-110.

Mayntz, Renate, »Politische Steuerung: Aufstieg, Niedergang und Transformation einer Theorie«, in: Dies. (Hg.), *Soziale Dynamik und politischer Steuerung. Theoretische und methodologische Überlegungen,* Frankfurt am Main/New York 1997, S. 263-292.

Mayntz, Renate, *Zur Selektivität der steuerungstheoretischen Perspektive. MPIfG Working Paper 01/2, Mai 2001*, Köln 2001.

Mayntz, Renate, *Governance Theory als fortentwickelte Steuerungstheorie?,* ⟨www.mpi-koeln.mgp.de/pu/workpap/wp04-1/wp04-1.html⟩, Köln 2004 (Zugang: 05. 05. 2005).

McCarthy, Michael, »Dublin talks call for World ›water shock‹«, in: *The Times* vom 27.1.1992, S.10.
McCully, Patrick, *Silenced Rivers. The Ecology and Politics of Large Dams*, London / New York 2001.
McGuire, Virginia L., *Water-Level Changes in the High Plains Aquifer, Predevelopment to 2003 and 2002 to 2003. US Geological Survey, Factsheet 2004-3097*, 2004.
Meadows, Dennis L. u.a., *The Limits to Growth*, New York 1972.
Merrett, Stephen, »Virtual Water and the Kyoto Consensus. A Water Forum Contribution«, in: *Water International* 28 (4/2003), S.540-542.
Messner, Dirk, »Die Transformation von Staat und Politik im Globalisierungsprozeß«, in: Ders. (Hg.), *Die Zukunft des Staates und der Politik: Möglichkeiten und Grenzen politischer Steuerung in der Weltgesellschaft.*, Bonn 1998, S.14-43.
Messner, Dirk u.a., »Weltpolitik zwischen Staatenanarchie und Global Governance«, in: Ingomar Hauchler u.a. (Hg.), *Globale Trends 2004/2005. Fakten, Analysen, Prognosen,* Bonn 2003, S.235-252.
Michailowski, N.K., in: *Otetschestwennyje Sapiski* Nr.10 (1877), S.326.
Mises, Ludwig von, *Die Gemeinwirtschaft*, Jena 1932.
Mises, Ludwig von, *Liberalismus*, Jena 1927.
Mitchell, John G., *Change of Heartland. The Grait Plains,* ⟨http://magma.nationalgeographic.com/ngm/0405/feature1/fulltext.html⟩, 2004 (Zugang: 22.03.2006).
Moench, Marcus, »Groundwater: The Challenge of Monitoring and Management«, in: Peter H. Gleick (Hg.), *The World's Water 2005-2005,* Washington, D.C. 2004, S.79-100.
Moghadam, Valentine M., *Globalizing Women: Transnational Feminist Networks*, Baltimore 2005.
Mont Pèlerin Society, *Statement of Aims,* ⟨http://www.montpelerin.org/mpsGoals.cfm⟩, o.A. (Zugang: 07.05.2007).
Morgan, Bronwen, *The Regulatory Face of the Human Right to Water*, Bristol 2004.
Mouffe, Chantal, *Über das Politische. Wider die kosmopolitische Illusion*, Frankfurt am Main 2007.
Muller Ogle, Kathy, Hallberg, Laura L., *Hydrogeologic and Geochemical Characteristics of the Ogallala and White River Aquifers, Cheyenne, Wyoming, US Geological Survey, Water-Resources Investigations Report 00-4188* ⟨http://pubs.usgs.gov/wri/wri004188/htms/report.htm⟩, o.A. (Zugang: 17.05.2007).
Müller, Thomas, »Leasing: Rathaus räumt Risiken ein«, in: *Leipziger Volkszeitung* vom 20. August 2004.
Münkler, Herfried, Bluhm, Harald, »Gemeinwohl und Gemeinsinn als po-

litisch-soziale Leitbegriffe«, in: Dies. (Hg.), *Gemeinwohl und Gemeinsinn als politisch-soziale Leitbegriffe. Historische Semantiken politischer Leitbegriffe,* Berlin 2001a, S. 9-30.

Münkler, Herfried, Bluhm, Harald (Hg.), *Gemeinwohl und Gemeinsinn. Historische Semantiken politischer Leitbegriffe*, Berlin 2001b.

Münkler, Herfried, Bluhm, Harald (Hg.), *Gemeinwohl und Gemeinsinn. Zwischen Normativität und Faktizität*, Berlin 2002.

Münkler, Herfried, Fischer, Karsten, »Einleitung: Gemeinwohl-Konkretisierungen und Gemeinsinn-Erwartungen im Recht«, in: Dies. (Hg.), *Gemeinwohl und Gemeinsinn im Recht. Konkretisierung und Realisierung öffentlicher Interessen,* Berlin 2002a, S. 9-23.

Münkler, Herfried, Fischer, Karsten (Hg.), *Gemeinwohl und Gemeinsinn im Recht. Konkretisierung und Realisierung öffentlicher Interessen*, Berlin 2002b.

Münkler, Herfried, Fischer, Karsten (Hg.), *Gemeinwohl und Gemeinsinn. Rhetoriken und Perspektiven sozial-moralischer Orientierung*, Berlin 2002c.

Murswieck, Axel, »Regieren/Regierbarkeit/Unregierbarkeit«, in: Dieter Nohlen, Rainer-Olaf Schultze (Hg.), *Lexikon der Politik, Bd. 1,* München 2003, S. 533-539.

MWIT, »G-8-Gipfel »Attac«, Pax Christi und die NPD – das Spektrum des Protests«, in: *FAZ-Net* vom 29. 05. 2007.

National Agricultural Statistics Service, *Percent of Farms Receiving Government Payments 2002* ⟨http://www.nass.usda.gov/research/atlas02/Economics/Farm-Related%20Income%20and%20Direct%20Sales/Percent%20of%20Farms%20Receiving%20Government%20Payments.gif⟩, 2002 (Zugang: 15. 05. 2007).

National Climate Data Center, *North American Drought: A Paleo Perspective,* ⟨www.ncdc.gov/cali/⟩, 2005 (Zugang: 23. 03. 2006).

National Park Service California, *National Historic Trail,* ⟨www.nps.gov.cali⟩, 1992 (Zugang: 23. 03. 2006).

Neidhardt, Friedhelm, Schuppert, Gunnar Folke (Hg.), *Gemeinwohl – Auf der Suche nach Substanz*, Berlin 2002.

Nestlé, *Key Figures,* ⟨http://www.nestle-waters.com/en/Menu/NWToday/FactsFigures/Key%20figures⟩, 2007 (Zugang: 31. 05. 2007).

Neubert, Susanne u. a. (Hg.), *Integriertes Wasserressourcen-Management (IWRM). Ein Konzept in die Praxis überführen*, Baden-Baden 2005.

Nußpickel, Gerd, *Die öffentliche Wasserversorgung in Thüringen,* ⟨http://www.tls.thueringen.de/analysen/Aufsatz-03c-2007.pdf⟩, 2007 (Zugang: 21. 05. 2007).

Offe, Claus, »Die Aufgabe von staatlichen Aufgaben: ›Thatcherismus‹ und die populistische Kritik der Staatstätigkeit«, in: Dieter Grimm (Hg.), *Staatsaufgaben,* Frankfurt am Main 1996, S. 317-352.

Olson, Mancur, *Die Logik des kollektiven Handelns,* 1998.

Osiander, Anja, »Sein und Nichtsein einer sozialen Bewegung – Der Fall Minamata«, in: Claudia Derichs, Anja Osiander (Hg.), *Soziale Bewegungen in Japan,* Hamburg 1998, S. 199-229.

Osiander, Anja, *Der Fall Minamata. Bürgerrechte und Obrigkeit in Japan nach 1945. Monographien aus dem Deutschen Institut für Japanstudien: 41. Zugleich Diss. Uni Halle 2005*, München 2007.

Ostrom, Elinor, *Die Verfassung der Allmende. Jenseits von Staat und Markt,* Tübingen 1999.

Ostrom, Elinor u. a., »Revisiting the Commons: Local Lessons, Global Challenges«, in: *Science* 284 (5412/1999), S. 278-282.

Palaniappan, Meena u. a., »Water Privatization Principles and Practices«, in: Peter H. Gleick (Hg.), *The World's Water 2004-2005. The Biennial Report on Freshwater Resources,* Washington, D.C. 2004, S. 45-77.

Papadopoulos, Yannis, »Governance und Demokratie«, in: Arthur Benz (Hg.), *Governance – Regieren in komplexen Regelsystemen,* Wiesbaden 2004, S. 215-237.

Parsons, Talcott, Shils, Edward, *Toward A General Theory of Action. Theoretical Foundations for the Social Sciences,* Cambridge 1951.

Partzsch, Lena, *Blaue Vielfalt – Globale Zivilgesellschaft im Wassersektor,* ⟨http://www.rosalux.de/cms/fileadmin/wgdw_uploads/texte/jahrestagung06-partzsch-vielfalt-wasser.pdf⟩, Berlin 2005 (Zugang: 07. 01. 2005).

Partzsch, Lena, »Partnerschaften – Lösungen der Wasserkrise?«, in: *Aus Politik und Zeitgeschichte* B 25 (2006), S. 20-25.

Partzsch, Lena, *Global Governance in Partnerschaft. Die EU-Initiative »Water for Life«,* Baden-Baden 2007.

Paulsen, Tom, »Thirst for bottled water may hurt environment«, in: *Seattle Post-Intelligencer Online* vom 19. April 2007.

PepsiCo, *Annual Report 2006,* 2007.

Perry, Mark J., Mackun, Paul J., *Population Change and Distrubution 1990 to 2000,* ⟨http://www.census.gov/prod/2001pubs/c2kbr01-2.pdf⟩, 2001 (Zugang: 15. 05. 2007).

Petrella, Riccardo, *Wasser für alle. Ein globales Manifest,* Zürich 2000.

Plehwe, Dieter, Walpen, Bernhard, »Wissenschaftliche und wissenschaftspolitische Produktionsweisen im Neoliberalismus. Beiträge der Mont Pèlerin Society und marktradikaler Think Tanks zur Hegemoniegewinnung und -erhaltung«, in: *Prokla* 29 (115/1999), S. 203-235.

Pogge, Thomas, »Cosmopolitanism and sovereignty«, in: Chris Brown

(Hg.), *Political restructuring in Europe: Ethical perspectives,* London/New York 1994, S. 89-122.
Polanyi, Karl, *The Great Transformation. Politische und ökonomische Ursprünge von Gesellschaften und Wirtschaftssystemen*, Frankfurt am Main 1976.
Population Reference Bureau, 2006a: 2006 World Population Data Sheet, ⟨www.prb.org/pdf06/06WorldDataSheet.pdf⟩.
Population Reference Bureau, *World Population Clock, 2006,* ⟨http://www.prb.org//Content/NavigationMenu/PRB/Journalists/World_Population_Clock/2006_World_Population_Clock.htm⟩, 2006b (Zugang: 03. 11. 2006).
Postel, Sandra, *Last Oasis: Facing Water Scarcity*, New York/London 1997.
Postel, Sandra, *Pillar of Sand. Can The Irrigation Miracle Last?*, New York/London 1999.
Postel, Sandra u. a., »Human appropriation of renewable fresh water«, in: *Science* 271 (1996), S. 785-788.
Powell, Walter, »Neither Market nor Hierarchy – Network Forms of Organization«, in: *Research in Organizational Behavior* 12 (1990), S. 295-336.
Preuß, Ulrich K., »Risikovorsorge als Staatsaufgabe«, in: Dieter Grimm (Hg.), *Staatsaufgaben,* Frankfurt am Main 1996, S. 523-552.
Przeworski, Adam, *»Institutions Matter«? Draft paper prepared for a meeting on Institutions, Behavior, and Outcomes, CEBRAP, Sao Paulo, March 12-14, 2003,* ⟨http://www.wcfia.harvard.edu/seminars/pegroup/przeworski.pdf⟩, 2003 (Zugang: 12. 12. 2005).
Public Services International, *Controlling the Vision and Fixing the Forum: The Politburo of Privatisation,* ⟨www.psiru.org/reports/2000-03-W-Hclub.doc⟩, 2000 (Zugang: 30. 10. 2006).

Rana, Saeed, Kelly, Lauren, *The Global Water Partnership. Addressing Challenges of Globalization: An Independent Evaluation of the World Bank's Approach to Global Programs*, Washington, D.C. 2004.
Rathge, Richard, *Overview of Population Trends on the Great Plains. Great Plains Symposium, Bismarck, North Dakota, Oktober 2001,* ⟨http://gppop.dsu.nodak.edu/p_video.htm⟩, Bismarck 2001 (Zugang: 01. 01. 2007).
Rawls, John, *Eine Theorie der Gerechtigkeit*, Frankfurt/M. [7]1993.
Regionaler Planungsverband Oberlausitz-Niederschlesien, *Regionalplan für die Planungsregion Oberlausitz-Niederschlesien,* ⟨http://www.rpvolns.homepage.t-online.de/⟩, 2002 (Zugang: 21. 05. 2007).
Reisner, Marc, *Cadillac Desert. The American West and its disappearing water*, New York 1987.
Riecke, Torsten, »Coca-Cola startet Aufholjagd«, in: *Handelsblatt* vom 27. 05. 2007.

Risse, Thomas, »Governance in Räumen begrenzter Staatlichkeit. Failed States werden zum zentralen Problem der Weltpolitik«, in: *Internationale Politik* (September/2005), S. 6-12.
Risse, Thomas, Lehmkuhl, Ursula, »Governance in Räumen begrenzter Staatlichkeit«, in: *Aus Politik und Zeitgeschichte* 20-21 (2007), S. 3-9.
Ritter, Ernst Hasso, »Der kooperative Staat. Bemerkungen zum Verhältnis von Staat und Wirtschaft«, in: *Archiv des öffentlichen Rechts* 104 (1979), S. 389-413.
Rivera, Daniel, *Private Sector Participation in the Water Supply and Sanitation Sector. Lessons from Six Developing Countries*, Washington, D.C. 1996.
Rögener, Wiebke, »Plastik im Plankton«, in: *Süddeutsche Zeitung* vom 11. 5. 2004.
Rohrschneider, Robert, Dalton, Russel J., »A Global Network? Transnational Cooperation among Environmental Groups«, in: *The Journal of Politics* 64 (2/2002), S. 510-533.
Rosenau, James N., *Along the Domestic-Foreign Frontier: Exploring Governance in a turbulent World.*, Cambrigde 1997.
Rosenau, James N., »Governance in the twenty-first century«, in: Rorden Wilkinson (Hg.), *The Global Governance Reader,* London / New York 2005, S. 45-67.
Rosenzweig, Cynthia, Hillel, Daniel, *Climate Change and the Global Harvest: Potential Impacts of the Greenhouse Effect on Agriculture*, New York 1998.
Ruggie, John, »International Responses to Technology«, in: *International Organization* 29 (1975), S. 557-584.
Russell, Bertrand, *Power. A new social analysis*, London and New York 1996.
RWE, *Annual Report 2006: Strategy and Structure*, Essen 2006.
RWE, *Facts and Figures 2007,* ⟨http://www.rwe.com/generator.aspx/konzern/language=de/id=426/konzern-home.html⟩, 2007 (Zugang: 29. 05. 2007).

Sabatier, Paul A., Jenkins-Smith, Hank C., »The Advocacy Coalition Framework. An Assessment«, in: Paul A. Sabatier (Hg.), *Theories of the Policy Process,* Boulder, Colorado 1999, S. 117-166.
Sacher, Danuta, *Es geht nicht nur um die Dienstleistung: Wasserprivatisierung in Lateinamerika, ila 281,* ⟨http://www.ila-web.de/artikel/ila281/wasser.htm⟩, 2005 (Zugang: 01. 06. 2007).
Sachße, Christoph, Tennstedt, Florian, *Geschichte der Armenfürsorge in Deutschland. Vom Spätmittelalter bis zum Ersten Weltkrieg*, Stuttgart et al. 1980.

Salin, Pascal, »Le Néolibéralisme, ça n'existe pas!«, in: *Le Figaro* vom 6.2.2002.
Sassen, Saskia, *Losing control? Sovereignty in an age of globalization*, New York 1996.
Sassen, Saskia, »Globalization or denationalization?«, in: *Review of International Political Economy* (10/2003a), S. 1-22.
Sassen, Saskia, »The Participation of States and Citizens in Global Governance«, in: *Indiana Journal of Global Legal Studies* 10 (5, 1/2003b), S. 5-28.
Satz, Debra, »Equality of what among whom? Thoughts on Cosmopolitanism, Statism, and Nationalism«, in: Ian Shapiro, Lea Brilmayer (Hg.), *Global Justice*, New York/London 1999, S. 67-85.
Sawmill Cove Industrial Park, *Alaska Alpine Water for Sale* ⟨http://www.sawmillcove.com/water.shtml⟩, Sitka 2007 (Zugang: 01.06.2007).
Schaake, John C., »From climate to flow«, in: Paul E. Waggoner (Hg.), *Climate Change and U.S. Water Resources*, New York 1990, S. 177-206.
Scharpf, Fritz W., »Die Theorie der Politikverflechtung. Ein kurzgefaßter Leitfaden«, in: Jens Joachim Hesse (Hg.), *Politikverflechtung im föderalen Staat*, Baden-Baden 1979, S. 21-31.
Scharpf, Fritz W., »Verhandlungssysteme, Verteilungskonflikte und Pathologien der politischen Steuerung«, in: Manfred Schmidt (Hg.), *Staatstätigkeit*, Opladen 1988, S. 61-87.
Scharpf, Fritz W., »Politische Steuerung und politische Institutionen«, in: *Politische Vierteljahresschrift* 30 (1/1989), S. 10-21.
Scharpf, Fritz W., »Die Handlungsfähigkeit des Staates am Ende des Zwanzigsten Jahrhunderts«, in: *Politische Vierteljahresschrift* 32 (4/1991), S. 621-634.
Scharpf, Fritz W., *Interaktionsformen: Akteurzentrierter Institutionalismus in der Politikforschung*, Opladen 2000.
Schierenberg, Monika, *»Meinungsvielfalt« auf dem 5. Weltwasserforum in Istanbul*, ⟨http://www.ecomujer.de/berichte/11-berichte/57-meinungs vielfalt.html⟩, 2009 (Zugang: 01.11.2009).
Schimank, Uwe, »Deteminanten sozialer Steuerung – akteurtheoretisch betrachtet. Ein Themenkatalog«, in: Heinrich Bußhoff (Hg.), *Politische Steuerung. Steuerungsbarkeit und Steuerungsfähigkeit: Beiträge zur Grundlagendiskussion*, Baden-Baden 1992, S. 165-192.
Schimank, Uwe, *Theorien gesellschaftlicher Differenzierung*, Opladen 1996.
Schimank, Uwe, Volkmann, Elke, *Gesellschaftliche Differenzierung*, Bielefeld 1999.
Schlager, Edella, »A Comparison of Frameworks, Theories, and Models of Policy Processes«, in: Paul A. Sabatier (Hg.), *Theories of the Policy Process*, Boulder, Colorado 1999, S. 233-260.

Schmalz-Bruns, Rainer, *Reflexive Demokratie. Die demokratische Transformation moderner Politik*, Baden-Baden 1995.
Schmalz-Bruns, Rainer, »Demokratie im Prozess der Globalisierung«, in: Maria Behrens (Hg.), *Globalisierung als politische Herausforderung. Global Governance zwischen Utopie und Realität,* Wiesbaden 2005, S. 79-98.
Schmitt, Thomas, »Tausend indische Bauern gehen in den Tod«, in: *Der Spiegel online* vom 12. 11. 2006.
Schneckener, Ulrich, *Transnationaler Terrorismus. Charakter und Hintergründe des »neuen« Terrorismus*, Frankfurt am Main 2006.
Schneider, Volker, »Akteurskonstellationen und Netzwerke in der Politikentwicklung«, in: Klaus; Bandelow Schubert, Nils (Hg.), *Lehrbuch der Politikfeldanalyse,* München 2003, S. 107-146.
Scholz, Rüdiger, *Milliardengeschäft Wasser. Auch in Deutschland wird das Trinkwasser privatisiert,* ⟨http://www.humonde.de/artikel/10007⟩, 2004 (Zugang: 02. 06. 2007).
Schröder, Gerhard, Blair, Tony, »Der Weg nach vorne für Europas Sozialdemokraten«, in: *Blätter für deutsche und internationale Politik* 44 (7/1999), S. 887-896.
Schubert, Klaus, *Politikfeldanalyse. Eine Einführung*, Opladen 1991.
Schubert, Klaus, »Struktur-, Akteur- und Innovationslogik: Netzwerkkonzeptionen und die Analyse von Politikfeldern«, in: Dorothea Jansen, Klaus Schubert (Hg.), *Netzwerke und Politikproduktion: Konzepte, Methoden, Perspektiven,* Marburg 1995, S. 222-240.
Schubert, Klaus, Bandelow, Nils (Hg.), *Lehrbuch der Politikfeldanalyse*, München 2003.
Schulpen, Lau, Gibbon, Peter »Private sector development: Policies, practices and problems«, in: *World Development* 30 (1/2002), S. 1-15.
Schuppert, Gunnar, »Gemeinwohl, das. Oder: Über die Schwierigkeiten, dem Gemeinwohlbegriff Konturen zu verleihen«, in: Ders., Friedhelm Neidhardt (Hg.), *Gemeinwohl – Auf der Suche nach Substanz,* Berlin 2002, S. 19-64.
Schuppert, Gunnar Folke, »Rückzug des Staates? Zur Rolle des Staates zwischen Legitimationskrise und politischer Neubestimmung«, in: *Die Öffentliche Verwaltung* 48 (18/1995), S. 761-770.
Schuppert, Gunnar Folke, *Verwaltungswissenschaft. Verwaltung, Verwaltungsrecht, Verwaltungsreform*, Baden-Baden 2000.
Schuppert, Gunnar Folke, *Grundzüge eines zu entwickelnden Verwaltungskooperationsrechts. Regelungsbedarf und Handlungsoptionen eines Rechtsrahmens für Public Private Partnerships. Rechts- und verwaltungswissenschaftliches Gutachten erstellt im Auftrag des Bundesministeriums des Inneren*, Berlin 2001.

Schuppert, Gunnar Folke (Hg.), *Governance-Forschung. Vergewisserung über Stand und Entwicklungslinien*, Baden-Baden 2006.

Seckler, David u. a., »Water Scarcity in the Twenty-first Century«, in: *International Journal of Water Resources Development* 15 (1-2/1999), S. 29-42.

Second World Water Forum, *Ministerial Declaration of The Hague on Water Security in the 21st Century,* ⟨www.waternunc.org⟩, Den Haag 2000a (Zugang: 01. 01. 2007).

Second World Water Forum, *NGO Major group statement to the Ministerial Conference,* ⟨www.waternunc.com/gb/secwwf13.htm⟩, Den Haag 2000b (Zugang: 01. 01. 2007).

Secretary of the Interior, *Report of the Secretary of the Interior, Department of the Interior, 29. November 1862*, Washington, D.C. 1862.

Segerfeldt, Fredrik, *Water Socialists Are All Wet*, Washington, D.C. 2005.

Seminar für Sprachwissenschaft, *Die Wortwarte,* ⟨http://www.sfs.uni-tuebingen.de/~lothar/nw/Archiv/Datum/d041220.html⟩, Tübingen 2004 (Zugang: 21. 11. 2006).

Serageldin, Ismail, Cosgrove, William J., *Communique de Presse: La Commission en appelle à des changements radicaux pour atteindre la »sécurité globale de l'eau«: menaces de crises majeures de l'eau et de pénuries si des réformes ne sont pas adoptées*, Paris 2000.

SFB 597 Staatlichkeit im Wandel, *Forschungsprogramm 2003-2006,* ⟨http://www.sfb597.uni-bremen.de/download/de/forschung/Dach_070716_projektkarte.pdf⟩, Bremen 2003 (Zugang: 01. 05. 2007).

SFB 597 Staatlichkeit im Wandel, *Staatlichkeit im Wandel. Finanzierungsantrag 2007-2010,* ⟨http://www.sfb597.uni-bremen.de/download/de/forschung/01_2007_Forschungsprogramm.pdf⟩, Bremen 2007 (Zugang: 04. 11. 2009).

Shah, Tushaar u. a., »Sustaining Asia's groundwater boom: An overview of issues and evidence«, in: *Natural Resources Forum* 27 (2003), S. 130-141.

Shalizi, Zmarak, *Addressing China's growing water shortages and associated social and environmental consequences (WPS 3895)*, Washington, D.C. 2006.

Shepsle, Kenneth A., »Institutional Arrangements and Equilibrium in Multidimensional Voting Models«, in: *American Journal of Political Science* 23 (1979), S. 27-60.

Shepsle, Kenneth A., »Studying institutions: some lessons learned from the rational choice approach«, in: *Journal of theoretical Politics* 1 (1989), S. 131-149.

Shepsle, Kenneth A., Weingast, B.R., »The Institutional Foundations of Committee Power«, in: *American Political Science Review* 81 (1987), S. 85-104.

Shiklomanov, Igor A., *World Water Resources. A new Appraisal and Assessment for the 21st Century*, Paris 1998.

Shiva, Vandana, *Der Kampf um das blaue Gold. Ursachen und Folgen der Wasserverknappung*, Zürich 2002.
Shiva, Vandana, »Coca Cola löscht den Durst nicht«, in: *Le Monde diplomatique* (7612/2005), S. 11.
Simmel, Georg, *Soziologie. Untersuchung über die Formen der Vergesellschaftung*, Frankfurt am Main 1908/1992.
Simonis, Udo E., *Wasserpolitik. Handlungsstrategien für eine nachhaltige Wasserversorgung*, ⟨http://www.berlin-institut.org/pages/buehne/ buehne_umwelt_simonis_wasserpolitik.html⟩, Berlin 2001 (Zugang: 07. 01. 2007).
Smith, Adam, *Der Wohlstand der Nationen*, München 1776/2005.
Smith, Adam, *Theorie der ethischen Gefühle*, Hamburg 1977.
Sneath, David, »State Policy and Pasture Degradation in Inner Asia«, in: *Science* 281 (1998), S. 1147-1148.
So, Jae, Shin, Ben, »The Private Infrastructure Industry – A Global Market of US $ 60 Billion a Year«, in: *At a Glance (The World Bank)* Note No. 45 (1995).
Späth, Lothar, Fettig, Wolfgang (Hg.), *Privatisierung kommunaler Aufgaben*, Baden-Baden 1997.
Spillmann, Kurt R., »Wasser als Thema der Weltpolitik«, in: Karl Kaiser, Hans-Peter Schwarz (Hg.), *Weltpolitik im neuen Jahrhundert*, Bonn 2000, S. 150-172.
Stadt Dortmund, *Geschäftsbericht 2005/2006*, Dortmund 2006.
Stanton, Jennifer S., Fahlquist, Lynne, *Ground-water quality beneath irrigated cropland of the northern and southern High Plains aquifer, Nebraska and Texas, 2003-04, U.S. Geological Survey Scientific Investigations Report 2006-5196*, Reston, Virginia 2006.
Statistisches Bundesamt, *Umwelt – Öffentliche Wasserversorgung und Abwasserbeseitigung, 1995. – Fachserie 19, Reihe 2.1*, Stuttgart 1998.
Statistisches Bundesamt, *Öffentliche Wassergewinnung*, ⟨http://www.statistik-portal.de/Statistik-Portal/de_jb10_jahrtabu1.asp⟩, Wiesbaden 2006 (Zugang: 02. 06. 2007).
Steinberg, Rudolf, *Der ökologische Verfassungsstaat*, Frankfurt am Main 1998.
Sternberger, Dolf, *Drei Wurzeln der Politik. Schriften II*, Frankfurt am Main 1978.
Stone, Diane, »Transfer agents and global networks in the ›transnationalization‹ of policy«, in: *Journal of European Public Policy* 11 (3/2004), S. 545-566.
SUEZ, *Commitment – Performance – Responsibility. 2004 Reference Document*, Paris 2004.
SUEZ, *2006 Reference Document*, Paris 2006.

Sullivan, Caroline A., »Calculating a Water Poverty Index«, in: *World Development* 30 (2002), S. 1195-1210.
Templer, Otis W., *Water Law. Texas Handbook Online*, ‹http://www.tsha.utexas.edu/handbook/online/articles/WW/gyw1.html›, 2001 (Zugang: 18. 05. 2007).
Teubner, Gunther, *Recht als autopoietisches System*, Frankfurt am Main 1989.
Teubner, Gunther, Willke, Helmut, »Kontext und Autonomie: Gesellschaftliche Selbststeuerung durch reflexives Recht«, in: *Zeitschrift für Rechtssoziologie* 5 (1984), S. 4-35.
Thatcher, Margret, *Interview for »Woman's Own«*, ‹http://www.margaretthatcher.org/speeches/displaydocument.asp?docid=106689›, 1987 (Zugang: 05. 05. 2007).
Thompson, Edward P., *Die Entstehung der englischen Arbeiterklasse. Erster Band*, Frankfurt am Main 1987.
Thoyer, Sophie, *The provision of Global Public Goods and Global Governance*, Berlin 2002.
Tocqueville, Alexis de, *Der alte Staat und die Revolution*, München 1856/1978.
Töpfer, Klaus, »Vorwort«, in: BMU (Hg.), *Agenda 21*, Bonn 2003, S. 1.
Torp, Cornelius, »Weltwirtschaft vor dem Weltkrieg. Die erste Welle ökonomischer Globalisierung von 1914«, in: *Historische Zeitschrift, Bd. 279* (2004), S. 561-609.
Torp, Cornelius, *Die Herausforderung der Globalisierung. Wirtschaft und Gesellschaft in Deutschland 1860-1914*, Göttingen 2005.
Treib, Oliver u. a., *Modes of Governance, Old and New: A Note Towards Conceptual Clarification*, ‹www.elaine.ihs.ac.at/~treib/download/TreibBaehrFalknerNewGovInputPaper2004.pdf›, 2004 (Zugang: 01. 06. 2007).
Turner, Kerry u. a., *Economic valuation of water resources in agriculture: From the sectoral to a functional perspective of natural resource management*, Rom 2004.

U.S. Environment Protection Agency, *Consumer Fact Sheet on Alachlor*, ‹http://www.epa.gov/safewater/dwh/c-soc/alachlor.html›, 2006a (Zugang: 18. 05. 2007).
U.S. Environment Protection Agency, *Consumer Fact Sheet on Atrazine*, ‹http://www.epa.gov/safewater/contaminants/dw_contamfs/atrazine.html›, 2006b (Zugang: 18. 05. 2007).
U.S. Environment Protection Agency, *Drinking Water Contaminants*, ‹http://www.epa.gov/safewater/contaminants/index.html#sec›, 2006c (Zugang: 18. 05. 2007).
U.S. Environment Protection Agency, *Ground Water & Drinking Water:*

*ConsumerFactSheets,* ⟨http://www.epa.gov/safewater/dwh/c-ioc⟩, 2006d (Zugang: 18.05.2007).
U.S. Environment Protection Agency, *Technical Factsheet on: Simazine,* ⟨http://www.epa.gov/safewater/dwh/t-soc/simazine.html⟩, 2006e (Zugang: 18.05.2007).
U.S. Geological Survey, *High Plains Regional Ground Water (HPGW) Study,* ⟨http://co.water.usgs.gov/nawqa/hpgw/HPGW_home.html⟩, Denver 2006 (Zugang: 22.03.2006).
U.S. Geological Survey, *Glossary,* ⟨http://nwql.usgs.gov/Public/ltmdl/glossary.html⟩, 2007 (Zugang: 19.05.2007).
Umweltbundesamt, *Liberalisierung der deutschen Wasserversorgung. Auswirkungen auf den Gesundheits- und Umweltschutz. Skizzierung eines Ordnungsrahmens für eine wettbewerbliche Wasserwirtschaft*, Berlin 2000.
UNDP, *Human Development Report 2006. Beyond scarcity: Power, poverty and the global water crisis*, New York 2006.
UNEP, *United Nations Conference on the Human Environment. Brief Summary of the General Debate,* ⟨www.unep.org/documents⟩, Stockholm 1972a (Zugang: 03.03.2008).
UNEP, *United Nations Conference on the Human Environment. Declaration of the United Nations Conference on the Human Environment,* ⟨www.unep.org/documents⟩, Stockholm 1972b (Zugang: 04.06.2008).
UNEP, *United Nations Conference on the Human Environment. Recommendations for action at the international level,* ⟨www.unep.org/documents/⟩, Stockholm 1972c (Zugang: 14.06.2008).
UNEP, *United Nations Conference on the Human Environment. Resolution on Institutional and Financial Arrangements,* ⟨www.unep.org/documents⟩, Stockholm 1972d (Zugang: 04.06.2008).
UNEP, *Mar del Plata Action Plan (UN-Doc. E/Conf. 70/29)*, Mar del Plata 1977.
UNEP, *Groundwater: a threatened resource. UNEP Environment Library No 15*, Nairobi 1996.
UNEP, *Overview Global Environment Outlook 2000*, Nairobi 1999.
UNEP/ESCWA, *The National Plan of Action to Combat Desertification in Oman*, Oman 1992.
UNESCO, *2003 International Year of Freshwater: Virtual Water,* ⟨http://www.wateryear2003.org/en/ev.php-URL_ID=5868&URL_DO=DO_TOPIC&URL_SECTION=201.html⟩, 2003a (Zugang: 17.06.2007).
UNESCO, *Milestones 1972-2003. Stockholm to Kyoto*, Genf 2003b.
UNESCO, *Wasser für Menschen, Wasser für Leben. Weltwasserentwicklungsbericht der Vereinten Nationen. Zusammenfassung*, Bonn 2003c.
UNESCO, *Water for People. Water for Life. The United Nations World Water Development Report*, Barcelona 2003d.

UNESCO, *Water a shared responsibility. The United Nations World Water Development Report 2*, New York 2006.
UNESCO, *Water in a changing World. The United Nations World Water Development Report 3*, New York 2009.
UNESCO, *World Water Assessment Programme: 1972-2003: from Stockholm to Kyoto,* ⟨http://www.unesco.org/water/wwap/milestones/index.shtml⟩, o.A. (Zugang: 06.06.2007).
UNFPA, *The State of the World Population*, New York 2002.
UNICEF, *The State of the World's Children 2006. Excluded and Invisible*, New York 2005.
United Nations, *Regional groundwater reports. National Resources Water Series*, New York 1983-1990.
United Nations, *United Nations Convention on the Law of the Non-navigational Uses of International Watercourses. Adopted by the UN General Assembly in resolution 51/229 of 21 May 1997*, New York 1997.
United Nations, *Road map towards the implementation of the United Nations Millennium Declaration. Report of the Secretary-General (A/56/326),* ⟨http://www.un.org/documents/ga/docs/56/a56326.pdf⟩, 2001 (Zugang: 21.05.2007).
United Nations, *Erklärung von Johannesburg über nachhaltige Entwicklung. Unser Weg von den Anfängen in die Zukunft,* ⟨http://www.un.org/Depts/german/conf/jhnnsbrg/decl_jo.pdf⟩, 2002a (Zugang: 01.11.2009).
United Nations, *Plan of Implementation of the World Summit on Sustainable Development,* ⟨http://www.un.org/esa/sustdev/documents/WSSD_POI_PD/English/WSSD_PlanImpl.pdf⟩, 2002b (Zugang: 02.07.2007).
United Nations, *Report of the World Summit on Sustainable Development, Corrigendum (A/CONF.199/20/Corr.1)*, New York 2002c.
United Nations, *UN Millennium Development Goals,* ⟨http://www.un.org/millenniumgoals⟩, 2005 (Zugang: 22.11.2009).
United Nations, *The Millennium Development Goals Report 2006*, New York 2006a.
United Nations, *Report of the Secretary-General on the work of the Organization, General Assembly, Official Records, Sixty-first Session, Supplement No. 1 (A/61/1)*, New York 2006b.
United Nations, *The Millennium Development Goals Report 2008*, New York 2008a.
United Nations, *Millenniums-Entwicklungsziele Bericht 2008*, New York 2008b.
United Nations, *The Millennium Development Goals Report 2009*, New York 2009.
United States Department of Agriculture, *Farms, Land in Farms, and Livestock Operations, 2006 Summary,* ⟨http://usda.mannlib.cornell.edu/

usda/current/FarmLandIn/FarmLandIn-02-02-2007.pdf⟩, 2007 (Zugang: 17.05.2007).
US Census Bureau, *United States Census 2000,* ⟨http://www.census.gov/⟩, 2007 (Zugang: 15.05.2007).
USGCRP, *Climate Change Impacts on the United States. The Potential Consequences of Climate Variability and Change. Overview: Great Plains,* ⟨http://www.usgcrp.gov/usgcrp/Library/nationalassessment/overview greatplains.htm⟩, 2000 (Zugang: 19.05.2007).

van Waarden, Frans, »Dimensions and types of policy networks«, in: *European Journal of Political Research* 21 (1992), S. 29-52.
Varghese, Shiney, *Water Services Under The WTO. WTO Cancun Series Paper no. 6*, Minneapolis 2003.
Veolia, *Annual Report 2002*, Paris 2002.
Veolia, *Annual Report 2006*, Paris 2006.
Viertes Weltwasserforum, *Address by His Imperial Highness The Crown Prince of Japan on the Opening Ceremony of the Fourth World Water Forum on March 16, 2006, in Mexico City,* ⟨http://www.kunaicho.go.jp/address/address-crownprince-2006-1.html⟩, Mexico 2006 (Zugang: 31.10.2006).
Vogel, Wolf-Dieter, *Wassertribunal: Kein Recht auf Entschädigung für Multis,* ⟨http://www.chiapas98.de/news.php?id=1394⟩, 2006 (Zugang: 01.06.2007).
Voigt, Rüdiger (Hg.), *Recht als Instrument der Politik*, Opladen 1986.
Voigt, Rüdiger, »Der kooperative Staat. Auf der Suche nach einem neueren Steuerungsparadigma«, in: Ders. (Hg.), *Der kooperative Staat. Krisenbewältigung durch Verhandlung?,* Baden-Baden 1995, S. 33-92.

Waddell, Steve, *Societal Learning. How Governments, Business and Civil Society are Creating Solutions to Complex Multi-Stakeholder Problems*, Sheffield 2005.
WafG, *AFG-Markt: Gute Aussichten für 2007,* ⟨http://www.wafg-online.de/pdf/presse/07011066.pdf⟩, 2007 (Zugang: 31.05.2007).
Wagner, Christoph, *Milton Friedman: Der Markt als Löser aller Probleme,* ⟨http://www.inwent.org/E+Z/content/archiv-ger/06-2004/trib_art2.html⟩, 2004 (Zugang: 06.05.2007).
Walpen, Bernhard, *Die offenen Feinde und ihre Gesellschaft*, Hamburg 2004.
Water Resources Institute, *Watersheds of the World – Global Maps 16: Environmental Water Scarcity; Indes by Basin,* ⟨www.waterandnature.org/eatlas/html/download.html⟩, Gland 2005 (Zugang: 23.03.2006).
WCD, *Dams and Development: A new Framework for Decision-Making. The Report of the World Commission on Dams*, London 2000a.

WCD, *Staudämme und Entwicklung: Ein neuer Rahmen zur Entscheidungsfindung. Ein Überblick,* ⟨http://www.swissdams.ch/Committee/Dossiers/wcd/wcd_uberblick.pdf⟩, 2000b (Zugang: 26.11.2009).
wdr, *Eon verkauft Gelsenwasser: Stadtwerke Bochum und Dortmund übernehmen Wasserversorger,* ⟨http://www.wdr.de/themen/wirtschaft/wirtschafts branche/eon/gelsenwasser.jhtml⟩, Köln 2003 (Zugang: 01.06.2007).
Weber, Max, *Wirtschaft und Gesellschaft. Grundriß der verstehenden Soziologie*, Tübingen 1922/1980.
WEED, *Ilisu-Staudamm in der Türkei wieder aktuell,* ⟨http://www.weed-online.org/themen/71394.html⟩, 2005 (Zugang: 21.05.2007).
Welch, Susan, Miewald, Robert (Hg.), *Scarce natural resources. The challenge to public policymaking*, Beverly Hills 1983.
Weyer, Johannes, »Einleitung: Zum Stand der Netzwerkforschung in den Sozialwissenschaften«, in: Ders. (Hg.), *Soziale Netzwerke. Konzepte und Methoden der sozialwissenschaftlichen Netzwerkforschung,* München 2000, S. 1-34.
Willke, Helmut, *Ironie des Staates. Grundlinien einer Staatstheorie polyzentrischer Gesellschaften*, Frankfurt am Main 1992.
Willke, Helmut, *Global Governance*, Bielefeld 2006.
Wimmer, Andreas, Glick-Schiller, Nina, »Methodological nationalism and beyond: nation-state building, migration, and the social sciences«, in: *Global Networks. A Journal of Transnational Affairs* 2 (4/2002), S. 301-334.
Windhoff-Héritier, Adrienne, *Policy-Analyse. Eine Einführung*, Frankfurt am Main 1987.
Windhoff-Héritier, Adrienne, *Policy-Analyse. Kritik und Neuorientierung*, Opladen 1993.
Winpenny, James, *Financing Water for All. Report of the World Panel on Financing Water Infrastructure,* ⟨http://www.gwpforum.org/gwp/library/FinPanRep_MainRep.pdf⟩, 2003 (Zugang: 10.10.2006).
Wittfogel, Karl A., *Oriental Despotism: A Comparative Study of Total Power*, New Haven 1957.
Witzens, Udo, *Kritik der Thesen Karl A. Wittfogels über den »Hydraulischen Despotismus« mit besonderer Berücksichtigung des historischen singhalesischen Theravāda-Buddhismus,* ⟨http://archiv.ub.uni-heidelberg.de/voll textserver/volltexte/2002/1937/pdf/Dissertation.pdf⟩, Heidelberg 2000 (Zugang: 18.05.2007).
Wolf, Aaron T., Giordano, Meredith A., *The World's International Freshwater Agreements,* ⟨http://www.transboundarywaters.orst.edu/publica tions/atlas/atlas_html/foreword/internationalAgreements.html⟩, 2005 (Zugang: 20.08.2005).
Wolf, Aaron T. u. a., »International River Basins of the World«, in: *Interna-*

*tional Journal of Water Resources Development* 15 (4/1999).
Wolf, Klaus Dieter, »Contextualizing Normative Standards for Legitimate Governance beyond the State«, in: Jürgen R. Grote, Bernard Gbikpi (Hg.), *Participatory Governance,* Opladen 2002, S. 35-50.
Wolfensohn, James D., *Caolitions for Change. Address to the Board of Governers at the Annual Meeting*, Washington, D.C. 1999.
Women's Caucus, *Women's Caucus Declaration, 4th World Water Forum, Mexico City, 18 March 2006,* ⟨http://www.worldwaterforum4.org.mx/home/..%5Cfiles%5CDeclaraciones%5CWomen.pdf⟩, Mexico 2006 (Zugang: 30. 10. 2006).
World Bank, *Governance and Development*, Washington, D.C. 1992a.
World Bank, *Operational Directive 8.60: Structural Adjustment Lending Policy*, Washington, D.C. 1992b.
World Bank, *Governance: The World Bank's Experience*, Washington, D.C. 1994.
World Bank, *The World Bank Participation Source Book*, Washington, D.C. 1996.
World Bank, *World Water Commission Launched at 8th Stockholm Water Symposium, August 10-13, 1998,* ⟨http://go.worldbank.org/4T89CQDOIo⟩, Washington, D.C. 1998 (Zugang: 30. 06. 2007).
World Bank, *Urban Water Supply and Sanitation,* ⟨http://www.worldbank.org/html/fpd/water/urban.html⟩, 2002 (Zugang: 03. 07. 2008).
World Bank, *ICSID: List of Pending Cases* ⟨http://www.worldbank.org/icsid/cases/pending.htm⟩, 2006 (Zugang: 29. 05. 2007).
World Bank, *Private Participation in Infrastructure Database*, Washington, D.C. 2007a.
World Bank, *Weltentwicklungsbericht 2007: Entwicklung und die nächste Generation*, Washington, D.C. 2007b.
World Resources Institute, *Annual Renewable Water Supply Per Person by River Basin, 1995,* ⟨http://earthtrends.wri.org/maps_spatial/maps_detail_static.php?map_select=264&theme=2⟩, 2000a (Zugang: 18. 05. 2007).
World Resources Institute, *Groundwater and Desalizination 2000,* ⟨http://earthtrends.wri.org/pdf_library/data_tables/fw2n_2000.pdf⟩, 2000b (Zugang: 14. 11. 2009).
World Resources Institute, *Projected Annual Renewable Water Supply Per Person by River Basin, 2025,* ⟨http://earthtrends.wri.org/maps_spatial/maps_detail_static.php?map_select=265&theme=2⟩, 2000c (Zugang: 18. 05. 2007).
World Water Council, *Mexico 2006. First announcement,* ⟨www.worldwatercouncil.org⟩, 2004 (Zugang: 23. 04. 2005).
World Water Forum, *The 5th World Water Forum Newsletter, September 2008, No 2,* ⟨http://newsletter.worldwaterforum5.org/vol2/component.html⟩, 2008 (Zugang: 01. 11. 2009).

World Water Forum, *5th World Water Forum Final Report,* ⟨http://www.worldwaterforum5.org/fileadmin/WWF5/Final_Report/WWF5_Final_Report.pdf⟩, Istanbul 2009a (Zugang: 01. 11. 2009).

World Water Forum, *Bridging Divides for Water,* ⟨http://www.worldwaterforum5.org/⟩, 2009b (Zugang: 01. 11. 2009).

Worldwatch, *Bottled Water Pricey in More Ways than One,* ⟨http://www.worldwatch.org/node/5063⟩, Washington, D.C. 2007 (Zugang: 31. 05. 2007).

WWC, *The Declaration of Marrakech,* ⟨http://www.worldwatercouncil.org/fileadmin/wwc/Library/Official_Declarations/Marrakech_Declaration.pdf⟩, 1997 (Zugang: 17. 06. 2005).

WWC, *Ministerial Declaration of The Hague on Water Security in the 21st Century,* ⟨http://www.worldwatercouncil.org/fileadmin/wwc/Library/Official_Declarations/The_Hague_Declaration.pdf⟩, 2000a (Zugang: 06. 06. 2007).

WWC, *World Water Vision Commission Report: A Water Secure World, Vision for Water, Life, and the Environment*, Marseille 2000b.

WWC, *Triennial Report 2000-2003*, Marseille 2003.

WWC, *The 1st World Water Forum. Marrakech, Morocco – March 1997,* ⟨http://www.worldwatercouncil.org/index.php?id=1960⟩, 2005a (Zugang: 04. 06. 2007).

WWC, *The Camdessus Panel's Proposals,* ⟨http://www.worldwatercouncil.org/index.php?id=594⟩, 2005b (Zugang: 30. 06. 2007).

WWC, *Role of Members,* ⟨http://www.worldwatercouncil.org/index.php?id=1976&L=1%2520%253E%2520water%2520coucil%5D⟩, 2005c (Zugang: 29. 06. 2007).

WWC, *Strategy & accomplishments,* ⟨http://www.worldwatercouncil.org/index.php?id=94&L=0%2Ffileadmin%2Fwwc%2Ftemplates%2Fimages%2Fmenu01_sep.jpg#165⟩, 2005d (Zugang: 28. 06. 2007).

WWC, *World Water Council. Biennial Report 2004-2005*, 2005e.

WWC, *World Water Council: About us,* ⟨http://www.worldwatercouncil.org/index.php?id=92&L=0⟩, 2005 f. (Zugang: 31. 10. 2006).

WWC, *World Water Vision. A Vision Today for Water Tomorrow,* ⟨http://www.worldwatercouncil.org/index.php?id=192⟩, 2005g (Zugang: 30. 06. 2007).

WWC, *4th World Water Forum – Mexico 2006,* ⟨http://www.worldwatercouncil.org/index.php?id=1386⟩, 2006a (Zugang: 04. 06. 2007).

WWC, *Weekly News, No. 14, January 4, 2006*, Marseille 2006b.

WWC, *List of Members Juni 2009,* ⟨http://www.worldwatercouncil.org/index.php?id=92&L=0⟩, 2009a (Zugang: 01. 11. 2009).

WWC, *Politics gets into Water. World Water Council 2006-2009*, Marseille 2009b.

WWC, *Speaker's Bureau,* ⟨http://www.gwpforum.org/gwp/library/GWP_Bios_media_WWW2009.pdf⟩, Stockholm 2009c (Zugang: 15. 11. 2009).

Yaron, Gil, *The Final Frontier. A Working Paper on the Big 10 Global Water Corporations and Privatization and Corporatization of the World's Last Public Resource*, Toronto 2000.

Yergin, Daniel, Stanislaw, Joseph, *Staat oder Markt. Die Schlüsselfrage unserer Zeit*, München 2001.

Zimmerle, Birgit, »Verdammt in alle Ewigkeit. Risiken und Nebenwirkungen von Großstaudämmen«, in: *Politische Ökologie* 80 (2003), S. 28-30.

Zimmerle, Birgit, *»Es geht nicht nur um Dienstleistungen«. Der Griff nach der Ressource Wasser. Hintergrundmaterialien 14*, Stuttgart 2005.

Zürn, Michael, »Zu den Merkmalen postnationaler Politik«, in: Markus Jachtenfuchs, Michèle Knodt (Hg.), *Regieren in internationalen Institutionen,* Opladen 2002, S. 215-234.

# Verzeichnis der Abbildungen und Tabellen


Abbildung 1: Erneuerbare Wasserressourcen in Kubikmeter/Person/Jahr (*human water stress index*) im Jahr 1995 .. 51

Abbildung 2: Für das Jahr 2025 projektierte erneuerbare Wasserressourcen Kubikmeter/Person/Jahr (*human water stress index*) ... 52

Abbildung 3: Ökologischer Wasserbedarf, 1995 (*environmental scarcity index*) ... 55

Abbildung 4: Wassernutzung als Anteil an der verfügbaren Wassermenge, 2001 ... 56

Abbildung 5: Globaler Wasserverbrauch nach Sektoren, 1900-2000 ... 66

Abbildung 6: Institutionalisierung des Globalen Wassernetzwerks . 313

Abbildung 7: Personelle Überschneidungen der zentralen Wasserkommissionen ... 315

Abbildung 8: Persönliche Verbindungen der Mitglieder der Weltwasserkommission außerhalb des Kommissionskontextes .... 317

Abbildung 9: Egonetzwerk von Ismael Serageldin ... 318

Abbildung 10: Verbindungen der Weltwasserkommission zur Weltbankgruppe ... 320

Tabelle 1: Verhältnis von Wasserentzug und Einkommen, 1995 (*freshwater vulnerability*) ... 58

Tabelle 2: Übersicht über Problemdimensionen ... 93

Tabelle 3: Schlüsselverantwortlichkeiten bei privaten Beteiligungen an Wasserdienstleistungen ... 143

Tabelle 4: Die zehn weltgrößten Wasserunternehmen 1999 und 2006 ... 145

Tabelle 5: Private Kapitalbeteiligungen bei Wasser- und Sanitärdienstleistungen nach Ländereinkommensgruppen (2004) . 147

Tabelle 6: Anteil privater Beteiligungen an der Wasserversorgung der zehn größten deutschen Städte .......................... 152

Tabelle 7: Vorschläge des Camdessus-Panels .................. 310

# Verzeichnis der Abkürzungen

ACC/ISGWR — UN Administrative Committee on Coordination/Inter Secretariat Group for Water Resources
ADB — Asian Development Bank
BGS/DPHE — British Geological Survey/Department of Public Health Engineering
BMU — Bundesministerium für Umwelt, Naturschutz und Reaktorsicherheit
BMWI — Bundeministerium für Wirtschaft und Technologie
CGIAR — Consultative Group on International Agricultural Research
CPI — Center for Public Integrity
CSD — Commission on Sustainable Development
DDT — Dichlorine Phenyltrichlorethane
DFAIT — Department of Foreign Affairs and International Trade Canada
DFID — UK Department for International Development
DVGW — Deutsche Vereinigung des Gas- und Wasserfaches e.V.
ECOSOC — United Nations Economic and Social Council
EnBW — Energie Baden-Württemberg AG
FAO — Food and Agricultural Organization of the United Nations
FES — Friedrich-Ebert-Stiftung
FTA — Free Trade Agreement
GATT — General Agreement on Tariffs and Trade
GPPN — Global Public Policy Network
GRAND — Great Recycling and Northern Development Canal
GWP — Global Water Partnership
HOD — Home-and-Office-Delivery
HWW — Hamburg Wasser
IBWA — International Bottled Water Association
ICARDA — International Center for Agricultural Research in the Dry Areas
ICSID — International Centre for the Settlement of Investment Disputes
ICWE — International Conference on Water and the Environment
IFPRI — International Food Policy Research Institute
IMF — International Monetary Fund
IPCC — International Panel on Climate Change
IWRA — International Water Resources Association

| | |
|---|---|
| IWRM | Integrated Water Resources Management |
| LRL | Laboratory Reporting Level |
| LT-TDL | Long Term Method Detection Level |
| MDG | Millennium Development Goals |
| NAFTA | North American Free Trade Agreement |
| NGO | Non Governmental Organization |
| PCB | Polychlorine Byphenyle |
| PRB | Population Reference Bureau |
| RWE | (bis 1990: Rheinisch-Westfälisches Elektrizitätswerk AG) |
| SFB | Sonderforschungsbereich |
| SIDA | Swedish International Development Cooperation Agency |
| SWM | Stadtwerke München |
| TAC | Technical Advisory Committee |
| TAN | Transnational Advocacy Network |
| UNCED | United Nations Conference on Environment and Development |
| UNCSD | United Nations Commission on Sustainable Development |
| UNDP | United Nations Development Programme |
| UNEP | United Nations Environment Programme |
| UNESCO | United Nations Educational, Scientific and Cultural Organization |
| UNFPA | United Nations Population Fund |
| UNIDO | United Nations Industrial Development Organization |
| UNO | United Nations Organization |
| UNSGAB | United Nations Secretary General Advisory Board |
| UNU | United Nations University |
| USGCRP | United States Global Change Research Program |
| WafG | Wirtschaftsvereinigung Alkoholfreie Getränke e.V. |
| WCD | World Commission on Dams |
| WCED | World Commission on Environment and Development |
| WEED | World Economy, Ecology & Development |
| WHO | World Health Organization |
| WMO | World Meteorological Organization |
| WTO | World Trade Organization |
| WWC | World Water Council |
| WWF | World Water Forum |

# Namenregister


Adorno, Theodor W. 284 f.
Agarwal, Anil 315, 317 f., 320
Akinyi, Mary 81
Al-Hamad, Abdel-Latif 315, 317 f., 320
Allan, Tony 71 f.
Altvater, Elmar 192
Annan, Kofi 18, 35, 271
Archibugi, Daniele 244
Arendt, Hannah 286
Arnold, Emily 154 f., 157 f.
Asmal, Kader 85, 315, 317 f., 320

Bade, Klaus J. 243
Badura, Peter 249
Bandelow, Nils 253
Barlow, Maude 69 f., 163, 165
Barney, Gerald O. 95
Barry, Brian 244
Beck, Ulrich 22, 244, 273
Beisheim, Marianne 271
Bello, Walden 319
Benner, Thorsten 174, 218, 271, 279, 282
Bennett, Elizabeth 143
Benz, Arthur 30, 32
Berber, Friedrich 10
Bhatia, Ramesh 14
bin Abdullah, Shahrizaila 315, 317 f., 320
Biswas, Asit 11, 94, 97, 99 f., 103, 121 ff., 171, 315, 315, 317 f., 320, 330
Blair, Tony 254
Bluhm, Harald 212 f., 215, 220
Bogumil, Jörg 136
Bond, Patrick 140
Börzel, Tanja 266
Bovis, Christopher 136
Boys, David 312
Brand, Ulrich 261, 271
Braudel, Fernand 187
Brenes, Diego 140
Brenner, Neil 22
Briscoe, John 150
Brugger, Fritz 154, 158
Brundtland, Gro Harlem 95
Buchstein, Hubertus 347
Budds, Jessica 137
Burth, Hans-Peter 261

Camdessus, Michel 300, 306, 309 ff., 314, 321, 326
Canetti, Elias 261
Carson, Rachel 193
Castells, Manuel 271
Catley-Carlson, Margaret 148, 297, 304, 307, 315, 317 ff., 320, 324, 331, 333 f.
Clark, Colin 194
Clarke, George 139
Clarke, Tony 69 f., 163, 165
Coleman, James 258, 266
Conca, Ken 322
Conway, Gordon 315, 317 f., 319, 320
Cooley, Heather 35
Cosgrove, William 138 f., 169, 308 f., 326, 333
Crichton, Michael 82, 84

Dalton, Russel J. 278
Dasgupta, Partha 194
Deacon, Bob 280
Dellapenna, Joseph W. 11
DeMars, William 271
Dennehy, Kevin F. 43 f.
Derlien, Hans-Ulrich 250
Desai, Ashwin 136
Dingwerth, Klaus 85, 271
Dobner, Petra 254, 270, 347, 349
Dose, Nicolai 253
Dye, Thomas R. 252

Easton, David 251
Ecker-Ehrhardt, Matthias 91, 334

Ehrlich, Paul 193
Eisermann, Daniel 94, 96, 104 f.
Ekenna, Geoffrey 158
El-Ashry, Mohamed T. 315, 317 f., 320
Ellwein, Thomas 249 f.
Engel, Christoph 212
Engelman, Robert 53
Esping-Andersen, Gøsta 133
Estache, Antonio 139, 147, 170, 175, 178
Evans, Peter B. 254

Fahlquist, Lynne 43, 45
Falk, Richard 206 f.
Falke, Andreas 14, 50, 334
Falkenmark, Malin 91, 99
Fauchon, Loïc 301
Fertig, Michael, 233
Fettig, Wolfgang 130
Fewtrell, Lorna 60
Fischer, Karsten 212 f.
Forsthoff, Ernst 238
Foucault, Michel 245, 261, 287, 289
Frederick, Franklin 127
Friedman, Milton 210, 218, 227, 229 f., 234 f., 239, 241, 245 f., 319
Fritz, Thomas 14
Fromme, Jörg-W. 177
Fues, Thomas 83

Gardner-Outlaw, Tom 53
Gasparini, Leonardo 75
Geiler, Nikolaus 151
Geremek, Bronislaw 187
Gibbon, Peter 140
Giddens, Anthony 254
Gleick, Peter 14, 50, 88, 128, 154, 158 f.
Glick-Schiller, Nina 22
Goicoechea, Ana 147, 170
Gordon, Scott 194
Görlitz, Axel 261
Gramsci, Antonio 183, 254, 261, 289
Grande, Edgar 21, 244, 267, 273
Greeley, Horace 38
Gregory, James N. 41
Greven, Michael 247
Grimm, Dieter 213, 270
Gurria, Angel 300, 309, 311 f., 315, 326, 332
Gysi, Gregor 254

Haas, Peter 272 ff., 275 f., 317
Habermas, Jürgen 257, 285
Haftendorn, Helga 88
Hall, David 137, 139 f., 142 f.
Hall, Peter 197
Hallberg, Laura L. 43
Hammurabi 9 f.
Hanf, Kenneth 264
Hardin, Garret 179, 193 ff., 196 ff., 202, 300
Harmon, Judson 11
Hashimoto, Ryutaro 312
Hasskamp, Dorothee 172
Hauff, Volker 95
Haug, Wolfgang Fritz 132
Haupert, Frédéric 136
Hayek, August 211, 218 f., 226, 230, 235 ff., 241, 243, 245, 350
Heclo, Hugh 264, 272
Heilbroner, Robert L. 196
Heinrich VII. 187
Held, David 280, 290, 296
Henne, Gudrun 95
Hennis, Wilhelm 250, 252
Herzog, Roman 10
Hesse, Jens Joachim 249
Hilge, Andreas 130
Hillel, Daniel 82
Hinkelammert, Franz J. 255
Hjort, Howard 315, 317 f., 320
Hoekstra, Arijen 72
Hoering, Uwe 118, 120, 126
Hogenboom, Barbara 278
Holtkamp, Lars 136
Holtmann, Everhard 251
Horkheimer, Max 284
Horlemann, Lena 73

Hovwegen, Paul van 311, 332
Hummel, Diana 72
Hummel, Hartwig 271
Hung, P.Q. 72
Hunt, Catherine 144, 167

Iglesias, Enriqué 315, 317 f., 320
Izaguirre, Aza Karina 144, 167

Jachtenfuchs, Markus 32, 214, 251, 262
Jackson, Robert B. 49
Jänicke, Martin 328
Jann, Werner 136
Jenkins-Smith, Hank C. 15, 276
Jessop, Bob 254
Johansen, David 162 f.
Jønch-Clausen, Torkil 323
Jörgens, Helge 328
Jörke, Dirk 347

Kaiser, Karl 94
Kakabadse, Yolanda 315, 317 ff.
Kämmerer, Jörn Axel 130
Kaul, Inge 200, 204 f.
Kazibwe, Speziosa Wandira 315, 317 ff., 320
Kearns, Gerry 285
Keck, Margret 276, 278 f.
Kelly, Lauren 304, 328
Kennedy, John F. 35
Keohane, Robert O. 30, 341
Kern, Christine 271
Kiser, Larry 203
Kittsteiner, Heinz-Dieter 210
Kjellén, Marianne 138
Kluge, Thomas 129, 150
Knill, Christoph 264, 266
Kocks, Alexander 204
Koenig-Archibugi, Mathias 281
Korzeniewicz, Roberto Patricio 271
Krippendorff, Ekkehart 22
Kröger, Michael 218
Kuhn, Thomas 273
Kunig, Philip 12
Kürschner-Pelkmann, Frank 9, 139 f., 142

Ladwig, Bernd 210
Larsen, Janet 154, 157 f.
Laslett, Peter 183
Lee, Leo-Felix 9, 10, 36, 97 f., 103, 107, 114
Lehmkuhl, Ursula 25, 340
Libecap, Gary D. 74
Lietzmann, Hans 217
Link, Thomas 131
Lippmann, Walter 211
Litke, David W. 45
Lobina, Emanuele 137, 139 f., 142 f.
Locke, John 179 ff., 220
Luhmann, Niklas 247, 251, 258
Lux, Alexandra 129, 150
Luxemburg, Rosa 189 ff.

Machiavelli, Niccolò 287 ff.
Mackun, Paul J. 42
Mahnkopf, Birgit 192
Malowitz, Karsten 220
Marrero Ruiz, Carmelo 165
Marx, Karl 132, 179, 186 ff., 191 f., 254
Mathews, Jessica 315, 317 f., 320
Mayer, Charles 243
Mayer, Johann 164
Mayer, Otto 250
Mayntz, Renate 20 f., 32, 251 ff., 257 f., 260 f., 263, 267, 293, 339, 352
Mc Granahan, Jordan 137 f., 143
McCarthy, Michael 99, 102 f., 135, 174
McCully, Patrick 84 f.
McGrew, Anthony 180, 290, 296
McGuire, Virginia L. 43
McNamara, Robert S. 315, 317 f., 320
Meeker, Nathan 38
Messner, Dirk 20
Mestrallet, Gerard 127
Michailowski, N.K. 189

Miewald, Robert 197
Mises, Ludwig von 211, 218 f., 226, 228 f., 230 ff., 239, 242 ff., 350
Moench, Marcus 78 ff.
Moghadam, Valentine M. 271
Mohammed 9
Monod, Jerôme 315, 317 f., 320
Morgan, Bronwen 306, 331
Moses 9
Mouffe, Chantal 244
Muller Ogle, Kathy 43
Müller, Thomas 131
Münkler, Herfried 212 f., 215
Murswieck, Axel 250 f.

Neidhardt, Friedhelm 212
Neubert, Susanne 73, 323
Nußpickel, Gerd 81

Obeng, Letitia 305, 320
Offe, Claus 254
Osiander, Anja 69
Ostrom, Elinor 10, 196 ff., 200 ff., 206, 208, 286, 294

Palaniappan, Meena 144, 160
Papadopoulos, Yannis 271
Pardo, Arvid 206
Parsons, Talcott 250
Partzsch, Lena 136, 169, 323, 328
Perry, Mark 42
Petrella, Ricardo 10, 70, 75
Pinochet, Augusto 218
Plehwe, Dieter 227
Pogge, Thomas 144
Polanyi, Karl 132 ff.
Postel, Sandra 42, 49, 61, 64, 74, 80 f., 83 f., 135, 140 f.
Powell, John Wesley 40
Powell, Walter 265
Preuß, Ulrich K. 273
Przeworski, Adam 208, 255

Ramachandran, Arcot 102
Rana, Saeed 304, 328
Rappard, Rougier 227
Rathge, Richard 42
Rawls, John 25 f.
Reagan, Ronald 218
Reisner, Marc 38, 40
Riecke, Torsten 155, 157
Rijsberman, Frank R. 138, 169, 308, 326, 333
Risse, Thomas 25, 340
Ritter, Ernst Hasso 23, 267
Rivera, Daniel 138
Rögener, Wiebke 77
Rohrschneider, Robert 278
Rosenau, James 19, 263, 295 f.
Rosenzweig, Cynthia 82
Ruggie, John 179
Russell, Bertrand 248, 288

Sabatier, Paul 15, 276
Sacher, Danuta 164
Sachße, Christoph 187
Salin, Pascal 211
Sassen, Saskia 291
Satz, Debra 244
Schaake, John C. 83
Scharpf, Fritz W. 196, 251, 258, 264, 267
Scherrer, Christoph 261
Schierenberg, Monika 123
Schimank, Uwe 251, 258
Schlager, Edella 203
Schmalz-Bruns, Rainer 22, 257
Schmitt, Thomas 79
Schneckener, Ulrich 271
Schneider, Volker 258, 262, 268
Scholz, Rüdiger 151
Schröder, Gerhard 254
Schubert, Klaus 31, 253, 258 f., 266 f.
Schulpen, Lau 140
Schuppert, Gunnar Folke 32, 130, 136, 212 f., 215
Seckler, David 79
Segerfeldt, Fredrik 138
Serageldin, Ismail 139, 302, 308, 318 ff., 326, 333

Shah, Tushaar 79 f.
Shalizi, Zmarak 70
Shepsle, Kenneth A. 196
Shiklomanov, Igor A. 47 ff., 62, 64
Shils, Edward 250
Shin, Ben 148
Shiva, Vandana 10, 84, 163
Sikkink, Kathrin 276 ff.
Simmel, Georg 264
Simonis, Udo 135
Smith, Adam 27, 179, 184 ff., 210, 217 ff., 231 f., 234, 239 f., 242 f., 246, 342 f.
Smith, William C. 271
So, Jae 148
Späth, Lothar 130
Spillmann, Kurt R. 14
Stanislaw, Joseph 227
Stanton, Jennifer S. 43, 45
Steinbeck, John 40 f.
Steinberg, Rudolf 273
Sternberger, Dolf 250
Stone, Diane 280
Strong, Maurice F. 97, 315, 317 ff.
Sullivan, Caroline A. 59

Takahashi, Kazuo 315, 317 f., 320
Taylor, Rosemary 197
Templer, Otis 40
Tennstedt, Florian 187
Teubner, Gunther 257
Thalwitz, Wilfried 318 f.
Thatcher, Margret 218, 231, 254
Thompson, Edward P. 186
Thoyer, Sophie 205 f.
Tocqueville, Alexis de 23 f.
Töpfer, Klaus 105
Tornarolli, Leopoldo 75
Torp, Cornelius 243
Treib, Oliver 261
Turner, Kerry 169

Vargas, José Israel 315, 317 ff.
Varghese, Shiney 173
Vogel, Wolf-Dieter 165
Voigt, Rüdiger 253, 257
Volkmann, Elke 251

Waddell, Steve 271
Walpen, Bernhard 211, 227
Weber, Max 260, 264, 286 ff.
Weingast, Barry R. 196 f.
Welch, Susan 197
Wet, Erica de 347
Weyer, Johannes 265
Widstrand, Carl 50
Wimmer, Andreas 22
Windhoff-Héritier, Adrienne 256, 265
Winpenny, James 80, 89 f., 135, 138, 148, 174, 310 f., 314, 321, 326
Wittfogel, Karl A. 10
Witzens, Udo 10
Wolf, Aaron T. 11 f.
Wolf, Klaus Dieter 262
Wolfensohn, James D. 271

Yaron, Gil 140, 144 f., 165
Yergin, Daniel 227

Zimmerle, Birgit 84 f., 161, 165
Zürn, Michael 22, 91, 334